두 경제학자의 눈으로 본
농담 같은 세금 이야기

세금의 흑역사

세금의 흑역사

초판 1쇄 발행 2022년 8월 25일
초판 3쇄 발행 2022년 12월 10일

지은이 마이클 킨 · 조엘 슬렘로드
옮긴이 홍석윤
펴낸이 오세인 | 펴낸곳 세종서적㈜

주간 정소연
편집 이상희 | 표지디자인 co*kkiri | 본문디자인 김진희
마케팅 임종호 | 경영지원 홍성우
인쇄 탑 프린팅 | 종이 화인페이퍼

출판등록 1992년 3월 4일 제4-172호
주소   서울시 광진구 천호대로132길 15, 세종 SMS 빌딩 3층
전화   (02)778-4179 | 마케팅 (02)775-7011 | 팩스 (02)776-4013

홈페이지 www.sejongbooks.co.kr | 네이버 포스트 post.naver.com/sejongbooks
페이스북 www.facebook.com/sejongbooks | 원고 모집 sejong.edit@gmail.com

ISBN 978-89-8407-990-8   03320

• 잘못 만들어진 책은 구입하신 곳에서 바꾸어 드립니다.
• 값은 뒤표지에 있습니다.

두 경제학자의 눈으로 본 농담 같은 세금 이야기

세금의 흑역사

마이클 킨·조엘 슬렘로드 지음 | 홍석윤 옮김

● 본문에 숫자로 표시된 주석과 참고문헌 등은 QR코드 또는 링크를 통해 전자파일로 다운
로드할 수 있습니다. https://naver.me/GX0CMpZk

고맙게도 내 어리석음을 잘 참고 견뎌준
사랑하는 아내 제랄딘, 아이들 피파, 에디, 셀리나에게.

마이클 킨

* * *

때로는 세금에 관한 내 의견에 반발하기도 하지만
언제나 내 사랑을 받아주고 또 돌려준 인생의 동반자 아바
그리고 애니와 조너선에게.

조엘 슬램로드

차례

● 본문에 숫자로 표시된 주석과 참고문헌 등은 QR코드 또는 링크를 통해 전자파일로 다운로드할 수 있습니다.
https://naver.me/GX0CMpZk

한국어판 서문

『세금의 흑역사』 한국어판에 서문을 쓰게 되어 무척 기쁩니다. 세금은 모든 나라에 공통되는 문제이지만 그 역사와 제도는 다 다릅니다. 예를 들어 동아시아 국가들은 선진국들의 국제 기준보다 상대적으로 적은 세금을 내는데(한국의 독자는 믿기 어려울지 모르지만) 이는 고대 중국의 현자가 언급한 전통이기도 합니다. 그러나 모든 국가는 조세제도를 설계하고 시행하는 데 공통의 도전에 직면했으며, 과세의 기본 원칙은 어디에나 똑같이 적용됩니다. 우리는 다른 사람들의 어리석음이나 지혜에서 그리고 과거와 현재에서 배워야 할 것이 많습니다.

이 책에서는 무엇보다 세금 이야기가 우리가 흔히 생각하듯이 따분하고 무미건조하지 않으며 오히려 매력적이고 재미있고 때로는 우습기까지 하다는 사실을 여러분에게 알려주려고 합니다. 이 책을 읽으려고 경제나 회계 또는 다른 전문 분야를 알 필요는 없습니다. 단지 세금 문제를 대부분 공개 토론에서처럼 심각하게 다루기보다는 즐기고 배운다는 자세로 이 책을 읽기 바랍니다.

이 책의 핵심 전제는 과거의 세금 이야기가 오늘날 주요 신문의 머리기사를 장식하는 세금과 정치 문제를 생각하는 데도 도움이 된다는 것입니다. 예를 들어 소득세 같은 제도가 없던 시대의 통치자들이 비록 그것이 정권을 유지하려는 수단이었다 할지라도, 최빈곤층의 세금 부담을 덜어주려고 무슨 일을 했는지 시대를 초월한 조세 원칙을 이해할 수 있습니다. 역사는 이러한 조세 원칙을 명확히 이해하는 데 도움을 줍니다. 때로는 오늘날 우리에게 익숙한 세금보다는 과거의 이상한 세금에서 이런 원칙을 더 쉽게 볼 수 있습니다. 예를 들어 지구를 구하겠다고 내놓은 탄소세도 귀족들에게서 나라를 구하려 했던 제정 러시아 황제 표트르 1세의 세금 정책에서 실마리를 얻었습니다.

조상들도 우리와 마찬가지로 세금 문제를 다루는 데 어려움을 겪었습니다. 그리고 그들은 새로운 세금을 부과하는 일뿐만 아니라 세금 회피와 탈세에서도 우리 못지않게 창의적이었습니다. 굴뚝에 세금을 부과하겠다는 생각은 오늘날 우리에게는 이상하게 보이지만 굴뚝세가 시행된 17세기 영국에서는 아마도 집의 가치를 평가해 과세의 기준을 잡는 최선의 방법이었을 것입니다.

좋은 원칙이든 나쁜 원칙이든 과세 원칙은 역사를 관통합니다. 그 원칙은 암호화 자산의 출현 같은 기술적 변화, 코로나19와 같은 유행병, 가장 최근에 발생한 어리석은 전쟁(러시아-우크라이나 전쟁)과 그에 따른 글로벌 상업 관계의 위축으로 더 혼란스러워질 미래의 재정 상황에 현명하게 대처하도록 우리를 도울 것입니다.

마이클 킨과 조엘 슬렘로드
2022년 5월 16일

들어가는 글

세금 이야기를 하려면 늘 활기가 넘친다.
우리와 세금의 관계는 천연두나 골프보다 더 밀접하며,
거기에는 드라마 같은 일도 많다.
게다가 세금 이야기에 엉뚱하면서도 화려한 이론이 수없이 덧붙으면서
더 감칠맛 나고 재미있어졌다.
헨리 멘켄(미국의 저널리스트)[1]

케케묵은 세금과 재정 메커니즘은 기껏해야 어렵고 매력 없는 주제일 뿐이다.
조지 테니슨 매튜스(역사학자)[2]

나는 이 두 사람이 세금을 두고 한 말 가운데 멘켄의 말을 지지한다. 물론 이 책에서도 여러분이 이 말에 동의하도록 설득하려고 한다. 사실 매튜스 교수도 자기가 한 말을 그리 잘 이해하는 것 같지는 않다. 프랑스 혁명 이전의 절대왕정 체제인 앙시앵 레짐ancien régime 시대의 어려운 세금 정책에 관한 책을 쓰기도 했으니까 말이다.

　우리가 들려주려는 세금의 역사는 때로는 신비롭고, 때로는 섬뜩하고, 때로는 흥미진진해서 재미있게 읽어나갈 수 있다. 또 오늘날의 주요 관심사나 정치를 관통하는 세금 문제를 생각하는 데도 도움을 줄 수 있다. 이 책에서는 수메르 점토판에서 헤로도토스 시대(기원전 5세기), 로마 칼리굴라 황제의 독특한 세금 관념, 파나마 페이퍼스Panama Papers●가 폭로한 법망을 교묘하게 피하는 관행, 블록체인으로

시작된 암호 화폐 거래에 대한 과세 가능성 그리고 코로나바이러스 감염증-19(이하 '코로나19') 대유행으로 변화된 세계의 조세 전망에 이르기까지 수천 년에 걸친 이야기를 다룬다. 따라서 세금 제도의 역사를 다룬 책도 아니고, 세금 원칙에 대한 입문서도 아니지만 양쪽 모두에 조금씩 해당한다고 할 수 있다.

소득세 같은 세금이 없었던 고대에 통치자들이 가난한 사람들의 세금 부담을 줄여주려고 소득세 이외에 어떤 조세 원칙을 세웠는지 이해하면, 이를 기반으로 역사를 이해할 수 있다. 비록 그것이 국가의 생존을 보장하려고 한 것이었을지라도 말이다. 또 세금의 역사에 관해 널리 알려진 몇 가지 에피소드 가운데 잘못되었다고 밝혀진 사례가 있는데 그 내용이 자못 흥미롭고 의미심장하다. 예를 들어 1381년 영국에서 농민 반란을 불러온 세금은 사실 인두세가 아니었으며, 보스턴 차茶 사건도 세금 인상 때문이 아니라 세금 삭감 때문에 일어났다.

역사는 과세 원칙을 명확히 이해하는 데도 도움이 된다. 이런 원칙은 때로는 너무 익숙한 현실보다는 과거의 특별한 사건이나 유물에서 더 분명하게 드러난다. 오늘날의 세금 논쟁에서는 공허한 정치 수사에 정신이 팔리기 쉽지만, 과거의 세금 에피소드는 논쟁할 여지가 없어서 근본적인 원칙을 명확하게 보여주기 때문이다. 오늘날 당면한 기후 위기에서 지구를 구하려고 탄소세를 부과한 사례도 러시아의 표트르 1세Peter the Great가 귀족 계급에게서 나라를 구하려고 귀

● 역외 금융 서비스를 전문으로 하는 파나마의 최대 로펌 모색 폰세카Mossack Fonseca가 보유한 약 1,150만 건의 비밀문서.(이하 본문의 각주는 모두 옮긴이가 달았습니다.)

족의 상징이었던 수염에 세금을 부과한 사례와 근본 원칙에서 큰 차이가 없다.

이 책에서 보게 될 많은 세금 에피소드는 황당하거나 우스꽝스러울 수 있다. 어떤 이야기들은 처참한 실수와 인간의 잔인함을 보여줄 테고, 어떤 이야기들은 교훈을 주지 않을뿐더러 그저 저속하고 비상식적이라고 생각될 수도 있다. 그러나 그런 황당한 이야기에서도 놀라운 지혜를 발견할 수 있다. 이 책의 주제는 우리 선조들이 세금을 설계하고 집행할 때, 근본적으로 오늘날 우리가 고민하는 것과 똑같은 문제로 고민했다는 것이다. 그리고 선조들은 조세를 처음 만들어낸 일뿐만 아니라 세금을 교묘하게 회피하는 사람들에게 대처하는 데서도 우리 못지않게 창의적이었다. 따라서 오늘날의 세금 제도로 볼 때 우리가 선조들보다 더 우월하다고 생각할 수는 없다.

집의 굴뚝 수에 따라 세금을 부과한다는 생각이 오늘날의 우리에겐 기이하게 보일지 모르지만, 어쩌면 후손들은 지금 우리가 하는 일들을 더 이상하다고 생각할 수도 있다. 예를 들어 우리가 기존 기업들과 완전히 다른, 실제 사무실은 없고 가상으로만 존재하는 다국적기업이 도대체 무슨 일(아마도 상상할 수도 없는)을 하는지 알려고 세금을 부과하지만, 아마 똑같은 상황이라도 후손들은 그렇게 하지 않을 것이다. 그리고 모르긴 몰라도 그들이 옳을 것이다.

이 책의 목적은 세금이 모든 문제를 다 설명해준다고 이해시키려는 것이 아니다. 물론 일반적으로 알려진 것보다 더 많이 설명한다고 생각하지만 말이다. 우리는 영국의 헨리 8세 이야기에서 그가 로마와 결별하고 교황에게 내던 세금을 직접 징수함으로써 재정 문제를 어떻게 완화했는지보다 두 번째 왕비 앤 불린Anne Boleyn과의 로맨스를 더 재미있어한다. 이 책에서는 반려동물에게까지 세금을 부과해야 한다고 주장하지는 않지만, 오늘날 세금 제도에서 논쟁이 되는 에피소드들이 시사하는 바를 기꺼이 드러낼 것이다. 그리고 그것이 이 책에서 말하려는 요점이다.

현대의 조세 지형은 고대 그리스, 식민지 시대의 시에라리온, 도쿠가와 막부 시대의 일본, 대공황 시대의 미국과는 전혀 다르지만 그 자체는 여전히 오래전에 내려진 결정으로 이루어져 있다. 예를 들어 신생국 미국의 노예제도와 세금에 대한 논쟁의 유산이 오늘날 부유세 도입에 실질적인 장애물이 되고 있다. 그러나 이 책에서 가장 강조하는 핵심은 좋은 세금과 나쁜 세금을 구분하는 많은 원칙이 역사 속에서 형성되었다는 것이다. 그런 원칙이 우리가 과거를 이해하고, 기술의 발전으로 변화되고 있는 미래를 위해 현명하게 선택하도록 도울 것이다. 또한 그런 원칙들이 역사에서 어떻게 작동했는지 보는 것도 적지 않게 즐거울 것이다.

총 5부로 구성된 이 책에서는 세금 이야기를 관통하는 주제를 이끌어내려고 연대별이 아니라 주제별로 구성했으므로 몇 세기를 넘나들며 이 대륙, 저 대륙을 휘젓고 다닌다. 먼저 '1부 약탈과 권력'은 전체 큰 그림을 설명하며 세금 역사의 에피소드를 몇 가지 소개한다. 여기에는 오랜 세월 정부가 자기들이 원하는 일을 하고자 우리 같은 보통 사람들에게 세금을 걷으려고 어떤 노력을 했는지 세금과 관련한 변하지 않는 진실이 담겨 있으며, 끔찍한 이야기부터 흥미진진한 이야기까지 모두 다룬다. '2부 승자와 패자'에서는 과세의 공정성을 이야기한다. 아무리 사악한 통치자라도 정권이 살아남으려면 세금에 신경 써야 했고, 그에 대처하려고 노력하는 과정에서 많은 실수를 하면서도 이따금 영리함을 보이기도 했다. 그러나 세금으로 인한 승자와 패자가 누구인지 정확히 파악하기는 결코 쉽지 않다. 이 부분을 읽으면서 세금에서 진짜 부담을 짊어진 사람이 정확히 누구인지에 대한 근본적 질문이, 적어도 중세 이후 영국의 정책 입안자들을 고민하게 했을뿐더러 오늘날의 정치 제도를 이루는 데도 도움이 되었다는 사실을 알게 될 것이다. '3부 행동 방식이 바뀌고 있다'에서는 이집트 파라오 시대에서 지금의 다국적기업●에 이르기까지 세금을 내지 않는 방법을 찾으려고 노력한 인간의 창의적 능력을 보여준다. 또 정부가 그런 비열한 행위를 어떻게 다루고 때로는 왜 다루지 않았는지, 앞으로는 어떻게 해야 할지도 설명한다. '4부 세금은 저절로 걷히지 않는다'에서는 인간 본성의 최선과 최악을 모두 이끌어내는 고통스러운 세금 징수 기술과 고대 중국의 화려한 청동기에서 부에노스아이레스 상공의 드론에 이르기까지 정부가 갖은 규칙과 법을 동원해 세금을 내도록 위협하고, 꼬드기고, 설득하면서 찾아낸 방법을 설명한다. 마지막 '5부 세금 규칙 만들기'에서는 세금 정책을 입안하는 복잡한 현실을 살펴본 다음 각 정책이 거둔 눈부신 성공과 실패를 설명한다. 또 세금 제도는 결코 사라지지 않겠지만 미래에는 과거와 매우 다른 형태를 취할 터이므로 미래의 세금 제도에 대처하도록 몇 가지 교훈을 찾아본다. 그리고 오늘날 우리의 세금 제도 중 미래 세대가 비웃을 만한 어리석은 제도는 무엇일지 추측하면서 마무리한다.

우리는 역사가가 아니라 경제학자다. 그러니 진짜 역사학자들은

● 구글이나 페이스북(현 메타. 이하 페이스북으로 표기함) 같은 미국의 기업들이 유럽에서 활동하는 것.

혹시 우리가 역사의 지평에서 실수하더라도 용서하기를 바란다. 조세 원칙에 대한 더 전통적이고 공식적인(비록 예리하지는 못하지만) 소개를 지지하고 활성화하려 이 책을 사용하고자 하는 경제학자들은 5부로 구성된 이 책이 일반적 개요, 공정의 문제(수직적·수평적), 조세 귀착 분석incidence analysis, 효율성과 최적 과세의 문제, 세무 행정, 실질적인 정책 수립, 세금과 관련한 미래의 핵심 과제와 가능성 등을 다루는 실제 교단의 재정 학습 단원과 거의 일치한다는 점을 이해할 것이다.

이 책의 각 장은 논리적 순서에 따라 전개하지만 차례대로 읽지 않고 각 장의 한두 문장을 훑어보는 식으로 읽을 수도 있다. 우리 목표는 세금 문제가 중요할 뿐만 아니라 흥미롭다는 사실을 믿지 않는 독자들을 설득하고 즐겁게 하는 것이다. 이 책에 나오는 것처럼 세금 역사에서는 늘 폭동이 일어나고, 악당이 등장하고, 황당한 일이 벌어진다(이 책 제목이 『폭동, 악당 그리고 세수Rebellion, Rascals, and Revenue』임을 상기하라). 그렇더라도 이 책이 세금 제도의 미래에 조금이라도 지혜를 보태기를 기대한다.

1부
약탈과 권력

처음에는 약탈이었던 것이 세수稅收라는 완곡한 명칭을 갖게 되었다.

토마스 페인(미국의 급진적 자유주의 사상가)[1]

국가 재정의 역사에는 국민의 정신, 문화 수준, 사회 구조, 정책이 구현하는 행위 등 모든 것이 들어 있다. 다만 그 내용이 삭제되어 보이지 않을 뿐이다.

조지프 슘페터(미국 이론경제학자)[2]

1장

세금은 모든 공적 문제의 원인이자 결과

국가의 세입이 그 국가의 힘이다.

에드먼드 버크[1]

1799년 나폴레옹의 병사들이 발굴한 로제타석Rosetta Stone은 고대 이 집트의 상형문자를 해독하는 열쇠가 되었다. 물론 그 상형문자를 해독한 비결은 같은 내용이 서로 다른 세 가지 문자로 쓰였기 때문이다. 그래서 다른 두 문자를 알고 있던 학자들이 비로소 이집트 상형문자를 이해하게 되었다. 하지만 무엇이 그렇게 세 가지 문자로 새길만큼 중요했을까? 짐작하는 대로 그것은 세금 관련 내용이다. 로제타석은 고대 이집트의 신전 사제들에게 이전에 누렸던 세금 특권을 부활해주고 다시 세금을 감면하는 혜택을 주었다는 내용을 담고 있다(이로써 우리는 세금 감면도 세금 부과만큼이나 역사가 오래되었다는 사실을 알게 되었다). 그러나 인류가 세금을 부과하기 시작한 것은 로제타석을 세울 때보다 훨씬 오래된 일이다. 실제 문자로 기록된 인류 역사

세금 납부 영수증이 새겨진 수메르 점토판   이집트 프톨레마이오스 왕조시대에도
세금이 면제되었다.

는 대체로 세금의 역사라고 할 수 있다. 기원전 2500년에 만든 수메
르 점토판에도 세금 납부 영수증이 있으니 말이다.[2]

    이런 유물들이야말로 강력한 통치자들이 항상 자신이 원하는 용
도로 자원을 사용하려고 강제력을 행사해왔다는 것을 보여주는 증거
물이다.[3] 영국의 정치사상가 에드먼드 버크Edmund Burke가 지적했듯
이, 그들이 권력을 강제로 행사했기 때문에 실제로 지배자ruler라 불
리는 것이다. 정부가 세금에 대해 강압적으로 권력을 행사함으로써
발생한 갈등은 역사적으로 세계 곳곳에서 격렬하게 일어나며 우리가
살아가는 제도를 형성하는 데 크게 영향을 미쳤다. 정부의 세금 권력
은 일상적으로 행사되며 지난 수천 년 동안 평범한 사람들의 삶과 고
난에 강력하고도 직접적인 영향력을 드러냈다. 일본 도쿠가와 막부
시대에는 소작농들이 수확한 쌀 일부를 지방 영주의 가신에게 바쳐
야 했고, 아프리카 나이지리아 라고스Lagos의 상인들은 부가가치세
신고서를 어떻게 써야 할지 고민해야 했다.

    세금은 오랜 세월 정부가 지구상에 존재하는 거의 모든 백성의 삶을 가장 직접적으로 침해하는 수단이었다. 통치자들의 성격이나 정부 체제의 특징은 대체로 세금을 부과하는 권력을 어떻게 행사하느냐에 따라 정의할 수 있는데, 이는 그들의 생존과 발전이 대개 징세권에 따라 결정되기 때문이다. 프랑스의 정치가 알렉시 드 토크빌 Alexis de Tocqueville은 "거의 모든 공적인 문제는 세금에서 발생하거나 세금으로 끝난다"라고 썼다.[4]

통치자들이 국가 활동이나 자신들의 욕망을 구현할 자금이 필요할 때마다 근본적인 저항에 직면하는 것은 수천 년이 지나도 별로 달라지지 않았다. 바뀐 것이라고는(지금도 계속 바뀌지만) 통치자들이 자금 조달 문제를 어떻게 처리하느냐는 것뿐이다. 이 책에서는 그런 세금과 관련된 문제들, 즉 극적이면서도 따분하고, 단조로우면서도 재미있고, 때로는 어리석고 때로는 지혜로웠던 세금에 얽힌 이야기를 다룬다. 이 이야기는 우리에게 앞으로 어떻게 하면 최고의 조세제도를 만들지, 어떻게 하면 재앙을 피하고 세금이 좋은 역할을 하게 할지 알려줄 것이다.

먼저 이 책의 핵심 주제를 생생하게 보여줄 이야기 네 토막으로 시작한다. 중요한 건 이 주제들이 세금 이야기가 실제로 얼마나 재미있을 수 있는지를 보여준다는 사실이다(물론 당시 정책 입안자들이 '재미'를 의도하진 않았겠지만 말이다).

인도 벵골에서 미국 보스턴까지

+

세금의 역사에서 '잘 알려진' 사건은 그리 많지 않지만 세금 문제가 광범위한 통치권 분쟁을 일으킨 몇몇 사건은 건국신화에 가까울 만큼 잘 알려져 있다. 영국 귀족들이 국왕 존(재위 1199~1216)[5]에게 의회 승인 없이 세금을 부과하지 못하게 하는 마그나카르타Magna Carta, 大憲章[6]에 서명하라고 강요한 일이나, 영국 하원의원 존 햄던John Hampden이 찰스 1세가 의회 동의 없이 부과한 선박세 지불을 거부한 사건 등이 그런 사례다. 하지만 국가적 전설은 대부분 제대로 기억되지 않을 뿐 아니라 때로는 왜곡된다. 예를 들어 영국 코미디언 토니 핸콕Tony Hancock은 "마그나카르타가 당신에게 아무 의미도 없다고요? 그녀의 죽음이 정녕 헛된 일이란 말입니까?"라며 마그나카르타를 웃음거리로 만들었다. 이처럼 국가적 전설에서는 진실의 중요한 부분을 무시하는 일이 벌어진다.

첫 번째 세금 이야기는 자유의 아들들Sons of Liberty이 보스턴항에 차茶를 버리면서 시작된 미국 독립혁명과 관련이 있다. 우리는 이 사건이 영국의 무리한 세금 징수 때문에 일어났다고 알고 있다. 이 사건은 아마도 역사상 가장 널리 알려진 조세 저항일 것이다. 그러나 사건의 진실은 흔히 알려진 내용과는 사뭇 다르다. 이 책에서는 세금과 관련 있는 한 잘못된 신화가 실제 이야기보다 더 널리 알려져 있다는 사실을 밝힌다. 보스턴 차 사건Boston Tea Party은 사실 세금을 올렸기 때문이 아니라 줄였기 때문에 일어났다. 물론 그 이면에는 점점 절박해진 정책 입안자들과 더욱 강력해진 이익집단들 사이의 복잡한 상호작용이 있었지만 말이다. 양측 모두 사리사욕을 고귀한 것처럼 포장하는 데 능숙했다. 게다가 여기서 가장 끔찍한 영국의 조세 탄압은 아메리카 식민지가 아니라 인도에서 벌어졌다.

이야기는 1763년에 시작된다. 당시 영국은 유럽의 대국들이 둘

로 갈라져 싸운 7년 전쟁 Seven Years' War(1756~1763)에서 승리해 식민
지를 넓혔지만 빚도 엄청 늘어 있었다. 아메리카 대륙에서는 식민지
국경 지역에서 프랑스를 물리치고 식민 제국으로서 지위를 강화했
고, 인도에서는 명목상으로는 개인 소유지만 실제로는 국가가 후원
하는 동인도회사를 둠으로써 강력한 식민 제국으로 떠올랐다. 그러
나 캐나다와 카리브해 지역에서 거둔 성과는 물론, 이 모든 상황에
이르기까지 치러야 하는 대가도 결코 적지 않았다. 영국은 막대한 빚
으로 전쟁 비용을 조달했다. 국가 부채는 거의 두 배가 되어 국내총
생산 GDP의 120퍼센트 정도까지 치솟았고,[7] 정부 지출의 3분의 2가
이자로 나갈 정도였다. 결국 영국 정부는 재정 상태를 바로잡아야 했
고, 식민지들도 식민지라는 자신들의 의무를 견뎌야 했다.

　　1765년까지 상황은 영국에 그리 나쁘지 않을 듯이 보였다. 사실
아메리카 식민지 개척자들이 1764년의 설탕세를 순순히 받아들이지
는 않았지만, 법률 문서나 기타 인쇄물에 부과하는 인지세는 별문제
가 없을 것이었다. 인지세는 본국인 영국에서도 오랜 세월 큰 어려움
없이 징수되었다. 조지 그렌빌 George Grenville 영국 총리는 인지세가
'공평하고 포괄적이며, 크게 부담되지 않기 때문에 상당한 세수를 거
둬들일 것이며 징수에 많은 관리가 필요 없을 것'이라고 예상했다.[8]
게다가 세금으로 거둬들인 돈은 식민지 방어에 배정되었다. 본토의
영국 국민이 세금을 1인당 평균 연간 25실링(1.25파운드) 내는 데 비
해 식민지 주민들은 1인당 연간 6펜스(1/2실링)만 냈으므로 식민지 주
민들이 세금을 더 내야 한다는 주장은 너무나 당연하게 여겨졌다.[9]

　　극적으로 인도에서 긍정적인 소식이 전해졌다. 그해에 인도 무
굴제국 황제가 벵골, 비하르, 오리사주州의 세금 징수권 diwani(이하 '디

와니')을 동인도회사에 준 것이다. 그야말로 눈부신 성과가 아닐 수
없었다. 처음 만들어진 잡지로 알려진 영국의 전통지『젠틀맨스 매거
진Gentleman's Magazine』은 "이번에 새로 얻게 된 세금 징수권의 엄청난
가치는… 몇 년 안에… 국가 부채를 갚을 수 있을 뿐 아니라 토지세
를 폐지하고, 가난한 사람들에게 부담스러운 세금을 덜어주는 등…
이 나라에 부의 광산을 열어주는 계기가 될 것"이라는 기사를 실었
다.[10] 1767년 동인도회사가 인도에서 차지한 것들의 대가로 정부에
연간 40만 파운드를 지불하기로 동의하면서 실제로 그런 일이 시작
되는 듯 보였다.

　　그러나 상황은 급격히 반전되며 매우 나빠지기 시작했다. 아
메리카에서 인지세에 대한 격렬한 반대가 일면서 인지세가 곧바
로 폐지되자 대大피트로 불린 영국의 윌리엄 피트William Pitt the Elder

1767년: 영국이 벵골에서 조세 기반과 권력을 획득하다.

정부는 1767년 차와 다른 생산품에 세금을 부과하는 타운센드법 Townshend Duties을 제정하며 이에 맞섰다(당시 피트 총리는 심각한 정신질환으로 집중력을 잃었던 게 분명하다).[11] 타운센드법으로 인한 세수는 인도의 디와니 세수의 약 10분의 1에 불과할 것으로 예상되었다.

하지만 문제는 이 법 전문前文에서 '영국 국왕의 영지인 아메리카에서 세입이 늘어나는 것이 마땅하다'고 선언했다는 데 있었다.[12] 이후 더 많은 저항과 보이콧이 잇따랐고, 마침내 1770년에 파운드당 3펜스를 부과하는 차세茶稅를 제외한 모든 세금이 폐지되었다. 차세를 그대로 남겨둔 이유는 '세금을 부과할 권리를 유지하려면 적어도 한 가지 세금은 남아 있어야 한다'는 영국 국왕의 일관된 주장 때문이었다.[13] 그럼에도 저항과 보이콧은 계속되었고, 마침내 1770년 3월에는 곤경에 처한 영국 군대가 보스턴 길거리에서 현지 주민 일곱 명을 살해하는 사건이 벌어졌다.

인도에서는 상황이 더 나빴다. 1769년 벵골에 흉년이 들면서 디와니는 이미 예상을 한참 밑돌았다. 동인도회사의 수입은 1766~1767년 180만 파운드에서 1770~1771년에는 130만 파운드로 줄었다.[14] 그러나 기근의 심각성을 고려할 때 예상보다는 감소 폭이 작았다. 아마도 그해에 벵골 인구의 20퍼센트가 죽었을 것이다. 동인도회사가 그나마 선방한 것은 무자비한 세금 징수 덕이었다. 무굴제국의 한 관리는 다음과 같은 기록을 남겼다. "인도인은 집 안의 가보까지 말하라고 고문당했다. 도시, 마을, 부락에는 약탈이 횡행했다."[15] 그러나 이런 극단적인 징수도 세금 수입이 줄어드는 것을 막을 수는 없었다. 게다가 동인도회사는 또 다른 어려움에 직면했다. 인도 주재 근무자들이 지나치게 많아서 이에 따른 군대 주둔 비용이 크게 늘어나 지출이 수입보다 많아졌다. 또한 아메리카의 보이콧으로 팔지 못한 차가 엄청나게 쌓였다.

동인도회사의 아메리카 식민지 판매액은 급감해 1768년부터 1770년까지가 이전의 약 10퍼센트 수준으로 떨어졌고,[16] 1772년 초가 되자 동인도회사는 심각한 어려움에 빠졌다.[17] 런던의 창고에 팔리지 않은 차가 1,800만 파운드 상당량이 쌓이면서[18] 결과적으로 영국으로 수입되는 차에 대한 관세를 받지 못한 것이다. 동인도회사는 영국 정부에 자금을 지원하기는커녕 오히려 많은 돈을 빌려야 했다.[19] 동인도회사에서 지원하는 자금은 이미 영국 국가 재정과 엘리트층 다수의 부에서 큰 부분을 차지하고 있었으므로[20] 이 회사를 망하도록 내버려둘 수도 없었다. 에드먼드 버크는 훗날 의회에서 다음과 같이 말했다. "가장 수익성이 좋은 무역을 독점하고, 제국의 세금 수입까지 차지한 회사가 국가를 구걸과 파멸의 위기에 이르게 했다."[21]

마침내 재무장관 노스 경Lord North은 1768년 "동인도회사의 재무 상태와 아메리카 문제라는 두 가지 국가적 문제가 있다"라고 선언했다.[22] 그리고 이 두 문제는 점점 더 얽혀 하나를 해결하려면 다른 문제를 먼저 해결해야 했다. 동인도회사의 자금 숨통을 틔워주려면 차 판매를 늘리는 것이 중요했으며, 아메리카 시장이야말로 가장 큰 희망이었다. 그런데 차 판매가 늘어날 잠재력이 있다는 점은 분명했지만, 그것을 실현하는 데는 장애물이 있었다. 아메리카 식민지에서 소비되는 차의 4분의 3 정도가 밀수품이라는 사실이었다.[23] 어떤 면에서는 이런 상업적 문제가 타운센드 세금을 철폐하는 편리한 정치적 계기가 될 수 있었다. 그러나 이제 총리 자리에 오른 노스 경은 조세 원칙을 유지해야 한다고 주장했다. 이에 버크는 타운센드 세금은 세법 조항이 아니라 전문을 따른다고 조롱했다.[24]

갈수록 심한 압박을 느끼던 런던의 관료와 정치인들은 교활한 계획을 세웠다. 그들은 영국에서 차에 부과되는 세금을 없애면 식민지에서 찻값을 떨어뜨릴 수 있고, 그렇게 되면 식민지에서 세금을 많이 거두어야 한다는 타운센드법 전문의 원칙을 그대로 따르는 거라고 생각한 것이다. 좀 더 정확히 말하면, 그때까지 동인도회사는 식민지로 보낼 차를 먼저 영국으로 보내야 했는데, 이때 수입 관세가 약 24퍼센트 부과된 차는 경매를 거쳐 식민지로 보내졌다.

결국 1773년 7월부터 아메리카로 수출되는 차에 대한 세금이 완전히 폐지되었다. 이로써 가장 싼 차는 식민지에서 가격이 파운드당 6실링 정도 떨어졌다.[25] 밀수업자들은 여전히 타운센드 세금을 내지 않았지만(물론 이제는 합법적으로 내지 않아도 되었다), 동인도회사가 식민지에 직접 차를 수출하면서 그야말로 경쟁의 장에 내몰리게 되었다. 식민지 사람들은 이제 세금이 부과된 차를 대량 구입하는 것을 거부할 명분이 완전히 사라졌다. 그들은 동인도회사와 그 뒤에 있는 강력한 이해관계인(동인도회사를 대리한 수출업체)에게 직접 차 대금을 냄으로써 그들의 회복을 돕게 되었을 뿐 아니라 영국 정부의 과세권을 암묵적으로 수용할 수밖에 없게 되었으니, 참으로 기발한 계획이었다.

하지만 이 계략은 지나치게 영리했다. 동인도회사가 가장 싼 차를 식민지에 팔도록 허용한 수출 대리인들은 동인도회사에 충성할 테니 말이다. 1765년에 인지조례Stamp Act로 변호사, 술집 주인,[26] 신문 발행인, 작가, 그밖의 유식하고 영향력 있는 사람들을 몹시 분개하게 한 영국은 이제 또 다른 강력한 이익집단을 직접 공격했다. 영리하고 힘 있고 사회적으로 존경받는 위치에 있지만 평판은 그리 좋지 않은 사업가들이 바로 그들이었다. 그들은 그동안 차를 밀수해 돈을 벌면서 줄곧 스스로 애국자라고 자칭했다.

존 핸콕John Hancock 같은 '존경받는' 대규모 밀수업자들[27]은 보스턴에서 가장 부유했는데, 이들은 애국심을 자극하는 선동가 새뮤얼 애덤스Samuel Adams와 가깝게 지냈다(이들은 훗날 독립선언문의 첫 서명에 참여해 화려한 발자취를 남기기도 했다). 식민지 상인들은 이제 더는 차를 밀수해 팔기 어렵게 되었을 뿐만 아니라 영국에서 합법적으로 수입된 차를 팔 수도 없는 처지가 되었다. 이런 계획을 구상한 런던의 정치가들은 이것이 영국의 상업적 이익을 증대할 뿐만 아니라 식민지 권력자들의 영향력도 약화할 수 있다는 것까지 계산에 넣은 것이었다. 하지만 결국 그것은 잘못 계산한 것으로 드러났다. 핸콕은 1773년 12월 16일 올드사우스 집회소에서 열린 회의를 주재했고, 애덤스는 격분했다. 이는 결국 보스턴 항구에 값이 떨어진 차 3만 5,000파운드를 내던져버리는 사태로 이어졌다. 필라델피아와 찰스턴에서는 차 선적이 거부되었고, 보스턴과 뉴욕에서는 차를 바다에 던지는 사태가 다시 벌어졌다. '대표 없이 과세 없다'No taxation without representation는 기치 아래 터진 폭동은 마침내 혁명으로 이어졌다.

아이러니하게도 차세 폐지에 반대하는 이 폭력적 시위 '티파티'Tea Party에서 이름을 따온 것이 최소한의 세금을 제외한 모든 세금에 격렬히 반대하는 오늘날의 티파티 운동이다. 여기에는 또 다른 교훈이 있다. "자유의 아들들Sons of Liberty은 대표 없는 과세에 반대했을 뿐만 아니라 과세 자체에도 반대했다"[28]라고 결론짓는 것은 지나친 비약일 수 있다는 것이다. 어쨌든 보스턴 차 사건이 단순히 세금

Americans throwing the Cargoes of the Tea Ships into the River, at Boston

1773년: 보스턴 차 사건으로 영국은 보스턴에서 조세 기반과 권력을 모두 잃게 된다.

을 반대한 것 이상의 사건이었던 것만은 분명하다.

보스턴 차 사건과 독립혁명은 궁극적으로 주권에 관한 것이었다. 차에 매기는 세금이라는 형태로 나타난 영국 정부의 공공연한 권한 행사는 저항을 불러일으킬 정도로 구체적이었다. 그러나 이런 사건들은 한편으로는 이익집단의 힘과 관련된 것이기도 했다. 아메리카 식민지의 밀수업자들은 말할 것도 없지만, 이들과 반대 입장을 지향하는 것처럼 보이는, 차를 마시는 보스턴의 일반 시민들에게서도 대대적인 지지를 이끌어냈기 때문이다. 이 사건은 또한 다른 재앙적인 세금 에피소드들과 마찬가지로, 대체로 세금이 집행되는 방식에 관한 것이기도 했다. 어쩌면 이 사건은 세금 집행 자체가 더 중요한 이유였을 것이다. 당시 밀수는 식민지 개척민들에게 정상적인 삶의 일부였으므로 이들은 밀수를 억제하려는 영국 정부의 시도를 전혀 받아들일 수 없었다(이들은 대부분 영국 청교도들이었다).

1772년, 밀수업자들을 소탕하던 영국 해군 함선 가스피호Gaspee가 좌초했을 때, 식민지 현지인들이 그 배에 불을 질렀다.[29] 또 세수의 사용 방식에 대한 지지가 없으면 불만도 커진다. 타운센드 세금 수입을 본국이 임명하는 식민지 내 정치 관리에게 지원한다거나 배심원 없이 판결할 수 있는 세관 감독관을 설치하는 등 현지인들이 지지하지 않는 목적에 배정한 것도 불만의 싹이 되었다.

한편 영국에서 해방된 새로운 미국 정부 역시 곧 세금 반란에 직면했다.[30] 1791년, 알렉산더 해밀턴Alexander Hamilton 재무장관은 관세만으로는 신생 연방국가의 세입 수요를 감당하지 못한다는 사실을 깨닫고 위스키에 세금을 매겼다(위스키를 사악한 사치품으로 여겼다).[31] 당연히 이 세금은 당시 강력한 로비 단체인 대형 증류업자들[32]에게 유리하게 작용했다. 그러나 이 조치는 다른 이익단체를 분노하게 했다. 바로 서부 애팔래치아의 위스키 증류 농민들이었다. 소규모인 시골 증류업체들이 세금 납부를 거부하자 세금 징수업자들까지 개입하면서 마침내 무장 반란과 유혈사태로 번졌다. 아이러니하게도 새 미국 정부는 영국이 자신들에게 했던 것과 마찬가지로 무력으로 대응했다. 하지만 결과는 달랐다. 1794년 조지 워싱턴 대통령이 이끄는 미국 군대가 농민들의 반란을 쉽게 진압한 것이다.[33]

영국 정부는 미국의 독립혁명에서 몇 가지 교훈을 얻었다. 1931년 마하트마 간디Mahatma Gandhi는 소금기 있는 진흙 한 숟가락을 바닷물에 넣고 끓여 세금이 붙지 않는 소금을 생산함으로써(이는 당시 불법이었다) 영국의 인도 통치의 합법성에 도전했다. 그의 행동은 자유의 아들들이 보스턴 차 사건에서 한 행동과 아주 유사했다. 그러나 이번에는 1774년의 보스턴 차 사건 때와 같은 이른바 '참을 수 없는 법'Intolerable Acts에 버금가는 대응은 하지 않았다. 간디 자신도 영국이 대단한 자제력을 보였다고 했을 정도였다.[34] 하지만 다음 이야기에서 는 그런 영국의 모습은 전혀 찾아볼 수 없었다.

역사에 없었던 치욕

+

이것이야말로 가장 소름 끼치는 억압적인 과세 이야기일 것이 다. 힘없고 억압받는 집단을 대상으로 하면서 과세 액수뿐만 아니 라 징수 방식도 매우 공격적이었는데, 이는 세금을 사회 공학적social engineering으로 이용한 지배층의 사고방식을 있는 그대로 드러내는 이 야기다.

1896년 영국은 아프리카 서부 시에라리온에 보호령을 선포하고 관리들을 임명해 현지 추장들을 감독하는 방식으로 간접 통치를 시 작했다. 1898년 1월 1일, 식민지 총독 프레더릭 카듀Frederick Cardew 는 이미 계획되어 있던 철도 건설 자금을 마련하고자 모든 주택에 세 금을 부과하는 이른바 가옥세hut tax를 도입하겠다고 발표했다. 그런 종류의 세금은 원주민들이 직접 세금을 내게 함으로써 현금 기반 경 제cash economy에 참여하도록 유도한다는 명분으로 식민지 아프리카 에서 널리 시행되었다. 이는 한 가지 사례에 불과하지만, 세수를 올 릴 뿐만 아니라 현지인들의 행동을 변화시키려고 매겨진 다른 세금 사례들을 더 많이 보게 될 것이다. 현지의 추장들은 빅토리아 여왕에 대한 충성을 맹세하면서도 이 세금에는 정중하게 항의했다. 그러자 카듀 총독은 가옥세를 낮추고 기독교 선교사들을 포함해 일부에게 세금을 면제해주는 식으로 대응했지만 어쨌든 가옥세는 집행했다.

그러나 세금 징수가 이내 난관에 부딪히게 되면서 총독은 징수에 협조하지 않는다는 이유로 추장들을 감옥에 가두고 돌을 깨뜨리는 노동을 시켰다. 이는 추장들에게 큰 치욕이었다. 한 추장은 이렇게 말했다. "우리 추장들 가운데 누구 하나 조상 대대로 지금 내가 입고 있는 죄수복을 입는 치욕을 당한 적이 없었다."[35]

영국군이 세금 저항을 선동한다며 눈엣가시처럼 여긴[36] 지역 지도자 바이 부레Bai Bureh 추장을 체포하려는 움직임을 보이자 북부에서 처음으로 전투가 벌어졌다. 그렇지만 그는 지역에서 존경받는 용감한 전사로 한때 영국군을 위해 싸웠으므로 영국군의 전략을 너무나 잘 알고 있었다(카듀 총독은 바이 부레의 목에 현상금을 100파운드 걸었고, 바이 부레는 카듀 총독의 목에 현상금을 500파운드 걸었다).[37] 상황은 곧 게릴라전으로 바뀌어 원주민들은 정글에 매복해 매일 여러 차례 영국군과 교전을 벌였다.[38] 영국군이 이에 대응해 도시와 마을에 조직적으로 불을 지르면서[39] 세금을 거둬들일 기반 자체가 파괴되었다. 결국 반란은 남부 지방으로까지 확대되면서 전투 방식은 더 잔혹해졌으며, 유럽인과 유럽인 차림을 한 아프리카인 수백 명이 죽었다.[40]

11월에 접어들자 반란은 수그러들었다. 바이 부레는 동료의 배신으로 체포되어 황금해안Gold Coast(현재의 가나)으로 추방되었고, 그의 동지 96명이 교수형에 처해졌다.[41] 결국 식민지 장관 조지프 체임벌린Joseph Chamberlain(이 책 후반부에 다시 등장함)이 '백인 통치에 대항하는 떠오르는 장군'[42]이라고 칭했던 바이 부레는 이렇게 사라졌다. 이 전쟁의 피해는 엄청났다. 카듀조차 '전사한 용감한 장교들과 병사들, 희생당한 헌신적인 선교사들, 학살당한 시에라리온 사람들의 악몽'에 시달릴 정도였다. 하지만 그 어떤 악몽도 '영국군에게 죽은 수많은 원주민'에 비하면 아무것도 아닐 터였다.[43]

이 사건은 역사에 '가옥세 전쟁'Hut Tax War으로 기록되었다. 그러나 그 전쟁에는 가옥세 이상의 의미가 담겨 있다. 반란군이 영국군을 몰아내려는 의도까지는 아니었지만 이 전쟁은 지역의 오랜 관습과 명예를 모욕한 것과 관련이 깊었다. 오두막에 불과한 가옥에 세금을 부과하는 것은 현지인들에게는 재산권을 직접 훼손하는 것으로 여겨졌다. 한 추장은 이를 이렇게 설명했다. "우리 나라에서는 어떤 물건에 값을 내는 것은 원래부터 그 물건에 대해 권리가 없다는 것을 의미하지요."[44] 그리고 지금까지 오랜 세월 추장들에게 있었던 사법권과 여러 권력(벌금을 부과해 얻는 수입 등)에 대한 강탈이 이어졌다.[45] "비록 작은 나라의 왕이지만, 왕이 사소한 일도 해결하지 못한다면 더는 왕이라고 할 수 없습니다."[46]

더구나 국경 경찰[47]의 공격적인 세금 집행은 커다란 반발을 불러일으켰다(영국이 임명한 국경 경찰은 노예 출신으로 그들의 전 주인에게 복수하는 일도 있었다). 물론 이런 갈등이 세금과 직접 관련이 없는 것은 아니지만, 갈등에는 더 깊은 다른 원인이 있었다. 게다가 서투르고 무자비한 집행은 세금 자체만큼이나 사람들을 자극했다.

영국 왕실은 무엇이 잘못됐는지 알아내고자 관리관을 파견했고, 그는 전쟁 이면에 다른 강력한 원인이 섞여 있다는 것을 알아냈다. 그는 "세금 집행 과정에서 불법적이고 모멸적인 행위들이 벌어지면서 관습에 배치되었을 뿐 아니라 국민의 감정에 불쾌감을 주었고, 이에 따른 개인적 모욕감과 불공평으로 저항이 발생했다"라고 지적했

세금 전사들: 바이 부레(왼쪽)와 혼 토이아(오른쪽)

다.[48] 관리관은 가옥세를 폐지하고, 경찰력을 통제하며, 추장들의 권위를 높여주어야 한다고 권고했다. 하지만 가옥세는 폐지되지 않고 3실링으로 줄어드는 데 그쳤다. 반면에 바이 부레는 시에라리온에서 영원한 국가적 영웅이 되었다. 병원과 축구 클럽이 그의 이름을 따서 지어졌고, 2013년에는 1,000리온짜리 지폐에 그의 얼굴이 들어갔다.

그러나 이것이 식민지 가옥세로 시작된 유일한 반란은 아니었다. 독일령 동아프리카에서도 2,000명이 세금을 내지 않아 처형된 것으로 알려졌다. 그러나 아마도 가장 기괴한 식민지 세금 갈등은 개와 관련해 일어난 사건일 것이다. 사실 개는 세금 이야기에 놀라울 정도로 자주 등장한다. 이 사건은 뉴질랜드 호키앙가 카운티의 마오리족이 지역의 모든 개에게 세금을 부과하자(마치 자동차 타이어의 폭에 따라 부과한 바퀴세wheel tax처럼) 무장봉기가 일어난 것이다. 이 세금 역시 토착민들의 자치권을 침해하는 것으로 여겨졌고, 군대가 동원되었다. 상황은 다행히 유혈사태 없이 잘 마무리되었다. 이 과정에서 저항군 지도자 혼 토이아Hone Toia는 세금 역사상 가장 유명한 말을 남겼다. 그는 다음과 같이 예언했다. "개에게 세금이 부과된다면 다음 차례는 사람이 될 것이다."[49] 너무나 정확하지 않은가?

또 다른 개와 관련된 세금 에피소드는 평화롭게 끝나지 못했다. 1922년 독일령 서남아프리카(현재의 나미비아)의 유목민 집단 본델스와트족은 1917년 부과된 개 세금 인상에 맞서 일어났다.[50] 목가적인 삶을 사는 이 지역에서는 사냥을 하거나 야생동물로부터 가축을 보호하는 데 개가 필요했으므로 개에게 세금을 부과하는 것은 결코 작은 문제가 아니었다. 이 지역에서 전후 위임통치권을 행사하던 남아프리카 정부는 비행기로 폭탄을 떨어뜨리며 이 종족의 저항을 진압했다. 민간인에 대한 최초의 고의적인 폭격 사례로 기록된 이 사건으로 100명이 넘는 본델스와트족이 사망했다. 국제연맹은 남아프리카 정부를 비난했지만 실제로는 아무런 조치도 하지 않았다.[51]

시에라리온과 뉴질랜드에서 벌어진 가옥세와 개 세금 관련 전쟁은 납세자 반란과 그로써 일어난 사태들이 세금의 많고 적음의 문제일 뿐 아니라 정부가 납세자를 대하는 방식과 세금의 강제 집행 이면에 깔린 주권을 주장하는 방식의 문제였음을 보여준다. 유혈사태가 많지 않았던 시대라도 세금 행사가 자주권 침해로 여겨지는 경우가 많았다. 이것은 과세 이야기에서 반복되는 주제다. 이 장 후반부에서는 집에 난로가 몇 개 있는지 확인하려고 세무공무원이 사람들의 집에 들어갈 권리를 인정했던 스튜어트 왕조 후기 시대(1660~1714)에 국민들이 분노한 일을 살펴본다. 디지털 시대라는 오늘날에는 정부가 세금이나 다른 목적으로 우리가 원하지 않는데도 우리에 대해 더 많이 알게 될 수도 있다는 우려가 커지니까 말이다.

볼리비아가 육지로 둘러싸인 이유

+

2019년 12월, 트럼프 행정부는 미국의 다국적 IT기업에 대한 프랑스의 '디지털 서비스세' 도입 계획에 대한 보복으로 프랑스에서 수입되는 샴페인, 치즈, 핸드백 등에 관세를 높게 부과하겠다고 위협했다. 미국이 봤을 때, 디지털세는 구글과 페이스북 같은 미국 IT기업들의 수익을 프랑스가 뺏어가는 행위였다. 하지만 프랑스로서는 외국 기업들이 자국에서 돈을 많이 벌었다면 그에 합당한 세금을 내야 한다고 보았다. 다국적기업이 누구에게, 그리고 어떻게 세금을 내야 하느냐가 지난 몇 년 동안 머리기사를 장식했고 거리 시위의 주제가 되었지만, 사실 이는 새로운 문제가 아니었다. 실제로 미국과 프랑스 사이에 디지털 시대 훨씬 이전인 1934년 비슷한 논쟁이 있었다.[52]

미국과 프랑스 사이의 이 디지털세 분쟁이 무역전쟁으로 번질 위기에 처했지만, 19세기 라틴아메리카에서는 세금 부과에 대한 분쟁이 실제 전쟁으로 이어졌고, 그 전쟁은 단지 비유에 그친 것이 아니라 실제로 우리 세계를 바꾸어 놓았다. 칠레가 볼리비아와 페루의 동맹을 상대로 1879년부터 1884년까지 치른 이른바 '10센트 전쟁'Ten Cents War[53]이 일어난 것이다. 이 전쟁은 아타카마주를 통해 태평양 연안으로 접근하던 볼리비아가 칠레와 국경을 어디로 할지를 두고 오래 논쟁해온 와중에 터졌다. 거의 사막 지대인 아타카마는 1840년대에 비료 원료인 구아노guano와 질산염이 풍부하게 매장되어 있다는 사실이 밝혀지기 전까지는 누구 소유인지 아무도 신경 쓰지 않는 땅이었다. 그런데 그 후 칠레인들이 이 지역과 역시 질산염이 풍부한 페루의 타라파카주로 대거 이동했다. 1874년, 칠레가 볼리비아의 양보를 대가로 이 지역의 영토 주장을 포기하는 국경 조약을 맺으면서 양국 간에 다음과 같이 합의했다.

> 이양된 지역에서 채굴되는 광물에 부과될 수출 관세는… 현재 시행되는 관세를 초과할 수 없으며, 칠레의 시민, 산업, 자본은 현재 존재하는 세금을 제외하고 어떤 세금도 낼 의무가 없다. 이 조약은 25년간 유효하다.[54]

이는 오늘날로 치면 '재무 안정 조항'fiscal stability clause으로 불릴 만한 내용으로, 볼리비아가 자국 국경 내에서 사업을 운영하는 칠레 기업에 세율을 인상하지 않겠다고 보장한 것이다. 기업들은 본래 미래의 세제 혜택에 대한 보증을 중요하게 여기는데, 특히 광산처럼 상황이 안 좋아지면 회복할 수 없는 막대한 선불 비용이 발생할 때는 더욱 그런 경향이 있다. 그러나 정부로서는 나중에 더 많은 세금을 거둬들일 수입원을 포기한 일을 후회할 여지가 있다. 이 사건에서도 그것이 다시 한번 입증된 셈이다.

1878년 2월, 볼리비아는 앞서 맺은 협정이 있는데도 광물 1퀸틀quintal(100킬로그램)당 10센타보(1/10페소)의 수출세를 부과하기로 결정했다.[55] 칠레는 즉시 이것이 1874년 협정 위반이라고 주장했지만, 볼리비아는 태도를 바꾸지 않았을 뿐 아니라 1879년 2월 14일 조세 의무를 다하지 않은 칠레의 광산회사 살리트레스 이 페로카릴의 자산을 청산하겠다고 발표했다. 그러자 같은 날, 칠레의 철갑함 두 척이 아타카마의 안토파가스타항을 점령하면서 양국 간 전쟁이 시작되었다. 칠레와 전쟁이 벌어지면 볼리비아와 상호원조하기로 비밀 조약을 맺은 페루도 다음 달 참전했다.

그러나 전황은 볼리비아와 페루에 유리하게 돌아가지 않았다.[56] 아타카마주는 결국 칠레에 넘어갔고, 볼리비아는 육지로 둘러싸인 나라가 되었다. 페루도 타라파카주를 잃었다. 칠레는 전 세계 질산염 매장지 대부분과 풍부한 구리 매장지의 통제권을 차지했다. 비록 칠레가 자국의 태평양 항구들에 볼리비아가 상업적으로 자유롭게 접근하도록 보장해주었지만, 접근로에 대한 볼리비아의 주장은 오늘날까지 외교적 긴장 상태의 불씨로 남아 있다.

분쟁은 여전히 국제사법재판소의 판결을 기다리지만, 국제사법

'재무 안정'을 위한 볼리비아와 칠레의 전쟁

재판소는 이미 2018년 볼리비아에 패소 판결을 한 바 있다.[57] 그러나 볼리비아 대통령은 '볼리비아는 결코 포기하지 않을 것'이라고 선언했다. 볼리비아 의회는 여전히 빼앗긴 아타카마주를 대표하는 의원을 두고 있고, 이 지역 출신 여성은 미스 볼리비아 대회에 참가한다.[58]

'천국의 빛'에도 세금을

+

이 장을 마무리하며 유혈사태는 아니지만 세금 설계 문제의 핵심을 소개하겠다. 1697년[59]부터 1851년까지 영국에서 부과된 창문세window tax 이야기다. 언뜻 창문에 세금을 매긴다는 것이 시대착오적이거나 어리석은 일로 보일 수 있지만 사실 이는 꽤 영리한 생각이었다.

당시 정부가 직면한 문제는 세금을 부과할 근거가 될 만한 타당한 사유를 찾는 것이었다. 그것은 부의 수준에 따라야 하고(공정성을 위해), 쉽게 검증할 수 있어야 하고(논란을 피하려고), 직전에 폐위된 스튜어트 왕조에서 난로 개수를 확인하려고 세금 조사관들이 집 안까지 들어오게 했던 끔찍한 난로세를 대체해야 했다. 따라서 집 안까지 들어가지 않고도 멀리서 확인해야 했고, 그래서 생각해낸 것이 바로 창문이었다.

집에 달린 창문의 개수야말로 그 집에 사는 사람의 품위와 부를 적절히 나타냈다. 그러니까 평균적으로 더 부유한 사람들이 더욱 많은 창문 세금을 부담하게 한다는 취지였다. 더구나 사람[60]이 집 안까지 들어가지 않고도 밖에서 창문 수를 세어 세금을 매길 수 있었다. 오늘날의 부동산 검색 포털 같은 대규모 주택 중개 수단도 없었고, 주택 가격을 합리적으로 정확하게 평가할 방법도 없었던 시대에 창문세는 그렇게 나쁜 생각이 아니었다. 실제로 창문세는 오늘날에도 일부 개발도상국에서 상대적으로 쉽게 관찰되는 특성(집의 위치, 크기 등)에 수학 공식을 적용해 집값을 추정함으로써 재산세를 산출하는 데 사용하는 컴퓨터 기반 대량감정평가computer-assisted mass appraisal systems의 단순 버전이라고 할 수 있다.[61]

그러나 창문세 아이디어 자체는 좋았지만, 당시 다른 세금 제도와 마찬가지로 일종의 한계가 있었다. 즉, 창문의 수가 부를 나타내는 정확한 기준은 아니었다. 결국 창문세는 곧 불공평한 세금으로 여겨졌다. 애덤 스미스Adam Smith는 창문세에 대해 다음과 같이 비난했다.

시골 마을의 10파운드짜리 집이 런던의 500파운드짜리 집보다 창문이 더 많을 수 있다. 당연히 창문 많은 시골집에 사는 사람들이 창문이 적은 런던의 고급 주택에 사는 사람보다 훨씬 더 가난할 수 있지만, 창문의 수에 따라 세금이 부과되기 때문에 시골 사람들이 국가에 더 많은 세금을 내야 하는 일이 발생한다.[62]

창문세는 특정 창문 수 이상의 주택에만 적용되어 극빈층의 부담을 어느 정도는 완화했지만, 도시 빈민층이 밀집한 임대 주택은 세금의 목적상 단일 단위로 계산되어 세금이 면제되지 않는 일이 많았다. 또한 창문세는 납세자들에게 세금을 줄이려는 행동 변화를 유도했는데, 이것이 새로운 피해를 감수하게 하는 역효과를 낳았다. 사람들이 창문세를 덜 내려고 창문 수를 줄인 것이다. 그들이 창문을 벽돌로 막아버리자 집 안에서 빛과 공기가 사라졌다. 이런 흉물스러운 흔적은 오늘날까지 남아 있는 오래된 주택에서 볼 수 있다. 프랑스의 경제학자이자 사업가인 장 바티스트 세Jean Baptiste Say(1767~1832)도 세금 부담을 줄이려고 벽돌공에게 창문을 막게 하면서 "국가 재정에는 아무런 도움이 되지 않고 시민들의 즐거움만 줄어들었다"jouissance de moins라고 말했다. 이는 '초과 부담'excess burden을 적절하게 표현한 것이었다.[63] 초과 부담은 세금 제도에 대한 생각 가운데 가장 중요하면서도 이해하기 어려운 개념으로, 납세자가 세금 때문에 겪는 손실이 실제로 세금으로 내는 돈보다 더 크다는 것을 뜻한다. 이런 초과 부담이야말로 과세의 부수적 피해라고 할 수 있는데, 이는 9장에서 자세히 살펴본다.

사람들이 창문을 없애면서 생긴 피해는 결코 작지 않았다. 집 안의 통풍이 잘되지 않으면서 질병이 퍼졌고, 빛이 들어오지 않으면서 비타민 B가 부족해 아이들의 성장을 방해했다. 반대론자들은 이 세금을 '천국의 빛'에 대한 세금이라고 비

빛을 적게 들어오게 하라. 벽돌로 창문을 막은 건물

난했고, 의학 관련 언론들도 '건강에 대한 세금'이라고 항의했다.[64] 자선단체들은 가난한 사람들을 위해 건축가들을 고용해 창문세를 줄일 숙박 시설을 설계하게 했고,[65] 당대 유력 인사들도 일제히 창문세에 반대했다.

벤저민 프랭클린Benjamin Franklin이 1784년에 『파리 저널Journal of Paris』 편집인에게 자연광의 이점을 숙고하는 글을 썼을 때 그런 점을 염두에 두었을 것이다. 놀랍게도 그의 권고안 중에는 창문이 없어 집 안이 어두우니 아침에 사람들을 깨우기 위해 교회 종을 울리거나 새벽에 대포를 쏘는 방안도 담겨 있었다(그러나 우리가 더 주목할 만한 것은 프랭클린이 창문세를 효과적으로 대체할 방법을 제안했다는 것이다. 바로 '햇빛을 가리기 위해 셔터가 달린 창문에만 세금을 부과하자는 것이었다).[66] 창문세에 대해 찰스 디킨스Charles Dickens는 다음과 같이 분노했다.

'빛이 공기처럼 무료'라는 말은 의회법으로 쓸모없는 말이 되었다. 창문세가 부과된 이후 공기도 빛도 공짜가 아닌 것이 되었고… 그 비용을 감당할 수 없는 가난한 사람들은 우리 생활에 가장 시급한 두 생활필수품(빛과 공기)을 아껴야만 했다.[67]

1798년 프랑스도 영국을 따라 창문에 세금을 부과했을 뿐 아니라 한술 더 떠 문door에도 세금을 매겼다. 이에 대해 『레미제라블』에도 나오는 디뉴의 미리엘 주교는 "빈곤한 가정, 늙은 여성, 어린아이들이 오두막에 살면서 열병과 다른 질병들에 시달리고 있다. 하나님이 인류에게 공기를 주셨는데, 법이 그것을 판매하는구나!"라고 탄식했다.[68]

세상의 다른 쪽에서는 슈퍼 부자들이 창문을 과시하며 즐길 수 있었다. 제인 오스틴Jane Austen의 『오만과 편견Pride and Prejudice』에서 뻔뻔스러운 콜린스가 엘리자베스 베넷에게 자신을 후원하는 사람들의 막대한 재산을 자랑스럽게 보여주었을 때, 베넷은 '콜린스가 기대했던 것만큼 황홀해할 수 없었고, 다만 그 집 앞의 창문이 몇 개인지 적은 표를 보면서 집주인인 루이스 드 부르 경이 그 많은 창문에 세금을 내는 데 돈을 얼마나 썼을까 하는 생각이 들었을 뿐이었다.'[69] 사람들은 집 안의 창문을 유지하면서(막지 않고) 세금을 덜 내고 싶어 했다. 그래서 다른 대부분 세금과 마찬가지로 창문세에 대한 대응도 회피, 분쟁, 입법 개정 같은 이야기가 주를 이룬다.

오늘날 관광객들이 케임브리지의 캠강에서 보트 관광을 하면 가이드가 모서리에 창문이 있는 강둑 위의 집을 가리킨다. 창문을 모서리에 오도록 설계한 것은 세금을 줄이려고 하나의 창문을 통해 가까이 있는 두 방으로 빛이 들어오게 하려는 목적이었다. 그러나 정부는 그 속임수를 금방 알아차렸고, 1747년 하나 이상의 방에 빛을 비추는 창문은 방마다 세금을 부과하는 법을 도입했다.[70]

그러자 사람들은 창문을 헐거운 벽돌이나 판으로 임시로 막아서 창문을 세는 조사원들을 속였다. 진흙이나 소똥, 모르타르, 갈대 등을 이용해 밖에서는 창문으로 보이지 않게 하고 수시로 제거할 수 있었다. 이런 재료들은 소나기에 씻겨나갈 수 있었으므로 그 안쪽에는 종이나 합판을 대놓기도 했다.[71] 그러자 정부는 그해에 다시 한번 막은 창문을 조사원에게 알리지 않으면 다시는 창문을 열 수 없으며, 이를 위반하면 벌금을 무겁게 물린다는 규정을 새롭게 추가했다.

창문세와 관련한 논쟁, 편파적 지지, 분노가 난무했다. 예를 들어 도대체 무엇을 창문이라고 규정할 것인가? 높은 세금이 걸려 있다 보면 뻔한 질문에도 답이 이상해질 수 있다. 법에서 말하는 창문은 건물 외벽의 모든 구멍, 심지어 벽돌이 떨어져 나간 자리도 의미하는 것 같았다.[72] 시간이 지나면서 법은 창문의 개념을 좀 더 구체화했다. 예를 들어 1747년 법 개정에서는 두 개 이상의 창을 하나의 틀로 결합한 것도 두 창 사이의 칸막이가 30센티미터 이상이면 다른 창으로 여겼다. 지역 유지들로 구성된 조세위원회는 자신들이 원하는 만큼 세금을 적용하려고 들었다. 이러한 관행은 공정하지 못한 결과를 빚어내기 일쑤였다. 감리교 창시자 존 웨슬리John Wesley는 창문이 100개 달린 집을 가진 사람이 창문 20개에 대해서만 세금을 내는 것을 비난하기도 했다.[73]

창문세는 매우 불완전한 제도였지만 전혀 엉터리는 아니었다. 창문세는 세금 제도 설계에서 중요한 도전을 동시에 보여준다. 정부가 최소한의 공정성을 추구하기 시작했다는 점에서, 효과적이면서도 납세자들의 권리를 침해하지 않는 방식으로 세금을 관리하려고 했다는 점에서 중요하다. 이러한 도전은 이 책 후반부에서 차례로 다룬다. 앞으로 더 살펴보겠지만, 많은 정부에서 이 창문세를 집행했던 정부보다 훨씬 더 형편없는 일을 저질렀다.

모든 게 세금 때문은 아니지만…

+

"거의 모든 공적인 문제는 세금에서 발생하거나 세금으로 끝난다"라는 알렉시 드 토크빌의 말은 과장되었을 수도 있다. 모든 반란,

전쟁, 정치적 다툼이 세금 때문에 일어나는 것은 아니다. 사실 '세금' 때문에 생긴 일도 거의 항상 단지 세금 때문만은 아니다. 때로는 과도한 세금이라는 화려한 수사 속에 더 깊은 이유를 감추려는 의도가 있을 수 있다. 보스턴 차 사건이 애국심을 드러낸 것이라거나 남북전쟁의 뿌리가 노예제도가 아니라 남북 간 관세정책에 따른 갈등 때문이라는 논쟁에서도 그런 잘못된 느낌을 알아챌 수 있다.[74]

그러나 그런 편리함 속에 숨기보다 세금이 문제의 원인임을 제대로 드러내는 것이 더 중요할 때가 많은 것이 사실이다. 예를 들어 헨리 8세가 로마와 결별하게 된 계기가 앤 불린에 대한 그의 열정이나 아라곤의 캐서린과 이혼하려고 했는데 교황이 거부해서가 아니라 영국 교회에서 들어오는 수입에 대한 교황의 욕망 때문이라고 보는 것은 지나친 생각일 수 있다.[75] 그러나 수익을 증대하려고 시도하다가 시민의 반란까지 불러온 왕으로서는 이런 수익을 챙김으로써 생기는 막대한 재정적 이익을 포기하기는 어려웠을 것이다.

어쨌든 헨리 8세는 교황과 대립하면서 영국 교회의 성직자들이 로마에 내는 세금을 몰수하겠다는 위협을 지렛대로 사용했고, 기회가 오자 재빨리 자기 계획을 실행했다.[76] 그 결과 국가 수입은 두 배로 늘어났다[77](그러나 왕은 영국이 치른 가장 값비싼 전쟁에 그 돈을 써야 했다).[78] 세계 역사에서 반란, 폭동 심지어 개혁조차 본질적으로 정부의 강압적 권력 행사에 관한 것이 많은데, 그때마다 세금 문제가 관련되지 않은 적은 거의 없었다.

물론 세금이 모든 사건의 원인은 아니다. 일부 관찰자와 달리 우리는 케네디 대통령이 석유와 가스 산업에 대한 세금 우대 조치를 되돌리려고 하다 암살되었다고 생각하지 않는다.[79] 그러나 세금 제도에

서 실수하면 끔찍한 결과를 가져올 수 있는 것처럼 훌륭한 세금 설계
와 행정은 국가와 국민에게 엄청난 이익을 가져다줄 수 있다. 선조들
의 실수와 지혜를 자세히 들여다보면 앞으로 올바른 방향으로 가는
길을 알 수 있다.

바로 이런 목적을 염두에 두고 수천 년 동안 정부가 강압적인 과
세 권한을 행사하는 방식이 어떻게 변했는지, 또 어떤 것들은 변하지
않고 남아 있는지 큰 그림을 살펴보자.

2장

우리가 걸어온 길

한 국민의 재정에 관한 역사가 그 국민의 전체 역사에서 가장 중요한 부분이다.
조지프 슘페터[1]

소설 『스쿠프Scoop』에서 저자 에벌린 워Evelyn Waugh는 1930년대 아비시니아(현재 에티오피아)에서 경험한 일을 바탕으로 가상의 나라 이시멜리아의 세금 징수 장면을 다음과 같이 묘사했다.

> 당시 골란츠 잭슨 장군이 장악한 정권에서 국방부와 국세청의 기능을 병합하는 것이 더 효율적일 정도로 군대가 세금 징수에 동원되었다. 그의 군대는 주력 부대 둘로 나뉘어 배치되어 있었는데, 하나는 이시멜리아의 마약세 징수 부대였고, 다른 하나는 강력한 귀족 후계자들에 대항하기 위한 소규모 포병 사형집행단이 포함되어 있는 소총수 세금 징수 부대였다…. 회계연도 말이 되면, 장군의 비행대가 탈주민들을 추적해 주변 국가까지 날아가 커피, 가죽, 은화,

노예, 가축, 무기 등 전리품을 가득 싣고 예산일에 맞춰 돌아오곤 했다.[2]

오늘날의 복잡한 세금 체계는 바로 이런 단순한 약탈에서 발전한 것이다. 여기에는 강압적인 통치자들의 자원 차출이라는 공통 목적이 있는데, 이는 세금이 오늘날 우리에게나, 과거 우리 선조에게나 일상생활과 밀접하게 관련된 몇 가지 가운데 하나였음을 의미한다. 현재는 단지 옷만 바꿔 입은 과거가 아니다.[3] 오늘날의 통치자들도 선조들이 겪었던 것과 같은 근본적인 세금 문제에 직면해 있다.

이 장에서는 지난 수천 년을 빠르게 훑어보면서 반복된 도전이 무엇인지 파악하고, 통치자들이 그런 도전을 다루기 위해 노력해온 방식이 어떻게 변했는지 살펴본다. 또 각 시대의 정부들이 얼마나 많은 세금을 거둬들였는지, 결코 세금이 적고 절제된 황금시대가 아니었던 과거에 조세제도가 전쟁과 투표권 확장이라는 두 가지 힘으로 어떻게 형성되어왔는지 등을 다양한 맥락에서 살펴본다. 마지막으로, 정부가 스스로 자금을 조달하는 두 가지 주요 대안적 방법, 즉 돈을 빌리거나 찍어내는 것이 사실상 다른 이름의 세금 제도라는 사실도 조명해본다.

세금 역사 한눈에 보기

+

의심할 여지 없이 우리가 세금 제도라고 할 만한 제도는 고대 수메르에서나, 프톨레마이오스의 이집트에서나, 에벌린의 소설 『스쿠프』의 잭슨 장군 이야기에서나 모두 단순한 약탈로 시작되었다.[4] 약탈은 몇 세기에 걸쳐 계속되었다. 로마제국에서는 전쟁에서 크게 승리해 막대한 전리품을 약탈하면 그해의 다른 모든 세금을 면제해주었다.[5] 1087년 영국 왕 윌리엄 1세가 만든 토지조사부의 일종인 둠스데이 북Domesday Book의 주요 기능은 영국을 정복한 노르만인들에게 전리품을 얼마나 획득했는지 정확한 기록을 제공하는 것이었다.

약탈은 자원이 풍부한 남아프리카를 정복하면서도 이어졌다. 선단을 이끌고 태평양까지 진출한 제독 프랜시스 드레이크Francis Drake의 스페인 보물선 나포와 1577~1580년 스페인 대약탈은 엘리자베스 1세 여왕(재위 1558~1603)에게 1년 치 세금만큼의 수익을 가져다주었다.[6] 이런 약탈은 아프리카와 중동의 막대한 석유와 광물 매장량을 통제하는 문제에 대한 갈등의 형태로 오늘날까지 이어지고 있다.

하지만 좀 더 정교한 약탈자들은 『스쿠프』의 잭슨 장군보다 더 교묘하게 약탈하는 법을 배웠다. 영화 〈황야의 7인〉[7]에서 배우 엘리 웰라치가 연기한 도적처럼, 그들은 자신들의 생산 능력(약탈할 수 있는 자원)을 지속하려면 피약탈자(농민들)의 자본과 인력을 충분히 남겨두는 것이 미래의 약탈에 더 좋다는 사실을 깨달았다.

그리스 역사가 헤로도토스는 그리스의 고대 도시 밀레투스를 공격한 리디아의 왕 알리아테스Alyattes에 대해 이렇게 말했다. "알리아테스는 앞으로 약탈할 무언가를 남겨두기 위해 밀레투스 사람들이 씨를 뿌리고 밭을 일구도록 그들의 집을 완전히 파괴하지 않았다."[8] 이로써 우리는 약탈자들이 실제로는 약탈이라는 고된 수고를 굳이 할 필요 없이 단지 약탈 위협만으로 충분하다고 생각했다는 것을 알 수 있다. 바이킹의 습격을 막기 위해 영국인이나 라인강변에 살던 프랑크족에게서 거둔 데인겔드danegeld 같은 공물 형태는 약탈로 얻을 수 있는 것과 같은 효과를 얻는 우아한 방법이었다.

외국인들 또는 어떤 이유로든(나중에는 종교적인 것이 이유가 되기도 함) 아웃사이더로 여겨지는 사람들을 약탈하거나 그들에게서 공물을 받는 관행이 세금 형태로 보편화하기 시작했다. 통치자들은 대중적 지지를 호소하지 않아도 되는 사람들에게서 가혹하게 자원을 얻기를 좋아한다. 아테네인은 외국인 거주자들에게 인두세를 내게 했고,[9] 엘리자베스 시대의 영국은 단지 외국인 거주자라는 이유로 세금을 두 배 부과했다.[10] 심지어 마키아벨리는 군주에게 이렇게 조언했다.

"군주의 것도 아니고 군주의 신하의 것도 아닌 재물이라면 남에게 아낌없이 베푸십시오. 페르시아 왕 키로스Cyrus도, 로마의 카이사르도, 마케도니아의 알렉산더도 그랬습니다. 다른 사람의 재물을 펑펑 쓰면 군주의 명성이 떨어지는 것이 아니라 오히려 높아지기 때문입니다."[11] 외국의 다국적기업들에 세금을 부과하려는 많은 정부가 오늘날 이를 따르고 있다. 그러나 1장의 볼리비아 사례에서 보았듯이, 외국인에게 세금을 부과하는 것은 위험할 수 있다. 게다가 통치자들의 요구를 만족시킬 만큼 충분한 적은 거의 없었다. 많은 식민지를 거느렸던 스페인제국조차 보물선단이 해마다 재물을 가져다주는데도 극심한 재정 위기를 겪었다. 그래서 통치자들은 어떤 식으로든 자기네 공동체의 일부라고 생각하는 사람들, 즉 내부자에 대한 과세가 필요하다고 생각했다.

식민지 시대 이후 국제 사회가 안정되면서 세금 제도는 점차 정착하게 되었다. 산업화 이전 시대까지 세금은 주로 세금을 납부할 여력이 있는 농경지와 노동이라는 두 대상에 집중되었다. 예를 들어 고대 중국 서주(기원전 1046~기원전 771) 시대에는 전체 농경지에서 수확되는 생산물을 과세 기준으로 삼기 위해 땅을 가로세로 똑같이 3칸씩 모두 9칸으로 나누는 제도가 생겨났는데,[12] 비록 어림짐작으로 나누었지만 당시 철학자 맹자(기원전 372~기원전 289)는 이를 높이 칭송했다(그러나 중국에서는 이처럼 농작물과 교환해 세금을 대신하는 방식이 오랜 세월 시행되었다).[13] 정부들은 토지와 관련된 세금을 징수하려고 막대한 자원을 들였다.[14] 로마의 디오클레티아누스 황제Diocletian(재위 284~305)는 돌, 덩굴, 나무의 수를 세는 방식으로 농지를 측정했고, 모든 가축은 정부에 등록해야 했다.[15] 일본에서도 메이지유신 때까지 주 수입원은 쌀 생산량(실제 생산량 또는 예측치)의 비율로 명시된 세금이었는데, 대개 현물로 납부되었다.

인도의 무굴 황제는 세수의 약 90퍼센트를 토지세로 충당했는데, 관리들은 농지의 크기, 생산량, 가격 등 농지에 대한 모든 정보를 미리 수집했다. 영국 통치하에서는 영국 관리들이 온 나라를 다니면서 우물과 관개 시스템의 상태, 농지 등록부 누락 여부, 가축의 건강 상태, 경계의 정확성 등을 점검했다.[16] 이러한 기법들은 대부분 과세 금액을 합리적으로 산정하는 근거를 세우려는 물리적 지표에 초점을 맞춘 것으로, 저소득 국가에서는 오늘날까지도 자주 사용되고 있다.

노동에 대해서는 이른바 인두세라는 이름으로 명시적으로 과세했는데, 인두세는 모든 사람에게 같은 금액을 세금으로 부과하는 것으로 중국에서는 호구세戶口稅라고 했다.[17] 그러나 강제 노동으로 암묵적으로 과세하는 경우도 있었는데, 이때 강제 노동이 너무 힘들어 사람이 죽는 일도 가끔 있었다. 이에 비하면 고전적인 유럽 봉건제도의 기사들이 약탈한 땅 가운데 일부를 차지하는 대가로 군주에게 자신이나 가신들이 보유한 군사력을 제공하는 것은 그래도 노동에 대한 점잖은 과세 방식이라고 할 수 있었다.

산업화 이전 사회에는 다른 유형의 세금이 여럿 있었다. 고대 아테네에서 부유층은 리터지liturgies(공공의례 행사를 치르기 위한 세금)라는 세금을 내야 했는데, 처음에는 제사나 축제를 위해 돈을 내다가 나중에는 국가의 여러 행사로 확대되었다.[18] 아테네의 페리클레스(기원전 495~기원전 429)는 기원전 462년에 그리스 비극작가 아이스킬로스Aeschylus의 비극으로 살라미스 해전을 다룬 〈페르시아인The Persians〉을 공연하고 세금을 거뒀다. 고대 로마에서 눈에 띄는 세금으로는 판매세(444년에는 판매액의 4퍼센트까지 징수),[19] 상속세, 노예세(노예를 매매할 때와 풀어줄 때 모두 부과) 등을 들 수 있다. 특히 베스파시아누스 황제Vespasian(재위 69~79)는 소변에 세금을 부과하면서 아들에게 '돈에서는 냄새가 나지 않는다'Pecunia non olet라고 가르쳤다. 고대 아테네에서도 수입과 수출에 세금을 1퍼센트 부과했지만,[20] 근세에 이르기까지 통치자들이 거둬들인 세금은 대부분 토지와 노동에서 나왔다.

통치자들이 계속 늘어나는 영구적 재정 수요를 채우려면 피지배층(백성)의 동의가 어느 정도 필요하다는 것을 인식하면서 중세 서유럽에서부터 근대적 조세제도의 요소가 생겨났다. 전통적으로 통치자들은 정권 자체를 유지해야 했는데,[21] 그러려면 특히 전쟁 비용을 국내 자원으로 충당할 수 있어야 했다. 결국 이 비용들은 토지에서 나오는 수입, 영주의 군사력 지원, 토지 사용료나 소작료 같은 봉건 채무feudal dues 등으로 충당되었고, 헨리 8세 치하에서는 수도원 해체 등 다양한 편법이 동원되었다. 전쟁과 같은 특별한 상황이 생겨 평상시 세금으로 감당할 수 없으면 특별 세금이 부과되었는데, 영국에서는 이 특별 세금이 특별징수세subsidies, 보조금grants, 지원금aids 등으로 다양하게 불렸고 스페인에서는 후원금servicios이라고 하면서 자발적으로 내는 상호 합의된 세금으로 여겼다. 그러나 15세기 후반 무렵 세력이 강해진 오스만의 위협이 커지면서[22] 적의 공격을 방어할 좀 더 튼튼한 요새를 구축하고 더 강력한 포병과 대규모 보병 육성이 필요해지자 전쟁 비용이 계속 늘어났다.

영국에서는 제임스 1세 치세(재위 1603~1625) 동안 전통적인 봉건 수입원만으로는 국가 비용을 충당할 수 없어 독점 판매세를 임시 부과했지만 부족한 재정을 메우지 못했다. 이에 따라 전시에 자금을 조달하려고 시행했던 특별징수세가 전시가 아닌 평화 시기에도 정기적으로 부과되었다. 정부가 더 신뢰할 수 있고 지속 가능한 수입원을 찾는 노력을 강화하면서 상업, 기타 비농업 활동, 도시들이 세금 징수의 유혹적인 목표물이 되었다.[23] 그러나 통치자들은 이와 같은 영구적인 수입원을 확대하려면 대가를 내야 했는데, 그들의 정치적 지배력이 축소된 것이 바로 그것이었다.

아마도 전통적으로 큰 논쟁 없이 통치자들에게 당연히 그 권리가 있다고 여겨지는 오래되고 영구적인 수입원 중 하나는 무역에 대한 과세일 것이다. 국경은 예부터 세금을 부과하기 편리한 지점이었고 내부자보다는 외국인에게 세금을 부과하는 것이 그만큼 부담도 적었기 때문이다(물론 여기에는 조세 귀착의 문제, 즉 궁극적으로 세금을 부담하는 자가 누구인가 하는 문제가 있지만 말이다. 조세 귀착은 7장에서 다룬다). 중세에는 무역세가 유럽 국가의 주 수입원이 되었다.

영국에서 존 왕(재위 1199~1216)은 수입과 수출에 모두 세금을 약 7퍼센트 부과했는데,[24] 중세 영국 왕들의 수입은 대부분 양모 수출에 대한 세금에서 나왔다. 유럽 대륙에서는 통행료 문제로 한바탕 소동이 일어난 적이 있다. 1567년에는 프랑스 중부 르와르주의 로안에서 북서부의 낭트까지 여행하는 데 통행료를 무려 120번이나 내야 했다.[25] 무역에 대한 세금 부과는 당시 두 주요 무역로의 교차점에 위치한 비잔틴제국의 도시 콘스탄티노플(이스탄불)의 눈부신 발전을 가져오기도 했다. 오늘날 선진국에서는 무역세가 수입 자체를 올리기 위해서라기보다는 국내 기업을 보호하려고 사용되는 경우가 더 많지만, 개발도상국에서는 여전히 전체 세수의 20퍼센트 이상을 차지하고 있다.

통치자들에게 광범위하고 신뢰할 수 있는 수입원 확보가 필요해지자 소비세가 확대되면서 정규화되었다. 수입품에 대해서뿐만 아니라 특정 제품의 국내 생산에도 세금이 부과되기 시작했는데, 이는 화폐의 등장과 더불어 생산과 소비가 특정 소수의 회사와 도시에 집중되었기 때문에 가능했다. 스페인에서는 이미 1342년부터 다양한 제품에 판매세alcabala가 부과되었고,[26] 프랑스에서도 1340년대 끔찍한 가벨gabelle(소금세)이 상시적으로 시행되었다. 메디치가家의 피렌체공화국에서는 1427년 판매세가 소비지출의 평균 6퍼센트를 차지했다. 피렌체 내에서는 이보다 더 높았는데[27] 그 대부분은 술과 소금에 매기는 세금에서 나왔다. 해를 거듭하면서 점점 더 많은 제품에 세금이 부과되었다. 스페인에서는 1590년에 기본 식품에 간접세milliones가 부과되었고, 이어 네덜란드 연합주('소비세'excise라는 단어가 중세 네덜란드어인 excijs에서 나왔음)[28] 그리고 영국에서도 왕의 자리가 비어 있던 1649년부터 1660년 사이에(당시 의회의 영웅으로 불리던 존 핌John Pym 하원의원이 나라를 이끌었다)[29] 판매세가 도입되었다.

그러나 조세 기반을 확대하려는 이러한 시도가 항상 성공한 것은 아니다. 모든 상품에 세금을 10퍼센트 부과하려던 스페인의 시도 Tenth Penny는 결과적으로 1568년부터 1648년까지 네덜란드가 스페인에 맞서 독립전쟁Dutch Revolt(1776~1783)을 일으키는 도화선이 되었다. 영연방에서도 광범위한 상품 과세에 대한 저항이 일어났는데 이 때문인지 영국에서는 아직도 상품 과세가 금기시되고 있다. 그러나 화폐의 등장과 산업 발전으로 상품 과세가 쉬워지면서 상품에 대한 세금 부과는 국가의 중요한 수입원으로 확고히 자리 잡았다.

그럼에도 이 시기에 시행된 세금 제도는 대부분 개인의 상황에 따른 차별화를 시도했다. 실제로 농토, 공장, 광산 등 부유한 사람들의 주머니가 바로 돈이 있는 곳이고 세금을 거둬야 하는 곳이었다. 그러나 통치자들은 그 대상들이 얼마나 부유한지 쉽게 판단할 방법이 없었다. 특히 더 많은 매출을 신고할수록 더 많은 세금을 내야 하는 것이 조세 원칙인데도 그 대상들이 자발적으로 세금을 낼 이유는 없었다. 이 점은 오늘날까지도 논쟁의 대상이 되고 있고, 모든 조세 제도의 중심 문제로 남아 있다.

하지만 그리스인은 이미 오래전 이 문제에 깔끔하게 접근한 적이 있다. 부자들이 자기 재산을 다른 사람의 리터지로 교환하면 그들의 리터지를 면제해주었다.[30] 이런 접근 방식은 그들이 자기 재산을 지나치게 축소 신고하지 않아도 되도록 동기를 부여했다. 그들은 오히려 자기 재산이 적게 평가될까 봐 우려했다. 이 방법은 자기 재산을 사실대로 신고하는 방편으로 그 이후에도 종종 시도되었다. 그러나 부유한 사람들을 대상으로 하는 훨씬 더 일반적인 접근 방법은 사회계층 구조에서 그들의 영향력이 얼마나 강력한지, 사회적 지위는 어떤지 또는 1장에서 살펴본 것처럼 집에 창문이 얼마나 많은지 등처럼 생활 수준을 나타내는 개인의 납세능력에 기초하는 것이었다.

또 다른 방법은 현지 사정을 더 잘 아는 지방 엘리트들이나 통치자가 좋은 관계를 유지하고 싶어 하는 사람들에게 차등 과세를 효과적으로 위임하는 것이었다. 그러나 때로는 내야 할 세금액이 개인별이 아니라 지역별로 할당되는 상황에서 이 재량권이 행사되었으므로 정실에 얽매이거나 부정이 널리 퍼질 수밖에 없었다. 실제로 월터 롤리 경 Sir Walter Raleigh●은 엘리자베스 여왕에게 "여왕의 장부에 30파운드 또는 40파운드로 되어 있는 우리의 사유재산은 실제의 100분의 1도 되지 않습니다"[31]라고 말했을 정도다. 세금 제도가 부자들에게 얼마나 공평하게 적용되느냐는 이처럼 어려운 문제지만, 상품을 기반으로 하는 소비세와 관세는 과세 기반을 훨씬 더 쉽게 알아채고 검증할 수 있었다. 예를 들어 양모 뭉치는 몇 개인지 셀 수 있다. 따라서 세금 집행에 완전히 다른 접근 방법을 적용할 수 있었다. 부유층만이 아는 내밀한 지식이나 특정 관계에 의존하지 않아도 되었고, 공무원이나 일정한 수수료를 받고 세금을 대신 징수하는 상업 기업들을 이용해 더 개방적으로 세무 행정을 운영할 수 있었다.

16세기 후반이 되자 이제 국가 세수는 단순히 전시에 비상한 재정을 조달하는 문제가 아니라 일반적인 현실 문제가 되었다. 과세 대상이 되는 사람들에게서 얼마나 많은 세금을 어떻게 거둬야 할지 더 많은 통제 방법을 찾으면서 세금에 대한 저항도 커졌다. 그런 저항은

● 위그노 전쟁에 참가하고 아일랜드 반란을 진압한 공으로 여왕의 총애를 받아 기사 작위를 받음.

중세 초기에 지역적으로 일어났던 세금 반란에서부터 스페인 국왕 펠리페 2세(재위 1556~1598)와 국회Cortes의 투쟁, 영국 왕당파와 의회파의 내전(1642~1651), 미국 독립전쟁, 프랑스 혁명 등으로 이어졌다. 이 모든 사건은 진행 속도도 달랐고 결과도 달랐지만, 마침내 서구에서 안정적이고 합당하며 광범위하게 합의된 세금 구조가 출현한 것은 1789년부터 1914년까지 '긴 19세기' 동안이었다.

근대적 세금 구조는 1688년 영국의 명예혁명 그리고 프랑스와 벌인 전쟁 이후 영국의 정치 상황이 안정되면서 처음 생겨났다. 토지에 대한 세금 할당제, 관세 수입, 다양한 소비세, 특히 점점 더 전문화된 조세 행정이 뒷받침된 이 같은 세금 구조는 당시 영국이 세계 최강국으로 성장하는 힘의 핵심으로 인식되었다. 영국과 독립전쟁을 치른 조지 워싱턴George Washington조차 "현대 전쟁에서는 재정 상태가 얼마나 좋으냐가 승패를 좌우한다"라고 지적했다. 그는 "영국 정부는 심각한 부채 상황에 놓여 있지만 재정 시스템 덕분에 다른 어떤 나라보다 더 큰일을 치를 수 있다"[32]라며 영국과의 전쟁에 우려를 표했다. 영국의 재정 시스템이 그렇게 강력할 수 있었던 것은 초대 총리로 인정받는 로버트 월폴Robert Walpole[33]이 1733년 소비세를 확대하려 했던 계획이 대중의 분노로 순식간에 무산되면서 재정 시스템은 국민과의 진정한 합의에 기초해야 한다는 것을 일찌감치 학습했기 때문이다.

상업 활동과 그밖에 다른 활동이 활발해지면서 토지세의 중요성은 계속 줄어들었지만[34] 토지세는 여전히 국가 수입에서 상당 부분을 차지했다. 새로운 수입원들이 매력적이긴 했지만, 그것들을 계속 관찰하고 검증하기는 쉽지 않았다. 1697년만 해도 영국의 토지세는 토지 임대 수입에 대해서뿐만 아니라 개인 재산(토지와 금융자산을 포함해서)과 (비군사적) 사무실과 직장에도 부과되었다. 그러나 1730년대에 이르러서는 토지 임대수입 이외 요소들에 대한 세금이 크게 줄어들었다. 로버트 월폴도 "토지를 소유하면서도 마땅히 내야 할 토지세를 제대로 내는 사람은 아무도 없다"라고 인정했다.[35]

18세기에 일어난 전쟁으로 세수의 필요성은 더욱 절실해졌다. 프로이센의 프리드리히 빌헬름 1세(재위 1713~1740)는 이런 상황을 고려해 전쟁과 재정을 함께 관장하는 초대형 부처를 설치했다.[36] 각국 정부가 전쟁 비용을 마련할 재정을 구축하려고 분투하는 가운데 어떤 정부(영국)는 다른 정부(프랑스)보다 더 성공적이었다.

그러나 프랑스 전쟁과 나폴레옹 전쟁(1793~1815)이라는 전례 없는 비용을 감당하려면 비용이 더 많이 필요해지자 영국의 소小피트Pitt the Younger 총리는 1799년 과세 금액을 개인의 소득과 더 정확하게 관련짓는 것을 목표로 하는 최초의 실질소득세 제도를 도입했다.[37] 시장 부문의 확장, 농업의 중요성 감소, 대규모 시설의 고용 집중 그리고 점점 더 많은 국민이 글을 쓰고 읽게 됨에 따라 유럽과 북미 지역을 중심으로 현대적 조세 구조로 뚜렷하게 전환되었고, 세금을 합리적·객관적·효율적으로 징수할 수 있는 관료제가 구축되었다. 이런 모든 경제적·사회적 변화로 세금을 징수하기가 쉬워지면서 돈이 더 많이 걷히기 시작했다.

제1차 세계대전 직전까지 대부분 산업 국가에서 세금을 관리하기 위한 훌륭한 관료제와 함께 안정적이고 풍족한 조세 구조가 확립되었지만, 놀랍게도 이때까지만 해도 영국의 선례에 따라 개인 소득세 제도를 채택하는 나라는 거의 없었다. 그러나 국가의 세금 제도에서 무엇이 중요한가 하는 문제는 더 분명해졌다. 사회적 긴장감이 높아지면서 독일과 영국이, 더 많은 재정 지원과 더 진보적인 세금 제도가 필요한 복지국가를 향한 첫발을 내디뎠다. 마침내 독일도 1891년에서 1912년 사이에 소득세를 도입했다. 이런 사회적 긴장은 1909년 영국의 로이드 조지Lloyd George 총리가 땅값 상승에 따른 불로소득에 세금을 20퍼센트 부과하는 이른바 국민 예산안People's Budget을 의회에 제출하면서 영국의 헌정 위기를 불러오기도 했다.[38] 미국에서도 가난한 사람들에게 부당하게 세금을 부과하는 것으로 인식되어온 관세의 대안으로 소득세에 대한 국민의 지지가 높아지면서 기업에 대해 어느 정도 과세를 하기 시작했고 이후 1913년에는 연방 소득세를 허용하는 헌법 개정으로 이어졌다.

그러나 이런 정도의 긴장은 제1차 세계대전이 일어나자 교전국들의 세금이 크게 늘어난 것에 비하면 아무 일도 아니었다. 제1차 세계대전이 일어나면서 소득세가 없던 국가들이 속속 소득세를 도입했고(프랑스에서는 전쟁이 일어나고 며칠 후, 러시아에서는 1916년), 기존 국가들은 세율을 더 높였으며, 그동안 적용해온 소득세 면제 기준도 크게 낮추었다. 영국의 표준 소득세율은 전례 없이 30퍼센트까지 올랐고, 적용 범위도 두 배 이상 확대되었다. 미국의 소득세율도 1913년 도입 당시 7퍼센트에서 전후인 1918년에는 77퍼센트까지 높아졌다. 이런 현상이 그 당시에는 일시적으로 여겨졌고 이후 오랫동안 잊혔지만, 다시 생각해보면 그것은 하나의 혁신이었다. 모든 강대국이 기업에 세금을 부과하는 제도를 도입한 것은 기업들의 전시 초과 이익을 환수하려는 의도였다.

제2차 세계대전이 일어나면서 소득세는 역사상 처음으로 일반인 대부분에게도 부과되기 시작했다. 미국은 1939년 770만 건이던 소득세 신고가 1945년 4,990만 건으로 갑자기 늘어났다. 이 같은 소득세 부과 확대는 고용주가 종업원에게 일일이 세금을 걷는 대신 세금을 미리 공제해 세무당국에 직접 내는 원천징수의 대규모 적용같이 세무 행정에서 중요한 발전이 있었기에 가능한 일이었다. 이후 수십 년 동안 정부가 부과하는 광범위한 세금 징수 수단에 큰 변화는 거의 없었지만, 크게 두 가지 예외가 있었다. 하나는 기업에 대한 세금이 확실하게 자리 잡았다는 것이고, 또 하나는 부가가치세가 출현했다는 것이다.

1920년대에 독일의 사업가 빌헬름 폰 지멘스Wilhelm von Siemens[39]가 처음 제안한 부가가치세는 당시에는 뜬금없는 아이디어로 보였다. 세금의 본질은 모든 기업이 자기 매출에 대해 내는 것인데, 매입액에 부과된 만큼 세금을 줄여준다고 했으니 말이다. 심지어 매입액이 매출액보다 크면 환불받을 수도 있었다. 그의 결론은 탈세나 다른 복잡한 문제는 차치하고, 부가가치세는 최종 소비자에게 판매한 것에 대한 세금이라는 것이다. 그러나 얼마나 터무니없이 들리겠는가. 왜 단지 최종 판매(즉, 소매 판매액)에 세금을 부과하지 않고 굳이 이런 신용거래와 환불 절차를 거친단 말인가?(예를 들어 영국에서 징수된 부가가치세의 40퍼센트는 기업에 환급된다.)[40]

이 제도의 요점은 부가가치세가 징수하기 어렵기로 악명 높은 소매업자뿐만 아니라 모든 사업자에게 세금을 낼 책임을 지운다는 것이다. 결국 1960년대 중반부터 부가가치세는 전 세계를 강타했다. 이제 부가가치세는 전 세계 조세제도의 중심이 되었다. 유독 눈에 띄는 단 하나의 예외가 미국인데, 이는 이 책 후반부에서 설명하겠다.[41]

지금까지 세계 세금 역사를 훑어보았는데, 사실 주로 유럽과 북미의 이야기다. 물론 다른 역사도 있다. 오스만제국에서 파생된 많은 나라는 더 복잡한 세금 제도를 운영하고 있다. 또 자원이 풍부한 나라들은 여전히 부가가치세나 소득세 없이 잘살고 있다. 이런 나라들의 세금 역사는 우리가 지금까지 살펴본 것과는 사뭇 다르지만, 그것이 좋든 나쁘든 나름대로 그 나라들의 주요 과세 모델로 자리 잡았다. 전후 식민지 강대국에서 해방된 많은 개발도상국은 식민지 강대국의 조세제도를 계승(유지)하면서 선진국의 관행에 크게 영향을 받았다. 그러나 국제통화기금IMF에서 개발도상국의 조세 업무를 만드는 데 기여한 '전문가들'은 처음에 본국(식민지 강대국)에서 그다지 성공하지 못했던 세금 제도를 무비판적으로(물론 약간 수정했지만) 개발도상국에 이식하도록 권장한 것을 후회하기도 했다.[42] 많은 개발도상국이 그런 제도들을 효과적으로 시행할 능력을 갖추기도 전에 복잡한 소득세 같은 제도를 대대적으로 적용하게 함으로써 어려움만 겪게 했다는 것이다. 세계의 많은 나라에서 훌륭하고도 충분한 관리 기능을 갖춘 좋은 세금 제도를 운용하려는 여정은 계속되고 있다.

세금을 얼마나 많이 걷었을까

+

모든 나라의 모든 세대는 자기들이 전례 없이 무거운 세금을 낸다고 생각하는 경향이 있다. 물론 이집트 파라오 시대의 세금과 오늘날 덴마크의 세금을 의미 있게 비교하기는 그 자체로도 어렵거니와 근대 이전에 세금 부담이 어떠했는지에 대한 증거도 충분하지 않다.

하지만 조상들이 언제나 세금을 적게 내는 축복의 시대에만 살았다고 생각할 수는 없다.

예를 들어 영국의 귀족과 성직자들은 1193년 사자왕 리처드(재위 1189~1199)를 돌려받으려면 엄청난 몸값을 내라는 요청을 받았을 때, 실제로는 생각이 달랐던 것 같다. 리처드는 제3차 십자군 원정을 마치고 돌아오는 길에 배가 부서지자 변장하고 육로로 돌아오다 적(오스트리아의 레오폴트 5세)에게 사로잡혔다. 레오폴트 5세는 리처드 왕을 더 강력한 통치자인 신성로마제국의 황제 하인리히 6세에게 팔아넘겼다. 당시 귀족 포로에 대한 몸값을 내는 것은 흔히 있는 일이었지만 이번에는 액수가 지나치게 많았다. 리처드를 확보한 하인리히는 영국 왕실에 리처드 송환의 대가로 천문학적 액수인 은화 10만 마르크를 요구했는데, 이는 당시 순은 35톤[43]에 해당하는 금액으로 왕실 연간 수입의 열 배가 넘는 큰돈이었다.

연대기 작가 랄프 드 디케토Ralph de Diceto는 "이 돈을 마련하기 위해 대주교, 주교, 대大수도원장, 소小수도원장, 백작, 남작은 자신들의 연간 수입의 4분의 1을 바쳤다. 큰 교회들은 오랫동안 비축해둔 보물들을 가져왔고, 각 교구도 은 성배를 바쳤다. 시토회Cistercian 수도사들과 프레몬트레 수도회 수도사들은 1년 동안 수확한 양모를 모두 바쳤다"[44]라고 기록했다. 이것은 분명히 고통스러운 일이었다. (리처드와 사이가 좋지 않은 리처드의 야심 찬 동생 존John은 하인리히 6세에게 리처드를 그대로 억류시키는 대가로 충분한 금액을 제시했지만) 리처드의 어머니 아키텐의 엘레오노르Eleanor of Aquitaine가 나서서 리처드의 몸값을 모아 하인리히 6세에게 보냈다. 억류에서 풀려난 리처드는 왕위를 내려놓아야 했지만 하인리히 황제의 봉신 자격으로 다시 왕위를 되찾았고, 마침내 1194년 무사히 돌아왔다.

이 이야기는 극단적인 사례이지만, 근대 이전의 세금 징수 환경에는 오늘날 못지않게 높은 세금을 징수한 사례들이 많다. 페리클레스 치하의 아테네에서는 국가 생산의 10분의 1이 세금으로 징수되었고,[45] 이슬람제국의 압바스 왕조[46] 초기에는 국가 생산의 3분의 1이 그리고 16세기 후반 오스만제국 치하의 이집트에서도 국가 생산의 3분의 1이 세금으로 징수되었다.[47] 도쿠가와 시대(1603~1867)의 일본(18세기에서 19세기 초)에서는 쌀 생산량의 30퍼센트 이상이 세금으로 징수되었다.[48] 인도 무굴제국 초기에도 국가 생산량의 약 4분의 1이 제국 정부로 들어갔고,[49] 네덜란드 연합주가 지배한 이후인 1688년에도 같은 세금을 징수했다.[50] 이 수치들은 오늘날 선진국의 세금 수준이 국내총생산의 약 3분의 1에 달하는 것과 그리 다르지 않다.

물론 그 숫자가 훨씬 더 컸을 때도 있었다. 1710년 러시아에서는 곡물 수확량의 3분의 2가 세금으로 징수되었는데, 이는 '스탈린 시대가 도래하기 전에는 볼 수 없었던 과한 재정 갹출'이었다.[51] 실제로 로마제국이 쇠퇴한 원인 중 하나가 과도한 세금 때문이라고 주장하는 학자들도 있다. 사람들은 오랜 세월 견딜 수 없는 세금 부담에 고통을 겪으면서도 어떻게 해서든 그것을 감당했다.

하지만 영국인들은 근대까지 대체로 세금을 그리 많이 내지 않았다. 1688년 영국의 세금은 국가 생산의 3퍼센트 수준이었다.[52] 물론 항상 그랬던 것은 아니어서 데인겔드(51쪽 참조)는 결코 적은 수준이 아니었다. 조공을 내는 영국에서보다 조공을 받는 덴마크에서 영국 돈이 더 많이 유통되었을 정도다.[53] 리처드 1세의 몸값을 지불하기 5년 전 그 아버지 헨리 2세(재위 1154~1189)가 부과한 살라딘 10분의 1조Saladin tithe는 1187년 살라딘이 점령한 예루살렘을 탈환하기 위한 십자군 원정 비용을 모으려고 부과한 세금으로, 모든 수입과 동산에 세금을 10퍼센트 부과했다. 살라딘 10분의 1조 집행에는 당근과 채찍이 적절히 사용되었는데, 이를 내지 않은 사람들은 교회에서 파문당했고 낸 사람들은 십자군 징집에서 면제되었다.[54]

하지만 우리가 오늘날의 세금과 비슷하다고 인식하는 것들은 대개 우리 선조가 감내해야 했던 강제적 세금과는 거리가 멀었다. 봉건 사회의 소작료는 17세기 초 영국 왕실 수입(왕실 소유 토지와 별개)의 절반 이상을 차지했다.[55] 또 당시에는 세속 정부에 대한 세금 외에 농업 생산량의 10퍼센트에 달하는 강제 세금이 종교기관에 돌아갔는데, 기독교 국가에서는 10분의 1조, 이슬람 국가에서는 자카트zakat라는 명목으로 징수되었다(농부들의 인건비까지 고려하면 10퍼센트 이상으로 보는 게 맞다).

이런 세금들은 다른 여러 형태로 모습을 달리하면서 지속되었는데, 일부 북유럽 국가들에서는 오늘날에도 정부가 '교회세'를 징수한다. 그러나 일반적으로 공식 통계에서는 세금으로 취급되지 않는다.[56] 다만 오늘날 자카트 명목으로 얼마나 많이 징수되는지에 대한 정보를 찾기는 어렵다. 또 일부 국가에서는 정확한 기록을 찾기는 어렵지만 빈민구호 자금을 조달하려고 지방세를 부과하기도 했다.

권력자들과 부패한 자들에 대한 '비공식적' 세금도 오랫동안 시행되었다. 예를 들어 미국에서는 정치인들에게서 어떤 지위를 받은 사람들은 그 대가로 자신을 임명한 정치인이나 정당에 돈을 내는 것이 오랜 관례였다. 미국 루이지애나주에서는 휴이 롱Huey Long[57]이라는 정치인이 주지사가 되면서 주정부 공무원들은 월급의 5~10퍼센트를 그의 정치 조직에 내야 했다.[58] 통치자들은 '세금'이라고 불리지 않는 방식으로 돈을 거둬들이는 데 능숙했는데, 이에 대해서는 3장에서 몇 가지 살펴보겠다.

현대에 들어오면 세금 수입에 대한 불안한 모습이 확실하게 나타났다. 영국에서는 프랑스 혁명 직전인 1788년에 세금 수입이 국내 총생산의 약 10퍼센트에 달하는 등[59] 18세기 동안에 세금이 현저하게 늘었다. 반면 여전히 세금 7퍼센트를 유지했던 프랑스에는 재정 위기가 찾아왔다. 프랑스는 일반적으로 역사상 세금을 너무 낮게 부과한다고 인식되는 몇 안 되는 국가 중 하나다. 19세기 초부터 세율(한 국가의 GDP에서 세수가 차지하는 비율)이 공식적으로 평가되면서 국가들은 다소 확고한 태도를 보이게 되었다.

중앙정부가 부과하는 세금만 고려하면, 영국의 세금 비율은 나폴레옹 전쟁부터 1900년대까지는 10퍼센트 이하에 머물렀다. 미국은 남북전쟁 당시 상승폭을 제외하면 세율은 5퍼센트 이하(연방세만 볼 때)를 유지했다.[60] 그러나 제1차 세계대전이 일어나면서 영국은 20퍼센트대 초반까지 상승했고, 미국은 5~10퍼센트대까지 상승했다. 이후 제2차 세계대전이 일어나면서 두 나라 세율은 다시 치솟았는데, 이번에는 전쟁이 끝난 뒤에도 이것이 내려가지 않았다. 1947년 영국의 세율은 36퍼센트로 오늘날보다 약간 높은 수준이었고[61] 오늘날 미국의 연방 세금은 GDP의 약 16퍼센트로 1947년과 거의 같지만, 주세와 지방세를 더하면 GDP의 약 26퍼센트에 해당한다.[62]

물론 나라마다 사연이 있다. 경제협력개발기구OECD의 다른 회원국들은 1965년 이후 세율이 크게 높아져 평균적으로 GDP의 10퍼센트에 달했다. 세금 수입도 나라마다 차이가 크다. OECD 국가들의 세금 비율은 평균적으로 GDP의 3분의 1 수준이지만, 가장 낮은 멕시코는 16퍼센트, 가장 높은 프랑스는 46퍼센트로 차이가 크다. 미국인이 스스로 생각하는 것과 달리, 미국의 세금 비율은 OECD 평균보다는 확실히 낮다.

그러나 예산을 편성하는 관례가 달라서 각국의 세율을 의미 있는 방식으로 비교하는 것은 그렇게 간단한 문제가 아니다. '세출'이라는 모순적 단어는 본질적으로 지출 프로그램의 성격인 세금에서는 우대와 혜택의 문제와 관련이 있다.[65] 예를 들어 어느 나라에서는 부양 자녀의 세금을 공제해주는 반면, 어느 나라에서는 자녀를 둔 부모에게 정확히 같은 금액을 직접 지원한다고 가정해보자. 이 두 접근 방식은 결과적으로는 같은 일을 하지만 후자의 국가는 GDP 대비 세금을 더 높게 책정할 것이다.

현재 영국에는 미국처럼 과세소득에서 자선단체 기부금을 공제하는 혜택이 없다. 그 대신 정부는 등록된 자선단체들에 그들이 납세자에게서 받는 기부금에 비례하는 액수만큼 자금을 지원한다. 두 경우 모두(공제 형태와 직접 보조금 형태의 세금 지출) 자선단체는 납세자가 포기하는 것보다 더 많은 금액을 받고 정부는 그 차액을 보전한다. 그러나 미국의 제도에서 징수되는 세금은 영국보다 적다.

현대 세금 제도에서 흔히 발견되는 중요하고도 비극적인 패턴은 개발도상국의 세금 비율이 낮다는 것이다. 저소득 국가의 약 절반에 해당하는 나라들에서 세율이 GDP 대비 15퍼센트를 넘지 않는다. 고소득 국가에서는 정책 입안자들이 세수를 늘려야 할지 줄여야 할지 고민할 수 있다. 하지만 그들을 제외한 국가에서는 대부분 그럴 일이 없다. 저소득 국가의 세율은 개발 요구를 들어주려면 확실히 인상해야 한다. 한 추정치에 따르면, 2015년 유엔 후원으로 세계 지도자들이 승인한 2030년까지 개발 목표인 '지속가능개발목표'Sustainable Development Goals의 핵심 요소를 충족하기 위해 저소득 국가들은 GDP의 15퍼센트를 추가로 지출해야 한다.[66] 하지만 이는 몹시 어려운 주문일 것이다.

전쟁과 복지
+

위에서 간단히 살펴보았지만, 세금이 역사적으로 볼 때 폭력의 산물이자 행위자였음은 분명하다. 약탈로 자원을 모았고, 그 자원을 바탕으로 더 많이 약탈할 수 있었다. 한 나라의 군사력이 세금 부과 능력에 달려 있다는 것은 오랫동안 진리였다. 로마의 정치가 키케로Cicero는 군자금은 밑도 끝도 없는 자금이라고 말했다. 기원전 428년 아테네는 펠로폰네소스 전쟁을 치르기 위해 재산세를 도입했고, 병사들의 임금은 2~3세기 로마에서 단일 지출로는 가장 큰 항목으로 국가 수입의 6퍼센트에 달한 것으로 추정된다.[67] 이후에도 계속된 국가들의 전쟁은 세금을 징수하는 능력을 키우는 데 돈을 투자하는 강력한 계기가 되었고, 결과적으로 세금 징수 기술은 빠르게 발전했다.

우리는 다음 장에서 영국의 소小피트 총리의 소득세 도입, 제1차 세계대전 이후 초과 이익세, 제2차 세계대전 이후 고용주의 원천징수제도 같은 에피소드를 살펴본다. 이같이 발전한 세금 징수 기술은 정부 자금 조달의 직접적 원천이 되기도 했지만 정부에 돈을 빌려준 투자자들에게도 정부가 전쟁 결과 늘어난 부채를 갚는 수단을 마련했다는 확신을 주기에 충분했다. 그 전형적인 사례가 바로 영국이 전쟁을 감행한 18세기에 오히려 세계적인 강국으로 떠오르면서 세금 징수 능력과 차입 능력을 발전시켰다는 것이다. 조지 워싱턴도 이를 알아차리고 영국 사례를 여러 차례 인용했다.[68] 막대한 세수를 올리는 능력이 커지면서 정부들은 정부를 정의하는 통제와 명령을 더 완전하게 행사할 수 있었다. 미국의 사회학자 찰스 틸리Charles Tilly의 말대로 "전쟁이 국가를 만들고, 국가가 전쟁을 만든" 것이다.[69]

지난 100여 년간의 광범위한 추세를 보면 전쟁의 역할은 확연히 드러난다. 미국과 영국 모두에서 두 차례 세계대전을 거치며 세율은 정점을 찍었다. 그 이전 영국의 혁명전쟁과 미국의 남북전쟁 동안에도 세금은 크게 상승하는 양상을 보였다. 그러나 두 차례 세계대전을 거치면서 전쟁 기간에 올랐던 세금이 전쟁이 끝난 후에도 내려가지 않는 톱니효과ratchet effect가 나타났다. 어떤 상태에 도달하면 다시 원상태로 돌리기 어려운 톱니효과 때문에 이 기간에 세율이 높아졌다고 보는 사람들[70]은 모든 정부가 전시에는 세율을 올리고, 세금 기반을 넓히고, 국방 지출에 필요한 자금을 만들기 위해 징수를 강화하고는 전쟁이 끝났는데도 사람들이 새 세율과 세금 구조에 익숙해지자 이를 그대로 유지하는 경향이 있다고 주장한다. 게다가 이를 계속 유지·시행하는 데 필요한 관료제가 이미 자리를 잡았다는 것이다.

그러나 이런 톱니효과는 자연법칙이 아니다. 19세기 영국의 재정 정책은 혁명전쟁과 나폴레옹 전쟁 기간 오른 세율을 다시 돌리는 데 초점을 맞췄다. 그 대표적인 예가 워털루 전쟁이 끝난 후 1년 만에 소득세를 폐지하고[71] 그동안 축적된 세금 부담을 덜려고 노력한 것이다. 미국에서도 남북전쟁이 끝나자 전쟁 기간에 설치된 세금 관련

조직들은 대부분 빠르게 해체되었고, 1872년에는 소득세마저 폐지되었다.

제1차 세계대전과 특히 제2차 세계대전 이후 영국과 미국에서 정부 규모가 확실히 커진 것은 사실이다. 그러나 이는 전시에는 과세의 주요 목적이 국방비 지출과 전쟁에 따른 부채를 처리하는 것이었지만 전후에는 대부분 세수가 빈곤층, 고령층, 기타 취약계층을 위한 재원을 마련하는 데 사용되는 복지 상태로 전환되었음을 보여주는 것이기도 하다. 정부에는 이제 전쟁, 도로 등과 같은 목적보다 국민의 기본 건강, 교육, 사회적 지원망 구축 등 새롭게 돈을 써야 할 곳이 많이 생겨난 것이다. OECD 국가에서 사회적 지출은 현재 GDP의 평균 20퍼센트를 차지하는데[72] 이는 전시 수준과 비슷할 것이다. 조지 영국 총리는 1909년 부유층의 세금을 인상해 새로운 사회 복지 프로그램에 자금을 지원하겠다는 국민 예산(60쪽 참조)을 도입하면서 다음과 같이 말했다. "이것은 전쟁 예산입니다. 가난, 비참함과 싸우는 준엄한 전쟁을 치르기 위해 돈을 모으는 것입니다."[73]

그러나 다시 한번 강조하지만 잘살지 못하는 사람들에게 혜택을 주자는 아이디어 자체는 전혀 새로운 것이 아니었다. 예를 들어 로마 시대에도 공공지출의 10퍼센트 정도는 하층 계급에게 무료로 나누어 주는 곡물과 올리브기름을 사는 데 사용되었다.[74] 종종 잊히기는 하지만, 가난한 사람들을 지원하는 일은 오랫동안 지방정부의 핵심 기능이었다. 영국과 독일도 예외가 아니었다.[75] 다만 세금에서 이런 복지 기능이 강화되고 중앙정부가 주도적 역할을 해야 한다는 추세가 반영되면서 19세기 말부터 많은 국가에서 세율이 완만하게 높아지고 있다.[76] 슘페터는 이 시기에 "전쟁 때문이 아니라 전쟁에도 불구하고

사회적 공감의 영역이 확장된 것이다"라고 말하고 이 추세가 앞으로 더 확장될 거라고 예측했다.[77]

교육에 지출하는 것도 당연히 정부 책임이 되었다. 1880년대 비스마르크가 이끄는 독일에서는 질병과 사고에 대한 의무 보험이 처음 도입되었는데, 이는 귀족적 가부장주의와 사회주의를 의도적으로 약화하려는 의도가 개입된 결과였다. 1889년에는 모든 노동자에게 노령보험과 장애보험이 도입되었는데, 고용주와 종업원의 분담금에 국가 부조를 보충하는 방식이었다. 이어서 분담금을 납부할 필요가 없는 연금 수급권 제도가 덴마크(1891), 뉴질랜드(1898), 영국(1910)에서 잇따라 도입되었다.

독일의 경제학자 아돌프 바그너Adolph Wagner는 1890년 이미 각국이 산업화가 빠르게 진행되면서 도시화와 사회적 발전에 대한 압박이 커짐에 따라 국가 수입에서 공공지출에 할당되는 비율이 높아질 거라고 예측했는데, 이것이 오늘날 '바그너의 법칙'Wagner's law으로 알려진 현상이다. 이 말은 그럴듯하게 들리지만 그 증거는 그렇게 엄청나지 않다.[78] 19세기 영국에서는 이 법칙의 징후가 명확하게 발견되지 않는다. 세율이 오른 데는 공공지출 증가 외에 확실히 다른 중요한 원인이 더 있었다. 또 작은 나라일수록 세율이 더 높은 경향이 있다. 그러나 어쨌든 두 차례 세계대전을 치르면서 전 세계 각국의 세율은 가파르게 높아졌고, 전쟁이 끝난 뒤에도 내려가지 않았다. 문제는 왜 그렇게 높은 세율이 상당 기간 지속되었느냐는 것이다.

가위의 두 날이 한데 합쳐져 자원이 대량 동원되어야 했기 때문이라는 주장도 있다. 한 날은 자원을 추출(세금 징수)하는 국가의 능력이 크게 좋아진 것을 의미하는데, 그런 능력이 없다면 국가는 전쟁터에서 큰 군대를 유지할 수 없다는 것이다. 또 다른 날은 전투에 참가한 사람들(동원된 사람들)에게 전쟁이 끝난 뒤 평화 시 그에 상응하는 혜택을 주어야 한다는 강력한 정치적·사회적 의무를 말한다. 이런 현상은 1942년 영국의 베버리지 보고서 Beveridge Report에서 명백히 드러났다. 이 보고서에서 베버리지는 전쟁에서 승리하면 곧바로 이어지는 선거에서 처칠을 이길 수 있을 만큼 매력적인 전후 국가 비전을 제시했다. 자원을 대량 동원하고 전후 복구에 드는 비용을 대려면 누진적인 조세 구조가 불가피했다. 1920년 영국과 독일에서 소득세는 60퍼센트로 최고 수준을 기록했고, 미국에서도 73퍼센트까지 치솟았다(최고치를 기록했던 1918년 77퍼센트에서 약간 떨어졌다).[79] 이 같은 기록적인 소득세율은 대량 동원을 겪지 않은 다른 국가들보다 무려 34퍼센트포인트나 더 높은 것이었다.[80] 제2차 세계대전 이후 각국 정부는 복지국가가 되기 위한 기구를 만들기 시작했다. 결국 전쟁이 복지국가를 현실로 만드는 정치적 환경을 제공한 셈이다.

배비지의 악몽

+

지금까지 세금 제도와 정부의 성장 이야기에서 빠진 게 하나 있다. 바로 투표권 확대다. 당시 많은 사람은 투표권이 부유층 이외의 사람들에게까지 확대됨에 따라 수많은 하층민이 세금 제도를 매개로 자원을 소수의 부유층에게서 자신들에게 전환하는 데 표를 던질 거라고 예상했다. 즉 과세 없는 대표권을 주장할 거라고 예상한 것이다.[81] (결국 소수의 부유층은 다수의 하층민이 부담할 가능성이 높은 가벨● 같은 간접세 부과를 주저하지 않았다.) 역사적으로 이는 보통선거권에 반하는 주장으로 취급되었고 르네상스 시대 이탈리아 정치 이론가들에게 이미 걱정거리로 떠올랐다.

> 확실히 말할 수 있는 것은 과세 방법에 관한 한 사람들은 대개 훨씬 더 나쁘고 불공정한 태도를 보인다는 것이다. 인간은 본질적으로 더 잘사는 사람들에게 과중한 부담을 지우는 것을 좋아하는 데다 하층민 수가 훨씬 더 많아서 그렇게 하기가 그리 어렵지 않기 때문이다.[82]

이 문제는 1647년, 크롬웰의 신모범군New Model Army이 찰스 1세를 상대로 첫 승리를 거둔 후 새로운 세계를 어떤 형태로 만들지를 놓고 논쟁을 벌인 퍼트니 토론Putney Debates에서 핵심 이슈였다. 크롬웰의 사위이자 의회군 장군인 헨리 아이어턴Henry Ireton[83]은 "아무 재산도 없이 숨만 붙어 있는 사람들에게 투표권을 준다면, 왜 그들이 모든 재산에 반대표를 던지지 않겠는가?"[84]라고 분통을 터뜨렸다.

2세기 후인 1852년, 찰스 배비지Charles Babbage는 영국 유권자 100만 명 중 85만 명이 소득세 기준 이하라는 계산이 나오자 질겁하고 컴퓨터 발명 작업을 중단했다. 배비지는 "금세기에 정치적 실수가 많았지만 투표권 확대만큼 치명적 실수는 없었다.… 부자에게만 치명적인 것처럼 보이지만 실제로는 모든 산업에 더 치명적인 악영향을 끼칠 것이다"[85]라고 말했다. 영국 공공재무의 건전성을 확립한 것

● 중세 프랑스에서 일반 서민들에게 부과한 소금세(55쪽 참조).

으로 유명한 윌리엄 글래드스턴William Gladstone[86]도 "투표권과 세금 납부를 밀접하게 연계하는 것이 매우 바람직하다"[87]라고 했고, 실제로 많은 경우에서 투표권은 어떤 형태로든 납세 책임이 있는 사람들에게만 제한되었다. 이런 제한이 프로이센만큼 완벽하게 작동된 곳은 없다. 프로이센에서도 연방정부 차원에서는 보통선거권이 인정되었지만, 의회는 직접 납세자들을 납부 세액에 따라 세 그룹으로 분류했다. 각 그룹이 내는 세금 총액은 같았지만 그들이 대표하는 사람의 수는 크게 달랐다.[88]

그러나 실제로 저소득층을 대상으로 투표권이 확대되었을 때 세금에 미치는 영향은 아이어턴, 배비지 같은 사람들이 우려한 만큼 그렇게 극적이지는 않았다. 심지어 너무 미미해서 거의 알아채지 못할 정도였다. 예를 들어 1900년 소득세의 평균 최고 세율은 투표권이 확대된 국가들이 그렇지 않은 국가들보다 약간 낮은 수준에 불과했다.[89] 그러나 선거에 영향을 미칠 조짐은 확실히 있었다. 1832년 영국에서는 선거권 확대 개혁 법안이 나온 직후 소득세 부활이 거론되기 시작했고, 1867년(제2차 개혁 법안)과 1913년 사이에 국가 총세수에서 직접세가 차지하는 비율은 네 배 높아졌다.

그러나 이런 발전이 그렇게 혁명적인 것은 아니었다. 영국에서 1842년 도입 당시 2.9퍼센트였던 소득세 최고 세율은 1908년에도 5퍼센트 수준에 머물렀다.[90] 이는 1884년 성인 남성의 약 3분의 2에게 투표권을 부여한 개혁 법안이 도입된 이후 20년이 더 지난 뒤였다. 1909년 국민예산 이후에도 소득세 최고 세율은 8.3퍼센트에 불과했다.[91]

노동계급 특유의 보수주의에 대한 영국 총리 벤저민 디즈레일리 Benjamin Disraeli●의 신뢰(1867년 개혁 법안에서 그가 취한 태도)는 당시에

는 '무모하게'[92] 보였지만, 결국 옳은 결정으로 판명되었다.[93]

어쩌면 가난한 사람은 대부분 고대 리디아의 약탈자 알리아테스 왕과 같은 통찰력이 있었는지도 모른다. 비록 매우 이기적이긴 했지만 그들은 단지 부자들에게 세율을 가능한 한 가장 높이 부과하길 원하는 데 그치지 않고, 세금을 가능한 한 많이 거둬들여 자신들끼리 나누어야 한다고 생각했다.[94] 그러나 그렇게 하면 부자들이 돈을 벌고 투자하려는 동기가 약해져 산업 전체가 치명적 타격을 입을 위험이 있다는 배비지의 경고에 귀를 기울인다면, 부자들에게 그렇게 높은 세율을 급작스럽게 적용하라고 요구하지는 않을 것이다. 또한 소득세에 지나치게 의존하는 것도 요구하지 않을 것이다. 부자들은 간접세인 상품세에서도 어느 정도 부담을 짊어졌기 때문이다. 예상과 달라서 당혹스러워했겠지만, 선거권 확대가 가져온 충격이 상대적으로 극적이지 않다고 하더라도 너무 놀랄 필요는 없다. 사람들이 놀랍게도 자기네 이익에 반하는 투표를 하는 일이 왕왕 있다는 것을 보여주었으니까 말이다.

지금까지 우리는 세금을 쉽게 알 수 있는 '세금' 이야기를 했다. 이들은 적어도 우리가 오늘날에도 '세금'이라고 하는 것들이다. 하지만 정부들에서는 여러 시대를 거치면서 다른 방법으로도 자금을 조달했다. 그 방법을 뭐라고 하든 그 또한 결국 세금이다. 이에 대해서는 3장에서 살펴본다. 정부는 돈을 빌리기도 하고 찍어내기도 해서 자금을 조달한다. 이것이 어떤 모습을 보이든 세금의 한 형태이므로 이 책에서도 당연히 살펴볼 것이다.

● 1867년 제2차 선거법 개정으로 농민과 노동자에게 선거권을 주는 개혁을 주도함.

빚, 채무불이행, 군주

+

펠로폰네소스 전쟁이 벌어지는 동안 아테네 사람들은 금을 녹여 아크로폴리스에 전쟁의 여신 니케Nike의 황금 동상을 만들기로 했다.[95] 윌리엄 글래드스턴은 1854년 크림 전쟁에 들어갈 국가 재정 비용을 기꺼이 승인하면서 "전쟁 비용은… 신을 기쁘게 하고, 신이 많은 나라에 내재된 야망과 정복욕에 부과한 도덕적 검증이다"라고 말했다.[96]

그러나 그 검증이 언제나 아주 강력한 것은 아니었다. 고대 전쟁에서는 주로 세금이나 다른 직접적 원천에서 자금을 조달했지만, 중세에 와서는 직접 거둘 수 있는 자금보다 더 많은 자금을 모으려는 호전적인 왕과 군주들의 열망으로 유럽의 은행 네트워크가 발전하게 되었다. 하지만 그와 같은 효과적인 자금 조달 방식은 결과적으로 세금을 이용한 즉각적인 자금 조달 방식을 덜 중요하게 만들었다. 그들은 힘들게 세금을 거두기보다는 채권자들에게 돈이 상환될 거라고 믿으라면서 쉽게 돈을 빌렸다. 17세기 말, 오래 계속되는 고통스러운 독립전쟁에 시달리던 미국의 여러 주는 이미 세금과 대출 제도를 발전시켜 주 수입의 100퍼센트를 초과하는 공채를 발행했다.[97] 물론 높은 세금은 여전히 전쟁 비용을 충당하는 주된 방법이었지만 말이다.

영국에서는 평상시 10퍼센트 수준이던 토지세가 전시에는 20퍼센트로 인상되는 것을 당연하게 여겼다. 그러나 영국도 미국과 전쟁하는 동안에는 정부 지출의 40퍼센트, 혁명전쟁과 나폴레옹 전쟁 동안에는 30퍼센트에 가까운 자금을 공채로 조달하면서 공채의 역할이 점점 더 중요해졌다.[98] 2001년 이후 미국의 사례는 더 극단적이다.

9·11테러 이후 2013년 말까지 아프가니스탄 전쟁과 이라크 전쟁 그리고 대테러 작전에 나간 비용은 총 1조 6,000억 달러에 달하는데,[99] 이는 2013년 국가 부채의 약 10퍼센트에 해당되는 큰돈이지만 미국은 세금을 인상하지 않고 이 비용을 조달했다.[100]

전쟁의 승자들이 떠안게 된 많은 부채는 1822년 GDP의 275퍼센트로 최고조에 달했는데,[101] 이는 국가가 세금과 부채의 균형을 어떻게 유지해야 하는지 그리고 국가가 안전하게 감당할 수 있는 부채는 어느 정도인지를 두고 지속적인 논쟁을 불러일으켰다. 이 논쟁은 2007년 시작된 글로벌 금융 위기 때와 2020년 코로나19 대유행 때 다시 불붙었다. 이 시기에 많은 선진국의 부채가 이전의 전시에는 볼 수 없었던 수준으로 치솟았기 때문이다.

어떤 관점에서는 세금과 차입은 실질적 차이가 없다. 정부가 100파운드를 빌리면, 사실상 미래 어느 시점에 세금을 올려 돈을 빌려준 나라가 오늘 포기한 100파운드만큼 갚기로 약속하는 것이다. 어쩌면 정부는 차라리 오늘 세금을 100파운드 부과하는 것이 더 나을지도 모른다. 그것을 이해하는 현명한 사람이라면 오늘 발행된 정부 공채 100파운드에 대해 세금 100파운드와 똑같은 방식으로 반응할 것이다. 결국 세금을 부과할 것이냐 말 것이냐를 선택하는 문제일 뿐만 아니라 지금 부과할 것이냐, 미래에 부과할 것이냐를 선택하는 문제이기도 하다. 그러나 이런 생각(7장에서 다룰 영국 고전파 경제학자 데이비드 리카도David Ricardo 이후 나온 '리카도 대등정리'Ricardian Equivalence● 로 알려진)은 비록 명쾌하기는 하지만 설득력이 약하며, 리카도에게도 이

● 국채 발행으로 재정지출을 확대하는 정책은 경기부양 효과가 없다는 주장.

는 마찬가지였다. 한 가지 이유를 설명하면 이렇다. 그 부채를 갚는 돈은 당신이나 당신이 사랑하는 사람들에게 부과된 세금뿐만 아니라 길거리의 짜증 나는 아이들에게 부과된 세금에서도 나온다. 또 다른 문제는 그런 생각이 경제적 의사결정을 방해하므로 세금 부과로 세금액보다 더 많은 비용이 발생한다는 점(즉 1장에서 언급한 창문세와 관련해 발생하는 초과 부담)을 무시한다는 것이다.

이러한 초과 부담의 중요한 특징(9장에서 더 확실하게 알게 된다)은 전쟁과 관련된 지출같이 일시적으로 증가한 자금을 어떻게 조달할 것이냐에 큰 영향을 미친다는 것이다. 즉 그런 초과 부담은 세율 인상 자체보다 더 크게 늘어서 세금을 두 배 올리면 초과 부담은 두 배 이상 늘어난다. 이는 시간이 지남에 따라 세율이 지나치게 변동한다는 통념과 반대되는 가정을 만들어낸다. 세금이 높을 때 늘어나는 초과 부담이 세금이 낮을 때 줄어드는 초과 부담보다 더 크기 때문이다.[102] 이 같은 '세금 평탄화'tax-smoothing 요인들은 전쟁 비용을 조달하는 가장 좋은 방법은 세금 인상과 차입 증대를 병행하는 것이라는 점을 시사한다. 시간이 어느 정도 지난 후 세금을 인상해 부채 증가를 충분히 억제할 수 있기 때문이다.

이런 주장들은 정부가 궁극적으로 부채 상환 약속을 지킬 수 있다는 가정에 따른 것이지만 통치자의 차입 역사는 대체로 채무불이행의 역사다. 돈을 빌린 나라들이 합의한 조건대로 채무를 상환하지 못한 것이다. 그러면 정부는 채무를 불이행함으로써 미래에 누군가에게 세금을 부과해 빚을 갚겠다는 약속을 현재 채무를 지고 있는 사람들에 대한 세금으로 교묘하게 바꾼다.

연속적으로 채무를 불이행한 유명한 사건에는 스페인의 펠리페

2세가 관련되어 있다. 스페인의 황금기라 불리던 그의 통치 기간에 그는 네 차례나 빚을 갚지 않았다.[103] 그는 광대한 제국에서 전쟁을 벌이며 어려움을 겪었는데, 전쟁은 때로는 재정 능력을 발전시켰지만 때로는 채무불이행을 불러왔다. 예를 들어 나폴레옹 전쟁 중에는 홍수가 나서 빚을 갚지 못했고, 자본 흐름과 경제성장이 갑작스럽게 멈추면서 경기 침체를 겪자 이전에는 감당할 수 있었던 채무를 더는 버틸 수 없게 되는 일도 있었다. 아르헨티나도 1816년 독립 이후 8차례(가장 최근은 2014년)나 채무불이행을 기록했다. 1933년에는 거의 모든 국가가 채무를 이행하지 못했고 심지어 미국도 그랬다.[104] 1946년부터 2008년까지는 총 169차례 국가 채무불이행이 발생했고, 평균 채무불이행 기간은 3년이었다.[105]

　때때로 정부는 공채를 배당하여 강제로 인수하게 하는 강제 공채forced loans를 발행해 돈을 빌리기도 전에 채무를 불이행했다. 강제 공채는 공권력이 강제한다는 점에서 본질적으로 세금과 유사한 특성을 지녔다. 그러나 그밖에도 정부가 명시된 조건으로 빌린 돈을 상환할 의사가 없음을 밝히기도 했다. 의회의 승인 없이 필사적으로 자원을 찾던 스튜어트 왕조 초기가 이런 최악의 재정 상태를 보인 대표적 사례다. 찰스 1세(재위 1625~1649)는 1627년 강제 공채 모집에 실패하자 70명이 넘는 사람을 감옥으로 보냈다.

　정부가 채무를 불이행하면 돈을 빌려준 자나 빌린 자 모두 곤경에 처할 수 있다. 먼저 돈을 빌려준 자는 직접 고통을 겪는다(돈을 빌려준 자에게 돈을 빌려준 자가 또 있을 수 있으므로). 또 돈을 갚지 못하는 것 자체가 고통의 일부에 불과한 경우도 있다. 중세 유럽에서는 유대인에게 빌린 돈을 갚지 못하면 돈을 빌려준 유대인을 대량 학살하거나 추방하는 일이 벌어지기도 했다. 왕들은 유대인 공동체에서 직접 돈을 빌리지 않았을 때도 유대인을 학살하거나 추방했다. 에드워드 1세(재위 1272~1307)는 유대인에게 빚을 지지는 않았지만 1290년 영국에서 유대인 추방을 허용했다. 그러자 귀족들이 의회 권력을 행사하면서 에드워드 1세에게 감사 표시로 11만 6,000파운드[106]를 빌려주었는데, 당시 왕이 빌린 액수로는 가장 큰 금액이었다.[107] 수 세기가 지난 지금, 다행인 건 국채 공여자들이 신용부도스와프credit default swap•를 매입함으로써 원칙적으로 정부의 채무불이행에 대비할 수 있게 된 것이다. 그러나 미국 같은 나라가 채무를 불이행하는 경우 보험사들이 어떤 형태로 지불할지는 명확하지 않다.

돈을 빌린 자에게도 채무불이행은 고통스럽고 굴욕적인 경우가 많았다. 1902년 12월, 베네수엘라가 내란으로 외채 상환과 손해 배상을 거부하자 영국과 독일, 이탈리아는 베네수엘라를 봉쇄했다. 결국 베네수엘라는 빚을 갚으려고 관세 수입의 30퍼센트를 양도해야 했다.

그러나 채무불이행의 가장 큰 피해는 앞으로 돈을 빌려줄 나라들로부터 신뢰를 잃어 또 돈을 빌릴 경우 이자율이 높아진다는 것이다. 18세기 말 혁명전쟁에 돌입하면서 적어도 시민혁명 이후 채무불이행을 한 적이 없는 영국 정부는 여러 차례 채무를 불이행한 프랑스(프랑스는 곧 영국의 적이 된다)보다 약 2.5퍼센트포인트 낮은 이자율로 돈을 빌릴 수 있었다.[108] 오늘날 민간시장에서 대출을 받을 수 없는 채무불이행 국가들이 IMF 차입에 의존하는 것은 스스로 정치적 비

• 기업이나 국가가 파산해 채권, 대출 원리금을 돌려받지 못할 위험에 대비한 신용파생상품.

용과 긴장을 초래할 확률이 높다는 것을 알아야 한다.

정부 차입에 따른 위험을 고려할 때, 국가의 부채 수준은 어느 정도에 머물러야 할까? 글로벌 금융위기 이전 선진국들은 GDP의 60퍼센트(마스트리흐트조약Maastricht Treaty●에 명시된 대로), 신흥국들은 40퍼센트 정도 부채가 적절하다는 것이 일반적인 견해였다. 그러나 오늘날 많은 나라의 부채 수준이 이보다 훨씬 더 높은 상황에서 적어도 자국 통화로 돈을 빌릴 수 있는 나라들에 과연 부채가 정말로 문제가 되느냐는 의문이 제기되었다. 그러나 정부가 돈을 빌릴 능력은 궁극적으로는 세금을 부과하는 능력에 달렸다는 데 이의가 있는 사람은 거의 없을 것이다. 결국 부채는 과세를 연기한다는 약속일 뿐이다.

돈 찍어내기

+

정부만이 가진 힘 중 하나는 정부만 창출할 수 있는 화폐를 재화와 서비스에 대한 지불 수단으로 인정하도록 사람들에게 강제하는 것이다.[109] ('돈을 찍어내는 군주의 권리'seigneur라는 프랑스 고어에서 유래한) 시뇨리지seigniorage●●라고 알려진 이 힘은 정부가 민간에게서 자원을 추출하는 또 다른 방법을 제공해준다. 돈을 찍어내는 비용보다 훨씬 더 가치 있는 것을 얻으려고 그 돈을 사용할 수 있기 때문이다. 물론 정부는 이 힘을 사용하기를 전혀 주저하지 않았다.

● 1992년 유럽공동체 12개 회원국이 체결한 유럽연합 창설 조약.
●● 국가가 화폐 발행으로 얻는 이득. 화폐의 액면 가치와 실제로 만들어지는 데 들어간 비용의 차액을 말함.

지폐가 등장하기 전에는 주화의 귀금속 함량을 줄임으로써 실물 주화의 내재적 가치를 떨어뜨리는 악명 높은 방법이 종종 화폐 주조에 사용되었다(적어도 한동안은 이에 대해 아무도 눈치채지 못하리라고 생각했다). 서기 1세기 중반에 로마는 은 97퍼센트로 은화를 만들었다. 3세기에 은화의 은 함량은 40퍼센트에 불과했고 20년이 넘는 동안 은 함량은 4퍼센트로 떨어졌다.[110] 그러나 지폐(법정불환지폐)의 등장으로 화폐의 내재적 가치가 아닌 정부의 약속으로 화폐 가치가 인정되면서 돈을 만드는 비용은 훨씬 더 저렴해졌다. 100달러 지폐를 만드는 데는 약 15센트가 든다.[111] 게다가 문자 그대로 '돈을 인쇄하는 것'만이 돈을 직접 만드는 유일한 방법은 아니다. 중앙은행은 시중은행이 보유한 계좌에 간단하게 전자 크레딧electronic credits*을 만들 수 있다. 그리고 중앙은행이 취득하는 자산에 대해 받는 이자율보다 낮은 이자율로 그러한 계좌에 이자를 지급하는 한 이런 방식도 정부(중앙은행 소유자)에는 재정의 원천이 된다.

원칙적으로 돈을 찍어내는 일이 정부가 수입을 올리는 모든 수단 가운데 영예로운 지위를 차지해서는 안 될 이유는 없다.[112] 그러나 다른 수단들과 마찬가지로 돈을 찍어내는 일도 억제하지 않으면 문제를 일으킬 수 있다. 정부가 돈을 찍어내는 일은 특히 '인플레이션 조세'inflation tax**와 밀접하게 관련되어 있다. 모든 자원이 완전히 사용될 경우, 정부가 스스로 더 많은 자원을 짜내는 유일한 방법은 정부 이외의 다른 모든 사람이 더 적은 상품과 서비스를 사용하도록 하

● 자동 결제, 어음 결제, 전자 송금 등과 같은 결제 거래의 한 형태.
●● 정부의 통화 발행에 의한 물가상승은 화폐를 보유한 모든 사람에게 부과하는 세금과 같다는 의미로 생긴 용어.

는 것이다. 그리고 시장이 그렇게 하게 하는 방법은 그런 상품과 서비스를 더 비싸게 만드는 것, 즉 가격을 높이는 것이다. 이를 달리 말하면, 물건을 살 수 있는 돈이 많을수록 가격은 더 높아진다는 것이다.

이 같은 가격 상승은 세금처럼 작동하며, 승자와 패자를 뚜렷하게 구분해준다. 패자는 가치가 하락한 통화로 자산을 보유하고 있거나 소득을 받는 사람들이다. 영국의 경제학자 존 메이너드 케인스 John Maynard Keynes는 "지속적인 인플레이션 과정에서 정부는 시민들이 보유한 부의 중요한 부분을 시민들도 모르게 그리고 눈에 띄지 않게 몰수할 수 있다"라고 썼다.[113] 물론 승자도 있다. 명목상 고정 금액으로 표시된 부채가 있는 사람들(채무자)이 바로 그들이다. 그러나 시민들의 부를 몰수함으로써 정부가 이득을 보므로 민간 대출자나 고정 명목 소득자의 손실은 민간 채무자의 이익보다 더 클 수밖에 없다. 그리고 정부는 스스로 채무자이면서 자체의 채무가 인플레이션에 연동되지 않으므로 더 많은 이익을 얻는다.

물론 적정 수준으로만 하면 정부가 돈을 찍어내는 일은 거의 눈에 띄지 않는다. 그러나 심각한 피해를 줄 정도로 인플레이션이 심하면 통제할 수 없게 된다. 역사는 이미 많은 경고를 보냈다. 미국에서는 1779년 11월 월간 인플레이션율이 47퍼센트에 달했다. 남북전쟁 당시 북군 연합정부가 전쟁 자금을 지원하려고 달러를 찍어내자 1864년 3월 인플레이션은 40퍼센트에 달했다.[114] 역사상 처음으로 기록된 초인플레이션(월 50퍼센트 이상의 인플레이션)[115]은 프랑스 혁명 동안 발생했다.

프랑스 혁명은 앙시앵 레짐 시대 재정 위기의 산물이었지만, 혁명가들은 스스로 훨씬 더 큰 재정 파탄으로 몰아넣었다. 1789년 6월

17일, 혁명 의회의 첫 법령은 기존의 모든 세금을 불법으로 선언하는 것이었다(사실 그 선언을 선포하면서 의회가 구성되었지만, 그 선언 이후에도 세금 징수는 계속되었다).[116] 곧이어 7월 13일, 의회는 국가 부채를 갚기로 약속했다. 1789년 8월 4일 그 소란했던 밤에 의회는 세금 제도에 뿌리 박혀 있던 각종 특권과 (국가가 돈을 받고 판매한) 모든 부패 공직 등 혐오스러운 봉건 잔재들을 폐지하면서 완전한 보상을 제공하겠다고 약속했다. 이 모든 조치가 공공 재정에 막대한 구멍을 남겼는데, 자발적인 '애국세'로 메우기에는 역부족이었다.

정부는 어떻게 이 많은 약속을 지킬 수 있었을까? 답은 국가가 교회(그리고 나중에는 왕족들과 이민자들)의 재산을 몰수해 이를 국유 자산bien nationaux으로 만드는 것이었다. 정부는 또 불환지폐인 아시냐assignat를 발행했다. 아시냐는 처음에는 매우 높은 액면 금액으로 발행된 채권과 비슷해서 이자가 붙었으며, 공매에서 국유 자산을 매입하는 데 사용될 수 있는 확실한 보증이 되기도 했다(그러나 이때부터 아시냐는 가치가 폭락한다). 아시냐는 처음에는 지폐가 아니라 해당 자산의 실제 가치로 뒷받침되었다. 무엇이 더 안전했을까?

머지않아 더 많은 정부에서 종이에 돈을 인쇄해 운영 자금을 조달하려는 유혹을 뿌리칠 수 없게 되었다. 아시냐는 이자를 내지 않는 돈처럼 기능하면서 더 작은 화폐 단위로도 통용되게 되었다. 처음에는 인플레이션이 완만했고 토지 매매도 활발했다(마리 앙투아네트는 땅을 좋은 투자 대상으로 추천하기도 했다).[117] 1792년 4월 생존이 달린 전쟁이 일어나면서 아시냐 발행이 급증했다.[118] 이어진 공포정치The Terror 하의 가격 통제 정책이 인플레이션을 어느 정도 억제하는 데 도움이 되었지만, 과격 공화파인 자코뱅파가 몰락하자 프랑스는 곧바로 초

인플레이션 상태에 빠졌다.[119] 1795년 10월이 되자 인플레이션은 한 달에 140퍼센트에 달했고, 아시냐의 가치는 액면가의 2퍼센트로 폭락했다. 1795년 말, 마지막 발행을 끝으로 아시냐 인쇄기는 대중의 축하를 받으며 의식 절차에 따라 파괴되었다.[120] 아시냐는 곧 완전히 쓸모없는 종이가 되었으며, 수집가들의 수집품이 되었다.[121]

아시냐 이야기에는 곡절이 많다. 예를 들어 어떤 사람들은 처음부터 그것이 교회 재산의 부당한 몰수에 근거했다며 경멸하고 거부했다. 그들은 혁명가들이 '재산권에 대한 약속'을 어겼다고 생각했다. 혁명가 중 하나인 에드먼드 버크는 "그들은 교회 재산을 강탈했다. 결국 그들도 국민을 속인다는 것을 보여주었을 뿐이다"라고 비판했다.[122]

사제들은 성도들에게 아시냐를 사용하는 것은 죄악이라고 설교했다. 그러나 아시냐를 사용하는 것을 애국적 의무로 보는 사람들도 있었다. 웅변가 미라보Mirabeau는 "아시냐의 가치를 의심하는 것은 혁명을 의심하는 일이다. 그것은 범죄다"라고 외쳤다.[123] 고전주의 회화의 창시자 자크 루이 다비드Jacques Louis David의 유명한 그림 〈마라의 죽음〉에서 위대한(또는 비열한) 혁명가 마라의 손에는 아시냐가 쥐어져 있었다.

그러나 아시냐의 교훈은 간단하다. 돈(또는 오늘날의 디지털 등가물)을 찍어내는 방식으로 세수보다 훨씬 많은 공공지출을 충당하는 것은 엄청난 인플레이션을 초래할 수 있다는 사실이다. 조르주 자크 당통Georges Jacques Danton과 장 폴 마라Jean Paul Marat[124] 같은 혁명가들은 처음부터 이러한 위험을 알았다. 1789년 당시에는 주교였지만 훗날 기만적인 외교관이 된 샤를모리스 드 탈레랑페리고르Charles-Maurice de Talleyrand-Périgord는 1789년 "1,000프랑을 아시냐와 바꾸라고 강요할 수는 없다. 이 시스템 전체가 실패할 것이기 때문이다"라고 예언했다.[125] (프랑스와 전쟁을 치르려는 영국에 프랑스의 위기는 기회였다. 그들은 가짜 아시냐를 찍어 프랑스에 유통할 목적으로 런던에 인쇄기를 설치했는데, 이는 나중에 나폴레옹으로 하여금 영국을 공격하게 하려는 속임수였다.)[126]

어쨌든 돈을 찍어내는 것의 진짜 문제는 이런 나라들이 돈을 찍어내는 것 말고는 대안이 거의 없다는 것이다. 1792년, 마침내 프랑스 혁명가들은 국고가 비는 상황에 직면했지만 세금은 대부분 납부되지 않았다. 새 정부는 세금을 징수할 기구조차 갖추지 못했고, 구정권의 문제들은 여전히 청산되지 않았다. 또 외국과 전쟁하려면 5개 부대가 필요했고, 내전은 여전히 끝나지 않았다.[127] 그들이 달리 무엇을 할 수 있었을까? 여기서 새겨야 할 진실은 국가가 세수를 올릴 강력한 힘이 없으면 심각한 거시경제적·정치적 취약성을 갖게 된다는 것이다.

그러나 아마도 가장 유명한 초인플레이션 에피소드는 1920년대 독일 바이마르 정권의 사례일 것이다. 프랑스의 아시냐 이야기와 마찬가지로, 정부에 대한 신뢰가 무너지면서 바이마르 정권은 독재의 길을 걷게 되었다. 문제의 근원은 제1차 세계대전 이후 승전국들이 독일에 부과한 엄청난 배상 요구에 있었다. 독일은 1920년까지 배상 요구를 감당하느라 어려움을 겪었는데, 차입이 한계에 이르자 마르크화를 무한정 찍어내면서 물가가 급등했고 화폐 가치는 크게 떨어졌다. 1923년에는 정부 인쇄소 외에 130개가 넘는 인쇄업자들이 마르크화를 대량 찍어냈다.[128] 사람들은 제과점에 가는 데도 바구니에 마르크화를 가득 채운 손수레를 끌고 가야 했다. 아이들은 마르크화

뭉치를 고무줄로 묶어 장난감을 만들었고, 청소부들은 길에 널린 지폐를 배수구에 쓸어 넣었으며, 지폐가 벽지로 사용될 정도였다. 1923년 11월 2일, 라이히스방크Reichsbank●는 지폐를 100조 마르크 발행했는데 2주 후인 11월 15일, 마르크화는 렌텐마르크rentenmark로 대체되었다. 새 은행권은 매

마르크화를 가지고 노는 독일 어린이들

우 제한된 양만 발행되었는데, 1렌텐마르크가 1조 마르크와 교환되면서 인플레이션은 적정 수준으로 떨어졌다.

이밖에도 초인플레이션 사례는 많다. 오스트리아, 헝가리, 러시아, 폴란드도 제1차 세계대전의 여파로 모두 초인플레이션을 경험했다. 오스트리아 빈에서는 술을 잘 마시지 않는 사람이라도 맥주 두 잔을 한번에 주문해야 한다는 말까지 생겨났다. 첫 잔을 마시고 두 번째 잔을 마시기 전에 그사이 가격이 올랐기 때문이다.[129] 제2차 세계대전 이후 헝가리의 한 달 물가상승률은 4.19×10^{16}퍼센트에 달했다(0이 16개다). 이는 15시간마다 가격이 두 배로 상승하

———
● 독일제국 성립 때부터 제2차 세계대전 종료 때까지 존속했던 독일 중앙은행.

는 것과 같다. 짐바브웨에서는 2008년 11월, 연간 물가상승률이 89,700,000,000,000,000,000,000,000퍼센트를 기록했다.[130]

짐바브웨 시장에서 빵 한 덩이 가격이 한때 5억 5,000만 짐바브웨 달러까지 올랐다. 짐바브웨 중앙은행 총재는 2009년에 일상생활에 대한 매우 실용적인 문제를 제기했다는 점을 인정받아 이그 노벨상Ig Nobel Prize●을 수상했다(사람들을 웃게 한 다음 생각하게 만드는 공적이 있었다나). 짐바브웨 중앙은행이 1센트(0.01짐바브웨 달러)에서 100조 달러(100,000,000,000,000짐바브웨 달러)까지 너무나 다양한 액면가 은행권 지폐를 발행함으로써 아주 작은 화폐 단위에서 아주 큰 화폐 단위까지 다양한 숫자를 지폐에 사용할 수 있다는 것을 보여준 게 공로라는 것이다.

정부는 전시가 아니라 정상적인 시기에도 돈을 많이 찍어내는 방식으로 자원을 획득하는 일이 있다. 1971년과 1990년 사이 90개 표본 국가에서 화폐의 신규 발행은 그렇게 심하지는 않았다. 특히 화폐의 신규 발행률은 GDP 대비 미국이 0.4퍼센트, 영국이 0.5퍼센트, 독일이 0.7퍼센트를 보이는 등 대부분 선진국에서는 낮은 수치를 보였지만,[131] 전체적으로는 GDP의 2.5퍼센트, 정부 지출의 평균 10.5퍼센트를 보였다.

오늘날 시뇨리지(81쪽 참조)라는 말은 거의 사용하지 않지만 완전히 사라진 것은 아니다. 2005~2015년 영국에서 시뇨리지는 0.2퍼센트로 떨어졌고, 스웨덴에서는 마이너스였다. 그러나 미국에서 여전히 GDP의 0.4퍼센트, 유로존에서 0.55퍼센트를 보였다.[132] 시뇨리

─────────

● 미국 하버드대학교의 유머과학잡지사에서 노벨상을 풍자해 기발한 연구나 업적에 주는 상.

지 수입의 감소를 예상할 수 있는 한 가지 이유는 결제 기술이 발전함에 따라 현금 수요가 감소했기 때문이다(중앙은행이 직접 디지털 화폐를 발행하게 될 수도 있다).

또 다른 이유는 중앙은행들에 정치적 통제에서 벗어날 수 있는 독립성을 더 많이 부여하는 경향이 확대되고 있기 때문이다. 중앙은행에 독립성을 부여하는 목적은 채권을 발행해 자금을 조달하려는 유혹을 받을 수 있는 정부에서 벗어나 통화 공급을 통제하고, 중앙은행의 자율적 판단으로 돈을 찍어 자원을 획득하도록 요구하려는 것이다. 독립적인 중앙은행은 그런 정치적 간섭으로부터 법적 보호를 받으며, 어느 정도 수준의 인플레이션을 조절할 명시적 권한을 가지고 있다. 정부가 이런 방식으로 자제하면, 인플레이션은 일반적으로 더 낮아질 것이다. 그러나 시뇨리지는 문자 그대로 돈을 찍어내거나 공채를 취득하는 형태뿐 아니라 정부가 소유한 중앙은행이 화폐를 발행해 벌어들이는 더 폭넓은 수익 형태로 여전히 존속하고 있다.

보통 사람들은 눈치채지 못했겠지만, 글로벌 금융위기 이후 지난 몇 년간 미국, 일본, 영국, 유로존 등에서 '양적완화'quantitative easing라는 파격적인 정책이 시행되면서 일종의 시뇨리지가 부활하는 모습이 목격되었다. 이 정책은 중앙은행에 시중은행 준비금을 추가로 조성해 다양한 금융 자산을 취득하는 형태를 취하고 있다. 2014년 미국 연방준비제도이사회FRB(이하 '연준')가 미국 재무부 채권 매입으로 969억 달러의 수익을 올렸는데,[133] 이는 평년 수익의 세 배이자 연방 법인세 총수입의 3분의 1 수준이다. 그러나 연준이 이런 조치를 취했는데도 인플레이션은 나타나지 않았고(실제로는 디플레이션을 방지했을 것이다), 채권 매입은 유용한 자금 공급원임이 입증되었다.

실제로 선진국들의 최근 주요 관심사는 지나친 인플레이션이 아니라 너무 낮은 인플레이션의 위험이다. 완만한 인플레이션, 나아가 물가 하락은 1990년대 초부터 일본이 겪은 증후군으로 낮은 수요와 성장을 예고한다. 이에 다른 선진국들도 같은 방향으로 향하지 않을까 하는 우려가 나올 정도다.* 여기에서 비록 분명한 효과는 있지만 논란의 여지가 있는 해결책이 바로 돈을 찍어 인플레이션을 부추겨야 한다는 제안이다. 이런 문제들은 코로나19 대유행으로 더욱 두드러졌다. '어떻게 해서라도' 위기에 대응해야 한다는 생각에 전례 없이 공공지출을 늘리면서 그런 막대한 돈을 어떻게 조달할지에 의문이 제기되는 것이다.

1792년 프랑스 혁명가들이 직면했던 것과 같은 '재정정책 우위'fiscal dominance** 상황이 되지 않을까 우려하는 사람들도 있다. 지출에 비해 세입이 너무 많이 부족하면 돈을 찍어내는 방법밖에 없는 상황이 될 수 있다는 것이다. 시대가 확실히 바뀌었는데도 일부 선진국에서는 상당한 양의 공적 부채를 지는 중앙은행에 대한 금기가 이미 깨졌기 때문이다.

미국에서는 2020년 제정된 코로나19 피해구제 및 경기부양법의 막대한 재원을 어떻게 조달할지를 고려하면서 미국 재무부가 1조 달러씩 두 차례 돈을 찍어내 연준에 예치하는 방안이 제기되었다. 이는 터무니없이 들릴지 모르지만, 연준이 먼저 채권을 발행하고 그다음

● 전 세계 각국이 코로나19로 천문학적인 돈을 풀면서 유동성이 크게 늘어나 2021년 하반기부터 가파른 인플레이션이 나타나고 있음.

●● 중앙은행의 통화정책이 재정 당국의 자금 조달 수요에 종속되는 상황.

매입할 자금을 찍어내는 불투명한 방법과 크게 다르지 않다. 일각에서는 중앙은행의 독립성과 물가 안정 의지를 놓고 혹독한 시험대가 펼쳐질 수 있다는 우려도 나온다. 그러나 일본의 저인플레이션 경험에서 경각심을 갖게 된 국가들은 대부분 선진국에서는 앞으로 통화정책으로 인한 인플레이션 피해가 일어날 위험은 거의 없다고 본다. 그러나 그렇다고 해서 그 위험성을 완전히 배제하는 것은 아니다.[134]

지금까지 이 장에서 살펴본 것처럼, 현대 정부는 강압적인 힘을 사용해 오늘날 세금으로 인정되는 형태의 자원을 징수할 뿐만 아니라 시뇨리지와 차입으로도 자원을 조달한다. 그러나 그들은 그런 수단 외에 이름은 세금이 아니지만 실제로는 세금에 가까운 다른 많은 자금 조달 방법을 찾아냈다. 다음 장에서는 정부의 그런 창의성이 발휘된 사례를 살펴본다.

3장

다른 이름의 세금

우리가 역사책에서 왕에 대해 배울 수 있는 한 가지가 있다면,
그것은 바로 왕들은 대개 돈에 쪼들렸다는 것이다.
존 힉스(영국의 경제학자)[1]

서기 193년, 페르티낙스Pertinax 황제를 살해한 로마 근위대는 로마제
국 황제 자리를 경매에 부쳤다. 이 경매에서 부유한 원로원 의원인
디디우스 율리아누스Didius Julianus가 경쟁자들을 물리치고 정식으로
황제 자리에 올랐다. 그러나 '군 본연의 임무를 벗어난 가장 무례한
행위로 알려진 근위대의 이 제안'[2]은 잘 지켜지지 않았다. 이후 반란
이 이어졌고 불과 66일 후 파국을 예상했던 대로 율리아누스는 근위
대에 버림받고 참수되었다.

비록 이런 방식으로 매매되는 경우는 드물지만(적어도 명시적으
로) 여러 시대에 걸쳐 정부는 가장 가치 있는 권력과 권리 중 일부를
기꺼이 매물로 내놓았다. 더 일반적으로 말하면, 통치자들은 종종 매
우 부담스럽고 노골적 방법인 '세금'이라는 단어를 사용하지 않고 자

원을 조달할 방법을 여러 가지 발견했다. 대부분 역사에서 그런 방법으로 하는 정부의 재원 조달은 정식으로 세금이라고 분류되는 것들 못지않게 중요하게 여겨졌으며, 오늘날에도 놀랍도록 중요한 위치를 차지하고 있다.

엘리자베스 1세의 독점권 폐지부터 주파수 경매까지

+

정부에는 특정한 일을 할 권리를 특정한 사람들에게만 제한하는 권한도 있다. 정부는 특정 재화나 용역의 유일한 제공자로 공공 또는 민간 기관을 설립하는 등 특정 국가기관에 독점권을 줌으로써 그 힘을 재정 수입원으로 만드는 데 능숙하다. 그 국가기관과 경쟁하는 것은 법으로 금지되어 있으므로 가격을 원가보다 충분히 높게 책정해 상당한 이익을 창출할 수 있다. 그 기관이 공공 소유인 경우 그곳에서 창출하는 수익은 정부에 직접 쌓이므로 이름만 세금이 아닐 뿐 세금과 전혀 다를 게 없다. 개인 소유 회사라면 이익을 회사가 그대로 보유하겠지만, 정부가 주인이면 정부는 대개 그 이익의 일부를 취하거나 미래 이익에 대한 권리를 팔아 선불로 받는다.

가장 오래 지속되었고 역사적으로 논란이 많은 예가 소금일 것이다. 심지어 소금 사태가 다시 벌어질 거라고 주장하는 사람도 있다. 오늘날에는 소금이 어디나 있어서 '흔한 물건'으로 여겨지지만, 한때는 건강과 식품 보존에 필수적인 귀한 물건으로 여겨졌다. 예를 들어 자신이 받는 보수의 일부를 소금 구매에 사용해야 했던 로마 병사들에게 소금은 더할 나위 없이 중요했다. '월급'salary이라는 단어가 '소금'을 의미하는 라틴어 살라리움salarium[3]에서 유래했고, 그 전통은 계속 이어져 '존경받을 만한 사람'worth their salt이라는 표현이 나왔다. 따라서 소금 공급을 통제하는 것은 자원을 조달하는 매우 강력한 수단이었다.

중국에서도 기원전 119년 한나라 무제武帝때 시작된 소금 독점은 중간에 아주 짧은 기간 중지되었을 뿐 2,000년 이상 지속되었다.[4] 중국 정부는 처음에는 소금의 생산과 판매를 직접 관리해서 수입을 올렸다. 이후 제국의 관료들은 소금 권리를 상인들에게 판매하고 상인들이 소매 시장에서 소금을 판매하는 방식으로 간접적으로 수입을 거두었다. 당나라 말기(800~900년경)에는 소금세가 정부 수입에서 절

탈세자들은 세금을 피하려고 늘 새 길을 찾는다. 중국 청나라 시대 소금 밀수 경로를 추적한 지도

반 이상을 차지했고, 만리장성을 쌓는 데도 소금에서 나온 수입이
사용되었다. 오늘날에도 국영기업인 중국염업총공사中國鹽業總公司
이외에 다른 자가 중국 본토에서 가정용 소금을 판매하는 것은 불법
이다.[5]

그러나 세금이 부과되는 모든 것은 언제나 밀수되게 마련이다.
중국에서는 관리들이 세금 회피를 추적하는 과정에서 1780년 놀라운
지도를 만드는 뜻밖의 성과를 거두었다. 이 지도는 윈난성의 두 성주
가 청나라 황제에게 보낸 것으로, 인근의 쓰촨성 산길을 거쳐 소금이
밀수되면서 세금이 얼마나 새어 나가는지 보여주려고 만든 것이었
다. 앙시앵 레짐 시대 프랑스에서는 소금에 대한 지방세인 끔찍한 가
벨(대규모 밀수의 원인이 됨)에 큰 착오가 생기면 잔인하게 처벌하기도
했다.

소금뿐만 아니라 통치자들이 독점권을 수입원으로 만드는 관행
은 적어도 서유럽의 중세까지 거슬러 올라간다. 농부들은 장원 영주
의 방앗간에서 수수료를 내고 곡식을 갈아야 했으며, 빵을 굽는 데도
역시 수수료를 따로 내고 영주의 오븐을 사용해야 했다.[6] 이런 관행이
본격적으로 시작된 것이 17세기 초쯤이었는데, 이때는 세계 최초의
다국적기업이라고 할 위대한 무역 회사들이 속속 등장한 시기였다.

세계에서 가장 강력한 회사들이 이 시기에 설립되었으며, 일부
회사들의 영향력은 아직도 계속되고 있다. 그중에는 유럽 강대국들
의 동인도회사들이 포함되어 있었다. 훗날 영국의 동인도회사가 될
무역회사는 1600년 설립되어 희망봉 동쪽과 마젤란해협 서쪽의 모
든 나라와의 무역 독점권을 차지하고 있었다. 네덜란드의 동인도회
사VOC: Verenigde Oost-Indische Compagnie는 1602년 설립되었고, 프랑스

의 동인도회사(루이 14세의 Compagnie des Indes Orientales)는 1664년 설립되었다. 아마도 가장 성공적인 회사는 오늘날까지 존재하는 허드슨 베이 회사Hudson's Bay Company일 것이다(이는 깨지지 않는 기록이다). 영국의 찰스 2세가 캐나다의 허드슨만으로 흐르는 강이 지나는 모든 영토를 지배하기 위해 만든 회사로, 오늘날 캐나다 영토와 미국 북부에 이르는 광활한 지역에서 주인 행세를 했다. 이들 외에 아프리카, 서인도제도 등에서 활동하는 비교적 덜 알려진(악명이 덜한) 회사들이 많았다.

이들은 대부분 회사라기보다는 정부처럼 행동했고, 넓은 영토를 지배하면서 자체적으로 주화를 발행했으며, 식민지 역사에서 많은 부분은 이들 간의 충돌에 관한 이야기가 차지했다. 실제로 이 기간의 역사에 대한 관심은 이 회사들이 국가에 재정적으로 얼마나 많이 기여했느냐보다는 어떤 역사를 유산으로 남겼느냐에 있었다. 1757년 플라시전투에서 영국의 동인도회사가 벵골의 토호군과 프랑스 연합군을 물리치고 승리함으로써 영국은 인도에서 지배적인 식민지 강국이 되었다.

허드슨 베이 회사의 세금 납부 조건은 아주 특이했다. 찰스 2세는 자신이나 자신의 후계자가 그 지역에 들르면 엘크 두 마리와 검은 비버 두 마리를 제공해야 한다고 요구했지만, 그는 거의 들르지 않았다. 세월이 한참 흐른 뒤인 1970년 현재의 엘리자베스 2세 여왕이 이 지역에 한 번 들렀을 뿐인데 뉴먼Newman은 이 장면을 다음과 같이 표현했다.

여왕이 상징적인 세금을 받기 위해 허리를 굽혔을 때, 궁중 예절에 익숙하지 않은 비버들은 제멋대로 애무를 했다. 여왕이 허드슨 베이 주지사에게 "저들이 뭘 하는 거죠?"라고 묻자… 그는 "여왕 폐하, 저는 잘 모르겠는데요…. 아직 독신이라서요"라고 대답했다. 여왕은 평소처럼 약간 떨어져서 이 모습을 보더니 혼자 중얼거렸다. "음, 이제 알겠군요."[7]

영국에서는 오늘날 우리가 알고 있는 것과 거의 같은 의미인 '특허'(새로운 창작물이나 활동에 대해 일정 기간 갖는 독점권)를 팔 수 있는 왕실의 권리가 엘리자베스 1세 여왕 이전부터 오랫동안 확립되어 있었다. 그러나 엘리자베스 1세 여왕 통치 후반기에 이런 독점 판매는 소금뿐만 아니라 식초, 소금에 절여 말린 생선, 가죽, 역청탄, 훈제 청어리 같은 일반적인 물건에까지 확대되었다.[8] 이런 물건에 대한 독점은 군주 자신에게는 그다지 큰 수입을 가져다주지 않았지만, 왕에게서 그런 독점권을 헐값에 사들인 귀족들(예를 들어 월터 롤리 경(57쪽 참조) 같은 사람은 왕에게 술집 면허를 발급할 수 있는 특허권을 사들였다)에게는 엄청난 수익을 가져다주었다. 하지만 귀족들에게 이런 독점권(또는 운영권)을 다시 사들인 시민들은 나중에 이것이 모두 몰수되자 크게 분노했다.

결국 독점권은 곧 인기가 시들해졌다. 한 의원은 "독점은 모두에게 돌아가야 할 이익을 소수의 개인에게 가져다주는 것"이라며 귀족들을 '영국의 흡혈귀'라고 불렀다.[9] 하지만 독점권은 사라지지 않았다. 엘리자베스 1세는 1601년에 새로운 아이디어뿐만 아니라 그 아이디어의 사용에 대한 독점권까지 폐지했지만 후계자 제임스 1세는 이를 부활시켰다. 그러다 1624년 다시 금지했다가 그의 아들 찰스

1세가 또다시 도입했다. 찰스 1세는 의회의 승인 없이 돈을 거둬들일 방법을 찾다가 이 관행(독점권 판매)을 다시 한번 유용하게 사용했다. 1630년대 후반 찰스 1세가 거둬들인 수입의 10분의 1 이상이 독점 판매에서 나왔다.[10] 이후 명목 소비세 제도가 발달하면서 비로소 일상용품에 대한 독점 판매는 줄어들었다.

그러나 국가가 몇 가지 일상용품의 생산과 판매를 독점하는 것은 여전히 일상적인 일이었다. 1890년부터 제1차 세계대전 직전까지 영국 정부 수입의 10퍼센트가 우체국에서 나왔고, 또 다른 독점 품목인 담배는 소금처럼 아마도 가장 긴 기간 국가 독점물의 지위를 차지했을 것이다. 그러나 국가의 독점은 때때로 문제를 일으키기도 했다. 1848년 이탈리아 민족주의자들은 오스트리아 합스부르크왕국의 위압적인 지배에 크게 분노해 폭동을 일으켰다. 특히 롬바르디의 오스트리아 정권이 담배에 세금을 많이 매기자 밀라노에서는 '담배 폭동'이 일어났는데, 이 과정에서 60여 명이 중상을 입거나 사망했다. 이 폭동은 밀라노 시민들이 담배세를 내지 않겠다고 거부하자 오스트리아 군인들이 이들 앞에서 보란 듯이 담배를 피우면서 일어났다.[11]

그러나 20세기 대부분 동안 공공 부문의 활동은 수익을 올리는 것과 정반대의 길을 걸었다. 효율성과 사회적 고려 측면에서 시작한 공공 부문의 활동들은 운영 초기부터 손실을 볼 줄 알고 있었다. (프랑스의 토목기술자 쥘 뒤피Jules Dupuit가 그랬던 것처럼)[12] 다리를 예로 들어보자. 다리는 건설하는 데 비용이 많이 들지만 일단 완공되면 사람들이 다리를 건너는 데는 비용이 전혀 들지 않는다. 그러므로 다리를 건너는 데 통행료를 내라고 하는 것은 바람직하지 않다. 만일 다리를 건너는 데 통행료를 내야 한다면 누군가는 다리를 건너고 싶어도 건너지 않을 수 있다. 그들이 다리를 건너는 것이 그 사회에 아무 비용도 발생시키지 않는데 말이다. 그렇다면 문제는 어떤 민간기업도 통행료를 받지 못하는 다리를 건설하려고 하지 않을 거라는 점이다. 여기서 등장한 확실한 해결책이 정부가 직접 다리를 건설하거나 민간 기업을 고용하는 것이다. 바로 이와 같은 논리가 '자연 독점'natural monopoly●의 다른 예들에 일반적으로 적용될 수 있다. 자연 독점은 결과물의 수준이 높을수록 평균 생산 비용이 낮아지는 활동(즉 다리를 건너는 사람이 많을수록 한 사람당 다리 건설 비용은 더 낮아진다)으로, 하나의 기업에 생산을 집중하면 실제 들어간 비용보다 더 낮은 비용을 부과하는 편익이 발생한다는 것을 의미한다. 결국 다리 같은 자연 독점은 공공 소유가 답이라는 것이다.

그러나 공공 소유 경험이 늘면서 그 효율성에 대한 의구심도 함께 커졌다. 이 의구심 논쟁은 1979년 영국에서 마거릿 대처가 총리에 당선되면서 정점에 달했다. 비판론자들은 국영기업들이 경쟁하지 않음으로써 불필요하게 비용을 많이 발생시킨다고 주장했다. 또 어떻게 해서든 다리 건설 비용을 마련해야 하지만, 일반 세금에서 그 비용을 충당하는 것이 민간사업자들로 하여금 다리를 건설하게 하고 다리 이용 요금을 청구하게 하는 것보다 더 해로울 수 있다는 주장도 나왔다. 그들은 또 어떤 경우든, 우편사업 같은 많은 국영사업이 자연 독점 조건을 충족한다는 기존의 관념도 실제로는 분명하지 않다

● 상품의 특성상 여러 기업이 생산하는 비용보다 한 기업이 독점해서 생산할 때 비용이 적게 들어 자연스럽게 생겨난 독점 시장. 철도, 가스, 전기 등 막대한 기반투자가 필요한 사업에서 자주 발생함.

고 주장했다. 영국에서 벌어진 이런 논쟁은 실질적인 민영화 프로그램으로 이어졌다. 그것은 공공 소유 자산을 개인 소유로 복원하는 것이었다.[13]

그럼에도 세계 여러 나라에서 국가 독점은 여전히 중요한 수입원 역할을 했다. 예를 들어 핀란드, 아이슬란드, 노르웨이, 스웨덴, 캐나다의 온타리오주와 퀘벡주, 미국의 몇몇 주는 알코올음료의 소매 판매에 대해 정부가 독점권을 가지고 있다. 아마도 수입 측면에서 가장 두드러진 정부 독점 사례는 석유나 기타 천연자원 부국들이 전적으로 운영하거나 민간과 합작한 국영기업을 통해 그런 자원들을 얻는 경우일 것이다.

'백 투 더 퓨처' 느낌을 풍기는 민간 기구에 새로운 믿음을 갖게 되는 측면은 과거에 더 혐오스러운 관행 중 하나인 국가가 인정한 독점사업의 매각이 부활했다는 것이다. 독점사업의 매각은 그동안 공급이 고정되어 있고 정부가 소유한 자원에 대한 권리를 민간에 할당하는 바람직한 방법이 되었다. 특히 (일반적으로 국가가 소유하던) 석유나 광물 같은 천연자원이나 (전자파 스펙트럼의 특정 대역으로 신호를 전송하는) 통신사업이 이에 해당한다. 중요한 차이점은 이러한 독점사업들이 이제는 제임스 1세 시대Jacobean times(재위 1603~1625) 때처럼 힘 있는 사람들에게 할당되는 것이 아니라 경쟁 입찰(경매)에서 자기 활동으로 창출할 것으로 예상되는 충분한 값을 제시하는 낙찰자에게 할당된다는 것이다.

경매라는 아이디어가 새로운 것은 아니었다. 로마 근위대도 분명히 경매를 알고 있었고, 미국은 1954년부터 1990년까지 경매로 석유를 팔아 약 2,800억 달러를 조달했다.[14] 그러나 경매 제도는 최근 확산되었고, 그로 인한 조달 자금 액수도 만만치 않다. 영국은 휴대 전화 라이선스 경매에서 국민 1인당 375파운드를 거둬들였다.[15] 제임스 1세와 루이 14세도 경매 제도를 익히 알고 있었을 것이다. 부인들을 경매로 판 것으로 알려진 고대 바빌로니아인이나 검투사들의 목숨을 경매로 판 로마 황제 칼리굴라Caligula도 경매 제도를 알았을 것이다.[16]

국가 주권도 판다!

+

이제 자연스럽게 엘비스 프레슬리Elvis Presley를 만나보자. 더 정확히 말하면 서아프리카의 부르키나파소에서 발행한 우표에 그의 얼굴이 있다. 비슷한 맥락에서 영국 잉글랜드와 북아일랜드 사이의 아이리시해 중앙에 있는 맨섬•은 왜 아메리카 대륙 최초의 영구 영국 식민지인 제임스타운 설립 400주년을 기념하는 우표 6종을 발행했을까? 그리고 왜 아프리카 국가인 차드의 우표에 미국의 여배우 매릴린 먼로Marilyn Monroe가, 체첸공화국 우표에 미국인 코미디언 그루초 마르크스Groucho Marx가, 몽골 우표에 미국 개그그룹 '바보 삼총사'The Three Stooges와 엑스맨X-Men이 등장할까? 왜 스페인 발렌시아 자치지역의 발렌시아주에 위치한 자치단체 몬세라트 우표에 미국의 록그룹 그레이트풀 데드Grateful Dead의 기타리스트 제리 가르시

• 19세기 이후 영국에 속했으나 자치적으로 양원제 의회를 구성하고 있으며, 법제·행정상으로도 독립성이 강함.

아Jerry Garcia가 등장할까? 이런 우표들은 대부분 실제로 사용되지 않는데도 외국 광고사들이 발행국에 돈을 내면서까지 직접 디자인하고 만들어 전 세계 우표 수집가들에게 판다.

이것이 바로 '국가 주권 상업화'의 예다.[17] 누구나 엘비스나 디즈니 캐릭터를 우아하게 그린 엽서를 판매할 수 있지만, 국가 주권이 뒷받침되지 않는다면 아마 아무도 사지 않을 것이다. 그런 엽서에는 '정당한 국가 권위 기관'이 발급했다는 중요성과 합법성이라는 요소가 없기 때문이다. 이는 '국가의 힘은 최소한 국가로 지정됨으로써 파생된다'[18]는 통찰력을 구현한 것일 뿐이지만, 세수를 올리는 데 사용하는 힘이 되기도 한다.

국가 권력의 이런 특징은 국가 자체의 부, 과세 기준, 규모 등과 같은 특징과는 거의 상관이 없다. 카리브해의 작은 섬나라도 주요 20개국G20 회원국들과 다를 것 없이 외국 우표 수집가들이 탐낼 만한 우표를 발행하거나 외국의 다국적기업들에 세금을 부과하는 제도를 시행할 힘을 가지고 있다. 그러나 그런 작은 나라는 대개 자원이 적기 때문에 국가 주권을 상업화할 필요성을 더 중요하게 생각할 수 있다.[19] 그들은 팔 만한 다른 자원이 거의 없다.

부르키나파소에서 발행한 엘비스 프레슬리 우표. 하지만 이 우표를 붙여도 실제로는 사용되지 않으므로 발송자에게 반환된다.

예를 들어 외딴곳에 있고 자원도 풍부하지 않은 태평양의 작은 섬나라 투발루는 닷티브이.tv 도메인을 만드는 데 나라 이름을 사용한다는 좋은 아이디어를 생각해 그 사용권을 5,000만 달러에 팔아 GDP를 무려 50퍼센트나 늘렸다.[20] 시민권은 국가 지위를 나타내는 가치 있고 시장성 있는 또 다른 특성이다. 현재 24개 국가가 시민권 또는 시민권을 받는 방법을 돈을 받고 제공한다. 한 추정치에 따르면 서인도제도의 세인트키츠네비스는 이런 방식으로 거둬들인 수입이 2014년에 GDP의 14.2퍼센트에 달했다.[21] 다른 카리브해 섬들도 이와 비슷한 방식으로 수입을 올린다.[22] 이들뿐 아니라 더 크고 소득이 높은 나라들도 거액을 투자하는 사람들에게 시민권을 제공하는 방식을 채택하고 있다.

값싼 노동력

+

통치자들은 오랫동안 다른 사람들의 힘든 노동과 그들의 목숨이 손쉽게 구할 수 있는 자원이라는 사실을 잘 알고 있었다.

무급 노동

강제 노동은 산山만큼이나 역사가 아주 오래되었다. 사실, 그 산들 가운데 일부는 강제 노동이 만든 것이기도 하다. 세상 곳곳에는 왕의 무덤이 많다. 이 무덤들은 사람이 흙이나 돌무더기를 산처럼 쌓은 거대한 고분인데, 여기에는 엄청난 노동력이 필요했다. 예를 들어 기원전 2400년경 건조된 유럽 최대 고분군인 영국의 신석기 유적 실버리 힐Silbury Hill은 건설하는 데 약 1,800만 시간이라는 엄청난 노동력이 들어갔을 것으로 추정한다(그 속이 비어 있는 것은 미스터리다).[23]

고대의 대제국들은 강제 노동을 많이 동원했다. 이집트의 제4왕조(기원전 2551~기원전 2528)를 다스린 파라오 쿠푸(케오프스Cheops로도 불림)는 기자의 대피라미드Great Pyramid of Giza를 지으려고 일꾼 10만 명에게 20년에 걸쳐 매년 3개월 동안 노역을 제공하도록 강요한 것으로 전해진다.[24] 실제로 고대 이집트 언어에서 '노동'이라는 말은 '세금'이라는 단어와 동의어였다. 강제 노동은 중국 제국에서도 많이 행해졌다. 중국에서 첫 제국을 건설한 진시황제(재위 기원전 247~기원전 210)는 만리장성, 대운하, 국가의 도로망 같은 야심 찬 공공사업을 벌이려고 강제로 노동력을 동원했다.

중세 유럽의 봉건제도에서도 강제 노동이 그 중심에 있었다. 기사 계급의 봉건 의무는 강제로 군사력을 원조하는 형태였는데, 대개 군주에게 적절한 수준의 인력과 장비를 제공하는 것이었다. 정복자 윌리엄William the Conqueror의 최고 봉신들은 기사를 각각 50명 정도 제공하게 되어 있었다.[25] 농민들에게 봉건 의무는 밭일이나 도로 만드는 일 같은 강제 노역을 뜻했다. 이러한 의무는 시기에 따라 성격도 다양했지만, 시간이 지나면서 돈으로 내는 형태로 전환되면서 명백한 세금이 되었다. 이러한 변화가 비교적 일찍 일어난 곳은 영국이었다. 프랑스에서는 귀족들이 군주에게 의무적으로 군사력을 제공하는 대가로 세금 면제를 줄기차게 주장했지만, 농민에게 부과한 강제 노역corvée은 농민들의 주된 불만으로 남았다. 오스트리아에서도 강제 노역이 1848년까지 지속되었다.[26]

심지어 강제 노역이 오늘날까지 계속되는 곳도 있다. 르완다에서는 한 달에 한 번 토요일에 돈을 받지 않고 일하는 우무간다 umuganda라는 무급 노동의 전통이 몇 세기 동안 이어지고 있다.[27] 개발도상국 10개국을 대상으로 실시한 한 연구에서는 노동의 대가를 현물로 지급하는 방식이 이들 국가에서 모두 공통적으로 시행되는 것으로 나타났다.[28]

부자의 전쟁과 가난한 자의 참전

문제를 더 악화시켰을 뿐만 아니라 다른 문제들도 파생되고, 심지어 세금 제도 발전에까지 큰 영향을 미친 새로운 형태의 강제 노동이 등장했다. 바로 강제 징집이었다.[29] 근대에 들어 프랑스는 1793년 혁명전쟁 초기에 국민군 소집, 이른바 총동원제levée en masse를 도입한 데 이어 1798년에는 정규 징병제를 영구적으로 확립했다. 가문의 아들이 추첨되어 징집될 경우를 대비해 병역을 대신할 사람을 구할 비용을 채우는 다양한 보험 상품이 빠르게 생겨났다.[30] 반면 영국에서는 징병제를 도입하지 않는 대신 막강한 재력을 활용해 동맹군들로 하여금 지상 전투 대부분을 수행하게 했다. 미국에서는 남북전쟁 중 징병제가 도입되었다. 1862년 5월 남부연합군이 징병제를 시행했고, 이듬해 3월에는 북부연합군도 징병제를 도입했다.

영국에서는 제1차 세계대전이 한창이던 1916년 징병제를 시행했는데, 정규군이 빠르게 줄어들자 이를 채우기 위해 자원자를 모집했지만 그 수가 너무 적었다. 한편 많은 대륙 국가에서는 19세기 말까지 평시에 몇 년 동안 필수 훈련만 하는 징집이 일반적 추세였으므로 강제 징집을 피할 수 있었다. 미국 남부연합군의 경우 초기에는 징집 대상이 되면 대리인을 보내는 것이 허용되어 병역을 대신할 사람을 고용했지만 나중에는 폐지되었다. 북부연합군도 처음에 300달러라는 헐값(오늘날의 5,000달러)에 대리인을 보내거나 징집 면제를 허용했는데, 당시 청년이었던 존 D. 록펠러John D. Rockefeller와 장차 22대, 24대 대통령이 될 그로버 클리블랜드Grover Cleveland[31]도 이 제도를 이용했다.

징병제에 반대하는 사람들은 지원자들이 더 애국적이고 군대의 본래 업무도 더 잘할 거라면서 징병제가 아닌 지원제도만이 사회의 '최고 자원'을 모병하는 방법이라고 주장했다. 징병제는 또 다른 각도에서 비판의 대상이 되고 있다. 지원제도가 자원을 동원하는 데 더 효율적인 이유는 사회에 대한 경제적 기여도가 상대적으로 낮은 사람들이 군 입대를 더 매력적으로 생각하는 경향이 있기 때문이라는 것이다. 그러나 지원제도에만 의존하는 것은 문제가 크다. 전쟁에 승리해서 얻는 이익(혹은 패배에 따른 비용)에는 '공공의 이익'이라는 특성이 많은데, 특히 전쟁에 아무런 기여를 하지 않은 이들도 승리해서 얻는 이익에서 배제하기 어렵다. 그러나 참전해서·싸우는 비용은 개인적 성격이 강해서 특정 개인에게 매우 무겁게 부담지울 수 있다. 따라서 지원제도만으로 군대를 구성한다면 그 규모가 너무 작을 확률이 높다. 이 문제는 충분한 임금을 제공함으로써 해결할 수 있겠지만, 그러려면 비용이 많이 들고 시간도 오래 걸린다. 예를 들어 1916년 패배의 그림자가 드리우고 혼돈의 위기에 빠진 영국은 비용이 많이 들고 시간이 오래 걸리는 지원제도를 시행할 여력이 없었다.

하지만 효율성이 전부는 아니다. 병역 의무를 돈으로 대체하는 능력은 '수평적 형평성'horizontal equity의 원칙(6장에서 자세히 살펴볼 예정)을 위반해 본질적으로 불공평한 것으로 여겨진다. '수평적 형평성'은 정부가 유의미하게 동일한 사람은 동일하게 취급해야 한다는 것이다. 이 견해에 따르면, 부모의 재산에 차이가 있다고 해서 그 아들들이 군복무 의무에서 차별을 받아서는 안 된다. 그러나 프랑스 제3공화국의 초대 대통령 아돌프 티에르Adolphe Thiers(재위 1871~1873)는 이 주장이 유권자에게 지지받지 못했다며 반대하는 태도를 보였다. 그는 가난한 사람들이 군대 생활을 더 잘 견딜 수 있으며, 잘사는 사람들보다 목숨을 잃는 비율도 낮다고 주장했다.

미국과 영국 그리고 주요 교전국들은 제1차 세계대전 이후에는 병역 의무를 돈으로 대체하는 것을 허용하지 않았다. 다만, 나이나 결혼 여부(수평적 형평성과 다른 차원. 즉 결혼한 남성은 미혼 남성과 처지가 다르다는 수평적 형평성의 견해를 반영해), 전쟁에 필요한 숙련된 직업에 종사하느냐(제2차 세계대전 중 영국에서 전쟁을 지원하기 위해 동원된 청년 광부들)에 따라 병역 의무가 면제되기도 했다. 남북전쟁 기간에도 면제가 널리 적용되었는데, 징집 대상 남성의 41퍼센트는 신체적·정신적 장애 그리고 과부의 아들, 병약한 부모의 아들, 부양 자녀가 있는 홀아비 등의 이유로 병역을 면제받았다.[32]

그러나 부자들은 많은 세금을 해결하는 길을 찾았듯이 징집에서도 길을 찾은 것처럼 보인다. 예를 들어 1917년, 미국 언론은 헨리 포드Henry Ford[33]와 신문계 거물 E. W. 스크립스E. W. Scripps의 아들들이 징집 유예를 받은 사실이 널리 알려지자 이를 비판하는 기사를 내보냈다. 사람들이 흔히 생각하는 것처럼 형편이 나은 사람들이 징집된다고 해서 그들이 군대 생활에도 항상 더 잘 적응하는 것은 아니었다. 제1차 세계대전 중 영국 육군의 일반 병사 중 12퍼센트가 전사했지만 장교들은 17퍼센트가 전사했다는 통계가 있다.[34] 그럼에도 2장에서 살펴보았듯이, 20세기의 대량 동원은 전후 두드러진 세수 증가의 원동력이 된 공정성이라는 중요한 문제를 드러내고, 자본소득에 대한 과세라는 새로운 아이디어를 제시했으며, 정부의 규모와 역할에도 지속적인 변화를 가져오게 만들었다.[35]

징집이 시행되면, 세무 관리자라면 누구나 예상할 수 있는 탈세나 세금 회피 문제가 생긴다. 실제로 노골적으로 불법적인 병역 회피가 있었다. 남북전쟁 동안 북부연합군 징집 대상자의 19퍼센트가 징집에 필요한 건강 검진을 하지 않았고, 제1차 세계대전 중 미국에서 징집된 남성 가운데 12퍼센트는 병역 기피자가 되었다.[36] 합법적인 병역 회피도 있었다. 결혼이 병역 면제의 정당한 사유가 되는 곳에서는 의심할 여지 없이 결혼이 장려되었다. 심지어 가짜 아내나 빌린 아기를 데리고 징집위원회에 나타나는 징집 대상자도 있었다. 이와 반대로, 가족의 수입을 보장받기 위해 아내가 남편을 징집위원회에 직접 데리고 나오는 지나친 열정을 보이는 일도 있었다. 이런 아내는 정기 수입을 얻기 위해서라면 남편을 위험한 곳으로 멀리 보내는 일도 마다하지 않았다.[37]

징집 명령을 따르지 않는 문제를 다루는 전술은 현대 세무당국에서 사용하는 전술과 유사했다(이것이 13장의 주제다). 징집을 피하는 방법 가운데 일부는 곧 발각되어 폐지되었다. 예를 들어 미국 남북전쟁 때 '고환수축증 환자'는 징집이 면제되지만 '고의로 고환을 수축시킨 자'는 면제되지 않는다는 조건이 있었다.[38] 물론 벌금이라는 단순한 방법도 많이 사용되었다. 반면 징집 명령에 따르기 쉽게 만드는 조치도 행해졌다. 제1차 세계대전 때 미국은 징집 초기 단계에 징집이 지원제도 또는 투표와 유사해 보이게 하는 제도를 고안해 유권자가 투표 등록을 하는 것과 유사한 방식으로 징집 대상 청년을 등록하게 했다. 각 선거구의 투표소에서 징집 등록을 하게 한 것이다.[39]

징집 명령을 따르라는 대중의 압력을 기대하며 오늘날 세금 납부자가 명예롭게 여기도록 이름을 공개하는 것과 같은 방식을 사용한 나라도 있다. 제1차 세계대전 때 미국은 징집 명령에 따라 징집에 등록한 청년들의 이름을 공개함으로써 등록하지 않은 자가 누구인지 대중이 알도록 했다. 영국에서는 징집 명령 거부자에 대한 사회적 제재의 하나로 악명 높은 '흰색 깃털' 캠페인을 벌이기도 했다. 이는 여성들이 징집 명령을 거부한 자에게 비겁하다는 표시로 흰색 깃털을 공개적으로 보냄으로써 망신을 주는 것이었다.[40]

자발적(?) 기부금
+

정부에서 무언가 기부를 요구하는 것은 정부가 곤경에 빠졌다는 뜻이다. 1789년 혁명이 한창일 때 프랑스의 새 국회는 앙시앵 레짐으로 물려받은 재정 위기를 더욱 키웠고, 결국 국민들의 애국적 기부를 호소했다. 이는 분명히 한동안은 효과가 있었다. 귀족 부인들을 포함한 유명 여성들이 의회에 직접 와서 장신구 등을 기부했고, 파리와 베르사유의 매춘부들까지 자신들의 수입 일부를 내놓았다.[41] 9년 후, 영국이 프랑스 혁명 정부와 전쟁을 벌일 때 소피트 총리는 세금을 세 배로 늘려 편성한 이른바 '3중 평가'Triple Assessment로 막대한 수입 증대를 꾀했는데, 이는 사실상 부유층에 대한 세금 부담을 다섯 배 늘린 것이었다. 그러나 그만큼 세금을 거둬들일 수 있을지 불안했던 총

프랑스 혁명으로 국가 재정이 어려워지자 귀족 부인들의 귀금속 기부 행렬이 줄을 이었다.

리는 부채가 소득의 10퍼센트 미만인 사람들에게 자발적인 추가 세
금 증액을 요청했다. 혐오감과 안도감이 교차하는 가운데 결국 그는
'3중 평가' 예산을 거의 채우는 세금을 거두는 데 성공했다.[42]

　전쟁은 사실 정부에 기부를 요청할 수 있는 중요한 동력이다.
1642년부터 1651년까지 벌어진 영국 내전 당시 왕당파와 의회파 양
측 모두 처음에는 기부금으로 자금을 조달했다. 의회군은 '골무와
바늘 군대'thimble and bodkin army●라고 불릴 정도로 기부금에 의존했
다.[43] 1813년에서 1815년까지 벌어진 프로이센 해방 전쟁 동안 왕실

● 의회군을 지원하기 위해 부녀자들이 은골무와 은바늘까지 기부했는데 왕당파에서 이를
　조롱하는 의미로 의회군을 '골무와 바늘 군대'라고 부름.

은 나폴레옹에 대항하는 봉기 자금을 조달하기 위해 모든 시민에게 금이나 은 같은 보석을 기부하라고 요구했다. 사람들은 귀중품을 기부하고 왕실로부터 '국가를 지키려고 바친 금'Gold gab ich für Wehr, '조국의 번영을 위하여'Für das Wohl des Vaterlands 같은 글귀나 프레데릭 빌헬름 3세의 초상화가 새겨진 철제 장식품을 받았다.

국가의 이런 요구는 제1차 세계대전 때도 반복되어 금, 보석, 장신구를 기부한 애국 시민에게는 비금속 결혼반지, 브로치, 철십자를 형상화한 장신구를 주었다. 파시즘을 주도한 이탈리아의 무솔리니Mussolini도 1935년 국민들에게 금장신구를 기부하라고 권하면서 '조국을 위한 금'이라는 글귀가 새겨진 강철 손목밴드를 나누어주었다. 이때 무솔리니 부인 레이첼Rachele도 자신의 결혼반지를 기부한 것으로 알려졌다. 제2차 세계대전이 일어났을 때 영국의 전 총리 스탠리 볼드윈Stanley Baldwin은 전쟁을 미리 막지 못했다는 비난 외에 자택의 철문을 기부하지 않았다는 이유로 곤경에 처하기도 했다.[44]

그러나 국가가 국민에게 기부를 요청한 것은 전쟁 때만이 아니었다. 고대 아테네에서 일부 시민들에게는 리터지를 납부하는 것이 자신들의 부를 과시하는 영광스러운 기회였다. 물론 그렇지 않은 시민들도 많았다. 그러나 오늘날에도 적어도 미국 같은 나라에서는 정부에 자발적으로 기부하는 사람들이 적지 않다. 1990년대 후반 재정적 어려움에 빠진 캘리포니아에서 지역 학교와 학군에 기부된 기부금이 학생 한 명당 100달러를 넘었고, 드물긴 하지만 학생 한 명당 1,000달러를 넘는 곳도 있었다.[45] 이는 기부 대상이 학교와 학군이라는 점에서 이웃과 밀접하게 상호작용하는 작은 공동체일수록 기부에 비공식적·집단적인 의사결정 성향을 보이는 집단적 정체성을 갖고

'국가를 지키려고 바친 금, 그 명예로 받은 철'

있음을 보여주는 사례다. 이 같은 행동은 남들의 기부에 무임승차하려는 심리를 극복하는 사회적 규범을 만들어내기도 한다. 이런 측면에서 볼 때, 대규모 도시에서는 이 같은 사회적 규범을 조성하기가 더 어려워 학교에 대한 기부금 수준이 평균보다 더 낮은 것으로 나타났다.

지역 학교에 대한 기부만큼 이해되는 것은 아니지만 연방정부에 기부하는 사람들도 있다. 미국 의회는 1961년부터 국가 부채를 줄이려고 국민들의 기부를 허용했고, 미국 국세청IRS은 1982년부터 소득세 안내 책자에 이에 따른 지침을 포함시켰다.[46] 그러나 이러한 자발적 기부가 미국 연방정부의 적자 문제를 당장 해소해주지는 못할 것이다. 2017년에 이런 기부금의 규모가 270만 달러(33억 원)에 달했지만, 이는 그해 연방 세금 징수액의 약 0.0001퍼센트에 불과했다. 그러나 때로는 거액을 기부하는 사람도 있다. 2014년에는 익명의 기부자 한 명이 220만 달러를 기부하기도 했다.

그러나 사실 모든 기부가 정말로 그렇게 자발적인 것은 아니다. 로마 시대나 중세에 아들이 태어나면 황제나 왕에게 기부하게 하는 것이 강제는 아니었지만 확실히 현명한 선택이었다. 군주가 권유하는 실제는 강제 징수이지만 명목은 기부인 덕세德稅, Benevolences는 튜더 왕조와 초기 스튜어트 왕조 시대에 자주 사용하는 수단이었다. 엘리자베스 1세도 기부금을 기꺼이 받았는데, 예를 들어 코번트리Coventry 시장은 여왕에게 100파운드를 멋진 지갑에 넣어 바치면서 "이 기부금은 여왕 폐하에게 더 소중한 선물, 즉 충성스러운 신하의 마음과 함께 드리는 것입니다"라는 우아한 말을 덧붙였다. 이에 여왕도 "그 마음이 기부금보다 더 크군요"라고 화답했다.[47] 반면 찰스 1세는 그렇게 우아하지 않아서 1622년, 80세인 치즈 상인에게 거액을 기부금으로 내거나 전쟁터에 치즈를 제공하거나 둘 중 하나를 선택하라고 강요했다.[48]

봉건적 채무

+

봉건시대의 특징은 봉건제도라는 먹이사슬의 상층부에 다양한 명목으로 터무니없는 돈을 강제로 바치는 거라고 할 수 있다. 그중에는 적에게 잡힌 왕의 몸값을 낼 의무도 있었는데, 1215년의 마그나카르타에는 몸값 지불에 의회의 동의가 필요하지 않다고 명시되어 있다.[49] 사자왕 리처드의 신하들이 감당해야 했던 것처럼, 몸값으로는 매우 큰돈을 요구한다. 그러나 일이 언제나 계획대로 되는 것은 아니다.

1356년 9월 19일, 푸아티에 전투Battle of Poitiers●에서 프랑스 왕장 르봉Jean le Bon이 영국 왕의 아들인 흑태자 에드워드Edward에게 패해 포로로 잡혔다. 영국은 값비싼 인질이 될 르봉 왕을 런던으로 끌

───────

● 영국과 프랑스 사이에 벌어진 백년전쟁 초기에 프랑스 비엔현 푸아티에에서 벌어진 전투로 영국이 승리함.

고 갔고, 400만 에쿠도르écus d'or●라는 거액을 몸값으로 요구했다(거기에 억류 비용까지 더해서). 그러나 르봉 왕의 아들이 이를 거절하면서 거액을 몸값으로 받으려고 한 영국의 계획은 무산되었다. 협상 끝에 르봉 왕은 몸값으로 300만 에쿠도르를 내고 자신의 두 아들과 동생을 인질로 보낸다는 약속을 하고 1360년 석방되었다. 그러나 두 아들 중 한 명이 프랑스로 도망치면서 영국의 계획은 또 한 번 무산되었다. 그 후 르봉 왕은 뜻밖의 기사도 정신을 발휘해 스스로 런던에 다시 억류되었고, 1364년 그곳에서 세상을 떠났다.

이 사건을 계기로 정확히 누가 세금이라는 강압적인 힘을 행사해야 하는지를 놓고 논쟁이 벌어졌고, 봉건 채무가 중심 화제로 떠올랐다. 영국에서는 의회 알레르기 환자인 스튜어트 왕조가 재정난에 허덕이다가 당시에도 시대착오적이라고 여겨지던 여러 봉건적 장치를 지나치게 많이 사용하면서 위기에 부닥쳤다. 스튜어트 왕조가 '중세의 유물도 아니고 근대적인 것도 아니며, 합법적인 것도 아니지만 불법적이라고 할 수도 없는, 이론적으로는 정당하지 않지만 실제로는 꼭 필요한, 그야말로 말도 안 되는'[50] 수입을 거두던 때였다.

예를 들어 1631년[51] 의회 없는 통치를 시도하던 찰스 1세는 1278년 제정된 법에서[52] '기사 작위를 압류'할 수 있는 조항을 발견하고 이를 실행했다. 즉 3년 전인 1628년 있었던 자신의 대관식에서 기사 작위를 받은 사람 중 토지를 40파운드 이상 소유한 사람은 모두 세금을 내도록 한 것이다. 그는 자신의 통치 기간에 이를 지키지 않은 사람들에게 부과한 벌금으로만 18만 파운드라는 수입을 올렸다.[53]

● 1266년 프랑스 루이 9세 통치 기간에 주조된 금화.

게다가 왕은 상속인의 재산 취득에 수수료를 부과할 권리도 있었는데, 이는 오늘날의 상속세나 재산세의 형태라고 볼 수 있었다.

그러나 왕이 이런 종류의 세금을 부과할 권리를 갖는 것에 아무도 이의를 제기하지 못했다. 왕이 비상사태에 대비한다는 명분으로 배와 사람들을 정박하는 대가로 해안도시나 마을에 부과하는 '선박세'도 마찬가지였다.[54] 찰스 1세가 1634년에 부활시킨 선박세는 처음에는 거의 아무도 반대하지 않았다. 선박세는 이미 꽤 익숙한 세금이었고(1619년까지 부과됨), 북아프리카 지중해 연안 지역인 바르바리Barbary의 해적들이 영국 해안 근처까지 와서 활동하던 때였으므로 충분히 합리적인 것으로 보였다.

그러나 이듬해부터 내륙 지방에까지 선박세가 확대되었다. 게다가 1636년에는 정말로 비상사태인지를 왕만이 판단할 수 있었다. 또다른 문제는 선박세가 의회의 승인을 받을 필요가 없는 영구적·실질적 세금으로 여겨졌다는 것이다. 당시 선박세는 '국회 없이 통치할 수 있는 수단을 찾아낸 왕 측근들의 독창성을 상징하는 것'으로 여겨졌다.[55] 처음에는 일이 그런대로 잘 풀렸다.[56] 1638년 2파운드 17실링인 선박세를 거부한 의회파 존 햄든John Hampden 하원의원이 재판에서 근소한 차이로 패했다.

선박세 청구서가 해마다 나오자 이를 지키는 비율이 크게 떨어지기 시작했다. 1639년에는 청구된 금액의 20퍼센트만 기한 안에 납부되었다.[57] 찰스 1세는 스코틀랜드와 벌인 전쟁으로 더 많은 자금이 필요하게 되자 1640년 의회를 다시 소집했는데(비록 곧 다시 해산했지만), 의회에서는 선박세와 기사 작위 압류 조항을 즉각 폐지했고, 1628년의 권리청원Petition of Rights에 명시되었던 왕의 세금 부과권을 포함한 여러 권한을 축소해야 한다고 주장했다.[58] 결국 1642년 의회파와 왕당파 사이에 내전이 벌어졌다.

이 내전으로 영국에서 봉건 채무 시대는 종말을 맞았다. 그러나 몇 가지 흥미로운 기억은 아직 남아 있다. 오늘날에도 홍차회사 포트넘앤메이슨, 해러즈백화점 같은 많은 영국 기업이 제품은 물론 매장 간판에 '여왕 폐하의 지명으로'By appointment to Her Majesty the Queen라는 문구를 자랑스럽게 표시한다는 것이다. 이 문구는 영국 왕들과 엘리자베스 1세가 시장 가격보다 낮은 가격으로 물건을 살 수 있는 중세의 '강제 징발권'을 떠오르게 한다. 이는 왕실에 그 물건을 최대한 활용할 수 있는 특전을 베풀어준 셈인데, 사실 당시 군주들은 오늘날만큼 항상 환영받는 고객은 아니었다.

벌금인가, 세금인가

+

사람들이 실제로 세금을 내게 하려고 정부에서 쓰는 주요 방법 가운데 하나는 세금 명령을 위반하면 벌금이나 처벌이 부과될 거라고 의식하게 만드는 것이다. 좀 더 일반적으로 표현하면, 통치자들은 어떻게 하면 법 집행을 돈벌이가 되는 사업으로 바꿀지를 역사에서 배웠다는 것이다. 바빌로니아의 함무라비 왕(재위 기원전 1792~기원전 1750)은 가축을 훔치면 훔친 가축의 30배에 달하는 벌금에 처한다고 선포했다.[59] 고대 로마에서는 물길을 자기 마음대로 바꾸려다 적발되면 10만 세스테르티우스sesterce•라는 엄청난 벌금을 내야 했다.[60]

그런데 당시 통치자들은 사람들이 세금 명령을 위반하는 것을 오히려 좋아하는 경향이 있었다. 위반하는 사람들을 끔찍하게 처벌하기를 즐겼을 뿐 아니라 그들의 재산을 몰수할 수 있어 오히려 더 유리했기 때문이다(영국에서 세금 명령 위반자의 재산 몰수는 1870년까지 이어졌다). 특히 로마 황제 티베리우스(재위 14~37)는 세금을 내지 않았다고 꾸민 뒤 그 돈을 사용하는 것으로 악명이 높았다.

프랑스 정부도 혁명 시절에 단두대형을 받은 사람들의 재산을 몰수했다. 이로써 사형이 집행될 때 '그들이 혁명 광장Place de la Révolution(단두대가 설치되어 있는 곳)에서 돈을 만들고 있다'는 말까지 생겨났다.[61] 영국도 상황은 비슷했다. 헨리 8세는 1531년 로마와 관계를 끊으면서 교황에게 세금을 내는 영국 성직자들에게 교황이 국왕보다 우월하다고 보는 교황 존신죄尊信罪, praemunire로 11만 8,000파운드라는 거액을 벌금으로 부과했다.[62] 이로써 영국은 로마와 관계를 끊기 전보다 연간 고정 수입이 약 30퍼센트 늘었다.

미국 남부 지역 등지에서도 시 경계선을 넘는 사람들이 자주 적발되면서 벌금 징수가 늘어나자 법 집행으로 수입이 생길 수 있다는 데에 관심이 많아졌다. 주민 수가 1만여 명밖에 되지 않는 10제곱킬로미터의 작은 도시 조지아주 도라빌에서는 2013년 220만 달러(26억 원)를 벌금으로 징수했는데, 이는 시 전체 수입의 4분의 1에 해당하는 액수였다.[63] 관광객들이 디즈니월드로 가는 주도로인 I-75번 고속도로를 따라 멋진 집들이 늘어서 있는데, 이곳은 지난 몇 세기 동안 '외국인'들에게 세금을 부과해 부를 쌓아온 역사를 보여준다.

● 고대 로마의 황동화. 2와 2분의 1이라는 뜻으로, 대중 화폐인 구리 동전 아스AS의 2.5배 가치가 있다는 의미임.

1960년대에 조지아주 루더위시에서는 도시 외곽에서 신호가 갑자기 붉은색으로 바뀌면서 운전자들이 신호를 위반할 수밖에 없는 상황이 자주 벌어졌는데, 순찰경찰이 이발소에 숨어서 교통신호를 조작했다는 말도 있다. 이러한 권력남용에 대해 당시 조지아 주지사였던 레스터 매독스Lester Maddox는 운전자들에게 루더위시를 피해서 가라고 경고하는 광고판을 세우는 이례적인 조치를 하기도 했다. 현재 조지아주는 속도위반 벌금이 경찰 예산의 40퍼센트를 넘지 못하도록 금지하고 있다.[64] 그럼에도 2015년 인구 2,023명에 불과한 텍사스주 작은 마을 팔머라는 곳에서는 한 달만에 1,080명이 속도위반으로 딱지를 떼였다.[65]

운전자에게 속도위반 딱지는 짜증 나지만 정부가 벌금 등으로

속도위반 단속을 할 것인가, 세금을 감면할 것인가? 루더위시의 바가지 나이트클럽과 속도위반 단속을 경고하는 표지판, 1970년

징수한 금액은 놀라울 정도다. 예를 들어 1998년 미국의 4대 담배회사[66]가 46개 주[67] 법무장관과 합의한 벌금액은 무려 2,060억 달러(250조 원)에 달한다. 담배와 관련된 질병의 치료 비용이 필요했던 주정부들과 담배 피해에 따른 불법행위 책임을 면제받으려는 담배회사의 이해관계가 서로 맞아떨어진 것이다.

그러나 이 '담배일괄타결협약'Tobacco Master Settlement Agreement은 사실상 벌금이 아니었다. 이 벌금은 과거의 담배 판매에 대한 것이 아니라 담배가 폐암의 직접적 원인이 된다는 증거에 따라 향후 담배가 가져올 피해에 따른 책임을 미리 묻는다는 측면이 강하다. 따라서 현재 4대 기업 이외에 담배 산업에 새롭게 진입한 기업들도 이 협약에 따라 돈을 낼 의무가 있다. 그리고 이 협약에 따른 실질적인 부담은 대부분 벌금의 원래 목적상 담배회사, 주주, 경영진에게 부과되는 것일 뿐만 아니라, 미래의 흡연자들에게까지 그 부담이 전가될 것이 분명하다. 이 벌금이 결과적으로 향후 담배 판매에 따른 세금 형식으로 부과될 것이기 때문이다.

이 협약에 따른 세금은 앞으로 25년간 인플레이션과 매출 변동에 따라 조정되며, 시장점유율에 비례해 기업들이 분담하게 되어 있다. 따라서 담배회사가 담배를 더 많이 팔수록 내야 할 돈, 즉 세금은 더 많아진다.[68] 하지만 주정부와 담배회사 모두 이를 세금이라고 하지 않기를 원했다. 주정부들은 자신들의 조치가 단순한 세금 부과라기보다 그동안 담배가 폐암의 원인이라는 사실을 부정해온 '대형 담배회사에 승리'했다는 모양새를 갖추고 싶어 했다.

그리고 담배회사들은 자신들의 양보가 소송을 방지하기 위해 담뱃세 인상에 동의함으로써 고객을 팔아버렸다는 인상을 주기보다는

고뇌에 찬 결단으로 보이기를 원했다.[69]

못다 한 이야기

+

세금이라고 하지 않는 세금을 고안하는 인류의 끝없는 창의성을
보여주는 두 가지 예를 더 소개한다.

매관매직

관직을 개인 재산처럼 돈을 받고 파는 '매관매직'은 일찍이 플라
톤과 아리스토텔레스도 비판했을 만큼 역사가 오래되었다.[70] 다만 유
럽에서는 16세기 초부터 매관매직이 본격적으로 이루어졌다. 영국에
서는 그리 심하지 않았지만[71] 스페인에서는 광범위하게 행해졌고, 프
랑스에서는 아예 대놓고 행해졌다. 프랑스에서는 매관매직이 일상적
이어서 '문어발같이 뻗어나가는 정부 조직'이라는 말이 나올 정도였
다.[72] 이에 프랑스에서는 1522년부터 날로 복잡해지는 정부 조직을
관리하려고 '파티 카주엘'Parties Casuelles이라는 별도 부서를 설립해 운
영했다. 1630년대에는 관직 매매 수입이 왕실 수입의 4분의 1 이상
을 차지할 정도였다.[73] 수입의 비중이 점차 줄긴 했지만,[74] 1789년 앙
시앵 레짐 말기까지 매관매직은 여전히 성행해서 전체 성인 남녀의 1
퍼센트가 돈으로 관직을 산 사람들이었다.[75]

파리 부두 노동자에서 최고 귀족의 자리에 이르기까지 관직을
사려는 사람들의 호주머니 사정에 맞게 다양한 관직이 거래되었다.
1771년에는 상위직이 전체 매관의 약 18퍼센트를 차지하며 매관 수

입 전체의 4분의 3을 충당했다.[76] 이들은 또 사람들에게 관직을 살 돈을 빌려주고 정기적으로 갚도록 했는데, 이는 마치 연금 형태의 정부 차입과 비슷했다. 차입액은 대개 관직 가격에 대한 일정 비율로 책정되었다. 대부분 매관직에는 어느 정도 특혜도 주어졌다. 예를 들어 가벨(소금세)이나 신분을 나타내는 표시로 가장 중요한 직접세로 군역 대신 내는 타유taille가 면제되기도 했다.[77]

결과적으로 이런 식의 차입 제도가 암묵적으로 운영되는 셈이었다. 당시 사실상 재무장관 역할을 한 자크 네케르Jacques Necker[78]는 1777년부터 1781년까지, 그리고 1788년부터 1790년 7월 초까지 이 제도를 운영하면서 국왕이 갚은 채무 상환금의 20퍼센트를 이 자금으로 충당했다.[79]

그러나 매관이 자금을 조달하려는 것 이외에 다른 의도가 있다는 증거를 찾기는 어렵다. 1637년 왕실이 발표한 칙령은 매관이 관리 수를 늘려야 해서라기보다는 자금을 조달하는 수단임을 분명히 했다.[80] 그러나 그 정치적 비용은 만만치 않았다. 사법부와 세금을 징수하는 자리에까지 매관이 확대되면서 채권자들이 강력한 지위를 갖게 됨에 따라 암묵적 채무 조정으로 그들의 권한이 줄어들거나 세금 면제를 폐지하는 정책에 저항하기 시작한 것이다. 일련의 세제개혁 조치들은 관례상 당시 최고 사법기관인 파를망parlement에 등록되어야 했는데, 이 파를망 자체가 돈으로 관직을 산 관리들로 구성되었다.

결국 1648년 귀족세력이 부르봉 왕권에 저항한 1차 프롱드의 난이 일어났고, 1787년 11월 파리의 파를망이 삼부회 소집을 촉구한 재무장관 브리엔Brienne의 세제개혁을 승인하지 않으면서 혁명을 불러왔다. 앙시앵 레짐 아래에서 세제개혁을 하지 못한 것은 절대 군주가 개혁하지 않으려고 했기 때문이라기보다는 자신들의 이익만 생각한 강력한 채권자들, 즉 돈으로 자리를 산 사람들이 개혁을 막았기 때문이다.

1789년 8월 4일, 프랑스 의회는 밤새 격렬한 토론을 벌인 끝에 매관제도를 폐지했다. 놀랍게도 주저 없이 이 제도의 폐지를 선언한 의원의 약 절반이 돈으로 의원직을 샀다는 사실은 이 제도가 얼마나 악명 높았는지를 보여준다.[81] 그러나 의원들은 매관제를 폐지한 자신들의 고상한 행동에 대해 보상받게 된다. 그것도 혁명이 끝나갈 즈음인 1794년 가치가 폭락하게 되는 아시냐로 보상되었다는 것은 민망한 일이 아닐 수 없었다.[82]

앙시앵 레짐 아래의 프랑스만큼 매관제도가 성행한 나라는 거의 없지만, 영국에도 이와 비슷한 명예직 제도가 있었다.[83] 영국에서는 이 제도가 일종의 현물납 형태로 시행되었다. 관리들은 어떤 자리가 자신에게 명예스러울 거라는 확신이 들면, 주인에 대한 경멸감을 숨기고 다른 곳보다 더 낮은 임금을 받으며 기꺼이 일했다. 그러나 그런 명예직이 항상 국가의 이익을 위해서 제공된 것은 아니며, 때로는 돈을 받고 팔리기도 했다. 영국의 로이드 조지 총리와 토니 블레어 Tony Blair 총리는 모두 이 때문에 곤경에 빠진 적이 있다. 조지 총리는 명예직을 팔아 개인적 이익을 취했고,[84] 블레어 총리는 노동당에 돈을 많이 빌려준 사람들에게 종신 귀족 작위를 수여했기 때문이다.

많은 사람이 기억하지 못하겠지만, 애초부터 돈을 받고 팔려고 만든 명예직도 있었다. 돈을 받고 기사 작위를 남발한 것으로 유명한 제임스 1세는 1611년 남작 작위를 만든 다음 가격을 1,095파운드로 책정했다. 처음에는 제한된 수만큼만 팔겠다고 약속했지만, 나중에는 남발했고(많은 군주가 이 유혹에 굴복했다) 1622년에는 220파운드면 남작 작위를 살 수 있었다.[85]

어리석음에 대한 세금

프랑스의 사상가 볼테르는 고대 중국의 한나라(기원전 205~기원전 187) 시대에 생긴 것으로 알려진 복권을 정부 수입의 원천으로 생각했다. 그는 복권을 사는 사람들이 돈을 잃어야만 복권 기획자들이 돈을 번다는 사실을 알아챘다. 사람들은 대개 즐거운 마음으로 복권을 사는데, 이는 그들이 당첨될 가능성을 과대평가하거나 단순히 베팅 자체를 즐기기 때문일 것이다.[86] 볼테르는 흥미롭게도 복권에 당첨되어 큰돈을 번 적이 있다. 그리고 그와 수학을 잘하는 그의 한 친구는 발행된 복권을 다 사들여도 당첨금보다 적다는 것을 알았다.[87] 그것이 어리석은 생각이든 아니든 간에 복권에 대한 관심이 널리 퍼지면서 몇 세기 동안 많은 정부에서 세금과 비슷한 수입을 올려주는 복권 사업에 뛰어들었다. 사실 복권은 저소득층이 더 많이 구매해 세금으로 본다면 역진세에 가깝다.[88]

1607년, 아메리카 대륙 최초의 영국 식민지인 제임스타운 건설에는 제임스 1세가 도입한 복권으로 조성된 자금이 지원되었다. 스튜어트 왕조의 윌리엄 3세(재위 1689~1702)와 앤 여왕(재위 1702~1714)도 복권을 발행해 자금을 조달했다. 프랑스에서는 바람둥이의 대명사로 알려진 자코모 카사노바Giacomo Casanova가 처음으로 국영 복권을 운영했는데, 아마도 나이가 들어서 더는 바람을 피울 일이 없었는지도 모른다.

아메리카 식민지에서는 복권 수익금이 다리, 도서관, 도로, 등대와 같은 공공사업 프로젝트에 사용되었는데, 미국 독립전쟁이 일어난 1775년까지 무려 160여 종의 식민지 복권이 행운을 쏟아냈다.[89] 그러나 공무원에 대한 뇌물이 성행하는 등 부작용이 커지자 1894년 복권 금지령이 내려졌는데, 이는 1964년 뉴햄프셔주에서 주민투표로 다시 해제될 때까지 계속되었다. 2019년 기준 미국 전역의 44개 주 정부가 복권 사업을 후원하는데, 2015년에는 739억 달러(90조 원)의 판매액과 209억 달러(25조 원)의 이익을 올렸다.[90] 이 정도면 사람들의 어리석음도 수지맞는 수입원이라고 할 수 있지 않을까?

세금이라고 하지 않는 세금은 이것 말고도 많다. 정부가 실제로 돈을 거둬들이지는 않지만, 세금 형태로 볼 수 있는 사례들은 더 있다. 예를 들어 흑사병의 여파로 노동력 공급이 갑자기 줄어들자 1351년 영국 의회는 노동자법Statute of Laborers을 제정하고, 노동자 측과 고용자 측 모두에게 흑사병 이전인 1348~1349년까지의 명목임금보다 더 많은 임금을 청구하거나 지불하는 것을 금지했다. 이 법은 사실상 시장 임금과 전염병 이전 수준 임금의 차액만큼을 노동자들에게 세금으로 부과하는 효과를 가져왔고, 결국 차액만큼의 수익은 고용주에게 돌아갔다. 개념적으로 가격 규제는 과세와 거의 같은 효과를 낸다.

◆ ◆ ◆

지금까지 우리는 수천 년 동안 이 땅의 정부들이 스스로 자금을 조달하는 데 매우 능숙하고 창의적이었지만(물론 시대가 흐르면서 방법은 바뀌었지만), 한편으로는 강압적인 세금 권력을 행사하면서 직면했던 근본적인 문제들은 여전히 변하지 않았다는 사실을 살펴보았다.

이 모든 문제는 결국 세금을 거둘 방법을 찾으려는 것이었다. 여기서 세금에는 명목상 세금뿐 아니라 실질적(이름은 세금이 아니더라도) 세금까지 포함된다. 이런 세금은 필요한 수입을 채워줄 뿐 아니라 정권이 생존할 수 있을 만큼 충분히 공정하다는 인식을 주되, 경제 전반에는 과도하게 이차적인 피해를 주지 않으며(어느 정도 피해는 줄 수 있다), 실제로 집행될 수 있어야 했다.

다음 2부에서 4부까지에서는 이런 근본적인 문제들을 차례로 다룬다. 처음 다룰 가장 중요한 문제는 지난 몇천 년 동안 세금을 공정하게 만들기 위해서 어떻게 해야 하는지를 우리에게 끊임없이 가르쳐온 것이 무엇일까 하는 질문이다. 이는 필연적으로 더 민감한 질문으로 이어진다. 어떤 경우든 세금을 실제로 부담하는 사람이 누구인가 하는(조세 귀착) 질문이다.

2부
승자와 패자

대제국의 수백만 시민은 군주의 잔혹함보다는 탐욕을 더 두려워했다. 그리고 그들의 소박한 행복마저 과도한 세금으로 부당하게 침해되었다. 그세금들은 대개 부유층에게는 큰 압박이 안 되었지만, 사회의 비천하고 궁핍한 계층에는 더 무겁게 가중되었다.

에드워드 기번(영국의 역사가)[1]

4장

공정해지려는 노력

인간은 세금 부담 자체를 불평등 못지않게 고통스러워한다.

토머스 홉스[1]

서기 60년, 잉글랜드 동부의 고대 이세니족Iceni의 보디카 여왕Queen Boudicca은 손에 창을 들고 '가장 사나운 눈초리를 한 무서운 모습으로'[2] 브리튼섬을 점령한 로마군과 싸우려고 모인 군대 앞에서 열변을 토했다.

> 그들은 우리 소유의 대부분을⋯ 빼앗아가지 않았는가? 그런데 그 나마 남은 것에 대해 세금을 내라고?⋯ 우리는 이미 인구수대로 매 년 조공을 하고 있지 않는가? 머리에 세금을 지고 다니느니 차라리 싸우다 죽어 멸망하는 것이 낫지 않겠는가![3]

한 세기 후 로마의 역사가 카시우스 디오Cassius Dio는 자신이 저술한 『로마사History of Rome』에서 그녀가 한 연설을 이같이 기록했다. 그러나 사실 그가 보디카 여왕이 정말로 뭐라고 말했는지는 거의 알지 못했을 것이다. 그의 기록은 역사적 정확성보다는, 전쟁 기간 로마 황제였던 네로에 대한 자신의 혐오감을 그런 수사로 표현했을 확률이 높다. 후세에 전해지기로 이 전쟁의 원인은 로마군이 보디카 여왕의 상속권을 박탈하고 채찍질을 가했으며, 그녀의 남편을 죽이고 그 딸들을 강간한 것이었다.

카시우스 디오가 어디까지 상상했든지 간에, 세금 같은 수단을 통한 로마인들의 억압이 보디카 종족을 격분시켜 콜체스터와 런던을 거의 불바다로 만들고 로마인과 로마 부역자들을 닥치는 대로 학살하게 한 원인이었던 것만은 분명하다. 그러나 로마의 영국 점령은 수적인 우세뿐만 아니라 전략적으로 빈틈없고 잘 무장된 군단병들이 있었기에 가능했다. 이 군단병들이 영국 중부를 휩쓸며 보디카 군대를 남김없이 궤멸했지만, 로마는 이 전쟁으로 교훈을 얻었다. 비록 반란은 무자비하게 진압했지만 지역감정에 더 적절히 대응할 것으로 예상되는 사람을 새 총독으로 임명한 것이다.

반란으로 알게 된 또 다른 진실은 형평성에 대한 본질적인 우려는 제쳐두고라도 정부가 물리적으로든 선거로든 살아남으려고 한다면 세금이 얼마나 억압적이고 불공평하게 인식되는지를 무시해서는 안 된다는 사실이다. 그러니까 어떤 경우든 세금은 충분히 공정해야 한다는 것이다. 정부가 어떤 방식으로 세금을 부과하느냐는 그 정부가 얼마나 공정하게 보이는지를 판단하는 여러 증거 중 한 가지 측면일 뿐이지만, 세금이 서민들의 일상에 미치는 직접적 영향을 고려하면 아마도 가장 강력한 증거일 것이다.

조세의 공정성에는 여러 가지가 있지만 경제학자들은 공통적으로 크게 둘로 나눈다. 하나는 부유한 사람과 가난한 사람을 상대적으로 어떻게 취급해야 할 것인가'에 관한 '수직적 형평성'이고, 다른 하나는 물질적으로 잘사느냐 못사느냐 이외의 측면에서 서로 다른 사람들을 어떻게 취급할 것인가에 관한 '수평적 형평성'이다.

이번 4장과 다음 5장에서는 수직적 형평성에, 6장에서는 수평적 형평성에 초점을 맞출 것이다. 수직적 형평성이 무엇을 의미하는지 살펴보기 전에 먼저 끔찍할 정도로 불공평한 과세로 알려진 몇 가지 이야기에서 교훈을 얻은 다음, 현대의 소득세가 시행되기 훨씬 이전에 각국 정부가 콜체스터로 이주한 로마인들의 운명(반란으로 모두 불에 타 죽음)을 피하기 위해 최소한의 공정한 세금 제도를 만들려고 얼마나 노력했는지를 살펴본다.

런던 다리 위에 걸린 목

+

정부, 특히 영국 정부가 수직적 형평성의 기본 개념을 지키지 않아서 그 생존마저 위태롭게 했던 어리석었던 방식으로는 사람들마다 물질적 환경이 각기 다르다는 사실을 고려하지 않고 모든 사람에게 인두세 poll tax라고 하는 동일한 세금을 부과한 것이다. 하물며 가난한 사람들보다 부유층과 특권층에게 오히려 세금을 덜 부과해 훨씬 더 위험한 접근 방식을 취한 정부, 특히 프랑스 정부도 있다.

영국의 인두세

카를 마르크스는 어느 책에선가 이렇게 말했다. "헤겔이 말하기를 모든 위대한 세계사적 사건은… 두 번 발생한다. 하지만 그가 빼놓은 게 하나 있다. 처음에는 비극적으로 발생하지만 두 번째는 웃음거리로 발생한다는 것이다."[5] 영국 정부는 1380년과 그로부터 610년이 흐른 뒤인 1990년 두 차례에 걸쳐 재앙적인 세금을 부과함으로써 헤겔의 말이 옳았다는 것을 잘 보여주었다. 마치 그렇게 하는 것이 정부의 진정한 즐거움이라는 듯이 말이다. 두 세금의 차이는 이렇다. 1990년의 세금은 이름이 지역사회 부담금community charge이지만 실제로는 인두세라는 것이고, 1380년의 세금은 역사에서 인두세로 알려져 있지만 실제로는 지역사회 부담금이라는 것이다.●

이 비극적인 이야기는 1380년 겨울 노샘프턴에서 심상치 않은 의회가 소집되면서 시작되었다. 영국 왕실은 프랑스와 벌인 백년전쟁으로 심각한 재정 위기에 처해 있었다. 상원 의장이자 캔터베리 대주교●●인 사이먼 서드베리Simon Sudbury는 바닥난 국가 재정을 감당하기 위해 16만 파운드가 필요하다고 발표했는데, 이는 전례 없이 큰 금액이었다. 왕관 보석까지 이미 저당 잡힌 상태인 국가의 분위기는 전체적으로 가라앉았다. 1356년 푸아티에 전투에서 예의 바른 프랑스 왕 장 르봉을 사로잡는 등 백년전쟁 초기에 승세를 타는 듯했으나, 끝이 없어 보이는 전쟁에 영국인들은 등을 돌리기 시작했고, 언

● 사전에는 community charge와 poll tax 모두 '인두세'로 되어 있으나 둘을 구분하려고 community charge를 '지역사회 부담금'으로 번역하였다. 이하 이 단원에서 그 차이를 이해하게 될 것이다.

●● 영국 성공회의 최고위 성직자.

제 침략당할지 모른다는 두려움에 시달렸다. 스코틀랜드 국경에도 문제가 있었다.

마침내 하층 계급들이 거칠어지기 시작했다. 1348년에서 1349년까지 한 해 동안 흑사병으로 인구의 약 3분의 1이 사망하며 노동력이 부족해지자 정부에서는 1351년 노동자법을 공표했다. 이로써 평민들은 임금 인상을 주장하지 못했고 지주들 또한 임대료를 올리지 못했다. 영국의 긴장감은 더욱 높아졌다. 윌리엄 랭글런드William Langland는 자신의 운문시 〈농부 피어스의 꿈Piers Plowman〉에서 이렇게 외쳤다. "그(땅 없는 노동자)의 임금이 인상되지 않는다면, 그는 노동자를 슬프게 만든 법을 제정한 왕과 왕의 모든 재판관을 저주할 것이라네."[6] 악당들(영주에게 봉건 소작료를 지불하는 대가로 토지를 받은 자유롭지 못한 농노들)[7]마저도 그들이 직면한 갖가지 세금에 크게 분개했다. 게다가 벨기에, 네덜란드 남부, 프랑스 북부에 걸쳐 있던 플랑드르Flanders의 의류 생산 중심지에서 반란이 일어나며 양모 무역도 큰 타격을 입어 런던마저 위험해지자 노샘프턴에서 의회가 소집된 것이다. 유일한 희망은 이 나라가 새로운 소년 왕(리처드 2세)을 맞게 되었다는 것이었다.

전쟁이 유발한 엄청난 재정 수입 수요를 채우는 가장 일반적인 방법은 '15분의 1조와 10분의 1조'였다. 이는 종자 옥수수, 농기구, 농장 동물 등[8]과 같은 동산의 가치에 부과하는 세금으로, 도시 지역과 왕실 영지에는 10분의 1, 농촌 지역에는 15분의 1이 부과되었다.[9] 1334년 이후에는 개인에게 세금을 부과하는 대신, 각 공동체가 임의로 개인에게서 세금을 거둬 1334년에 낸 금액에 맞추어 공동체별로 고정 금액을 납부했다.[10] 그러나 이 같은 세금 부과 방식에는 문제가 있었다. 공동체마다 흑사병으로 인한 피해 정도가 달라서 1380년 공동체의 소득 수준이 1334년 공동체의 소득과 크게 달라졌기 때문이다.[11]

　1370년대 후반에 접어들면서 각국 정부는 이런 옛 방식의 세금 제도로는 급증하는 재정 수요를 충족할 수 없다는 사실을 깨닫고 새로운 방법을 시도했다. 그중 하나가 1379년부터 시행해온 사회계급별 세금 부과 방식이었다. 1377년에도 영국 정부는 처음 인두세를 부과했는데, 세금 이름은 근사하게도 '그로트세'tallage of groats●라고 붙였지만, 연대기 작가 프랜시스 월싱엄Francis Walsingham은 이를 '지금까지 들어본 적이 없는 세금'이라고 혹평했다.[12] 그로트 세금은 14세 이상의 모든 성인에게 1그로트, 즉 4페니를 부과하는 것이었는데,[13] 처음에는 그리 나쁘지 않았다. 14세 이상의 납부 대상자가 135만 5,201명(전체 인구는 200만~300만 명)[14]에 달했는데, 처음으로 세금을 내게 된 성직자들을 제외하고는 반대가 그다지 심하지 않았다.

　이에 고무된 노샘프턴 의회는 이 방식을 다시 시도하기로 결정했는데, 이번에는 거지를 제외하고 15세 이상의 성인 1명당 1실링씩 거두는 것으로 크게 증액했다.●● 이는 평균적인 농민의 며칠 노동비에 해당하는 것으로, 1377년 납부 수준보다 세 배나 증가한 금액이었다. 더구나 수확도 하기 전이어서 농민들은 굶주림에 시달리던 시기였다. 결국 이 인두세는 1381년 농민 반란의 직접적 도화선이 되었다.

● 　그로트는 당시 통용되던 은화의 단위.
●● 영국 화폐 단위는 1960년대까지 12진법과 20진법이 혼합적으로 사용됨. 1파운드는 20실링, 1실링은 12펜스. 1971년부터 10진법을 도입해 실링이 사라지고 1파운드=100펜스로만 쓰고 있음.

하지만 사실 그것은 인두세가 아니었다. 그것은 문자 그대로 모든 사람에게 1실링을 거두는 것이 아니라, 정확히 말하면 모든 공동체에서 1인당 평균 1실링 기준으로 공동체별로 내는 세금이었다. 그리고 해당 법령에도 '부자가 가난한 자를 도울 수 있다'는 문구가 명시되어 있었다.[15] 극빈층의 경우 부부가 최소 4펜스를 내게 되어 있지만[16](이는 1379년 상황에서 충분히 낼 수 있는 금액이었다), 부자들이 가난한 부부에게 최대 1파운드까지 돕게 되어 있었다. 오늘날 우리에게는 이상하게 보일지라도, 부자들이 가난한 사람들을 도와야 한다는 생각은 당시에도 낯선 개념이 아니었다.

이 같은 공동체의 의무 분담은 1334년 이후 시행된 15분의 1조나 10분의 1조 세금제에서 이미 확립된 부분이었다. 실제 이 개념은 나름대로 의미가 있었다. 예를 들어 영국 남부 서퍽의 한 마을인 브록클리에서는 지역 유지나 부유한 지주들이 기꺼이 더 많은 세금을 분담함으로써 극빈 가구는 4펜스만 내고도 이 상황을 견딜 수 있었다.[17] 따라서 1381년의 인두세는 1990년 대처 총리가 사용한 '지역사회 부담금'이라는 용어가 더 적합하다고 할 수 있다.

어쨌든 곧 세금 징수가 큰 어려움에 빠졌다는 것이 분명해졌다. 초기의 수입 감소는 영국 인구의 상당 부분이 흑사병으로 인한 사망 또는 신고 누락으로 사라졌음을 시사했다. 정부는 누락된 세금 납부 대상자를 찾기 위해 새로운 조사관들을 파견했지만, 이들의 과격한 행동이 시민들의 적대감만 불러일으켰다.

세무조사관들에게 젊은 여성들이 15세 이상인지 아닌지 확인하게 하는 것은 좋은 생각이 아니었다. 곧 무장 시민들로 구성된 반란군이 런던으로 진군하면서 모든 기록을 파괴했다. 프랑스와 벌인 전

쟁에 참여한 백전노장[18]으로 알려진 신비의 인물 와트 타일러Wat Tyler
가 반란군 지도자로 등장했는데, 전하는 이야기에 따르면 세무조사관
이 그의 딸에게 무례한 행동을 저질러 타일러가 격분해 반란을 일으
켰다고 한다. 찰스 디킨스는 이 장면을 이렇게 묘사했다. "딸과 어머
니가 비명을 지르자, 타일러가 세금징수관을 한 방에 때려 죽였다."[19]

　1381년 6월 13일 해질 무렵, 반란군은 런던을 점령했다. 다음
날, 당시 14세였던 어린 왕 리처드 2세가 런던 마일엔드에서 반란군
을 만나 그들의 요구를 모두 받아들였고, 결국 그들에게 자유를 허용
했다. 서기관들이 왕의 서약을 바쁘게 받아 적었다. 한편 서드베리
대주교는 기도하다가 끌려 나와 목이 잘리는 참수형을 당했다. 그의
머리는 죽창에 달린 채 런던 다리 위에 세워졌다. 그러나 다음 날 영
국 역사의 위대한 반전을 보게 된다.

거창하게 시작됐던 세금 반란은 싱겁게 실패로 끝났다. 〈와트 타일러의 죽음〉

무슨 이유 때문인지, 아마도 와트 타일러가 마일엔드 서약이 있었던 현장에 참여하지 않아서 그랬는지 몰라도 반란군은 또다시 왕과 만나기를 청했고, 어린 왕과 타일러는 각각 배후에 무장군을 배치한 채 스미스필드에서 다시 마주 앉았다. 이때 타일러가 단검을 만지거나 맥주를 벌컥벌컥 마시는 등 왕 앞에서 무례한 행동을 보인 것 같다. 이에 난투극이 벌어졌고, 타일러는 런던 시장이 휘두른 칼에 찔린 후 다른 사람들의 칼에 난도질당했다. 결국 타일러는 자신의 진영으로 돌아가다가 말에서 떨어져 죽었다. 이에 반란군들이 활을 쏘려 하자, 어린 왕이 말을 타고 반란군에게 달려가 이렇게 외쳤다. "백성들이여, 그 활로 당신들의 왕을 쏘겠는가? 짐은 백성의 우두머리요, 최고 지휘자다. 당신들이 원하는 것을 줄 사람도 바로 짐이니라. 당장 무기를 버리고 나와 함께 싸우러 나가자."[20] 마침내 반란군은 전처럼 왕에게 충성을 맹세했고, 그날 해 질 무렵 반란은 싱겁게 끝났다.[21]

결국 왕은 반란군에게 한 약속을 지키지 않았을 뿐 아니라 바로 보복이 뒤따랐다. 이번에는 서드베리 대주교의 머리 대신 와트 타일러의 머리가 런던 다리 위에 걸렸고, 자유를 준다는 약속은 파기되었다. 약속을 지켜달라는 반란군의 어리석은 요구에 왕은 이렇게 대꾸했다. "그대들은 여전히 악당에 불과하고 앞으로도 악당으로 기억될 것이니라."[22]

그러나 의회는 이것이 겨우 위기를 넘긴 것뿐임을 잘 알았다. 이들은 조용히 인두세를 폐지하고 다시 15분의 1조와 10분의 1조로 돌아갔다. 하지만 이번에는 지주들이 모든 비용을 부담하게 되어 있었고, 다음과 같은 전형적인 영국식 절제를 표현한 문구가 붙었다. '이 제도는 이전보다 더 약해지고 더 가난해진 불쌍한 평민들을 지원, 원

조, 구제하려는 것임.'[23]

1381년 세금 반란이 일어난 가장 큰 원인은 인두세가 아니었다. 인두세는 마일엔드나 스미스필드 담판에서 요구 사항에도 들어 있지 않았다. 농민 반란은 흑사병 이후 경제 현실의 급격한 변화로 하층민들이 처한 비참한 상황을 정부가 부정하면서 일어났다.

그럼에도 인두세는 완벽한 과세 방식의 실수였다. 그 세금은 부담스럽고 불공평하게 여겨졌고, 그것을 집행하는 행정 절차는 끔찍할 정도로 거슬리고 불쾌했다. 인두세는 심각한 경제적 어려움과 사회적 긴장을 증폭하는 역할을 했고, 이를 집행하는 정부의 방식은 신뢰와 존경을 잃었다.

역사에서 배우지 못하는 것이야말로 어리석음을 자초하는 짓이다. 그 예가 바로 마거릿 대처의 보수당 정부가 1990년에 도입한 인두세였다. 마거릿 대처의 인두세는 1381년의 비극을 반영할 뿐 아니라, 구시대적 평가 방식을 따르는 불완전한 전통적 세금에 그 기원을 두었다. 이번 인두세 도입 과정에서는 주거용·사업용 부동산의 임대료에 적용된 세금 요율 체계가 1381년의 15분의 1조와 10분의 1조 역할을 했다. 부동산 임대료에 대한 세금은 오랫동안 영국 지방정부의 주요 재정원이었고, 이 제도는 거의 개정되지 않았다.

그러나 대처의 보수당은 주거용 부동산에 대한 세금 제도가 겉보기에는 지방정부의 재원 조달에 큰 몫을 하는(세금을 내는) 집주인들과 그 덕분에 세금을 내지 않는(그래서 이 제도를 지지하는) 세입자들 사이에 단절을 초래한다고 여겼다. 보수당은 이 제도가 지방정부의 배만 불린다고 보았다. 물론 여기에는 정말로 세금을 부담하는 사람이 누구인가 하는 조세 귀착 문제가 있다. 예를 들어 집주인들이 더 높은 임대료를 부과하는 방식으로 세금 부담을 어느 정도 세입자에게 떠넘기면, 결국 세금을 납부할 의무가 없는 세입자가 실질적으로 세금을 부담하게 된다.[24] 그러나 세입자들이 직접 세금을 내지 않으므로 세입자들은 자신들이 실질적으로 세금을 부담한다는 사실을 거의 인식하지 못한다. 어쨌든 대처 정부는 현실을 이같이 파악했다.

실제로 1970년대 후반 무렵 지방정부의 세제개혁이 필요하다는 인식은 이미 널리 퍼져 있었다. 이에 보수당이 생각해낸 해법이 바로 '지역사회 부담금'이다. 지역사회 부담금은 사람들의 소득이나 기타 여건과 관계없이 고정된 금액을 연간 세금으로 내는 방식이었다.[25] 비록 지방정부마다 지출 규모와 중앙정부로부터 얼마나 많은 보조금을 받았는지가 다 다르지만 말이다. 어쨌든 이는 '모든 지방정부는 기여해야 할 몫이 있고, 낭비가 심한 지방정부를 선출한 대가로 손해를 봐야 마땅하다'는 대처의 핵심 원칙과 맞아떨어졌다.[26] 다만 죄수들만이 지역사회 부담금의 대상에서 제외되었다. 게다가 1380년 당시처럼 부유한 자가 가난한 자들을 도와야 한다는 조항도 없었으니 이것이야말로 진짜 인두세였다.

보수당의 이 같은 개혁은 전반적인 내용이 통일적이고 일관된 원칙, 즉 책임성을 가지고 통보되었다는 점에서는 영국 과세 역사상 이례적인 일이었다.[27] 예측 가능한 지방세로 지역 서비스의 재정을 조달한다는 것은 대체로 좋은 아이디어로 여겨졌고, 정치적 절차를 거쳐 시민에게 유익하게 재정이 지출되어야 한다는 요구와 세금 부과에 대한 지역적 거부감 사이의 균형을 맞추게 되었다. 그리고 세금 제도라는 재정 사회학에 관한 최근의 학문 연구들도, 정부의 책임을 묻는 데 시민들의 참여를 늘리려면 가급적 많은 사람이 세금을 내는 것이 중요하다고 강조하였다.[28] 지적인 관점에서 볼 때, 보수당의 세제개혁이 영국 정부가 시도한 가장 어리석은 세제개혁은 아니었다. 그러나 아주 비참한 세제개혁 중 하나인 것만은 분명하다.

1990년 4월에 인두세가 처음 시행되었을 때,[29] 잉글랜드와 웨일스의 평균 부담금은 성인 1인당 약 360파운드로 정부가 예상한 것보다 거의 30퍼센트나 높은 금액이었다.[30] 지방별 인두세 부과금 차이는 그 지방의 소득 수준과는 전혀 관계가 없었다. 런던에서 가난한 자치구 중 하나인 해크니가 499파운드로 책정된 반면, 가장 부유한 자치구인 왕립 자치구 켄싱턴과 첼시는 375파운드로 책정되었다.[31] 세금이 오히려 부유한 사람에게서 가난한 사람에게로 이전되었다는 사실이 명백해지면서 이 제도의 불공평성이 여실히 드러났다. 바굴리Bagguley는 이 같은 현실을 다음과 같이 묘사했다. "헤어우드Harewood 백작은 4,000에이커나 되는 큰 저택에 사는 데도 매년 700파운드만 내면 되지만, 그 아래 방 두 개짜리 집에 사는 사람은 그 두 배를 내야 한다네."[32]

마침내 트래펄가 광장에서 대규모 폭동이 일어났다. 시민들은 "납부할 수 없다, 납부하지 않겠다"라는 귀에 쏙쏙 들어오는 구호들을 외쳐댔고, 세금 거부 운동은 전국적으로 퍼져나갔다. 결국 첫해 징수액이 목표치의 3분의 2에 그치며 예상을 훨씬 밑돌았다. 런던의 몇몇 자치구에서는 납세자 5명 중 1명꼴로 납부를 거부해 소환장을 발부해야 했다.[33] 부과액이 많은 곳과 실업률이 높은 곳에서 거부 비율이 높은 것은 당연했다.[34]

특히 여성들에게 미치는 영향에 관한 한 1381년의 또 다른 반향을 보는 듯했다. 여성들은 대개 가구에서 부차적인 소득자들인데도 남성과 동일한 고정 금액이 부과되자 지역사회 부담금의 부당함을 더 강하게 느꼈고 이것이 더 높은 반감으로 드러났다.[35] 또 1380년 인두세로 촉발된 살인적인 광란의 뿌리가 수십 년 동안 계속된 억압에 있었던 것처럼, 1990년 인두세에 대한 저항도 많은 사람이 10년 동안 직접 겪은 정책들이 가난한 사람들에게 제도적으로 또는 의도적으로 불리하게 적용되었다는 불만(조세의 균형이 소득세에서 부가세로 급격하게 이동한 것이라든지, 노동조합과 대립, 급격한 민영화 조치 등)이 쌓여 분출된 것이었다. 1380년과 1990년 두 경우 모두 직접적인 도화선은 세금이었지만, 화근은 이미 오래전부터 쌓이고 있었다.

1990년 11월, 마침내 지역사회 부담금은 시행 1년을 넘기지 못하고 완전히 종료되었고, 그와 함께 대처도 물러났다. 그리고 이 세금은 여전히 낡은 세금 제도와 다를 바 없어 보이지만 1993년 새로운 '지방세'council tax로 대체되었다.[36] 그러나 보수당에는 향후 선거에서 한 가지 희망이 있었다. 앞서 세금을 거부한 사람들은 선거인 명부에서 자기 이름을 삭제했는데,[37] 그들은 대개 부유층이 아니었으므로 보수당에 유리한 상황이 된 것이다.

보도에 따르면, 대처 총리는 '인두세 사태로 많은 노동당 지지자가 선거인 명부에 등록하지 못했고, 이로써 닐 키노크Neil Kinnock 노동당 당수에게 갈 표가 상당히 줄어들었다'고 생각했다고 한다. 대처 총리는 그 수가 100만 명은 될 거라고 추정했다.[38] 사실 대처 총리가 크게 틀리지는 않았다. 인두세 사태로 유권자 등록을 하지 못하는 사태가 벌어지지 않았다면 보수당은 1992년 4월 보궐선거에서 여전히 승리했을 테지만, 결과는 첫 보궐선거 패배로 아주 근소한 차이로 과반 의석을 차지하지 못했으니까 말이다.[39]

귀족들의 명분

인두세보다는 덜 알려졌지만 영국 재정 역사상 가장 결정적 전환점이 된 사건이 12세기에 일어났다. 이 사건은 정치적으로나 헌법적으로나 영국이 발전하는 계기가 되었는데, 바로 왕에게 군사력을 제공해야 하는 귀족들의 의무(봉건 먹이 사슬의 일환)를 현금, 이른바 군역대납금軍役代納金, scutage으로 대체한 일이다. 이 같은 진전은 왕실과 귀족 양쪽 모두에게 적절한 판단이었다. 귀족들은 자신들에게 거의 도움이 되지 않는 프랑스와 전투를 벌이기 위해 영지를 떠나지 않아도 되었고, 왕은 용맹한 외국인 용병들을 더 많이 고용할 수 있었다. 이 변화는 점진적으로 진행되었지만,[40] 프랑스 툴루즈 일대를 공격한 1159년에 이르러서는 군역대납금 제도가 완전히 자리 잡았다.

군역대납금 제도가 가져온 의미는 매우 컸다. 귀족들은 이 제도를 받아들임으로써 왕에게 군사력 대신 직접적인 재정적 지원을 제공할 의무를 인정한 셈이 되었지만, 한편으로는 왕실이 그 금액을 올리려면 자신들의 동의를 구해야 한다고 주장할 명분을 갖게 되었다. 1215년의 마그나카르타에서 눈에 띄는 조항 중 하나가 바로 '군역대납금과 지원은 우리 왕국 공동의회의 결정으로만 부과되어야 한다'는 것이었다.[41] 이후 귀족들은 기꺼이 왕의 재정을 지원하지만, 그 과정에서 협의해야 한다는 원칙이 인정되었다.

그러나 유럽 대륙의 많은 지역에서 점차 그 의미를 잃은 봉건 의무가 귀족에 대한 세금 면제로 바뀌면서 상황은 다르게 돌아갔다. 귀족들에 대한 세금 면제는 프로이센[42]과 합스부르크제국에서 18세기까지 지속되었고 헝가리에서는 가장 오래 지속되었다.[43] 그러나 귀족들의 세금 특권이 가장 큰 재앙을 낳은 곳은 프랑스였다.[44]

그 중심을 차지한 사건이 루이 14세가 체결한 이른바 악마의 거래devil's bargain였다. 루이 14세는 귀족과 성직자들에게 군역대납금인 타유(121쪽 참조)를 계속 면제해주는 대가로 그들의 정치적 무력화를 확보했다. 파리는 물론이고 대도시, 중소도시 전역의 다른 많은 사람도 같은 이유로 타유가 면제되었다.[45] 그러나 당시 막 성장하던 자본가 계급과 개혁 지향적인 성직자들은 귀족에 대한 왕실의 특혜에 점차 불만을 품게 되었다. 물론 귀족들의 세금 특권을 극복하려는 시도가 루이 14세[46] 통치 기간에도 간간이 있었지만, 귀족들이 장악한 고등법원(법을 확정할 권한을 쥔 지방법원)은 매번 그런 시도를 거부하거나 약화시켰다. 1770년대 중반까지만 해도 귀족들은 여전히 군사력 지원의 대가로 세금을 면제받는 왕실의 방침에 동조하면서 귀족들의 특혜를 반대하는 세금 징수관 출신의 개혁파 재무장관 안 로베르 자크 튀르고Anne-Robert-Jacques Turgot를 '모든 지식인이 다 포기한, 시대에 뒤떨어진 주장'을 한다며 몰아붙였다.[47]

귀족들의 타유 면제가 모든 직접세를 면제해준다는 의미는 아니었다. 곧이어 도입된 10분의 1조dixième와 뒤이어 도입된 20분의 일조vingtième[48] 같은 인두세는 귀족을 포함한 모든 사람에게 적용되도록 고안되었으며, 성직자들도 명시적인 의무는 아니었지만 자발적으로 납부하고 있었다. 이런 세금들은 시간이 지나면서 줄어들긴 했지만, 귀족들에게 상당한 부담이 되었다. 또한 비특권층에게도 그대로 적용되었으므로 세금 납부의 불평등을 완화하지는 못했다.

앙시앵 레짐 치하의 프랑스 세금 부담은 같은 시기의 영국보다 특별히 높지는 않았다. 다만 지나치게 불평등하게 분배된 것처럼 보였을 뿐이다. 미국 독립혁명에 중요한 역할을 했고 훗날 글로벌 화학기업 듀폰 왕국이 될 기업을 세운 피에르 사무엘 듀폰 느무르Pierre Samuel du Pont de Nemours가 "세금을 피할 수 있는 유일한 방법은 부유해지는 것"[49]이라고 한 것은 농담이었지만 앙시앵 레짐의 현실을 그대로 보여주는 것이기도 했다.

이러한 세금 불평등이 얼마나 심각했는지는 1789년의 요동치는 봄에 세 계급(귀족, 성직자, 평민)이 각각 작성한 불만 목록인 진정서 Cahiers de doléances에 명확히 드러나 있다. 이 진정서에서 귀족은 아니지만 재산이 있는 제3계급은 주로 귀족과 성직자들이 갖고 있는 재정적 특권을 격렬하게 비판했다.

예를 들어 파리 교외의 두르동 사람들은 토지 및 기타 재산에 대한 세금을 제외한 모든 개인 세금은 폐지되어야 하며, 모든 종류의 재산에 대한 봉건 권리나 부수적 권리까지도 '모든 계급의 시민들에게 차별 없이' 부담되어야 한다고 주장했다.[50] 1789년 7월 12일과 13일 밤, 파리 시민들은 파리 전역의 세관 초소를 뒤져 기록을 불태우고, 세금 징수관들이 파리 시내로 들어오는 상품들에 세금을 매기려고 곳곳에 쌓아놓은 벽을 허물어 버렸다.[51] 다음 날 시민들이 바스티유 감옥을 습격한 것도 세금에 대한 분노가 터졌기 때문이다. 프랑스 귀족들은 결국 세금 특권을 누린 대가를 톡톡히 치른 셈이다.

공정해지려는 노력

+

이러한 이야기들은 세금이 언제 가장 불공평해 보이는지 그리고 그런 느낌은 단지 세금 제도의 설계뿐만 아니라 세금 집행 방법과 더 광범위한 시대정신에 따라 다르게 느껴진다는 사실을 보여준다. 그러나 아쉽게도 이 이야기들은 무엇이 '공정한' 과세인지에 대해서는 많은 정보를 주지 않는다. 다만 이 이야기가 조세의 공정성에서 보여주는 한 가지 관점은 혜택을 받은 자가 세금을 내야 하는 것이 과연 옳은가 하는 문제이고, 또 다른 관점은 낼 수 있는 능력에 따라 세금을 내야 한다는 원칙이 얼마만큼 철저하게 준수되어야 하는가 하는 문제다.

혜택받은 자가 세금을 내야 한다?

미국의 대중과 영합한 정치인 윌리엄 제닝스 브라이언William Jennings Bryan[52]은 다음과 같은 질문을 던졌다. "누가 해군을 가장 필요로 하는가? 쟁기 뒤를 따라 터벅터벅 걷는 농부인가? 아니면 적의 사정권 안에 있는 큰 항구에 재산이 있는 사람인가?"[53] 이 함축된 질문이 시사하는 바는 바로 왜 농부가 해군 비용을 내야 하느냐는 것이었다. 사실 이것은 3장에서 다룬 영국 스튜어트 왕조 시대의 선박세 부과에서 논란이 되었던 기본적 논제였다. 선박세가 해안 도시와 마을에 부과되었을 때는 아무런 문제가 없었다. 해적의 위험을 막아주는 해군에 세금을 내는 것은 합당한 대가를 내는 거라고 여겨졌기 때문이다. 선박세는 세금 부담은 정부로부터 받는 혜택과 관련이 깊어야 한다는 '수혜자 원칙'에 따라 부과된 세금의 한 예라고 할 수 있다.

그러나 이 추론은 우리가 세금을 이해하는 데 크게 도움이 되지는 않는다. 세금은 정의상 특정한 보상의 대가로 내는 돈이 아니기 때문에 적절한 혜택을 받아내는 돈은 엄밀히 말해서 세금이라고 볼 수 없다. 그리고 실질적인 문제로 정부가 하는 일은 대부분 그 혜택이 특정 개인들에게만 국한되는 상품과 서비스를 제공하는 것이 아니라 법과 질서를 보장하고 공동의 방위를 제공하는 등 우리 모두에게 보편적으로 영향을 미치는 것들이다.

미국의 법학자 올리버 웬델 홈스Oliver Wendell Holmes가 언급했듯이, 세금은 '문명사회를 위해 우리가 내는 것'[54]이라는 말이 맞을지 모른다(이 문구는 미국 국세청 본관 건물에 걸려 있다). 하지만 만약 이 말이 옳다면, 수혜자 원칙에 따라 문명의 이익이 우리 사이에 어떻게 공유되는지 알아야 한다. 세금에 대한 견해는 다양하다. 마이크로소프트 창업자 빌 게이츠의 아버지인 윌리엄 게이츠 시니어William Gates Sr.는 미국에서 누진 과세를 시행해야 한다는 캠페인을 벌이면서, 현재의 부자들은 정부가 제공하는 강력한 법률이나 제도, 물리적 인프라, 과학적 연구가 없었다면 부자가 될 수 없었을 거라는 논리를 펼쳤다.

이와 대조적으로 찰스 배비지는 일찍이 선거권의 확대에 우려를 표한 적이 있는데, 그는 큰 자본가를 보호하는 것보다 작은 자본가를 보호하는 것이 더 많은 비용이 든다고 주장했다. 거리 모퉁이에 있는 사과 장수는 자기 사과를 도둑질당하지 않으려고 경찰이 필요하지만, 베어링스은행 같은 대기업은 전 세계에 자본을 이전함으로써 스스로 위험을 피할 수 있다는 것이다.●[55] 외부인 출입이 금지되는 안전한 주택에 살면서 아이들을 사립학교에 보내는 오늘날 부유한 중산층도 배비지와 같은 생각을 하는지 모른다. 여기에는 부자들이 가

● 배비지는 이 말을 1851년에 했는데, 232년 전통의 베어링스은행은 직원의 파생금융상품 불법 거래로 1995년 파산함.

난한 사람들보다 세금을 덜 내야 한다는 의미가 담겨 있다.

이는 많은 사람에게 불쾌하게 여겨질 것이다. 그 정도까지는 아닐지라도 이들은 다른 사람에게 이익을 주려고 특정인에게 세금을 거둬들이는 방식으로는 도덕적 모순 없이 수혜자 원칙을 공정하게 적용하는 것이 본질적으로 어렵다고 주장한다. 수혜자 원칙을 엄밀하게 적용하면 매우 제한적인 정부가 될 수밖에 없다는 것이다.

수혜자 과세의 한 형태로 보일 수 있는 것이 바로 정부가 가끔 특정 세금 수입을 특정 용도에 배정하는 경우다.[56] 예를 들어 18세기 영국에서는 특정 세금의 수입을 전적으로 특정 대출금의 상환에만 사용했다.[57] 이런 예는 더 있는데, 가장 눈에 띄는 사례는 사회보장 분담금이 대개 복지 지원과 자주 연계되어 전혀 세금으로 여겨지지 않는 경우가 많다는 것이다. 미국에서는 지금도 휘발유에 대한 연방소비세 수입은 고속도로 지출에만 배정한다. 아프리카의 가나는 부가가치세율을 10퍼센트에서 15퍼센트로 올리면서 추가 세수를 전적으로 보건 서비스 개선에만 사용할 거라고 약속했다. 다른 나라에서도 특정 세수를 특정 목적에만 배정하는 사례는 많다. 한국에서는 2005년 전체 정부 세수의 17퍼센트가 특정 목적에 배정되었고,[58] 미국에서도 평균적으로 각 주정부 세수의 4분의 1 정도가 특정 목적에 배정되었다.[59]

특정 세수를 특정 목적에 배정하는 것은 세금을 국민들이 좋아하는 프로젝트 지출과 연계하거나 최소한 세금이 국민들이 잘 모르는 곳에 소모되지 않는다는 확신을 줌으로써 세금 인상에 대한 정치적 거부감을 제거하는 효과도 있다. 그러나 그런 관행에는 몇 가지 문제도 있다. 그중 하나는 어떤 목적에 대한 지출을 적정한 수준으로 유지하기 위해 반드시 특정 세수와 관련시킬 필요는 없다는 것이다. 윈스턴 처칠Winston Churchill은 재무장관 시절이던 1920년대에 자동차 세금에 대해 다음과 같은 유명한 말을 남겼다.

> 자동차 세수가 얼마가 되든, 또 그 나라의 빈곤 수준이 어떠하든 간에 정부는 자동차 세수로는 오직 도로만 건설해야 한다고 누가 그러던가요? 재정이 부족하다고 소득세를 늘리면 소비가 위축될 수도 있고, 경제에 치중하다 보면 교육이 희생될 수도 있습니다. 심지어 함대 유지비도 제대로 감당하지 못할 수 있습니다. 그런데 그런 건 다 신경 쓰지 말고 무슨 일이 있어도 자동차 세금은 전액 도로 건설에 사용해야 한다고요? 그런 논쟁은 어리석은 일일 뿐 아니라 의회의 주권과 상식을 무시하는 것입니다![60]

좀 더 쉽게 말하면, 특정 세수의 특정 목적 배정을 지나치게 강조하면, 정부가 거둬들이는 세금을 가장 적절한 방식으로 사용하는 것을 더 어렵게 만들 수 있다. 실제로 특정 세수와 특정 목적을 연결하는 것이 공공지출을 억제하지 못한다는 점에서 그 효과는 '약하다'고 볼 수 있다. 결국 세수는 유연하게 사용해야 한다.

가나는 늘어난 부가세 수입을 모두 보건 지출에 배정했지만, 예를 들어 다른 세수의 보건 지출이 줄어들 수 있고, 전체 보건 지출이 추가 부가세 징수액보다 적게 늘거나 심지어 줄 수도 있다. 따라서 만약 문제가 생긴다면, 특정 세수와 특정 목적을 연결하는 것은 융통성 없는 예산편성을 의미할 뿐이다. 설령 그렇지 않다고 하더라도 그것은 '민주주의를 확장한다기보다는 납세자들을 오도하는 행위'일

뿐이다.[61] 바로 이런 이유들 때문에 특정 세수를 특정 목적에 배정해야 한다는 생각은 공공 재정을 집행하는 사람들을 매우 불안하게 만든다.

능력만큼만 내야 한다?

조세 공정성의 두 번째 원칙은 현재의 관행과 사고의 본질을 좀더 많이 고려하게 한다. 그것은 바로 '납세능력의 원칙'이다. 이는 한 개인이 짊어지는 세금 부담은 그의 경제적 수준과 관련이 있어야 한다는 개념이다. 사실 이것이야말로 세금의 역사를 일관되게 관통해 온 것이다. 1634년 버지니아에서 제정된 아메리카 식민지 최초의 세법은 한 개인이 세금을 얼마 낼 수 있는지에 대한 평가는 '그가 소유하고 있는 땅과 그밖에 그가 할 수 있는 능력을 고려해서' 해야 한다고 되어 있다.[62] 즉, 개인에 대한 세금 부과는 세금이 강요하는 물질적 복지의 희생을 감수할 수 있는 능력과 관련이 있어야 한다는 것이다.

물론 부유한 사람일수록 가난한 사람보다 세금을 낼 능력이 더 좋다. 세금으로 똑같이 1달러를 내더라도 생계를 꾸려나가려고 애쓰는 한부모 가정보다 억만장자가 훨씬 덜 고통스럽다는 것은 너무나 당연하다. 우리 중 누구도, 심지어 인두세를 결정한 노샘프턴 의회조차 세금 납부 능력이 모든 세금 시스템의 공정성에 중요하다는 사실을 부인하지는 않을 것이다. 그러나 이 생각을 실행에 옮기려면 두 가지 어려운 단계를 거쳐야 한다.

첫 번째는 납세능력이 정확히 무엇인지 결정하는 것이다. 개인의 물질적 환경에서 그가 어느 정도 복지를 누리는지 직접 평가하기는 불가능하므로 이에 대한 자연스러운 접근법은 그에게 땅이 얼마나 많은지, 그의 집에 창문이 얼마나 많은지, 돈을 얼마나 버는지 등과 같은 물질적 복지의 외부 지표를 사용해 적절한 과세 수준을 판단하는 것이다. 이 접근법의 한 가지 문제점은 그러한 외부 지표가 그들이 자신들에게 부과되는 세금에 어떻게 대응할지 등과 같은 개인마다 다른 취향과 결정을 반영할 개연성이 높다는 것이다. 이 때문에 과세액을 결정하는 데는 본질적이고 변하지 않는 잠재적 납세능력을 중시해야 한다고 할 수 있지만, 사실 잠재적 납세능력은 현실적 능력보다 관찰하기가 더 어렵다.

두 번째 까다로운 단계는 모든 사람의 납세능력(관찰된 또는 잠재된)을 식별한다고 가정한다 해도, 각각의 납세능력에 따라 과세액을 어떻게 다르게 책정할지 정확하게 결정해야 한다는 것이다. 이것은 세금이 부과된 후 복지를 어떻게 분배하는 것이 사회적으로 가장 공정한가 하는 문제와도 밀접한 관련이 있다.[63] 사실 이 질문에 답하는 것은 경제학자가 아니라 철학자가 할 일이다. 예를 들어 한 가지 주장은 정부 목적은 그런 복지의 합을 최대화하는 것이어야 한다는 고전적인 공리주의적 견해다(영국의 철학자 제레미 벤담Jeremy Bentham 같은 사람들).

또 다른 견해(미국의 철학자 존 롤스John Rawls의 연구)[64]는 정책의 목적이 가장 가난한 사람의 복지를 최대화하는 것이어야 한다는 것이다(비록 그것이 전체 복지를 줄인다고 하더라도). 그리고 그 두 견해 사이에 가난한 사람들의 복지에 가장 큰 비중을 두면서도 부자들을 완전히 무시하지는 않는 중간 입장이 있다. 어떤 견해를 취하든 경제학자들은 정부 정책이 납세능력의 차이를 어떻게 고려해야 하는지를 정확하게 결정하는 일에 관한 한 철학자보다 더 특별한 지혜를 가지고 있지 않다. 결국 납세능력의 원칙은 개인의 납세 부담은 그 사람의 물질적 복지를 어떻게 측정하느냐와 관련이 있어야 한다는 주장을 직관적으로 호소하는 거창한 표현일 뿐이며, 합리적인 사람들은 그 관련성이 정확히 무엇이어야 하는지에는 합리적으로 동의하지 않는다.

납세능력을 알 수 있는 증거

+

납세능력이라는 용어가 생기기 훨씬 전부터 현명한 통치자들은 사회 정의를 추구하기 위해서가 아니라 사리사욕을 챙기기 위해서라도 납세능력을 파악할 수 있는 외형적 증거를 찾았다. 오늘날의 소득세는 바로 이 과정에서 만들어졌다.

신분 계급별 과세

1513년, 베네치아 대사의 눈에는 가장 잘생긴 군주[65]였던 젊은 왕 헨리 8세(아직 여느 왕처럼 뚱뚱하거나 부인을 여러 명 두지 않았던 시절)도 영국 왕들이 걸었던 영광의 길(영국해협을 건너 프랑스와 싸우는 것)을 떠났다. 물론 스퍼스전투Battle of the Spurs(프랑스군이 패배해 도망치는 광경을 묘사해 전투 이름이 그렇게 붙여짐)처럼 승리를 맛본 적도 있었지만, 전쟁은 언제나 비용이 많이 드는 일이었다. 헨리 8세는 전쟁 비용을 마련하려고 공작에게는 6파운드 13실링 4펜스, 백작에게는 4파운드, 남작에게는 2파운드 그리고 임금이 40실링 이하인 15세 이상 남자에게는 4펜스를 세금으로 부과했다.[66]

이러한 신분별 과세가 새로운 아이디어는 아니었다. 신분별 과세는 1379년 재앙적인 인두세 이전에 영국이 시도한 여러 혁신 중 하나였다.[67] 그리고 헨리 8세가 마지막으로 시행한 것도 아니었다. 1689년과 1698년 사이에 영국은 사회적 지위와 신분에 따라 다양한 세금을 부과했다.[68] 프랑스에서도 귀족들의 세금 면제를 막기 위해 1695년에 앞서 언급한 신분 기반 과세 제도Capitation를 도입했다(프랑스의 신분별 과세는 혁명 때까지 지속되었다). 전체 신분을 22등급으로 분류하고 가장 높은 계급인 황태자Daupin에게는 가장 많은 세금을 부과했는데, 이는 가장 낮은 계급인 일용직 노동자의 2,000배에 달했다. 프로이센에서도 1821년 신분 계급에 따른 세금제Klassensteuer를 도입했는데, 농촌 지역은 개인의 상황에 따라 네 사회계급으로 나누어 차별 과세했다.[69] 이 세금 제도는 1873년까지 존속했다.[70]

신분별 과세는 오늘날의 관점에서는 이상해 보이지만, 당시에는 분명한 장점이 있었다. 신분 계급이 명확하게 계층화된 사회에서 사회적 지위는 납세능력을 보여주는 합리적 표시였기 때문이다. 사람들 스스로 그것을 중요시하고 신분에 따른 자만심을 굳이 감추지 않았으므로 누가 어떤 신분인지 쉽게 알 수 있었다. 공작 신분인 사람이 백작으로 보이기를 원하지 않았고, 반대로 농민이 세금을 많이 내야 하는 공작 행세를 하지도 않았다. 이런 상황에서는 어떤 형태의 세금 회피도 쉽게 행해지지 않는다. 이런 방식의 과세(세금 회피 방지 효과는 차치하고)를 전문용어로 정액세lump-sum taxation라고 한다. 이는 납부해야 할 세금액이 납세자의 어떤 행동과 관계없이 결정된다는 뜻인데, 이는 나중에 다시 살펴본다. 물론 인두세도 정액세의 한 형태이지만, 인두세는 신분 계급별로 세금액이 다른 것이 아니라 신분과 관계없이 모든 사람이 같은 세금을 낸다는 특징이 있다.

그러나 신분 계급 기반 세금은 이런 이상적인 장점이 시사하는 것보다 더 많은 문제가 있었다. 의심할 여지없이 백작 가운데는 신분 계급이 더 높은 공작보다 더 부유한 사람도 있었지만 세금을 덜 낸 다. 또 신분에 따른 자부심과 허영심이 더 많은 세금을 감당할 만큼 그렇게 충분히 강하지도 않았다. 1660년 12월 10일, 일기 작가 새뮤 얼 피프스Samuel Pepys는 자신의 작위에 따라 부과된 세금 10파운드를 내기를 거부했다. 그는 자신에게는 10실링이 타당하다며 "나는 굳 이 세금 액수에 따라 나 자신의 정체성을 발견할 의무가 없다고 생각 한다"[71]라고 주장했다. 프로이센의 신민들도 세금 문제에 관한 한 높 은 사회적 지위를 그다지 열망하지 않는 것처럼 보였다.[72] 결국 신분 별 과세는 실질적으로는 진정한 정액세가 되기에는 부족했다. 그리 고 시간이 흘러 사회가 더 복잡해지면서 명시적인 사회적 신분이 더 는 납세능력을 나타내는 좋은 지표가 될 수 없었다.[73]

공동체별 과세

역사가 헤로도토스는 다리우스 대왕Darius the Great(재위 기원전 522~기원전 486)이 어떻게 아케메네스제국을 20개 관할구로 나누고 관할구별로 금과 은을 바치게 했는지 이야기한다.[74] 제국의 왕들은 자신이 각 관할구에 할당한 조공이 어떻게 조달될지는 거의 관여하 지 않았다. 놀라울 정도로 비슷한 방식이 근대에까지 남아 있었다. 영국의 15분의 1조와 10분의 1조처럼, 중세 시대에도 세금이 할당제 형태로 운영된 것이다. 중앙 통치자는 어떤 지역에 바쳐야 할 금액을 할당할 뿐 실제로 그 돈을 어떻게 마련할지는 그 지역 지배층이 다양 한 지침을 마련하도록 맡기는 방식이었다.

영국에서는 몇 세기 동안 할당제가 직접 과세의 주 형태였다. 15분의 1조와 10분의 1조처럼 튜더 왕조 후기의 특별 징수세인 '교부금'은 특정한 상황에 따라 개인의 납부 능력을 평가하는 개념에 뿌리를 두었다. 하지만 그것은 각 지방이 관례에 따라 일정 금액을 모아야 하는 문제였다. 지역 내의 특정 개인이 세금을 얼마만큼 내야 하는지를 평가하는 것은 지역 유력 인사들, 대개 대지주들 손에 달려 있었다. 그들은 기본적으로 기초적인 평가 규칙을 사용하긴 했지만 상당한 재량권도 행사했다. 시민들도 이런 접근 방식을 거의 헌법상 권리로 인정했다.[75]

1693년에 토지세가 도입되면서[76] 개인의 납세능력을 다시 평가해 납부해야 할 세금액을 확정하고 이에 따라 세금을 징수했다. 그러나 세입이 급감하자[77] 정부는 1698년부터 다시 할당제로 돌아갔다.[78] 5장에 나오는 1799년의 소피트가 낸 소득세는 단순히 소득에 대한 세금이 아니라 할당제(조달해야 할 특정 금액을 명시하는 것)로 직접 세금을 부과하는 차원을 넘어 각 개인의 상황에 따라 납부해야 할 세금액을 결정하는 방향으로 나아갔다는 점에서 주목할 만한 것이었다. 그러나 세금 규칙을 명시했지만 세금 수입이 얼마나 되어야 하는지는 규정하지 않았다.

할당제는 영국에서만 시행된 것이 아니었다. 르네상스 시대 이탈리아의 피에몬테에서는 어느 공동체가 내야 할 세금 할당액을 그 지방의 토지 임대료를 기준으로 평가했지만, 공동체는 자신들이 원하는 방식으로 세금을 거둘 수 있었다.[79] 도쿠가와 시대의 일본[80]과 러시아제국[81]에서도 마을 차원의 공동 책임으로 세금이 부과되었다. 이슬람제국 아바스 왕조Abbasid Caliphate에서는 마을을 떠난 사람들에 대해서도 그 마을에서 세금을 부담했다.[82] 앙시앵 레짐 치하의 프랑스 일부 지역에서도 타유가 할당제로 부과되었다. 식민지 베트남에서는 추정 인구에 따라 공동체에 세금이 부과되었는데, 이는 1380년 영국의 인두세와 거의 같은 방식이었다. 만약 공동체에 할당된 세금이 납부되지 않으면, 중앙 세무당국은 그들이 필요한 금액을 모을 때까지 압류할 수 있는 모든 것을 경매에 부쳤다. 이런 제도는 압류될 만한 물건을 가지고 있는 마을의 유력 인사들에게 할당된 세금을 채우도록 하는 확실한 동기를 부여했다.[83]

할당제는 확실히 통치자에게 매력이 있었다. 이는 야만 시대의 조공제도와 비슷해서 통치자들은 굳이 거대한 관료제를 유지하거나 감시할 필요 없이 수익을 올리고 권위를 주장할 수 있었다. 지역 유력 인사들에게 과세 평가와 징수 업무를 위임했으므로 그 지역의 기존 권력관계를 존중하면서 안정을 해치지도 않았다. 좀 덜 이기적인 관점에서 보면, 할당제는 일반적인 규칙을 맹목적으로 적용하기보다는 조세제도를 더 공정하고 효율적으로 만들기 위해 지역의 지식인들을 활용하는 방법을 제공했다. 이처럼 과세를 사람과 관련짓는 할당제는 상당히 오랫동안 지속되었다. 반면 관세, 소비세, 거래세 징수에는 비인격적이고 덜 재량적인 세금 청부제tax farming●(13장에서 살펴봄)가 더 자주 사용되었다.

그러나 그런 자유재량이 어느 한쪽에 편파적인 것으로 보이면 안정을 해칠 수 있다. 예를 들어 토지세의 적용은 18세기 초 영국 의

● 조세 당국이 아닌 민간 대리인이 세금을 미리 내고 세금 징수권을 사서 시민들에게 세금을 징수하는 제도.

회의 가장 치열한 정치적 쟁점이 되었다. 법정 소송이 난무했고, 하원은 토지위원회Land Commissioners[●]의 위원을 선정하는 투표를 하는 것이 일상이 될 정도가 되었으며, 당파심과 토지세는 극심한 편 가르기 풍조를 낳았다.[84] 당시 경제 회복이 지역마다 편차를 보이며 빠르게 변화했으므로 할당제에 따른 정액 징수는 점점 더 융통성이 없는 방식으로 판명되었다. 대상 지역 중 한 곳에서 세금이 덜 걷히면 전체 세수를 채울 유일한 방법은 다른 지역에 세금을 더 청구하는 것이었다. 대상 지역의 부를 재평가하는 과정이 없었으므로 세금 제도는 지역의 부가 변화하는 것을 제때 수용하지 못했다.

세금 저변이 확장되고 국가의 정체성이 강화되면서 지역마다 개인에게 세금을 부과하는 방식을 달리해야 한다는 것을 민감하게 생각하기 시작했다. 게다가 중앙정부의 지배력이 커지면서 지역 엘리트들을 달래며 그들에게 의존하는 전통적 운영 방식의 필요성도 크게 떨어졌다. 결국 정부의 관심은 할당제보다는 세율에 따른 징수로 그리고 나중에 더 발전되어 오직 중앙정부에만 책임을 지는 관리들이 세금을 징수하는 방식으로 서서히 바뀌었다.

그러나 할당제의 근본적인 장점, 즉 지방의 제도, 관행, 지식을 존중하고 관료제를 더 확장하지 않아도 된다는 점은 특히 국가를 초월하는 기구들에 여전히 매력적인 자금 조달 방식이다. 예를 들어 유럽연합EU은 각국의 국민소득과 부가가치세를 기초로 산출한 국가 분담금에 의존하며, 각국은 자신들의 방식으로 자유롭게 돈을 조달할 수 있다. 이것은 17세기 후반 연합주United Provinces 형태의 국가들

─────

● 당시 과세의 기반이 되는 토지 가격을 조사하는 위원회.

이 자금을 조달하는 방식과 크게 다르지 않다. 이들은 각 주에 필요한 전체 국가 수입의 일정 몫을 할당했고, 각 주는 자체적으로 자금을 조달했다.[85] 또 직접세를 인구수에 따라 각 주에 배분하도록 한 미국 헌법의 원래 조항도 연방정부가 어떻게 해서든 전체 세수를 확보하는 방편이며, 지역 할당 세금은 인구수에 비례하는 것이 '공정'하다는 것을 암묵적으로 인정한 거라는 주장도 있다.

더 좋은 복지를 누리는 사람에게 더 많은 세금을

18세기 영국의 세금 정책 입안자들이 과세 대상자를 평가하는 데 모자가 두 가지 좋은 역할을 했다. 하나는 부유한 사람들은 관례적으로 값비싼 꼬챙이 모자cocked hats●와 삼각 모자를 여러 개 소유한 반면, 가난한 사람은 기껏해야 값싼 모자 하나를 소유한다는 것이고, 다른 하나는 누가 어떤 모자를 쓰고 다니는지 쉽게 알 수 있다는 것이다. 그래서 영국 정부는 1784년, 모자 안감에 수입인지를 붙이는 것을 의무화했는데, 수입인지 비용은 모자 가격에 따라 달랐다. 세금을 내지 않은 사람들에게는 무거운 벌금이 부과되던 시기여서 모자 수입인지를 위조하는 자도 가차 없이 처형되었다.

1798년, 존 콜린스John Collins라는 사람이 불행하게도 그 시범 사례가 되었다.[86] 이에 모자 제조업체들이 세금을 내지 않으려고 자신들이 만든 물건을 '모자'라고 하지 않는 일까지 벌어지자 정부는 1804년 '모자'라는 단어에 국한하지 않고 모든 머리 덮개를 만드는 데 사용되는 재료 모두에 수입인지 부착 의무를 확대했다.[87] 가발도

● 18세기 정장 차림에 쓰는 챙이 뒤로 젖혀진 모자.

세금 관리의 관심을 끌었다. 이 역시 (이미 세금을 낸 모자 밑에 쓴 경우를 제외하고는) 숨기기 어렵고, 어느 정도 부의 수준을 나타내는 물건이었기 때문이다. 영국 정부는 1795년, 가발을 쓰는 사람들이 냄새를 덮으려고 가발에 뿌리는 향분香粉을 사용하는 권리에 연간 1기니 guinea•를 세금으로 부과하는 제도를 도입했다. 당시에는 땋아 늘인 머리가 유행이었으므로 이 세금을 내는 사람들을 '기니아피그'guinea-pigs라고 했다.[88]

18세기와 19세기 영국은 부자들이 좋아하는 소비 품목에 여러 가지 다른 세금들을 부과했는데, 이는 1769년 노스 경이 언급한 "사치품에는 세금이 부과되어야 한다…. 모든 세금은 부자와 풍족한 사람들에게 먼저 부여되어야 하기 때문이다"[89]라는 원칙을 반영한 것이다. 특정 물건을 소비하거나 소유한다는 것은 세금을 낼 능력이 있음을 나타내는 것이었다. 물론 거기에는 하층민의 삶을 보호하고 사치를 규제하려는 세금이라는 의도도 있었다.

미국의 유명 경제학자 헨리 시몬스Henry Simons는 사치품을 "가난한 사람들은 마땅히 없고 가질 엄두도 내지 못하는 물건"이라고 정의하는 교과서들을 경멸했다.[90] 시계, 마차, 경주마 그리고 가문의 상징인 문장紋章, coat of arms이 달린 옷을 입을 권리에는 특별한 세금이 붙었다. 1709년부터 1831년까지 사람들은 가정에서 양초를 만들 수 없었다. 이 시기에는 허가증이 있거나 세금을 내지 않으면 집에서 양초를 만드는 것이 금지되었기 때문이다. 이런 세금들은 대개 부유한 사람들이 부담하도록 고안된 것들이었다. 예를 들어 밀랍 양초는 수

• 영국의 옛날 금화. 21실링, 현재의 1.05파운드.

지 양초보다 더 많은 세금이 부과되었으므로 가난한 사람들은 세금이 붙지 않는 등잔불을 사용해야 했다.[91] 또 남자 하인을 고용하는 주인은 하인 수에 따라 세금을 내야 했는데(1777~1882), 10명까지는 한 명당 25실링씩, 11명이 넘으면 추가되는 한 명당 3파운드씩 부과되었다.[92]

부자와 관련된 물건들에 과세하는 일이 17~18세기 영국에만 있었던 것은 아니다. 그런 관행은 사치품으로 여겨지는 품목들에 대해 높은 수입관세가 부과되는 형태로 오늘날까지 이어지고 있다. 몇 가지 예를 들어보면, 중국은 2016년 130만 위안(19만 달러, 2억 3,000만 원)이 넘는 '초호화 차량'에 수입세를 10퍼센트 부과했고, 나이지리아에서는 요트와 고급차 수입에 세금을 70퍼센트 부과했다.

그럼에도 단지 사치품에 대해서뿐만 아니라 선별적 소비세를 확산한 공은 영국에 있다고 해야 한다. 그렇게 보는 이유는 영국의 선별적 소비세가 이후 여러 세대의 작가들에게 훌륭한 기삿거리를 주었기 때문이다. 1743년, 한 관찰자는 이런 익살스러운 기록을 남겼다. "세금 징수원은 머리끝부터 발끝까지 우리를 따라다닌다. 우리가 머리를 감으면 그 가루까지 검사한다…. 그는 우리 신발을 신고 나타나고, 우리 식탁에서 우리가 먹는 고기에 양념을 친다…. 낮에는 우리 집 창문을 들여다보고, 밤에는 우리 등잔불에 그가 나타난다."[93] 1820년, 재치 있는 작가(성직자이자 비평가이자 철학자이기도 한) 시드니 스미스Sydney Smith도 다음과 같은 글을 남겼다.

죽음을 앞둔 영국인이 재산의 7퍼센트를 들여 산 약을 재산의 15퍼센트를 들인 스푼에 쏟아 붓고, 재산의 22퍼센트를 들여 산 푹신한

침대에 몸을 던진다. 그리고는 100파운드를 지불하고 사망선고를 내릴 특권을 준 약제사 품에 안겨 생을 마감한다. 그러면 그의 남은 전 재산에 즉시 세금이 2퍼센트 내지 10퍼센트 부과되고, 그제야 그는 자기 아버지 곁으로 가면서 세금에서 벗어난다.[94]

이 모든 이야기가 바보같이 들릴지도 모른다. 부유함을 나타내는 물건들에 세금을 부과하는 관행이 퍼지는 것은 짜증 나는 일이지만, 적어도 납세능력이 더 좋은 사람들에게 세금을 더 많이 부과하려는 의도는 분명했다. 하지만 부자들에게 의미 있는 세금을 내게 하는 방법으로 사치품에 세금을 부과한다는 바로 그 발상에서 더 근본적인 어려움이 생겨났다.

여느 세금에서든 의도하지 않은 결과가 나올 위험은 있다. 우리 역사에서 부자에 대한 과세를 목표로 삼으려는 시도가 적어도 한 차례는 실패한 적이 있는데, 이는 자부심 때문이었다. 1934년까지 네덜란드령 서인도제도의 쿠라사우섬에 있는 아름다운 퀸엠마다리Queen Emma Bridge의 경우 가난한 사람들의 부담을 덜어주려고 신발을 신고 다리를 건너는 사람들에게만 통행세를 부과했는데 이것이 부작용을 낳았다.

가난한 쿠라사우섬 사람들은 대부분 자부심이 강해서 자신들의 가난을 인정하지 않았으므로 굳이 신발을 빌려 신고 이 다리를 건넌 반면, 부유한 거주자들은 통행료를 내지 않으려고 일부러 맨발로 다리를 건넌 것이다.[95] 이는 그저 흥미로운 이야기로 치부되기보다는 어떤 사치품에 세금이 붙는다고 해서 그 실제 부담이 그 사치 행위를 하는 사람에게만 돌아가는 것은 아니라는 사실을 체계적으로 보여준다.

1785년 소피트가 도입한 여성 하인세를 예로 들어보자(하인은
사치품이 아니고 필수품이라는 『타임』의 주장은 여기서 거론하지 말자).[96] 이
세금이 일부 여성들을 매춘으로 내몰았다는 비난이 나오면서 논란
이 일었다. 사실 그런 현상은 부자 고용주가 세금을 많이 냈기 때문
이 아니라 여성 하인들의 임금이 줄었기 때문에(세금 인상을 빌미로 여
성 하인의 임금을 깎았다) 발생한 것이었다. 그러나 이로써 '정말로 세금
부담을 지는 자가 누구인가?'라는 더 광범위한 문제가 제기되었다.
이것이 바로 7장의 주제다.

그러나 사치품에 대한 세금이 사치 행위를 한 사람들에게 돌아
간다고 하더라도 사치품에 세금을 부과함으로써 부유층을 공략하는
것은 또 다른 두 가지 한계에 직면한다. 하나는 그런 물건에 대한 과

소小피트, 빈곤층 그리고 매춘부

세가 충분한 수입을 올릴 만큼 소비가 그렇게 많지 않다는 것이다. 노스 경은 세금 부담이 부자들에게 먼저 부여되어야 한다는 원칙은 인정하면서도 '많은 돈을 차입해야 하면 그 부담은 될 수 있는 한 많은 사람에게 분담되어야 한다'(여기서 '차입'이란 '징수'의 완곡한 표현이다)[97]는 불가피한 수학적 현실도 직시했다. 바로 그런 이유로 17~18세기 영국에서는 2장에서 살펴보았듯이 몇몇 필수품에도 세금을 부과한 것이다.[98]

또 다른 문제는 소비 패턴에는 부의 수준만이 아니라 취향도 반영된다는 점이다. 예를 들어 당시 영국의 부유한 사람들이 모두 경주마를 소유하지도 않았고, 나이지리아의 부자라고 해서 반드시 화려한 요트를 사지는 않았다는 것이다. 어쩌면 당시 영국에서 모자와 가발을 좋아한 사람들 가운데는 가난한 사람들도 꽤 있었을지 모른다.

부를 어떻게 추정할까

지금까지 우리가 살펴본 세금을 합리적으로 공정하게 만드는 접근법은 대개 사회적 지위, 지역의 부, 특정 물건의 소비 등과 같이 합리적으로 관찰 가능한 것을 사용한다. 이런 것들은 비록 정확하지는 않더라도 납세능력에 대한 합리적 증거를 제공하는 것으로 추정할 수 있다. 정부는 몇 세기 동안 이런 종류의 새롭고 더 나은 납세능력 증거를 찾는 데 적극적·창의적인 노력을 기울여왔다.

영국은 부유한 사람들이 소비하는 황당한 물건들에 세금을 매겼을 뿐만 아니라 토지와 창문 그리고 나중에는 난로에도 세금을 부과했다. 이는 부자들에게 세금을 더 부과한다는 정신에도 부합하지만 더 많은 수입을 올리는 방법이기도 했다. 납세능력을 감안해 세금을 부과하려는 정부의 추정적 접근 방법의 종류는 그 정확성은 차치하고라도 거의 무궁무진하다.

그중에서 특정 직업에 고정 금액으로 세금을 부과하는 방식이 일반적으로 많이 사용되었다. 아메리카 식민지들은 직업 분류에 따라 추정 소득에 대해 '능력세'를 부과했다.[99] 오늘날에도 펜실베이니아법은 모든 카운티, 도시, 자치구, 군, 자치단체, 교육구에서 의사들에게는 가장 높은 세금을, 공장 근로자들에게는 가장 낮은 세금을 부과한다.

우루과이도 2007년까지 건축가, 엔지니어, 변호사 같은 '개인 전문직'에 직업세를 부과했는데, 아마도 그들의 진짜 수입을 정확히 규정하기가 어려웠기 때문일 것이다. 프랑스 혁명정부에서 도입된 4대 세금은 '늙은 마녀 네 명'les Quatre vieilles이라고 불릴 정도로 오래 지속되었는데, 이 중 하나가 직업별로 다양한 고정 금액을 세금으로 부과하는 것을 핵심으로 하는 영업세patente였다.[100] 이 세금은 다양한 변화를 거치며 1976년까지 지속되었으며 프랑스어권 아프리카 일부에서는 아직도 시행되고 있다.

오늘날에도 이런 식으로 소득을 추정해 과세하는 방법이 자영업 같은 소규모 업종과 관련하여 흔히 발견되는데, 자영업은 정확한 기록을 추적하기가 어렵기 때문이다(즉 세무조사관이 정확한 기록을 찾기 어렵다). 1954년부터 1975년까지는 공식적으로 그리고 그 후에도 비공식적으로 적용된 이스라엘의 태크시브tachshiv는 자영업자의 여러 활동 지표를 근거로 과세하는 방식이었다. 예를 들어 레스토랑에 대해서는 위치, 면적, 테이블 수, 메뉴의 평균 가격 등과 같은 지표를 적용해 과세 금액을 평가했다.

이런 방식은 이들에게서 거둬들이는 세금 수입이 그렇게 크지 않다는 사실에 비추어볼 때 지나치게 복잡한 방법일 수 있다. 오늘날 이보다 더 일반적으로 사용되는 방법은 매출액을 토대로 세부 업종 별 이익률을 반영해 세금을 부과하는 것이다.[101]

이 같은 현대적이고 명시적인 추정 과세 방식은 오늘날 수직적 형평성을 기하려는 중심 도구가 된 소득세 체계에서 세금 부담 능력 을 거의 정확하게 추정하도록 설계된 방법들이다. 그리고 돌이켜보 면 우리 선조들이 오늘날의 소득세 제도를 향해 걸어가는 과정에서 사회적 신분 계급이나 창문 수 등을 세금을 부과하는 기발한 기준으 로 삼은 것은 당연한 일이었다.

우리는 이 장에서 소득세 제도가 어떤 노력을 거쳐 발전되어왔 는지 살펴보았다. 미국의 작가 토머스 페인Thomas Paine 같은 이들은 그 과정을 직접 보았다. 그는 18세기 영국의 소비세를 비판하면서 "진정한 사치는 어떤 물건에 있는 것이 아니라 그 물건을 어떤 수단 으로 구입하느냐에 달려 있다"라고 썼다.[102] 시계나 경주마를 얼마나 많이 보유하고 있느냐보다는 그가 돈을 얼마나 많이 버느냐가 부를 나타내는 더 정확한 지표가 될 것이다.

그러나 소득세에도 여전히 몇 가지 추정적 요소가 존재한다. 예 를 들어 어떤 사람의 1년간 수입은 그들이 몇 달 동안 선택하고 직면 한 결정과 기회 그리고 그들이 처한 삶의 단계를 반영할 수는 있지 만, 그들이 실제로 얼마나 부유한지와 잠재적 납세능력은 거의 상관 없을 수도 있다. 소득세의 등장으로 세금 역사가 끝나는 것은 아니었 다. 실제로 소득세의 역사에는 그 자체로 교훈과 함께 전쟁과 살인 이야기도 가득하다.

5장

국가 재정의 거대한 엔진

오늘날의 경제 상황으로 기업들은 과세 근거지를 세계 어디로나 이동하게 되었고, 민주주의는 과세의 가장 좋은 기준은 대체로 소득에서 찾아야 한다고 선언했다. 우리가 좋든 싫든 발전은 거부할 수 없으며, 소득세는 미래의 민주주의가 새로운 과세 능력 기준을 찾을 때까지 유지될 것이다.

에드윈 셀리그먼(미국의 경제학자)[1]

마땅치 않게 들릴지 모르겠지만, 소득세는 오늘날 세금이 부자와 가난한 사람들 사이에 어떻게 분배되어야 하는지 수직적 형평성을 기하는 데 핵심 역할을 함으로써 나름 꽤 괜찮은 세금 제도로 받아들여지고 있다. 정치인들은 부가가치세를 폐지하자거나 부동산세를 없애자는 말은 종종 꺼내기도 하지만(적어도 미국 이외 지역에서) 소득세를 전면 폐지하자는 말은 거의 하지 않는다. 물론 그 적용 세율을 인하하겠다고 약속하는 사람들은 더러 있지만 말이다. 오히려 개발도상국들은 소득세를 다른 것으로 대체하기보다는 더 효과적으로 만들기를 바라고 장려한다. 하지만 언제나 그렇게 하지는 않았다.

　이 장에서는 영국, 미국, 프랑스 세 나라에서 오늘날의 소득세가 얼마나 고통스럽게 탄생했는지 이야기할 것이다. 우리가 이 세 나라를 선택한 이유는 이들이 다른 모든 나라의 경험을 대표하기 때문이 아니다. 모든 나라에서 소득세는 자체적으로 고유한(대개는 심한 논쟁을 겪었다) 역사가 있고, 이 세 나라의 역사도 중요한 측면에서 모두 크게 달랐다.

　이 세 나라 이야기가 모범적이냐를 떠나 이들 이야기가 중요한 이유는 당시 정치적으로나 지적으로나 강대국이었던 이 세 나라의 경험이 다른 나라에서 크게 발전하면서 그들 역시 투쟁을 거쳐 자체적으로 나름의 제도를 형성했기 때문이다. 그들도 소득세의 적절한 역할과 최선의 설계에 대한 근본적 의문에 부딪혔고, 그런 문제들은 여전히 변하지 않고 남아 있다. 또 이미 오래전 세상을 떠난 당시 정책 입안자들의 흔적도 그대로 남아 있지만, 분석 도구와 사회적 가치가 진화함에 따라 그에 대한 답도 계속 진화하고 있다. 이 장 마지막 부분에서는 그 답이 어떻게 진화하고 있는지 살펴보겠다.

거인의 발자취, 영국의 소득세

+

　18세기 후반에도 소득에 과세한다는 생각은 새로운 게 아니었다. 영국에서는 비록 토지 소득에만 국한되었지만 이미 1689년 소득세를 시도한 적이 있고, 앞에서 언급한 1710년 프랑스의 신분 기반 과세도 비록 다양한 방법으로 면제되긴 했지만 최초의 진정한 소득세로 볼 수 있다. 영국에서는 지난 한 세기 동안에 걸쳐 합리적으로 신뢰할 수 있고 어느 정도 효과도 있는 정부의 세금 제도가 발전하면서 마침내 효과적인 소득세가 수입에 절박한 정부의 마지막 수단으로 등장하게 되었다.

　1797년 말, 영국은 프랑스와 전쟁 5년 차에 들어갈 준비를 했지만 상황은 좋지 않았다. 벨기에, 네덜란드, 룩셈부르크 등 저지대 국가들은 침략 초기에 이미 프랑스 손에 넘어갔고, 여름에는 함대에서 반란이 일어났으며, 젊은 나폴레옹은 연전연승으로 이탈리아 북부를 점령하면서 영국의 주요 동맹국인 오스트리아를 전쟁에서 몰아냈다. 전쟁이 장기화하면서 전쟁 비용은 엄청나게 늘어날 것으로 보였다. 게다가 정부 부채의 높은 이자율은 영국이 전쟁을 승리로 이끌기 위해 충분한 돈을 모아야 한다는 자신감마저 떨어뜨렸다. 재무장관이자 총리를 겸하고 있던 소小피트는 전쟁이 시작되면서 4장에서 언급한 일련의 세금을 도입하거나 인상했지만, 평화 시보다 두 배나 늘어난 정부 지출[2]은 세입을 훨씬 넘어섰으므로 좀 더 급진적인 대책이 필요했다.

　피트가 처음 시도한 것이 1798년의 3중 평가였다.[3] 이는 주택,[4] 창문, 마차, 하인, 말, 시계, 개 등에 이미 부과된 세금을 다양하게 혼합해 (주로 부유층을 대상으로) 세금을 세 배로 늘리려는 것이었다. 이런 세금들은 원래 물건을 살 때 내는 간접세인 소비세가 아니라 소유에 연간으로 부과하는 직접세였다.[5] 3중 평가는 납세자의 소득을 기준으로 납부액 상한선을 정했다. 예를 들어 연 소득이 60파운드 미만인 사람은 면제되었고, 200파운드가 넘는 사람은 소득의 10퍼센트를 초과할 수 없도록 했다. 결국 3중 평가는 지출에 대한 세금과 소득에 대한 직접세가 절반씩 섞인 형태였지만[6] 결과는 실패였다. 3중 평가로 거둬들인 세금은 예상의 절반에도 미치지 못했다. 놀랍게도 예상보다 훨씬 많은 사람이 소득이 60파운드가 되지 않는다고 밝혀진 것이다. 결국 소피트는 3중 평가의 실패를 사람들의 '수치스러운 회피'…
또는 '졸렬한 기만'이었다고 평가했다.[7]

어중간한 대책이 실패하자 1799년 소득세가 전면적으로 도입되
었다. 소득세는 모든 영국 신민과 영국 거주민의 소득원 모두에 부과
되는 큰 그물과 같았다. 다른 나라에서 번 소득이나 외국인에게서 받
은 자산에까지 세금이 매겨졌
다. 사람들이 자신의 총소득을
신고하면 그에 대해 세금을 부
과하는 방식이었다. 소득이 60
파운드 이하인 사람은 면제되
었고, 200파운드 이상인 소득
에는 최고 10퍼센트 세율이 적
용되었다.[8]

새로운 소득세는 완전히
성공했다. 이에 대해 새롭게
제기된 불만은 이것이 좀 복
잡하다는 것이었지만 곧 익숙
해졌다. 새 소득세법은 분량이

영국인들 ●은 152쪽에 달하는 소득세법을 보
고 황당해했다.

무려 152쪽에 달했고, 세율은 최하 0.8퍼센트에서 최고 10퍼센트까
지 무려 28단계로 촘촘하게 적용되었다.[9] 다만 납세자들은 이 법이
그 이름(전쟁을 치르려는 지원 및 분담액)에서 나타나듯이 일시적이라는

● 원서의 그림 설명John Bull is baffled by Pitt's income tax에서 John Bull은 일반적인 영국인을
지칭함.

점을 명백히 했다는 점에서 어느 정도 위안을 얻었을지 모른다. 실제로 1802년에 평화가 다시 찾아오자 이 세금은 많은 기념비적인 기록을 남기고 사라졌다.

그러나 나폴레옹 전쟁 중이던 1802년 교전국들이 북프랑스 아미앵에서 맺은 평화 조약인 아미앵 조약Peace of Amiens은 오래가지 못했고, 피트가 물러나고 헨리 애딩턴Henry Addington이 총리가 되면서 소득세가 다시 도입되었다. 1803년의 소득세는 두 가지 중요한 점에서 이전 소득세와 달랐다. 첫째, 새 소득세는 정부가 정해놓은 표에 따라 부과되었다. 즉, 새 소득세는 모든 유형의 소득 합계에 적용되는 것이 아니라 다섯 가지 소득 분류에 따라 따로따로 부과되는 방식이었다(예를 들면 토지 소득세는 표 A, 고용으로 인한 소득세는 표 E에 따라).[10]

그런데 이런 방식을 취한 것은 다른 유형의 소득에 대해 따로따로 과세하려는 것이 아니라(나중에 살펴보겠지만, 이 자체로 논쟁의 소지를 제공했다) 개인 정보를 보호하려는 것이었다. 그러니까 세무 공무원이 개인의 총소득을 알 수 없게 하려는 것이었다.

더 중요한 둘째 다른 점은 원천징수제도(당시에는 이를 '원천공제'stoppage at source라고 불렀다)를 광범위하게 이용하려는 시도였다. 즉, 해당 소득이 수령자에게 전해지기도 전에 정부가 세금을 먼저 공제하는 방식이다. 이에 따라 정부는 임차인, 고용주, 회사들에 임대료, 인건비, 월급 등을 주기 전에 미리 세금을 공제하고 그 세금을 정부에 송금하도록 의무화했다. 물론 이런 특징이 그 자체로 완전히 새로운 방식은 아니었지만, 이번에는 모든 과정이 좀 더 체계적이었다.

이전 소득세도 성공적이었지만, 이번에는 훨씬 더 성공적으로 세금을 거둘 수 있었다. 납세자 수[11]는 세 배 이상 늘어났고, 최고 세율이 이전보다 훨씬 낮은 5퍼센트에 불과했지만 거둬들인 세금액은 이전보다 약간 적었을 뿐이다. 결국 새 소득세는 전쟁이 끝날 때까지 모든 세수가 20퍼센트 늘어나는 효과를 가져왔다.[12] 비록 전시에 시행한 제도였지만 1815년 나폴레옹이 패배한 이후에도 많은 정부가 전쟁으로 쌓인 부채에 대처할 필요가 있었으므로 소득세 제도를 그대로 유지하고 싶어 했다. 하지만 이후 소득세는 일단 폐지되었다.[13]

소득세는 1842년에 다시 등장했다. 로버트 필Robert Peel 총리는 "전쟁에서 한때 우리를 보호했던 이 거인(소득세)을 잠에서 깨워 평화 시 산업 투쟁을 돕게 하자"라고 외쳤다.[14] 필 총리는 당시의 또 다른 주요 쟁점으로 구교도에게 신교도와 같은 정치적 권리를 부여하는 구교도 해방Catholic emancipation과 곡물법●에 대한 견해를 바꾼 것처럼, 소득세 반대론자에서 지지론자로 변신했다.[15] 필은 당시 국가 재정의 우선순위였던 관세의 인하를 보상할 유일한 방법은 소득세뿐이라고 보았다. 결국 그는 '한정 기간'이라는 단서를 달고 2.9퍼센트라는 비교적 낮은 세율로 소득세를 다시 도입했다. 1853년 그의 첫 예산 의회에서 나중에 필의 후임 총리가 된 윌리엄 글래드스턴은 소득세를 '국가 재정의 거대한 엔진'이라고 칭송하면서도 "소득세가 통상적으로 재정의 일부를 감당하도록 영구적으로 존속시키는 것은 단호히 반대한다"라고 선언했다.[16]

필 총리는 원래 7년 안에 소득세를 폐지하기로 계획했다.[17] 그러나 1853~1856년 일어난 크림 전쟁은 그의 희망을 물거품으로 만들었고, 소득세를 영구적으로 존속해야 할 필요성이 점차 조용히 받아

● 7장의 주제. 곡물 가격이 폭락하자 1815년 곡물 수입을 제한하는 법을 제정함.

들여지는 분위기가 형성되었다. 비록 1874년 선거 운동 마지막 순간까지도 자유·보수 양당 모두 소득세 폐지를 약속했지만[18] 결국 그런 일은 일어나지 않았고, 이후 소득세를 폐지하겠다는 제안은 다시는 들리지 않았다. 결국 소득세는 지금까지 존속하고 있다.[19]

전체적으로 볼 때 소득세의 성격과 설계는 치열하면서도 때로는 매우 정교한 논쟁의 주제였다. 공공 재정이라는 분야가 이 시기에 실질적인 연구 영역으로 떠오른 것은 결코 우연이 아니다. 이 논쟁은 공정성을 크게 두 가지 중요한 측면에서 집중적으로 다루었다.

하나는 등급 부여graduation 문제로 현재는 누진제progressivity라고 한다. 즉 소득이 높은 사람들이 그 소득에 비례해 얼마만큼 세금을 감당해야 하느냐는 문제였다. 토머스 페인은 소득세를 도입하기 전에 저서 『인간의 권리Rights of Man』에서 '소득세를 부과하는 것은 단지 세수를 올리기 위해서가 아니라 부자의 부를 가난한 자들에게 이전함으로써 세후 소득을 좀 더 평등하게 분배하려는 것'이라고 주장했다. 이런 급진적인 생각은 오래전부터 제기되었지만, 부를 재분배하기 위해 소득세를 도입해야 한다는 생각에 대한 저항 또한 만만치 않았다. 문제는 소득이 낮은 자들이 자신의 소득에 비례해 세금을 얼마나 적게 내느냐가 아니라(즉, 최저 평균 세율), 소득이 높은 자들이 자신의 소득에 비례해 세금을 얼마나 많이 내야 하느냐는 것이었다.

수학적으로 볼 때 이 두 가지는 거의 같은 문제인데 왜 그렇게 호들갑을 떠는지 이해되지 않을 수도 있지만, 사람들에게는 이 두 문제가 매우 다른 것으로 보였다. 가난한 사람들이 세금을 덜 내야 한다는 원칙은 몇 세기 동안 받아들여졌고(1380년 인두세 당시에도), 특정 금액 이하의 소득에 세금을 면제해주거나(물론 납세자 수를 제한하려는 행정 목적의 차원이기도 했다) 소득이 낮은 사람들에게 세금을 '경감'해 주는 방식(이는 실제로 문제를 더 복잡하게 만들었다)으로 반영되었다. 문제는 소득이 많은 사람들에게 세율을 얼마나 더 높여야 하느냐 하는 것이었다.

빅토리아 시대 영국에서 이에 대한 논의가 쏟아지면서 납세자들이 과세 때문에 겪은 희생과 그들의 납부 능력에 대한 더 정확한 개념이 공식적으로 제기되었다. 이런 상황에서 1897년에 '낯설어하고 수줍어'하지만[20] 뛰어나게 총명한 옥스퍼드의 프랜시스 이드로 에지워스Francis Ysidro Edgeworth 교수가 놀라운 사회주의적 결론을 발표했다. 그는 모든 개인이 특정 소득으로 같이 행복해하고 소득이 오르면 추가되는 1파운드에서 얻는 부가적 행복의 효용은 점점 떨어진다고 가정하면(더 그럴듯하게 들린다)● 총체적 행복이 최대화되는 공리주의의 목적을 달성하려면 모든 사람의 세후 소득이 같아지는 세금 제도가 필요하다고 주장했다. 그의 주장은 모든 소득 수준에 대해 100퍼센트의 한계세율(추가 소득 1파운드에 부과하는 세율)을 적용해 부자들에게서 가난한 사람들에게 소득을 명시적으로 이전해야 한다는 것이었다.

그것이 바로 우리가 취할 수 있는 최선의 소득 재분배라는 것이다. 그러나 에지워스의 계산이 놓친 것은 실제로 그런 세상이라면 아무도 무언가를 추가로 더 벌겠다는 개인적 동기를 갖지 못할 거라는 점이다. 실제로 얼마를 더 벌든 세후 소득이 모두 똑같아지기 때문이다. 당시에는 이 주장이 그대로 받아들여졌지만, 경제학자들은 거의 한 세기 동안 이 문제와 씨름했다.

———

● 한계효용설을 설명함.

정치권은 에지워스의 계산보다 앞서 나갔다. 1894년 윌리엄 하커트 재무장관[21]은 유산상속세에 누진율을 도입하면서 자유당도 소득세의 누진제를 지지한다고 밝혔다. 자유당이 보수당과 벌이는 논쟁에서 밀린다는 낌새가 확실해지자 자유당 내 반대론자들이 더는 소득세 누진제를 반대하기는 어렵다고 결론 내린 것이다.[22] 마침내 나중에 열린 왕립위원회[23]에 로이드 조지의 국민예산안의 하나로 누진제가 상정되었고, 소득이 가장 높은 부자에게 추가로 2.5퍼센트의 '초과세'super-tax/surcharge가 도입되었다.[24] 그런데 이것이 헌정 위기를 불러왔다. 초과세를 도입한 국민예산안이 세금 제도가 재분배를 위해 사용되어서는 안 된다는 원칙을 위반하는 것으로 보였기 때문이다.

국민예산안[25]의 많은 조치로 소득세 최고세율이 8.3퍼센트로 인상되었고 유산상속세와 몇 가지 다른 세금들도 인상되었지만, 오늘날 우리에게 그리 큰 충격으로 여겨지지는 않는다. 정작 충격적인 것은 토지 가격 상승으로 인한 불로소득 상승과 미개발 토지에 세금을 부과한다는 제안이었다(이는 19세기 미국의 경제학자 헨리 조지Henry George의 정신과 상당 부분 일치하는데 이에 대해서는 10장에서 설명한다). 그러나 이 예산을 선동적으로 만든 것은 로이드 조지가 예산 연설과 유명한 라임하우스Limehouse● 연설에서 한 표현이었다('완전한 기능을 갖춘 공국公國●●을 운영하는 데는 비용이 전함 두 척을 운영하는 만큼 든다. 게다가 그 비용은 끔찍하고 오래 지속된다').[26]

그의 목적은 분명했으니 바로 부의 재분배였다. 영국 상원은

● 런던 동부의 빈민.
●● 공작이 다스리는 유럽의 작은 공국.

200년 만에 처음으로 예산안을 부결시켰지만 결국 받아들였다. 초과세는 살아남았고, 토지세 제안은 삭제되었다. 결과적으로 1909년 예산 토론에서 로이드 조지는 소득세가 전시에만 일시적으로 시행되어야 한다는 의견을 보기 좋게 잠재웠다. "왜 생활필수품에 대한 세금은 영구적인 것으로 여겨지고 고소득에 대한 세금만 일시적인 것으로 여겨져야 하는가?"[27] 누구도 이에 대해 제대로 대답하지 못했다.

소득세 설계와 관련된 또 다른 오랜 쟁점은 다른 유형의 소득에는 다른 세율로 과세해야 할 것이냐 하는 이른바 차등화 문제였다. 특히 '무상으로 발생'하거나 '영구적'으로 발생하는 소득(토지 소득이나 정부 채권 이자 같은 현대적 관점의 자본소득)에 대해 '불안정한' 소득(근로소득, 거래나 직업 소득 등)보다 더 무거운 세금을 부과해야 하느냐에 하는 문제였는데, 전자의 경우 안정성이 더 크기 때문에 특정 금액이 세금으로 부과되더라도 희생이 더 적다는 근거에 따른 것이었다.

노동 소득에 더 낮은 세금을 부과해야 한다는 주장에 찬성하는 사람들은 물리적 자본에 추가되는 기술, 지식, 경험 같은 인적 자본에는 감가상각에 대한 세금 공제[28]가 없기 때문이라는 점을 이유로 들었다. 당시 재무장관이던 허버트 애스퀘스Herbert Asquith도 가상 인물 두 명을 비교하며 이를 실감나게 설명했다. "한 사람은 정부 채권에 투자해 (아버지에게서 물려받았는지도 모르지만) 안전하게 1년에 1,000파운드를 벌고 있고, 또 한 사람은 불확실한 직장에서 고된 노동을 하며 같은 금액을 벌고 있다고 하자. 이 두 사람에게 같은 방식으로 세금을 부과하는 것은 정의와 상식에 반하는 일이라고 생각한다."[29]

이 논쟁은 19세기 내내 계속되었고,[30] 자유당은 원칙에 반대한다기보다는 누진제 적용의 행정상 어려움을 주장했다. 예를 들어 소규모 자영업자는 어떻게 영구적인 소득과 불안정한 소득(즉, 불로소득과 근로소득)을 구별할 수 있겠느냐는 것이다. 그러나 1907년 자유당 예산에서 저소득 근로소득에 대한 세율은 3.75퍼센트로 낮추었고, 불로소득에 대한 세율은 5퍼센트로 유지함으로써 차등이 생겼다.[31] 불로소득에는 근로소득보다 세금이 더 많이 부과되어야 한다는 추론이 확고하게 자리 잡게 된 것이다.

1979년 말, 영국에서 불로소득에 대해 15퍼센트의 추가 세율이 적용되면서 최고 소득에 대한 총세율은 98퍼센트로 인상되었다. 당시 비틀스는 자신들의 노래 〈택스맨Taxman〉(세금 징수원)에서 "당신 몫은 하나, 나머지 열아홉은 세금이야"라고 했는데, 이는 수학적으로 정확한 표현이라기보다는 그만큼 높은 세금에 대한 절망감을 노래한 것이었다. 그러나 그 이후 근로소득과 자본소득의 차등과세에 대한 논란은 전혀 다른 양상으로 바뀌는데, 이에 대해서는 나중에 살펴본다.

세금에도 정치적 잣대를 들이댄 미국

+

미국은 영국보다 훨씬 늦게 소득세를 도입했지만 (프랑스나 다른 나라들처럼) 제1차 세계대전 비용을 마련하려고 했다는 점에서는 시기적으로 맞아떨어졌다고 볼 수 있다. 미국의 소득세 도입이 이렇게 늦어진 이유는 미국 헌법 제1조 9항의 '정액세 조항'이 불러온 예상하지 못한 논란 때문이었지만, 이 조항은 실제로 그 영향이 크지 않다는 것이 밝혀졌고, 오늘날 그 의미도 재해석되고 있다.

연방 소득세 아이디어는 1815년 처음 제기되었지만, 영국과 전쟁하느라 어떤 결론에도 이르지 못했다.[32] 소득세가 다시 거론된 것은 남북전쟁이 벌어져 막대한 비용이 들어가기 시작하면서부터였다. 1861년 북쪽 정부[33]는 휘그당●의 윌리엄 피트 페센든William Pitt Fessenden의 제안으로 남북전쟁 첫해에 소득세를 부과하려고 시도했다.[34] 그러나 이 법안이 시행되기도 전에 의회는 5퍼센트의 단일세율을 적용하는 법안의 초안을 다시 만들었고, 1864년에는 세율을 10퍼센트로 올리는 새 법안을 만들었다.

전쟁이 계속되는 동안 이 세금은 대체로 꽤 인기가 있었다. 미국 국세청 초기 위원들의 말에 따르면(비록 공정한 관점은 아니라고 생각되지만), 국민들은 전쟁이라는 비상사태를 맞아 세금을 기꺼이 받아들였으며, 심각한 불만도 제기하지 않았다.[35]

그러나 당시 소득세는 대중 과세가 아니었다. 1866년 과세 대상자는 45만 명에 불과했다.[36] 이렇듯 속도가 느렸는데도 소득세는 정부 수입의 약 4분의 1을 차지할 정도로 늘어났다.[37] 그러나 전쟁이 끝나고 국가의 다른 수입이 늘어났으며 국가 부채도 줄어들자 소득세 존속에 대한 열기도 수그러들어 결국 1872년에 종료되었다.

그렇지만 관세와 내국세에만 의존하는 수입 구조로는 재정을 조달하기 어려워지자 소득세는 곧 다시 정치적 어젠다로 떠올랐다.[38] 특히 1870년부터 1897년까지 농산물 가격이 계속 떨어지면서 농촌 지역의 불만이 커지기 시작했다. 게다가 주州세와 지방세는 농부에 대한 차별로 여겨졌고,[39] 관세는 점점 더 강력해지고 풍요로워지는

● 남북전쟁 당시 정당. 영국의 휘그당과 달리 보수 성향이었으나 이후 선거에서 패배하며 일부는 공화당을 결성하고 일부는 민주당으로 흩어지며 해체됨.

북동부의 산업 지역에 유리하게 인식되었다. 『뉴욕타임스NYT』는 사설에서 "정부가 의식주를 비롯한 일상생활 필수품 비용을 의도적으로 잔인하게 올리고 있다"라고 썼다.[40] 신탁회사, 은행, 철도의 횡포에 대한 분노가 끓어오르면서 결국 1870년대와 1880년대의 인민주의운동人民主義運動, populist movement●으로 폭발했다. 이 운동은 쇠락할 기미가 명백한 관세와 소비세의 대안으로 소득세를 부활해야 한다는 생각으로 발전했다.

1893년 민주당의 그로버 클리블랜드가 대통령에 당선되면서 소득세는 의회의 뜨거운 쟁점이 되었다. 클리블랜드는 선거 캠페인에서 보호주의 관세의 철폐를 주장했다. 어차피 관세는 내야 했으므로 1894년의 관세 법안에는 개인과 기업의 소득세가 2퍼센트 포함되었는데, 개인 소득세의 경우 4,000달러 이하 소득자는 면제되었다. 소득세 옹호론자들의 기대가 너무 크다 보니 소득세를 '더 많은 햇살, 더 많은 새의 노래'라고 칭송하는 사람도 있었다.[41](이 말을 한 의원은 술에 취하지 않은 상태에서 진지하게 말했지만 역사에는 기록되지 않았다.)

그러나 1894년 소득세법은 결국 발효되지 않았으므로 새들이 얼마나 즐겁게 노래를 불렀을지는 알 길이 없다. 여기서 헌법의 '정액세 조항'이라는 문구에 대해 시비가 생긴다. 헌법 조항은 다음과 같이 명시하고 있다. "이 헌법에서 실행하도록 사전에 지정한 국세조사나 집계표에 따르지 아니하고는 어떤 정액세나 기타 직접적인 세금을 부과해서는 안 된다."[42]

● 19세기 말 광범위한 정치 · 경제적 개혁 입법을 주장한 미국 중서부 및 남부 농업 개혁가 연합의 정치운동.

여기서 '정액세'는 명백히 납세자 개인당 일정한 고정 금액을 부과하는 인두세를 의미했다.[43] 그러나 '직접적인 세금'이라는 말은 그 의미가 명확하지 않았다. 1787년 제헌의회 때 루퍼스 킹Rufus King 매사추세츠주 대표가 이 문제를 제기했지만, 제임스 매디슨James Madison●의 메모에는 '아무도 답을 하지 않았다'고 쓰여 있다.[44] 뉴욕주 대표였던 알렉산더 해밀턴Alexander Hamilton도 이 문제를 발견하고 "그런 중요한 부분에서 그렇게 불명확하고 모호한 용어들이 헌법에 사용되었다는 것은 유감스러운 일이다"라고 지적했다.[45]

그러나 '직접적'이라는 용어가 인두세와 마찬가지인 토지나 노예에 대한 세금을 의미한다는 시각도 있었다. 그래서 남북전쟁 중 소득세는 간접세로 널리 인식되었고,[46] 법령에서도 income tax가 아니라 income duty라는 용어가 사용되었다는 것이다.[47] 하지만 이는 오늘날 이 용어가 사용되는 방식을 고려할 때 어울리지 않는 해석이다. 오늘날 '직접적인 세금'은 일반적으로 납세자의 속성에 따라 달라지는 것으로 이해되어 소득세는 명백히 직접적 세금으로 분류되기 때문이다.[48] 어쨌든 '정액세'의 함축적 의미는 그것이 '직접세'를 의미하는 것으로 해석한다면, 1인당 징수 금액이 모든 주에서 동일해야 한다는 것이다.

오늘날의 관점에서 보면 어리석어 보이는 이 이상한 조항은 사실 노예제도라는 불행한 뿌리를 갖고 있다. 헌법의 다른 조항에서는 다음과 같은 요건을 규정하고 있다.

● 미국 건국의 아버지 가운데 한 명으로 제헌의회의 버지니아주 대표였으며, 4대 대통령을 지냄.

대표자와 직접적인 세금은 각 주州의 인구수에 따라 … 배분되는데, 주의 인구수는 자유인의 총 수에 … 노예는 5분의 3으로 계산해 더하고 세금이 부과되지 않는 인디언은 제외한다.[49]

이것은 남북이 크게 타협한 결과였다. 원래 남쪽 정부는 대표자를 뽑는 일에 관한 한 노예도 전부 포함시키기를 원했지만, 북쪽 정부는 정반대 태도를 보였다. 직접세가 대표와 연관되어 있었으므로 노예 1명을 5분의 3으로 여기는 현실적인 파우스트식Faustian● 타협안이 도출된 것이다. 그 결과 남쪽 주들은 원했던 것보다 대표자 수가 줄어들었지만, 그 대가로 내야 할 세금도 일부 줄일 수 있었다. 북쪽 주들은 원했던 것보다 더 많은 대표자(노예 보유자들)를 확보할 수 있었고, 더 부담하게 될 세금을 그들에게 전가할 수 있었다. 이 조항이 '직접적인 세금에만 적용된 것은 이 같은 남북 간 합의가 수입 관세, 소비세, 기타 연방 재정에 중요한 다른 것들에 대해서는 적용되지 않도록 하려는 편리한 단어 조작에 지나지 않은 것으로 보인다.

정액세 조항은 오랫동안 소득세의 위헌 가능성에 대한 불씨로 작용해왔지만, 한 의원은 남북전쟁 논쟁에서 이 조항을 이렇게 지적했다. "도대체 왜 이런 사소한 단어에 얽매야 한단 말인가?"[50] 그러나 노사 갈등이 최고조에 달하면서 전국으로 확산된 풀먼 철도 파업Pullman railroad strike을 진압하기 위해 1894년 연방군이 파견되었을 때, 싸울 준비가 된 소득세 반대론자들은 정액세 조항을 전쟁의 쟁점으

● 옳지 못한 일을 하기로 합의하는 것.

로 삼았다.

농민대부신탁회사 주주인 찰스 폴록Charles Pollock은 회사가 소득세를 납부하려는 것은 위헌이라며 이를 납부하지 못하게 해달라고 소송을 냈다. 그는 하급법원에서 패소했지만 대법원에 항소했고, 1895년 재판관 5 대 4의 평결로 승소했다. 이것은 주정부가 거둔 세수가 각 주의 인구에 비례하지 않는 한 연방 소득세를 부과할 수 없다는 것을 의미했다. 그리고 1인당 세금의 평등을 달성하는 것은 현실적으로 어려울 뿐만 아니라 덜 부유한 주에서 더 높은 세율을 부담하게 될 수도 있으므로 극심한 반대에 부딪힐 확률이 높았다.

'폴락 대 농민대부신탁회사 사건'에서 대법원의 결정은 우리가 오늘날 '사법 적극주의'judicial activism라고 하는 것의 훌륭한 예라고 할 수 있다. 이를 지지한 재판관들은 이 '공산주의적 행진'(정액 소득세를 말함)이 즉각 중단되지 않는다면, 의회가 앞으로 '세금을 2퍼센트에서 10퍼센트로, 심지어 20퍼센트로 올려도 막을 수 없을 것'[51]이라는 원고 측 수석변호사의 주장에 찬성한다는 뜻을 숨기지 않았다. 이는 분명한 사실이었지만, 그것이 법적 쟁점은 아니었다. 이 판결이 정치적 판결이라는 점은 누가 봐도 분명했다. 하웰 에드먼드 잭슨 Howell Edmunds Jackson 판사는 이 판결에 대한 반대 의견에서 "이 판결은 돈 많은 부유층에게 세금 권한을 넘겨주는 것과 다를 바 없다. 의회의 헌법적 권력에 타격을 가한 가장 최악의 판결이다"라고 비난했다.[52]

분노가 고조되면서 소득세 지지자들은 흥분했다. 이 판결은 1857년의 흑인 노예 드레드 스콧 판결Dred Scott Decision●[53]과 비교되었지만 싸움은 끝난 것이 아니었다. 1860년부터 1931년까지 뉴욕에서 발간된 신문 『뉴욕 월드New York World』는 1895년 5월, "소득세는 죽었지만, 그 기초가 된 원칙은 살아 있고 어떤 형태로든 승리할 것이다"라고 보도했다.[54] 사실 그 징후는 이미 분명히 나타나고 있었다. 윌리엄 제닝스 브라이언 의원은 1896년 유명한 '금 십자가' 연설 Cross of Gold speech ●●에서 소득세 지지를 표명했다.

이후 10여 년 동안 인민주의운동은 세금 문제에서 반독점, 은, 스페인 전쟁 문제로 옮겨갔다. 그러나 그 명분은 사라지지 않고 진보 공화당원들이 이어나갔다. 1906년 공화당의 시어도어 루스벨트 Theodore Roosevelt 대통령이 의회에 보낸 메시지에서 부자들의 성장을 제한하기 위해 누진 소득세와 상속세를 도입하겠다는 호의적인 발언을 하면서 분위기가 다시 꿈틀거렸다. 그러나 루스벨트 대통령은 헌법의 문제를 극복하는 것이 어렵다는 사실을 인정하고, '장기간에 걸친 신중한 연구'의 필요성을 언급했을 뿐[55] 이를 실현할 어떤 조치도 하지 않았다.

하지만 추진력은 계속 쌓여나갔다. 초기의 주류 판매 금지론자들도 이 싸움에 관심을 두기 시작했다. 소득세가 수요를 억제하는 다양한 주류세를 줄이는 방향으로 이어진다면 주류 판매 금지론자들이 이에 반대할 거라는 의견도 제기되었다.[56] 그러나 대부분 주류 판매 금지론자들은 주류에 대한 세금이 주류세를 만든 사람들의 뜻과 달리 오히려 주류 사업을 합법화했으며, 정부가 이 비도덕적 사업의 보이지 않는 동업자 역할을 했다고 주장했다. 실제로 1910년에 주류세

● 1857년 미국 연방최고법원이 흑인 노예였던 드레드 스콧의 자유를 인정할 수 없다고 한 판결.
●● 금본위제를 비난하며 '인류를 금 십자가에 못 박지 말라'고 말한 데서 붙여짐.

수입은 연방 전체 수입의 거의 30퍼센트를 차지할 정도였다.[57]

1908년 민주당은 소득세 찬성 방침을 채택하고 헌법 개정을 주장한 반면,[58] 공화당은 소득세 문제에는 침묵했다. 그렇다고 해서 소득세를 반대한다는 것은 아니었다. 사실 그때까지 소득세에 대한 정치적 전선은 민주당 대 공화당의 구도라기보다는 공화당 내 북

세금징수원의 가장 친한 친구

동부 지역과 그 외 지역 간의 이해관계 대립 구도라고 할 수 있었다. 북동부 지역 기업인들이 두려워한 것은 소득세 자체뿐 아니라(그들은 남북전쟁 당시 소득세를 시행했을 때 뉴욕 혼자 전체 소득세의 약 3분의 1을 담당했고, 그 나머지마저도 펜실베이니아가 11퍼센트 이상을 담당했다는 사실을 분명히 기억했다)[59] 소득세가 도입되면 고율의 보호 관세를 지키기 어렵게 될 거라는 점 때문이었다. 결국 1908년 대통령 선거에서 민주당의 윌리엄 제닝스 브라이언이 패배하고 공화당의 윌리엄 하워드 태프트William Howard Taft가 승리하면서 기업인들은 안도의 한숨을 내쉬었다. 그러나 소득세 최종 채택의 길을 닦은 이들은 어이없게도 태프트와 그의 행정부였다.[60]

태프트 행정부는 1909년 두 가지 중요한 일을 했다. 하나는 대부

분 기업에 소득의 2퍼센트에 달하는 '소비세'를 부과하는 법안을 제출한 것이다. 그 세금을 (기업의 자격으로 사업을 하는 특권에 부여하는) 소비세라고 한 것은 자칫 소득에 대한 세금(소득세)으로 분류되어 위헌으로 여겨질 개연성을 피하려는 것이었다. 의회는 8월 5,000달러를 초과하는 순이익에 세금을 1퍼센트 부과하는 법안을 통과시켰다.[61] 다른 하나는 6월 16일, 의회가 연방정부에 각 주의 인구수에 따라 세수를 할당하지 않고 소득세를 부과하는 권한을 부여하는 헌법 개정안을 제안한 것이다.

이어진 토론에서 공화당의 세레노 페인Sereno Payne 하원 세입위원장은 "소득세가 미국을 '거짓말쟁이들의 나라'로 만들 것이며, 정직한 사람들만이 소득에 대한 세금을 내고 악당들은 어떻게든 일부를 면제받으려 할 것이다"라고 주장했다.[62] 강경한 발언이 쏟아져 나왔지만 그런 강경 발언을 한 사람들은 실제로는 소득세 찬성론자들이었다. 페인 자신도 전시에 국가가 자금을 조달하려면 소득세가 필수적이라고 생각했다.

민주당의 코델 헐Cordell Hull 하원의원도 비슷한 맥락에서 "미국은 소득의 형태로 나타나는 국가의 부에 과세를 하지 않고는… 어떤 대규모 전쟁도 치를 수 없다"라고 주장했다.[63] 양측 모두 전쟁의 망령이 나타나기 몇 년 전부터 이미 전시 재정을 염두에 두었던 영국 소小피트 총리의 교훈을 기억한 것으로 보인다.

16차 헌법 개정에서는 문제의 구절을 명확히 수정했다. "의회는 각 주의 인구 비례에 따라 세수를 배분하지 않고, 국세조사나 집계표와 관계없이, 어떤 출처의 소득에도 세금을 부과하고 징수하는 권한을 갖는다." 동북부 지역의 강한 반발을 고려할 때 이 개정안의 비준은 장담할 수 없었다. 그러나 민주당이 1912년 대선에서 승리하면서 모든 의구심은 제거되었다. 마침내 1913년 2월 3일 델라웨어의 비준으로 16차 헌법 개정안이 통과되었다. 그로부터 2주일도 지나지 않아 민주당의 우드로 윌슨Woodrow Wilson이 대통령에 취임했고, 상하원 모두 민주당이 장악했다. 그리고 1913년 10월 3일, 헌법 개정 비준 8개월 만에 윌슨 대통령은 소득세법에 서명했다.

기업 순이익에 1퍼센트의 세금을 기본으로 1~6퍼센트의 누진세율을 반영해 최고 상한선 50만 달러(따라서 최고 세율은 7퍼센트)로 책정한 소득세법안은 적정 수준으로 받아들여졌다. 3,000달러까지는 소득세를 면제받았으므로 1913년과 1914년에는 1억 명이 채 안 되는 전국 인구에서 소득세 신고서가 35만 건 접수되었다.[64] 토론 중 공화당의 아이라 C. 코플리Ira C. Copley 하원의원은 경고 차원에서 100만 달러가 넘는 소득에 최대 68퍼센트까지 누진세율을 적용하자고 제안하면서 "앞으로 10년 안에 미 의회가 그 정도 수준의 세율을 채택할 것"[65]이라고 예측했다(하지만 코플리의 예측은 오히려 너무 소극적이었던 것으로 판명되었다. 실제로 그런 법령이 나오는 데는 4년밖에 걸리지 않았다).

새 세법에 따라 모든 기업에 면제 없이 균일하게 1퍼센트의 소득세가 부과되었다. 무려 4쪽(안내 설명 포함)이나 되는 엄청난 새 소득세 신고서 양식은 내국세국(오늘날 미국 국세청의 전신)이 개발한 신고서 일련번호 체계에서 차례로 다음 번호를 부여받았는데, 그것이 바로 오늘날 미국인에게 익숙한 개인소득세 신고서 양식 1040이다.

놀라운 것은 이 모든 과정이 제1차 세계대전에 딱 맞춰 진행되었다는 것이다. 윌슨 대통령은 소득세법에 서명한 지 정확히 4년 만인 1917년 10월 3일 전시 세입법War Revenue Act에 서명했다. 면제 한도가 절반 수준으로 줄어들면서 과세 대상이 여덟 배 늘어난 300만 명이 되었다.[66] 소득세가 진가를 발휘할 때가 온 것이다. 이 와중에 (예일대학교의 유명한 경제학자 어빙 피셔Irving Fisher를 포함한) 저명한 학자들이 징병과 소득세의 암묵적 연관성에 대한 의견을 제시했다. 군 징집 자체가 징집자 가정의 소득을 박탈하는 사실상의 세금이므로 징집되지 않은 사람의 소득에 세금을 더 부과하는 것이 경제적으로 합리적이라는 견해였다.

1918년에 최고 세율이 77퍼센트까지 높아졌다. 1920년에는 소득세가 연방 수입의 3분의 2를 차지했다. 그러나 소득세는 아직은 대중세가 아니었다. 1920년에 소득세 신고서를 제출한 근로자는 전체 근로자의 약 13퍼센트에 불과했다. 그러나 소득세가 곧 사라지지 않을 거라는 점은 확실했다.

그때까지 미국은 영국에서 시행하듯 근로소득보다 불로소득에 더 높은 세율을 적용하는 관행은 따르지 않았다. 앤드류 멜론Andrew Mellon 재무장관이 1920년대 초 영국과 비슷한 내용의 세금 제도를 제안했지만 법률로 제정되지는 못했다.[67] 미국에서 이런 내용이 세법에 포함된 것은 한참 지난 후였다. 1969년의 세금개혁법U.S. Tax Reform Act에서 최고 세율이 70퍼센트였던 근로소득(임금, 월급, 기타 근로자 보상)의 세율을 50퍼센트로 제한하는 조항을 도입했다. 그러나 이 조항은 1981년 이후 다시 폐지되었고 오늘날에는 오히려 정반대 상황이 나타나고 있다. 배당금과 자본이익에 근로소득보다 더 낮은 세율이 적용되는 것이다.[68] 이 놀라운 반전에 대해서는 나중에 다시 살펴본다.

다만 한 가지 변하지 않은 것은 지금도 시행 중인 정액세 조항이다. '직접적인 세금'이 의미하는 바는 여전히 모호하다. 16차 개정에서도 이 부분은 건들지 않았다. 따라서 '직접적인 세금'이면서 소득에 대한 세금이 아닌 것으로 여겨지는 세금이 있다면(16차 개정에서 명시적으로 허용되었다), 그것은 틀림없이 인구 비례에 따라 배분되어야 한다. 이는 1인당 납부액이 주마다 같아야 한다는 것을 의미한다. 결국 이 조항이 다시 문제가 되었는데, 아마도 2020년 민주당 대통령 후보 지명 과정에서 후보자들이 연간 부유세는 위헌이라고 주장할 강력한 근거가 될 것이다(실제로 2020년 민주당 대통령 후보 지명 과정에서 민주당 후보들이 이런 주장을 했는지는 확인할 수 없음). 어쩌면 이 문제는 적어도 앞으로 몇 년 동안 더 법정에서 다뤄질지도 모른다.

치정에 얽힌 범죄와 프랑스 소득세

+

1914년 3월 16일 늦은 오후, 프랑스 재무장관의 부인 앙리에트 카요Henriette Caillaux가 당시 프랑스의 공신력 있는 신문인 『피가로Le Figaro』 사무실에 들어와 가스통 칼메트Gaston Calmette 편집장을 찾았다.[69] 그가 외출해서 한 시간 후 돌아온다는 말을 들은 그녀는 조용히 앉아서 기다렸다. 사무실에 돌아온 칼메트 편집장이 카요 부인을 발견하고는 놀라 당황했지만, 공손하게 자기 방으로 안내했다. 그 순간, 그녀가 작은 권총을 꺼내 그를 향해 네 발을 쐈다. 몇 시간 후 그는 사망했고 카요 부인은 밖에서 기다리던 자신의 운전기사가 모는 차를 타고 경찰서로 갔다.

카요 부인이 칼메트 편집장을 살해한 이유는 남편 조제프Joseph가

복수하는 카요 부인

몇 년 전 그녀에게 쓴 연애 편지들을 『피가로』가 곧 폭로할 거라는 두려움 때문이었다. 문제는 그 편지들을 쓸 당시 조제프가 이미 다른 여성과 혼인 관계에 있었다는 사실이다. 『피가로』가 이 편지를 폭로하기로 한 시점은 『피가로』 등 언론들이 조제프 장관에 대한 비난 기사를 몇 주 동안 쏟아내던 때였다. 언론들이 분개한 이유는 두 가지였다.

하나는 조제프 장관이 독일(당시 프로이센)과 화해를 지지한다는 것이었고, 또 하나는 그가 근대적 소득세 도입에 주도적 역할을 하고 있다는 것이었다.

1848년 혁명 이후 프랑스에서는 소득세 도입 가능성에 대해 줄곧 논쟁했다.[70] 정치가이자 역사가인 아돌프 티에르Adolphe Thiers는 소득세를 '법이 허락한 부도덕'이라고 했다.[71] 한 평론가는 소득세를 두고 "이것은 정말 무서운 심문이다. … 소득세는 자신의 부를 감추고 싶어 하는 부자들에게 모든 것을 드러내라고 강요한다"[72]라고 말했다. 부자들이 자신의 부를 감추고 싶어 한 이유는 프랑스 혁명 이후 등장한 '늙은 마녀 네 명'으로 불리는 이른바 4대 세금(162쪽 참조) 때문이었다. 세금이 추정 소득에 따라 부과되면서 복잡해진 것이다. 조제프 같은 사람들은 이런 세금 방식에서 벗어나야 한다고 생각했다.

얼마든지 세금을 부과할 명분을 짜내세요. 세금을 부과할 수 있는 세상의 모든 증거를 찾아낼 수 있겠지요. 그 증거들을 마음껏 조합하고 엮어보세요. 200~300개 문장으로 된 법을 만든다 해도 바로 다음 날이면 결국 최대의 불의를 저질렀다는 사실을 발견하게 될 뿐일 겁니다.[73]

소득 추정에 따라 과세하는 세금 제도에서 벗어나면서 다른 유형의 소득에 일률 과세하는 영국식 과세 방식을 선호하는 사람들과 총소득에 대한 누진세를 선호하는 사람들 사이에 전선이 형성되었다. 영국의 방식을 지지하는 사람들은 영국 방식이 마치 심문하는 듯한 지배적인 관료주의에 대항하는 최선의 보호책이라고 여겼고, 프로이센의 누진세 방식을 지지하는 사람들은 더 강력한 분배 효과를 달성하는 데 초점을 맞추었다. 조제프 장관은 두 가지를 결합한 방식, 즉 최종적인 세후 총소득에 누진 방식을 보완해 법에 정한 세율표에 따라 세금을 부과하는 방안을 고안해냈는데, 훗날 이를 '프로제트 카요'le projet Caillaux라고 부르게 되었다.

하지만 여러 차례 토론과 수십 개 입법 제안도 소용없었다. 카요 부인의 살인 사건이 벌어진 직후 조제프 장관은 사임했다. 그런데 카요 부인과 많은 파리 시민이 재판을 기다리던 중(그녀가 수감된 감방에는 사려 깊게도 커튼이 쳐져 있었다), 오스트리아-헝가리제국의 황태자 프란츠 페르디난트 대공archduke Ferdinand이 사라예보에서 암살당하는 사건이 일어났다. 곧 전운이 감돌았고 전쟁 자금을 조달할 필요가 생겼다. 결국 1914년 7월 15일, 프랑스 상원은 소득세를 채택했다.

그 5일 후 카요 부인에 대한 재판이 시작되었다. 살인, 섹스, 고도의 정치적 음모, 오직 당파의 이익만 생각한 독일과의 관계, 게다가 프랑스 역사상 처음으로 대통령이 사건의 증거를 제출하고, 프랑스 사회 최고위층이 연루되는 등 흥미로운 요소가 혼합된 이 사건은 몇 주 동안 온 나라를 들썩거리게 했다. 마침내 7월 28일, 카요 부인은 무죄 선고를 받으면서 세상을 다시 한번 놀라게 했다.[74] 법원은 이 사건을 치정에 얽힌 범죄로 규정했다. 같은 날 오스트리아-헝가리제국이 세르비아에 선전포고를 했다는 뉴스가 전해졌고, 이 전쟁이 도미노처럼 확산되며 제1차 세계대전으로 이어졌다.

그러나 프랑스의 소득세는 전쟁 재정에 크게 기여하지 못했다. 프랑스의 소득세는 1916년이 되어서야 적용되었고, 1918년까지 최고 세율도 기껏 20퍼센트에 지나지 않았다. 당시 미국에서는 소득세가 정부 수입의 약 40퍼센트를 차지했고, 영국도 약 60퍼센트를 차지했지만, 프랑스는 6.5퍼센트에 불과했다. 사실 1920년대의 한때를 제외하면 프랑스에서는 다른 나라에서처럼 개인 소득세가 주된 수입원이 되었던 적이 없다.

오늘날에도 프랑스의 총소득세 비중은 OECD의 다른 국가들보다 훨씬 낮다.[75] 이는 부분적으로는 가족 수당이나 기타 여러 명목의 수당이라는 명분으로 과세 대상 금액이 줄어들었기 때문이기도 하지만, 거의 모든 다른 나라와 달리 프랑스에서는 2019년까지 고용주를 통한 원천징수를 하지 않았기 때문이다. 그러니까 소득세를 고용주가 아니라 종업원 자신이 직접 내는 방식이었다. 이 방식이 징수에서 문제를 일으킨다는 것은 새삼스러운 일이 아니다.

이런 한계를 해결하려고 프랑스는 1991년, 사회보장 기여금 Contribution Sociale Generalisée이라는 특별한 세금 제도를 도입했다. 이

는 폭넓은 대상에게 동일한 요율로 원천징수하는 세금으로 개인 소득세의 역할을 효과적으로 대신했다.[76]

프랑스의 소득세 이야기에는 또 다른 가닥이 있다. 프랑스의 소득세는 당시 강대국들이 가난하고 아직 받아들일 준비가 되지 않은 식민지에 자신들의 세금 제도를 그대로 적용해 이들이 독립할 때까지 어려움을 겪게 한 전형적인 사례이기도 하다는 것이다. 예를 들어 프랑스 본토에서는 '프로제트 카요' 제도라는 독특한 소득세 구조가 시행되다가 1959년에 단일 누진제로 전환되었다.[77] 그러나 정작 프랑스 식민지였던 아프리카의 여러 국가에서는 대부분 세입이 법에 정한 세율에 따라 원천징수되는 세금으로 충당되면서 누진 방식을 가미한 보완적 세금으로는 거의 아무런 세수도 거둬들이지 못한 채 수십 년을 지내왔다.[78] 카메룬에서는 2004년에서야 비로소 프로제트 카요 제도가 개정되었고, 세네갈에서는 2012년에 개정되었다.

과거의 두려움을 딛고 새로운 미래로

+

소득세의 아버지들이라 할 수 있는 피트, 애딩턴, 태프트,[79] 조제프 카요 같은 사람들이 오늘날의 소득세를 본다면 자신들이 만든 창조물을 어떻게 생각할까? 예를 들어 우리가 그들에게 오늘날의 부가가치세를 설명해준다면 그들은 훨씬 더 많은 것을 이해하게 될 것이다. 세금 제도를 납부 능력이라는 개념에 명백하게 적응하는 주요 수단으로 본다면, 소득세는 누가 뭐래도 그들의 업적이다. 제도를 더 정교하게 만들면서 훨씬 더 복잡해지긴 했지만, 소득세의 복잡성은 이미 1799년부터 비판 대상이 되었다.

그러나 그들이 오늘날 소득세 덕분에 정부의 세수 규모가 엄청나게 늘어난 것을 본다면 입을 다물지 못할 것이다. 오늘날 소득세는 당시의 많은 사람이 (소득세의 아버지들이) 괴물을 풀어놓았다고 두려워했던 바로 그 모습과 다를 바 없기 때문이다. 오늘날 우리가 당연하게 여기는 누진적 세금 구조는 19세기 영국의 글래드스턴에게는 '공산주의로 가는 지름길'[80]이 될 거라고 우려했던 두려움을 명백히 입증하는 증거로 보일지도 모른다.

또 오늘날 한계세율(2019년 OECD 국가의 법정 최고 개인 소득세율 평균은 43퍼센트다)[81]이 이렇게 높은데도 기업과 개인들의 부가 바닥나지 않았다는 사실이 그들을 어리둥절하게 만들 것이다. 어쩌면 그들 중 상당수는 몇몇 국가에서 시행하는 단일세율 과세flat-tax에 더 많이 공감할 것이다. 실제로 2001년 러시아의 세제개혁[82]에서 영감을 받은 몇몇 국가는 면제 수준 이상의 소득에 단지 13퍼센트라는 낮은 한계세율을 동일하게 적용하고 있다.

더 근본적인 측면에서 보면, 오늘날 누진의 논리가 소득세의 아버지들이 상상했던 것보다 훨씬 더 폭넓게 받아들여지지만, 그들은 그 논리도 쉽게 이해할 것이다. 소득을 납세능력의 좋은 지표로 보는 데서 한 걸음 더 나아가, 특정 저소득층이 정부 지원금을 받아야 하는지 판단하는 지표로 볼 수도 있다. 그것이 바로 에지워스의 대수학이 함축하는 의미였다. 저소득층에게 혜택을 지원하는 것Income-related benefits은 제2차 세계대전 이후 사회적 지원의 핵심 수단으로 떠올랐다.

1942년 영국에서 '요람에서 무덤까지'라는 사회보험 프로그램을 펼친 베버리지 보고서의 희망, 기대와 달리 저소득층에 대한 세금 혜택은 복지 국가의 핵심 부분이 되었다. 그런 도구들을 소득세 제도에 통합해야 한다는 명백한 논리는 미국의 노벨 경제학상 수상자 밀턴 프리드먼Milton Friedman의 '부負의 소득세'(저소득자는 세금을 내는 것이 아니라 정부로부터 세금을 받는다는 의미) 개념과 미국에서 시작되어 오늘날 전 세계로 확산되고 있는 근로소득세액공제Earned Income Tax Credit에도 잘 반영되어 있다.

오늘날 세무 행정은 단지 누군가에게서 돈을 징수하는 일뿐만 아니라 누군가에게 돈을 지급하는 일까지 담당한다. 예를 들어 뉴질랜드 세무당국은 직원 절반이 저소득층에게 그런 혜택을 지원하는 일을 한다. 그러나 이런 일들이 세무 행정을 하는 사람들을 늘 기쁘게만 하는 것은 아니다. 그런 일들에는 세금 징수와는 또 다른 문제가 있기 때문이다. 예를 들어 소득세는 거의 1년 내내 취득한 소득에 대해 납부액을 평가하는 데 반해, 현금이 부족한 저소득층은 즉시 지원받기를 원한다. 이 문제는 어쩔 수 없이 계속될 것이다.

아마도 소득세의 아버지들이 보게 될 중요한 구조적 혁신은 개인에게 소득세를 부과하는 것과 아울러 기업에도 소득세를 부과하는 제도를 도입한 점일 것이다. 이것은 본질적으로 원천징수의 논리를 적용한 것이다. 19세기까지는 주로 주주들에게 지급한 배당금을 소득으로 여기고 배당금에 대해 사실상 선납 형태로 기업들에 과세해 왔다. 그리고 모든 배당금에 동일한 세율을 적용했으므로 선납 형태에 큰 문제가 없었다. 그러나 배당금이 불로소득으로 여겨져 세율이 높아지고 결과적으로 누진세율이 적용되면서 선납 과세 방식에 문제가 생기기 시작했다. 기업들이 스스로 가장 높은 세율을 적용하지 않는 한 이익을 회사에 유보하고 배당금을 내주지 않는 방식으로 세금을 회피하게 된 것이다.

이에 따라 과거와 다른 기업 세금 제도가 새로 도입되었는데(최근에는 미국 이외의 나라들에서도 놀라운 발전 양상을 보이며, 영국에서도 1965년 새로운 제도가 도입되었다), 이는 '기업도 정당한 몫의 세금을 내야 한다'[83]는 우스꽝스러운 논리 때문이 아니라 기업의 세금도 원천징수 형태로 징수하기 위해서였다.

특히, 소득세의 아버지들은 근로소득 같은 불안정한 소득과 부동산 임대료 같은 영구 소득에 대한 과세가 적절하게 차등화되어야 한다는 지속적인 논쟁(오늘날 근로소득과 자본소득의 구별처럼)을 잘 알았을 것이다. 그러나 당시 그들이 직면한 문제가 모든 불로소득(자본소득)에는 근로소득보다 더 무거운 세금을 부과해야 한다는 가정이었다면, 오늘날 대부분 경제학자는 자본소득에 세금을 덜 무겁게 부과해야 한다는 경향이 있다는 것이다. 이 원칙이 다양한 종류의 이원적 소득세 제도dual income tax를 채택하는 북유럽 국가들의 세금 설계에서 중심이 되고 있다는 사실이 존경스럽다.

이원적 소득세는 결과적으로 근로소득은 누진율로 과세되지만, 자본소득은 근로소득에 대한 최고 한계세율보다 낮은 정률로 과세되는 방식이다. 이 접근법의 가장 큰 어려움은 19세기 말 차등화에 반대하는 사람들이 제기했던 것과 다르지 않다(다시 한번 말하지만, 세금의 세계에서는 생각보다 새로운 것이 많지 않다). 바로 자영업과 같은 영세업의 경우 소득을 자본요소와 노동요소로 배분할 방법을 어떻게 찾느냐는 것이다.

자본소득 그리고 자본소득을 창출하는 저축과 투자를 어떻게 적절히 처리할 것인가 하는 문제는 아마도 소득세 부과에서 언제나 당면하는 중요한 이슈로 존재할 것이다. 일찍이 토머스 홉스는 "저축은 과세에서 제외되어야 한다"라는 견해를 밝혔고, 존 스튜어트 밀John Stuart Mill도 19세기 중반에 "소득 중에서 저축으로 들어가 자본으로 전환되는 부분에는 과세하지 말아야 한다"[84]라고 주장한 바 있다. 이런 생각은 한마디로 소득이 아니라 소비에 과세해야 한다는 것이다.

그러나 소비에 세금을 부과한다는 생각이 반드시 모든 사람에게 같게 부과되는 부가가치세나 소매 판매세 같은 세금만을 말하는 것은 아니다. 개인이 구매한 모든 상품의 총소비액에 누진세율을 적용하는 방법을 의미할 수도 있다. 그 대신 실무적 차원에서 저축으로 인한 수익인 자본소득을 과세 대상에서 제외하는 방식으로도 같은 효과를 얻을 수 있다. 또는 납부해야 할 세액을 계산할 때, 저축한 금액을 공제한 다음 저축의 원금과 이자 총액에 대해 원천징수하는 방식으로 세금을 내게 하는 방법도 있다.[85]

소비(사람들이 경제에서 빼내 가는 것)에 세금을 부과하는 것이 소득(사람들이 경제에 투입하는 것)에 세금을 부과하는 것보다 더 공정하다고 보는 사람도 있다. 그러나 투자와 성장에 미친 영향에 반영된 초과 부담과 순수한 실용성 등과 같은 문제도 고려해야 한다. 일련의 유명 위원회들도 어떤 형태든 누진적 소비세의 방향으로 가는 것에 찬성한다고 하였고, 이 분야의 재능 있는 전문 경제학자들도 어떤 상황에서 자본으로부터 생기는 정상적인 이익을 과세 대상에서 제외해야 사회의 전체 이익에 도움이 되는지를 이해하려는 이론적 연구를 깊게 해왔다. 예상하는 대로 그 대답은 '상황에 따라 다르다'는 것이다.

그러나 몇몇 주목할 만한 예외를 제외하면,[86] 오늘날 근로소득에 적용되는 최고 세율을 자본소득에 적용해야 한다고 주장하는 경제학자는 거의 없다. 그리고 정부들은 대부분 가장 중요한 저축 형태의 자본소득에는 이런 유리한 조치 한두 가지 정도는 제공하고 있다. 예를 들어 개인연금 납부금은 대개 (어느 한도까지) 세금이 공제되지만, 연금 지급액에는 전액 과세된다.

자본소득에 비교적 낮은 세율을 적용하는 데는 실용적 이유도 있다. 어느 나라든 자본소득에 높은 세금을 부과하려 한다면 자본이 해외로 떠나게 만드는 원인을 제공하는 셈이 될 것이다. 오늘날 이것이 새로운 문제가 아니라는 것쯤은 누구나 알 정도가 되었다. 이것은 소득세의 아버지들에게도 걱정거리였다. 19세기 초 영국 애딩턴 총리의 소득세 제도에서 외국인들이 보유한 정부 채권 이자에 세금을 부과하지 않은 것은 아마도 외국인들이 정부 채권 이외에 더 넓은 투자 대안을 가지고 있었기 때문일 것이다.[87] 또 1920년 왕립위원회도 누진세 도입에 따른 외국 자본의 유출을 우려했다.[88]

1990년대 초반부터 '자본세/법인세는 과연 살아남을 수 있을까?'[89]라는 제목이 붙은 학술 기사들이 쏟아져 나왔지만, 어쨌든 이 세금은 아직 살아남아 있다. 그러나 그런 세금의 세율은 과거보다 크게 낮아졌고, 세계는 소득세의 미래와 좀 더 보편적인 과세에 대해 점점 더 많이 고민한다. 이 문제는 11장에서 더 자세히 살펴본다.

소득세 누진율이 어떻게 되어야 하는지, 소득의 종류에 따라 세금이 어떻게 달라야 하는지에는 다른 견해도 존재한다. 그러나 넓은 관점에서 보면, 소득에 세금을 부과하는 것이 널리 받아들여지는 이유는 소득이 납세능력을 합리적으로 보여주는 증거이기도 하고, 사람들의 납부능력 차이가 그들에게 각각 다르게 과세하는 정당한 기준으로 여겨지기 때문이다. 그러나 앞서 말했듯이, 사람들은 소득 외에 다른 많은 면에서도 차이를 보인다. 시대를 거치면서 통치자들은 때로는 난폭하게, 때로는 좋은 의도로 그런 차이를 세금 목적으로 이용하기를 주저하지 않았다. 이것이 바로 다음 장의 주제인 수평적 차원의 공평성이다.

6장

누가 더 평등한가

세금은 한 사내의 콧등에 난 종기와 아주 비슷하다.
그가 종기 때문에 투덜거리는데 친구가 '또 어디에 종기가 났으면 좋겠느냐'고 묻는다.
그는 잠시 생각하더니 이렇게 대답한다.
"글쎄… 나 말고 다른 사람의 등에 나면 좋지 않을까."
로건 홀트 루트(미국의 정치인)[1]

자기 베레모가 다 해질 때마다 세금을 걷었다고 전해지는 17세기 콩고 왕과 함께, 또는 그 치하에 사는 것은 아마도 꽤 힘들었을 것이다.[2] 독단적으로 세금을 부과하는 것만큼 납세자들을 괴롭게 하는 것은 별로 없다. 하지만 변덕스러움은 때로 기발한 것일 수도 있다.

1086년 영국 재무부 야사에는 '수목관리원 위고 드 네빌Hugo de Nevill의 부인이 남편 좀 집에서 자게 해달라는 허락을 받기 위해 왕에게 암탉 200마리를 바쳤다'라든가 '윈체스터의 주교는 왕에게 알베말 백작부인의 거들을 상기시켜주지 않았다는 이유로 상품의 와인 1톤을 바쳐야 했다'[3]는 등의 저녁 술자리 농담거리 같은 이야기가 한두 개 실려 있다. 사실 우리는 이 이야기가 무엇에 관한 것인지 전혀 모르지만, 아마도 변덕스러운 과세를 이야기하는 것으로 보인다.

독단적인 세금 부과는 정부의 정통성을 위협할 수 있다. 미국의 초대 재무장관 알렉산더 해밀턴Alexander Hamilton은 "자유의 천재는 절대 독단적이거나 재량적인 과세를 하지 않는다"라고 말했다.[4] 그러나 역사적으로 세금은 단순히 변덕스러움을 넘어 오랫동안 억압과 보상의 도구로 사용되었다.

세금의 역사는 대체로 다른 사람 등에 종기가 나게 하려는 과정의 역사다. 이를 보여주는 한 가지 측면이 바로 부자와 가난한 사람들에게 세금을 어떻게 차등화하느냐에 관한 것이다. 하지만 공정성은 때로 소득과 부가 같은 사람들을 어떻게 평등하게 대우하느냐와 더 관련이 있으며, 이는 그 반대의 경우 못지않게 중요하다. 이것이 바로 수평적 형평성의 원칙이다. 조건이 상대적으로 같은 사람들은 세무적으로 같은 대우를 받아야 한다는 것으로, 과세 금액을 결정할 때 조건이 같은 사람들을 다르게 대우해서는 안 된다는 원칙이다.

이는 말은 그럴듯하지만 실제로는 어떤 특성이 근거 없는 차등적 과세인지는 권력의 현실에 따라 결정되는 일이 비일비재하다. 미국 민주당 상원 재정위원장 러셀 롱Russell Long의 말마따나 대부분 조세 정책을 결정할 때는 암묵적으로 다음과 같은 정신을 반영한다. "당신과 나같이 소득이 뻔한 사람에게 세금을 부과하지 말고, 저 나무 뒤에 있는 사람에게나 세금을 부과하시오!"[5] 하지만 나무 뒤에 있는 사람은 당신과 나 같지 않은(사실 나보다 더 어려운) 사람일 가능성이 높다. 그들이 그곳에 숨어 있는 것도 그래서일 것이다.

우리는 종종 우리와 같지 않은 부류의 사람에게 종기를 꽂고 싶어 한다. 어떤 특성이 세무적으로 도리에 어긋나는지는 권력의 변화를 반영하고 때로는 권력의 변화를 추진하면서 크게 바뀌었고, 나라마다 심지어 한 나라 안에서도 각기 다르게 나타난다. 또 우리가 마음속으로 정말로 중요하지 않다고 생각하는 특성이 과연 무시되어도 괜찮은지 혹은 무시할 수 있는지도 확실하지 않다.

여성에게도 세금을

+

19세기 초 인도의 왕들은 하층 계급에 무거운 세금을 부과하는 방식으로 지배력을 강화했다. 농민들이 보석류를 착용하거나 콧수염을 기를 권리를 가지려면 세금을 내야 했다. 어떤 지역에서는 하층 계급의 여성들이 집 밖을 나갈 때(나가는 것 자체가 모험이었다) 가슴을 가리면 세금(뮬라크카람mulakkaram, 유방세)이 부과되었다. 가슴을 가리는 것은 상류 계급 여성의 특권으로 여겨졌으며, 유방세와 관련한 모든 조치는 하층 계급 여성에게 의도적으로 굴욕감을 주려 고안된 것으로 보인다.

낭겔리의 항의

이 이야기는 1840년으로 거슬러 올라간다. 영국 통치하의 인도에 존재했던 550여 개 소왕국 중 하나인 트라반코어 왕국Travancore(현재의 인도 남부 지역)의 체르탈라 마을에 살던 낭겔리Nangeli라는 여성이 뮬라크카람을 거부했다.[6] 그녀는 항의의 뜻으로 자기 가슴을 잘라 바나나 잎에 싸서 세금 징수원들에게 주었다. 그녀는 그날 밤 과다출혈로 죽었고, 그녀를 화장하는 동안 그녀 남편도 불 속으로 뛰어들어 자살했다. 정부는 그다음 날 이 세금을 폐지했다. 체르탈라 마을은 훗날 '가슴을 가진 여인의 땅'이라는 뜻의 뮬라치파람부Mulachiparambu라고 불리게 되었다.

이와 거의 같은 시기에 여성의 권리를 위한 운동이 참정권과 납세 사이의 모순*을 인지하면서 세금 저항이 여성의 투표권을 얻으려는 투쟁 도구로 사용되었다.[7] 1852년 뉴욕주 시러큐스에서 열린 제3차 전국여성권리대회National Woman's Rights Convention에서 저명한 여성운동가 수잔 B. 앤서니Susan B. Anthony는 역시 잘 알려진 여성운동가 엘리자베스 케이디 스탠튼Elizabeth Cady Stanton의 연설을 낭독하면서, 입법부가 재산을 가진 여성들의 참정권을 인정하지 않으면 세금 납부도 거부해야 한다고 주장했다.

영국에서도 여성조세저항연맹Women's Tax Resistance League이 '투표권 없이 세금 없다'no vote, no tax는 슬로건을 내걸었다. 이 단체 상임위원인 클레멘스 하우스만Clemence Housman은 당국이 자신을 가두게 하려고 무기한 연설에 들어갔는데, 당국은 결국 그녀를 납세 거부 명목으로 할로웨이교도소에 일주일간 가두었다.[8] 영국의 상황이 더욱 혼돈에 빠진 이유는 기혼 여성들이 자신의 소득에 대해 세금을 내지 않아도 되었기 때문이다. 세금이 이미 남편에게 부과되었다는 이유에서였다. 그러나 1910년, 여성 조세저항연맹의 회계담당자 엘리자

● 여성의 참정권이 부정되던 시기에는 세금도 면제되었지만 참정권이 인정되면 세금을 내야 한다는 의미.

'대표 없이 과세 없다'의 여성 참정권 버전인 영국 여성조세저항연맹의 '투표권 없이 세금 없다' 슬로건

베스 윌크스Elizabeth Wilks의 남편 마크 윌크스Mark Wilks는 아내의 소득에 부과된 세금을 내지 않았다는 이유로 브릭스턴교도소에 수감되었다. 아내가 세금이 부과되었다는 것을 그에게 말해주지 않았기 때문에 생긴 일이었다.[9]

오늘날 명시적으로 성별에 따라 차등을 두는 조세제도는 거의 사라졌지만 여전히 예외는 있다. 예를 들어 모로코에서 기혼 남성은 경제적으로 자신에게 의존하는 배우자와 자녀 6명까지 세금을 공제받을 수 있다. 하지만 기혼 여성은 남편과 자녀가 경제적으로 자기에게 의존한다는 것을 증명해야만 공제받을 수 있다.[10] 그러나 이런 사례는 점점 사라지고 있으며, 오늘날 실제로 문제가 되는 것은 명시적인 성차별보다는 암묵적인 성차별이다.[11]

생리대가 그 대표적인 예다. 2016년, 캘리포니아주 의원 크리스

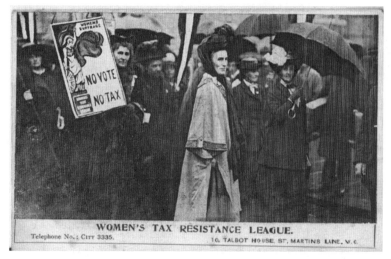

WOMEN'S TAX RESISTANCE LEAGUE.
Telephone No. 1 City 3335. 10, TALBOT HOUSE, ST. MARTINS LANE, W.C.

클레멘스 하우스만. 투옥되는 것이 그녀 목표였다.

티나 가르시아Cristina Garcia는 주 의회에 생리대를 주 판매세 대상에서 제외하는 법안을 발의하면서 이를 '성 불공정을 바로잡기 위해 올바른 방향으로 가는 조치'라고 주장했다. 시카고에서도 2016년 생리대와 생리용 냅킨을 판매세 대상에서 제외했고, 일리노이주와 뉴욕주가 그 뒤를 이었다.[12] 이밖에 다른 여러 주도 비슷한 법안을 검토하고 있다.

이후 생리대를 상품 과세에서 제외해야 한다는 압박이 전 세계적으로 감지되었다. 캐나다에서는 7만 5,000명이 생리대 판매세 폐지를 요구하는 청원에 서명하자 정부는 2015년 여성 위생제품을 부가가치세 대상에서 제외했고, 프랑스도 여성 위생제품에 대한 부가가치세율을 20퍼센트에서 5.5퍼센트로 낮췄다. 영국 정부도 브렉시트로 영국이 2021년부터 더는 EU의 최저 세율 규정에 얽매이지 않아도 됨에 따라 생리대에 대한 부가세를 폐지했는데, 이는 브렉시트의 첫 결실 중 하나였다.

암묵적인 성차별은 훨씬 더 광범위하게 나타난다. 예를 들어 여성들은 노동시장에 참여했다가 다시 빠지는 경우가 많아서 여성의 그런 특별한 상황을 더 불리하게 취급하는 세금 특징이 여성들에게 상대적으로 더 많은 영향을 미친다.[13] 그러나 몇 가지 일반적인 세금 특징은 남성에게 불리하다. 예를 들어 남성은 여성보다 담배를 더 많이 피우고,[14] 스포츠 행사에 더 많이 참여하므로 그런 상품에 대한 소비세는 상대적으로 남성에게 더 큰 부담을 준다. 의료 서비스에 대한 낮은 세율도 마찬가지다. 남성들이 평균적으로 여성들보다 의료 서비스를 덜 이용하기 때문이다. 또 많은 개발도상국에서 여성들은 비공식적인 일자리에서 일하는 경우가 많다. 따라서 그런 활동으로 얻은 소득은 (과세 대상이 아니므로) 여성들에게 상대적으로 더 이익이라고 할 수 있다.

그러나 이 문제에서는 남성과 여성에게 부과되는 총세금이 얼마나 차이 나느냐를 따지는 것 이상으로 다른 목표도 중요하다. 예를 들어 생리대가 스포츠 경기 티켓보다 더 생활필수품에 가까워 저소득층 지출에서 더 큰 비중을 차지한다는 측면에서 본다면, 생리대와 스포츠 경기 티켓을 단순 비교할 수는 없다고 주장할 수 있다. 바로 여기에 수직적 형평성이 또 개입한다. 다만 왜 소득세나 사회적 혜택의 방식이 아닌, 생리대 판매세 면제로 이 문제를 다뤄야 하느냐는 문제가 제기될 수 있다. 예를 들어 부유한 여성이 가난한 남성 첼시 서포터보다 더 많은 혜택을 받아야 하는 이유가 명확하지 않다는 것이다.

이와 별개로, 생리대 수요는 가격에 상당히 둔감하므로 생리대는 실제로 과세하기 좋은 물품이다. 이런 물건들에 대한 과세는 초과 부담이라고 인식될 가능성이 매우 낮은데, 이에 대해서는 10장에서 설명한다. 이런 관점에서 명시적 차별뿐 아니라 암묵적 차별까지 고려한다면, 수평적 형평성은 조세제도의 다른 바람직한 목적을 충족하기 위해 때로는 타협되어야 할 수도 있다.

성 문제에 대한 또 다른 관점은 기혼남녀에 대한 공식적 과세 금액을 조정하는 것이 과연 그들 자신의 복지와 자녀들의 복지에 실제로 영향을 미치느냐 하는 문제다. 이 문제에 대한 답은 세금이 가계 자원의 실질적 통제에 영향을 미치느냐에 따라 결정적으로 달라진다. 다만 경험적 연구에 따르면 이 질문에 대한 답은 '그렇다'이다. 즉, 여성들은 식품, 교육, 자녀들의 건강관리 같은 상품에 소득의 더 많은 부분을 지출하므로 성별에 따라 과세 금액을 조정하는 것은 매우 중요한 문제일 수 있다.[15]

노예제도의 찌꺼기

+

인류 역사에서 인종 학대는 언제나 세금 차별보다 훨씬 더 큰 영향을 미쳤지만 인종과 세금은 밀접하게 얽힌 경우가 많다. 그리고 그런 현상이 가장 심하게 나타난 곳이 미국이다. 미국에서 인종과 세금이 서로 얽힌 것은 노예제 시절로 거슬러 올라간다. 당시 식민지 수입은 상당 부분 수입 노예에 대한 세금과 그들에게 부과한 인두세에서 나왔다. 미국 독립전쟁 이후 일부 주에서는 투표권을 주는 기준을 설정하는 데 재산을 대체하는 방편으로 인두세가 표면화되었다. 19세기 초에는 많은 주에서 투표소에 등록할 수 있는 전제조건(투표권)으로 세금 납부를 의무화했다. 그러나 인두세가 암묵적인(전적으로 투명했다 하더라도) 인종 차별의 한 형태가 된 것은 남북전쟁으로 노예제도라는 '특이한 제도'가 사라진 이후였다.

전후 재건에 실패하자 1890년 연방 군대가 남부에서 철수하면서 남부 지역의 권력은 돈을 벌려고 남부로 갔던 북부 사람들 carpetbaggers, 공화당에 가담한 남부의 백인들scalawags 그리고 일부 아프리카계 미국인에게서 전직 남부 백인 지도자들이나 그 후손으로 교체되었다. 대부분 남부 주에서 흑인 투표권을 부정하는 방법으로 인두세를 생각해낸 것이 바로 이때(주로 1890년에서 1908년 사이)였다. 인두세를 지지하는 사람들도 자신들의 의도를 굳이 감추려고 하지 않았다. 1898년 루이지애나주 제정의회 폐막 연설에서 주지사는 "백인만 투표하게 하고, 흑인은 투표하지 못하게 할 수는 없습니까? 그것 때문에 우리가 여기 모인 것 아닙니까?"라며 인두세를 노골적으로 옹호했다.[16]

몇 년 치 인두세를 해마다 내게 하는 누적 인두세를 도입하는 주도 있었다. 앨라배마 같은 주에서는 1953년 후반까지 인두세가 24년 동안 누적될 수 있다는 규정 때문에 사람들이 투표권을 갖기 이전부터 누적된 24년 치 세금을 내는 일도 생겼다. 대부분 주에서는 선거 9개월 전까지 세금을 내야 했다. 인두세를 시행한 곳은 예전의 남부 동맹주만이 아니었다. 예를 들어 북부연합주였던 캘리포니아주에서도 1914년 주민투표로 폐지될 때까지 인두세가 시행되었다.

그러나 인두세 시행 과정에서 뜻밖의 상황이 가끔 벌어졌다. 법

조항이 세금 징수를 장려하기보다 오히려 방해되었기 때문이다. 예를 들어 앨라배마주 법에는 체납을 처벌하는 규정이 없었다. 따라서 대부분 지역에서 청구서가 발부되지 않았고, 세금 징수원들은 납세자들에게 세금을 언제까지 내야 하는지도 통지하지 않았다. 미시시피주 법에도 징수를 강제하기 위해 형사소송을 할 수 있다는 규정이 없었다. 당시 남부 흑인들은 현금 수입이 적을뿐더러 상인과 지주들을 통한 물물교환이나 신용거래에 의존했으므로, 일부 주에서는 세금을 현금으로만 내도록 의무화했다.●[17]

물론 인두세는 명시적 차별이라기보다는(노골적이긴 했지만) 암묵적 차별이었고, 급기야 많은 가난한 백인의 선거권까지 박탈하는 결과를 가져왔다. 남부 엘리트 가운데는 백인 위주 포퓰리스트 정당들의 힘이 커질까 봐 우려를 표하는 이들도 있었다. 그러나 포퓰리스트 정치인이었던 휴이 롱은 그들의 표를 원했으므로 가난한 백인 농부들에게 인두세 1달러를 내주는 일도 마다하지 않았다. 그의 지지자 중 한 사람은 이렇게 한탄했다. "거둬야 할 돈을 오히려 내주다니, 모든 정치인을 파산시킬 것이다."[18]

남부의 많은 여성 운동가는 인두세를 성차별로 규정하고, 인두세가 모든 여성의 참정권을 보장한 19차 헌법개정안(1920년 채택)을 위반한 거라고 주장했다. 그들은 저소득 백인 가정과 성 역할에 대한 고정관념 등을 고려할 때, 투표권을 확보하기 위해 남성의 인두세를 내줄지 여성의 인두세를 내줄지 선택하라고 한다면, 언제나 남성이 승리할 거라며 분개했다.[19]

● 흑인들은 현금이 없어 세금을 낼 수 없으므로 투표권을 주지 않으려는 의도였음.

1964년 비준된 24차 개정에서 연방정부는 연방선거에서 투표권을 전제로 인두세(또는 다른 명목의 세금)를 부과하는 것을 금지했다.[20] 그러나 미국에서 이 논란은 여전히 끊이지 않는다. 최근의 한 논쟁은 투표하기 위해 시민에게 시민권을 취득하라고 의무화하는 것은 대부분 소수인종 출신인 가난한 사람들이 투표하는 것을 막는 결과를 가져와, 결론적으로 인두세와 다를 바 없다는 우려를 나타내기도 했다. 또 중범죄를 선고받은 사람들의 투표권을 제한하는 법 때문에 투표가 금지된 미국인이 600만 명에 달하면서, 이른바 '중범죄자들에게서 시민권을 박탈하고 있다'는 인식이 널리 퍼지기도 했다. 실제로 앨라배마주에서는 2016년 투표권을 박탈당한 중범죄자 수가 28만 5,000명에 달했는데 이 중 절반이 흑인이었다(하지만 주 인구에서 흑인이 차지하는 비중은 약 4분의 1에 불과하다).[21] 앨라배마주 인권단체인 그레이터 버밍햄 미니스트리스Greater Birmingham Ministries의 스캇 더글라스Scott Douglas 전무는 이 시스템을 '극단적인 인두세'라고 했다.[22]

믿음의 도약●

+

종교와 세금이 만나면 불이 붙기 쉬운 혼합물이 될 수 있다. 이를 가장 잘 보여준 사례가 사무라이 시대인 17세기의 마지막 중요한 전쟁이 일어난 일본이다.[23] 이 사건의 종교적 요인은 끔찍한 순교를 불러온 기독교인 박해였다.[24] 일본에서 기독교인 박해는 16세기 말

● Leaps of Faith, 이성적으로 이해되지 않을 정도의 믿음이나 행동을 일컫는 표현.

에 시작되었고, 1600년 세키가하라전투 이후 도쿠가와 막부가 패권을 장악하면서 더욱 강화되었다. 특히 기독교 개종자가 30만 명에 달했던 시마바라반도를 포함한 나가사키 남동쪽 지역에서 박해가 심했다. 당시 막부 정권이 기독교를 불신한 것은 기독교인들의 사상에 반대했다기보다는 무슨 이유에선지 외국인 기독교 선교사들이 스스로 통제권을 주장할 거라고 우려했기 때문이다.

이 사건의 세금적 요인은 마쓰쿠라松倉 가문의 지방 다이묘(봉건영주)가 시마바라시에 새로운 성을 건설하기로 결심하면서 발생했다. 당연히 이 공사에는 농민들의 희생이 요구되었다. 하지만 이미 악천후로 지역 전체가 황폐해진 상황에서 농민들에게 수확의 60퍼센트를 세금으로 내라는 것은 고통을 가중하는 일이었다.[25] 네덜란드의 한 상인은 "그들은 능력 이상의 세금과 배고픔에 시달렸다"라고 보고했다. 당시 세금 집행은 아무리 좋게 말해도 '징벌적'이었고, 심하게 말하면 '살인적'이라고 할 수 있었다. "세금을 낼 수 없는 사람들은… 목과 몸이 연결된… 거친 밀짚 덮개를 입히고 두 손을 등 뒤로 젖혀 밧줄로 묶고는 밀짚 덮개에 불을 붙였다."

1380년 영국에서 농민 반란이 일어난 것도 여성 학대 때문이었는데, 시마바라에서도 여성 학대가 매우 심각했다. 심지어 세금 징수 관리가 세금을 낼 때까지 농부의 며느리를 '물감옥'(영화 〈디어헌터〉에 나오는 것같이 철창에 가두어 물속으로 집어넣는 것)에 가두었는데 6일 후에 죽었다는 이야기까지 전해진다. 마침내 1637년 12월, 폭동이 일어났다.

이제 막 소년티를 벗었지만 카리스마 있는 기독교 지도자 제롬 아마쿠사Jerome Amakusa[26]가 이끈 반란은 초기에는 승리를 거두는 듯했다. 반란군에는 그동안 사무라이 계급이 싸울 가치가 없다고 경멸했던 농민들뿐만 아니라 전쟁에서 패해 주군을 잃은 사무라이(로닌, 浪人)들도 포함되어 있었다. 에도의 쇼군은 20만 명 이상의 군사를 시마바라로 보냈고, 이듬해 봄 3만 명에 달하는 반란군은 하라성에 포위되었다. 성이 함락되면서 성안에 있던 몇 명을 제외하고는 모두 살육되거나 스스로 불길에 몸을 던져 천국으로 가는 길을 택했다. 제롬 아마쿠사와 1만 7,000명의 머리가 죽창에 달려 거리에 전시되었다.

이 반란에서 교훈도 얻었다. 시마바라 번주인 마쓰쿠라는 압제 정치가 통하지 않는다는 사실을 알아차리지 못한 죄로 사무라이에게는 명예로 여겨지는 할복의 길을 택하지 못하고 목이 잘리는 참수를 당해 도쿠가와 시대에 그 전례를 찾아볼 수 없는 유일한 참수 다이묘로 기록되었다. 반란 이후 10년 동안 이 지역의 세금은 절반으로 줄었다.[27] 현명한 통치자들이 등장하면서 도쿠가와 막부는 이후 2세기 동안 대체로 평화롭게 지속되었다. 통치자들은 자신들에 대한 신민

마쓰쿠라 다이묘는 시마바라 폭동을 일으킨 농민들을 불에 태워 죽였다.

의 충성 강요를 양보하지는 않았지만, 백성들에게 부과하는 세금은 협상할 여지를 남겨두었기 때문이다.

종교는 확실히 믿음이 다른 사람들을 부드럽게 다루는 데 어려움을 겪는 것 같다. 단지 차별적 과세라는 이유만으로 1만 7,000명을 참수하지는 않는다. 그러나 차별 과세는 세금 제도를 형성하는 데 중요한 역할을 했다.

차별 과세의 가장 추악한 사례는 유대인을 다루는 문제와 관련이 있다. 서기 70년 예루살렘 성전이 파괴된 후 베스파시아누스 황제는 로마제국 전역에 걸쳐 유대인에게 피스쿠스 유다이쿠스Fiscus Judaicus라는 인두세를 부과했는데, 이는 여성, 어린이, 노인 등 모든 유대인에게 고정 금액으로 부과되었다.[28] 중세에는 유럽 전역에서 유대인에 대한 특별 과세가 일반화되었는데, 이는 반유대주의와 다른 사람에게 돈을 빌려줄 능력이 있는 유대인들이 버는 수익을 그냥 두고 볼 수 없다는 시기심이 추악하게 뒤얽힌 결과였다(절대 기독교가 고리대금업을 금지했기 때문이 아니다).[29] 영국에서는 1190년대 후반부터 유대인을 전담하는 부서를 따로 두고 이곳에서 유대인에 대한 과세를 관할했다.

일부 역사가들은 헨리 2세가 1240년대와 1250년대에 유대인 공동체 부의 절반을 세금으로 거둬들였을 거라고 추정한다(이 돈을 웨스트민스터 성당 재건 비용으로 썼다).[30] 하지만 우리가 보았듯이 1290년 에드워드 1세가 유대인 상인들을 추방했을 때 영국 경제는 큰 타격을 입기도 했다. 어쨌든 유대인들은 1630년대부터 영국에 다시 정착했고, 1689년 영국 의회는 돈 많은 유대인들이 다시 해외로 떠날 것을 우려해 유대인에 대한 특별세를 부결시켰다.[31]

프랑스에서는 루이 12세가 1498년 유대인들을 프로방스에서 추방했다가 1512년 프랑스를 떠나지 않고 남아서 개신교로 전환한 유대인들에게 '개종자세'[32]라는 세금을 부과해 세금 손실을 메우기도 했다. 헝가리에서도 1747년부터 유대인에게 이른바 '인정세'Toleranzgebührer라는 세금을 부과했는데, 이는 유대인이 이 지역에 살도록 '인정받으려면' 세금을 내야 한다는 독일의 법에 근거한 것이다. 심지어 일부 소비세도 유대인들에게는 더 높은 세율이 적용되었다. 예를 들어 유대인들은 기독교인들보다 교량 통행료(독일어로는 인두세를 뜻하는 leibzoll이라고 함)를 더 많이 내야 했다.[33] 이뿐만 아니라 유대인들은 유대교 율법에 따라 도축한 고기인 코셔 미트kosher meat에도 세금을 내야 했고, 결혼세는 물론 유대인의 회당과 묘지에도 세금이 부과되었다.[34]

이런 차별 대우를 받은 이들은 유대인들만이 아니었다. 기독교인들은 자신들과 다른 기독교인들도 차별적으로 대했다. 종교개혁이후 영국에서는 정당한 이유 없이 교회에 나가지 않는 사람들(가톨릭교도를 의미함)에게는 교회에 나가지 않을 때마다 벌금을 12펜스 부과했다.[35] 이런 사람들의 수가 많았지만 실제로 이 조항[36]은 가톨릭에 대한 전면적인 탄압이라기보다는 단지 그들을 괴롭히려고 더 많이 사용된 것 같다.[37] 로버트 월폴 재무장관 겸 총리는 1722년에 가톨릭교도들에 대한 특별 세금인 '페이피스트세'papist●[38]를 도입했고, 가톨릭교도들은 1794년까지 토지세를 두 배 내야 했다.[39]

다른 종교에 상대적으로 관용적이었던 이슬람 국가들도 불신

● 신교도들이 가톨릭교도들을 경멸하며 쓰는 말.

자들에게는 차별적인 세금을 부과했다. 인도 무굴제국의 인두세인 지즈야세jizya tax는 유대인과 기독교인뿐만 아니라 힌두교도, 불교도, 시크교도, 자이나교도 등 모든 비이슬람 교도를 지칭하는 딤미 dhimmi(People of the Book)에게 부과되었다. 정확한 세금 부과액은 시간과 장소에 따라 달랐지만, 대개 노예가 아닌 자유인 신분의 신체 건강한 징병 연령의 남성들에게 부과되었고, 재산과도 어느 정도 관련이 있었다. 가난한 사람들, 노예, 여성, 어린이, 노인, 병자, 승려, 수행자는 면제되었다(어차피 이런 사람들에게는 징수하기 어려웠다).

그러나 지즈야는 들리는 것만큼 그렇게 나쁘지는 않았다. 예를 들어 637년 이슬람의 비잔틴제국이 예루살렘을 점령했을 때, 그곳에 살던 기독교인들과 유대인들은 세금이 낮아진 것을 알아챘다.[40] 당시 세금은 (군인으로 종사하지 않는) 비이슬람 교도들을 보호하는 대가로 여겨졌으므로 그런 보호 책임을 다 하지 못한 경우 세금이 반환되는 진귀한 사례도 있었다. 12세기 이집트와 시리아의 술탄(왕) 살라딘Saladin은 십자군이 쳐들어오자 군대를 철수시키면서 시리아의 기독교인들에게 지즈야를 돌려준 것으로 알려졌다.[41] 게다가 비이슬람 교도들은 자카트(65쪽 참조)도 면제되었다. 자카트는 처음에는 저축에 2.5퍼센트 부과되었다가 점차 소득에도 부과되었는데, 오늘날까지 많은 이슬람 국가에서 5대 세금 중 하나로 징수되고 있다.[42] 많은 경우, 사람들은 자기 믿음을 지키기 위해 부과되는 세금은 합리적인 것 혹은 적어도 다른 대안보다는 나은 것으로 받아들이는 것 같다.

지즈야에 대해서는 별다른 저항도 없었던 것 같다. 1679년 무굴제국의 황제 아우랑제브Aurangzeb는 1세기 전 너그러운 황제 아크바르Akbar가 폐지한 세금을 부활시켰다(이 조치는 대체로 반힌두교 운동의 일부였지만, 공교롭게도 황제의 재정이 취약했던 시기와 일치했다).[43] 불안해진 신하들이 아우랑제브 황제에게 국가 재정에 심각한 위기가 닥칠 거라고 경고했지만, 이 조치를 시행한 직후 지진이 발생하면서(확실히 나쁜 징조였다) 재정 악화 우려는 더 커졌다. 그러나 황제는 태연자약하게(사실은 그렇지 않았겠지만) 다음과 같은 한마디를 남겼다. "지구가 떨린 것은 사실이지만, 그것은 내가 세금을 부활시키는 과정에서 나타난 기쁨의 결과이니라."[44] 지진으로 사원 몇 개가 불타 사라졌지만, 부활시킨 세금을 다시 없애기에는 충분하지 않았다.

지즈야는 근대시대까지 계속되었다. 예루살렘 순례자들은 샤를마뉴 대제가 천 년 전 모든 도시의 기독교인을 대신해 납부했던 세금을 1834년까지 계속 내야 했다.[45] 지즈야는 1856년 오스만제국에서 폐지되었지만, 군역을 하지 않는 비이슬람교도에게 군역 대신 부과하는 세금으로 대체되었다.[46] 그러다 20세기 초 비이슬람교도에 대한 모든 차별적 세금은 사실상 사라졌다.

그런데 지즈야가 최근에 다시 뉴스에 등장했다. 2013년 이집트의 무슬림 형제단Muslim Brotherhood이 동방정교의 한 종파인 콥트 기독교인에게 지즈야를 부과했다고 보도된 것이다.[47] 또 수니파 무장단체인 이슬람국가IS도 줄어드는 이라크 북부의 기독교인에게 이슬람으로 개종, 세금 납부, 죽음 중 하나를 선택하라고 요구하는 최후통첩을 보냈다. IS는 2014년 7월 이라크와 시리아 일부 지역에 선포한 성명에서 다음과 같이 말했다. "우리는 비이슬람교도들에게 세 가지 선택지를 제공한다. 이슬람으로 개종, 지즈야의 납부를 약속하는 딤미 계약 그리고 이것을 거부한다면 무력을 행사할 수밖에 없다."[48]

우리는 지금까지 종교에 따른 차별과 성별·인종에 따른 차별 두 가지를 모두 살펴보았다. 그러나 이 둘은 한 가지 차이점이 있다. 종교에 따른 차별은 그 대상자를 개종하게 하거나 그렇게 보이도록 할 수 있지만, 성별·인종에 따른 차별은 그 대상자를 변하게 만들 수 없다는 것이다(아주 드문 예외를 제외하고는). 종교에 따른 차별 과세는 선호하는 종교로 개종할 동기를 부여한다. 물론 개종자에게 세금을 부과하기도 하지만, 결과적으로는 개종이 목표인 것처럼 보인다(이 경우 세금은 부수적 목적에 불과하다).

실제로 종교에 근거한 세금은 그런대로 효과를 거둔 것 같다. 714년 이집트에서는 수도원들이 새 수도사를 모집하는 것을 금지했다. 이는 수도사들은 세금이 면제되었으므로 사람들이 단지 세금을 회피할 목적으로 종교에 입문하는 것을 막기 위해서였다.[49] 또 (641년부터 1856년까지) 비이슬람교도들에게 지즈야를 엄격하게 부과한 지역에서는 가난한 콥트 기독교인들이 이슬람으로 개종하는 일이 많았다.[50]

물론 개종자들이 진심으로 개종했는지는 알기 어렵다. 이는 불교 승려에게 세금을 면제해준 고대 중국과 일본에서도 종종 반복된 문제였다. 중국에서는 이미 486년에 세금 회피의 한 형태로 '종교에 입문했다'고 자칭하는 사람들이 많았다. 이를 보다 못한 당태종 이세민李世民은 629년 세금을 회피하기 위해 불법으로 서품된 승려를 처형하라고 명령하기도 했다.[51] 830년에는 위조 서품 증명서를 소지한 위장 승려와 비구니가 약 30만 명에 달한 것으로 밝혀졌고, 심지어 합법적인 증명서가 거래되기도 했다.[52] 845년 당나라 무종武宗은 불교 승려 27만 명을 환속시켰다.

로마 황제 콘스탄티누스 1세(재위 306~337)도 로마제국에 기독교를 공인하면서 비슷한 문제를 겪었다. 수많은 시민이 세금을 면제받는 성직자가 되려고 하자 콘스탄티누스 1세는 부유한 평민이 세금을 내지 않으려고 성직자 서품을 받는 것을 금지했다. 그러나 그런 사람들의 진짜 동기를 아는 것은 항상 어려운 일이었으므로 나중에는 그들의 진심을 파악하는 방법으로 성직자가 되려는 사람은 재산의 전부 또는 일부를 포기하게 했다.[53]

세금을 회피하기 위해 거짓 서품을 받는 관행은 오늘날까지 남아 있다. 미국에서는 교회, 유대교 회당, 기타 종교 단체에 대한 헌금은 세금이 공제되므로 세금 회피 수단으로 가짜 교회를 만들기도 한다. 아마도 최고의(최악의) 사례는 애리조나주 피닉스에 있는 성매매 '교회'일 것이다. 이 교회는 2011년 '헌금'의 대가로 남성 교구민들에게 자매를 제공했다.[54] 이 불미스러운 타이틀에서 2위를 차지한 곳은 뉴욕주의 하든버라는 마을이다. 1970년대 후반 이 마을의 주택 소유자 236명 중 200명이 그들의 집이 실제로는 통신판매회사인 '유니버설 라이프 처치'Universal Life Church●의 지부로 지정되었다는 이유로 종교기관으로서 세금 면제 혜택을 받았다.[55]

성별과 인종에 따른 차별과 마찬가지로, 종교에 따른 차별 과세도 그 의도가 절대적으로 분명한데도 명시적으로 드러나기보다는 암묵적인 형태를 띠는 경우가 많다. 위에서 언급한 코셔 미트에 대한 세금도 그런 예들 가운데 하나다.[56] 말레이시아 말라카에 있던 네덜란드의 동인도회사도 돼지 도축에 세금을 부여했는데, 주요 부과 대상은 비이슬람교도, 특히 중국인과 기독교 가정이었다.●●[57] 이와 같이 세법은 특정 종교 집단에 혜택을 주려는 의도가 있더라도 굳이 해당 인종이나 종교를 언급할 필요는 없었다. 예를 들어 인적 공제로 대가족에게 세금 혜택을 제공하는 소득세 제도를 도입하면, 그 자체로 이미 대가족을 장려하거나 대가족제를 의무화하는 종교를 믿는 사람들에게 유리한 것이 분명하다.

아웃사이더

+

'우리' 또는 '그들'이라는 카테고리가 어디에 존재하든 그런 구분에는 차별적 과세가 따라오는 경우가 많다.

낯선 땅의 이방인

우리 가운데 있는 외국인들은 명백한 '그들'이다. 인종주의나 외국인 혐오증과 결부되어 우리 주변에서 아직도 볼 수 있는 외국인에 대한 특별 세금은 마키아벨리가 군주들에게 세금 조달을 자국 신민 너머까지 확장해야 한다고 조언하기 훨씬 이전부터 있었다.

앞서 살펴보았듯이 고대 아테네 때부터 외국인들은 특별 인두세를 냈고, 영국은 1440년 외국인 인두세를 도입했다. 캐나다도 1885년부터 철도 노동자로 대거 유입된 중국인 이민자들에게 세금을 부과했다(1923년에야 중국인 이민이 전면 금지되었다). 그리고 오늘날에도 몇몇 국가에서는 외국인들의 부동산 매입에 특별세를 부과하는데, 이는 외국인들이 현지인의 구매력 이상으로 부동산 가격을 부추긴다

● 교회가 아니라 이름에 '처치'라는 단어가 들어간 회사.
●● 이슬람교도들은 돼지고기를 먹지 않으므로 처음부터 과세 대상이 되지 않음.

는 우려 때문이다. 한 예로, 캐나다 브리티시컬럼비아주 정부는 2016
년, 밴쿠버 지역의 외국인 주택 매입자들에게 세금을 15퍼센트 부과
했는데, 이들 대부분이 중국인으로 밝혀지면서 수백 년 묵은 인종 차
별 문제가 되살아나는 것처럼 보이기도 했다.[58]

그러나 무엇이 용인될 수 있는 차별인가, 즉 오늘날 과연 누구
를 외국인이라고 정의할 수 있는지는 시간이 흐름에 따라 바뀌고 있
다. 정체성이라는 상식이 어떻게 발전해왔는지 가장 잘 보여주는 징
후 중 하나는 각국 정부가 이런 종류의 세금을 의식적으로 금지하고
있다는 것이다. 예를 들어 미국 헌법의 예양禮讓조항Comity Clause[59]으
로 알려진 제4조 2항 '특권 및 면책적 보장조항'Privileges and Immunities
Clause은 어떤 주도 다른 주의 시민을 차별적으로 대우하는 것을 금지
하는 내용이다.

EU도 다른 회원국들을 차별하지 않는 것을 주요 원칙으로 삼고
있는데, 특히 최근 몇 년 동안 세금 문제에서도 이 원칙을 강력히 적
용하고 있다. 또 외국 기업을 국내 기업과 같은 방식으로 대우한다는
내용이 국가들 간에 상호 세금 대우를 규정하는 조약의 표준이 되고
있다. 실제로 오늘날 많은 나라는 세금 부과에서 자국 시민들보다 외
국인들을 오히려 더 호의적으로 대우해야 한다는 압력을 받는데, 이
는 그다지 유동적이지 않은 국내 조세 기반을 확보하는 한편, 유동성
이 큰 외국인들의 활동과 자본을 유치함으로써 새로운 조세 기반을
확보하려는 것이라고 할 수 있다. 이런 추세는 11장에서 살펴본다.

처벌로서 세금
영국의 작가이자 법률가인 존 해링턴John Harington[60]의 금언에 따

르면, 반역은 결코 성공할 수 없다. 성공한 반역은 더 이상 반역이라고 하지 않기 때문이다. 여하튼 적어도 무거운 세금이 동반되지 않는다면 반역은 가끔 성공하기도 한다. 우리는 앞서 프랑스 혁명 때 단두대에 처형된 사람들의 자산을 몰수하는 것을 보았지만 사실 그런 사례는 아주 많다. 예를 들어 고대 로마 집정관 시대(기원전 90년경)[61]에도 반역자들의 몰수된 재산은 유용한 수입원이었다. 때로는 실제로 반역 행위가 일어났는지 확인할 필요도 없었다.

정치적 실패인 반역에 따른 처벌 수단으로 과세는 영국에서 시민혁명과 왕정복고 사이에 겉으로 나타났는데, 이 시기 영국은 거의 군사 통치에 가까웠다. 올리버 크롬웰Oliver Cromwell은 1655년 이른바 '10분의 1세'decimation tax[62]를 시행했다. 연간 100파운드 이상의 소득을 올린 비개혁적인 왕당파들[63]에게 연간 10퍼센트의 세금을 부과한 것이다. 이 세금은 앞선 전쟁에서 찰스 1세(1649년 참수) 또는 그의 아들 찰스 스튜어트Charles Stuart '편을 들었거나' '지지했거나' '선동한' 모든 사람에게 부과되었다. 그러나 마음을 바꾼 자들에게는 빠져나올 수 있는 수단을 제공했다. 크롬웰은 마음을 바꿔 자신에게 충성을 맹세한 왕당파들에게 "정부는 그들이 끼친 해악보다 개혁 정신을 훨씬 더 존중할 것이다"라며 그들을 달랬다.[64]

그러나 이 세금의 실행에는 문제가 있었다. 예를 들어 정확히 어떤 행동을 '지지'나 '선동'으로 여길 것인가? 부자들의 세금 회피로 (오늘날에도 신탁과 같은 방법으로 여전히 성행하지만) 법은 그저 작은 파리만 잡고 큰 파리는 놓아주는 허술한 장치로 전락해버렸다.[65] 또 다른 문제는 세금의 구조였다. 이 세금으로 소득이 99파운드에서 100파운드로 1파운드만 늘면 세금이 10파운드씩 늘어났는데, 이는 뻔한 결

과를 가져왔다. 이제 소득을 연간 100파운드 이하로 유지하려고 갖은 노력을 하게 된 것이다.[66]

이처럼 과세 기반(소득)의 변화는 아주 미미한데도 과세액이 불연속적·불균형적으로 크게 증가하는 세율표의 특징을 '과표 등급'notch이라고 하는데, 이는 세금 역사에서 오늘날까지도 매우 자주 발견된다. 이 과표 등급은 납세자들에게는 매우 신경 쓰이는 문제이지만, 학계에서는 많은 사랑을 받고 있다. 그 이유는 9장에서 살펴본다.

과세를 처벌로 여기는 생각은 아직도 사라지지 않았다. 2007년 글로벌 금융 위기 이후 금융 부문, 특히 은행들에 무거운 세금을 부과해야 한다는 요구가 거셌는데, 이는 사실 일종의 복수 심리가 가미된 것이었다. 그러나 실제 세금으로 처벌하려고 할 때쯤에는 정작 책임져야 할 죄인들은 이미 업계를 떠났을 수도 있으므로 세금이 일반적으로 좋은 복수 도구라고 할 수는 없다. 크롬웰의 영연방이 세워졌을 때 왕당파 구성원들이 이미 죽었거나 달아난 것처럼, 2007년 글로벌 금융 위기에 가장 책임이 무거운 금융기관들은 높은 세금이 부과되기 전에 이미 파산했을 확률이 높았고 설령 파산하지 않았다 해도 당시 주주들은 그 은행 주식을 팔고 떠났을 것이다.

어려운 선택

+

개인적 특성 가운데는 특성이 같은 사람 사이에 차별 과세를 해도 큰 무리 없이 합리적이라고 여겨지는 것들이 있다. 예를 들어 흡연자들은 비흡연자들이 자신들을 부랑자 취급하듯이 과세하는 것에 익숙해져 있다. 어떤 때는 순전히 실용적이라는 이유로 수평적 불평등으로 보이는 처분을 그냥 받아들인다.

예를 들어 난방유에 대한 세금은 기후가 온난한 뉴멕시코주보다 기름이 주요 난방 수단인 뉴잉글랜드 지역(미국 북동부의 대서양 연안에 있는 6개 주) 주민들에게 더 높은 세율로 부과되지만, 지역에 따라 기름에 세금을 차등 부과하는 것은 행정적으로 더 큰 비용이 든다(자칫 밀매를 유발할 수 있다). 또 사람들 사이의 어떤 차이는 차별 과세의 정당한 근거가 될 수 있다는 것이 폭넓게 합의되어 있지만, 그 차별 과세가 어느 정도여야 하는지는 그렇지도 않다. 예를 들어 자녀가 있는 사람은 자녀가 없는 사람과 소득이 같더라도 세금을 덜 내야 한다는 데는 사회적 합의가 어느 정도 되어 있지만, 정확하게 얼마를 덜 내야 할까?

더 문제가 되는 것은 암묵적 조세 편향을 없애기가 거의 불가능하다는 점이다. 심지어 소득세(또는 일반 판매세)도 수평적 불평등의 암묵적 요소를 가지고 있다. 경제학자들의 표현으로 '물질과 여가 중 어느 것을 좋아하느냐' 또는 일반인들의 표현으로 '바쁜 것과 게으른 것 중 어느 것을 좋아하느냐'는 사람마다 성향이 다르기 때문이다. 예를 들어 더 많은 물건을 사려고 돈을 더 많이 벌고 싶어서 일을 선택한 사람들은 같은 임금을 받지만 주간 연속극을 더 보고 싶어 하는 사람보다 자신들이 버는 수입(또는 소비 자체)에 세금이 붙은 고통을 기꺼이 감당한다.

이러한 수평적 불평등을 피하려고 일부 학자들은 실제 임금 소득보다는 잠재적 임금 능력 수준(해당 금액을 버는 능력)을 기준으로 세금을 매겨야 한다는 아이디어를 좋아한다(실제 임금에는 그들이 일을 선택하기가 얼마나 힘들었는지까지 반영되어 있기 때문이다). 그래야만 4장에서 언급한 것처럼 세금 납부능력과 더 관련 있는 효과적인 정액세가 된다는 것이다(이 방법의 장점은 10장에서 더 자세히 다룬다). 다만 이 방식에서 한 가지 문제점은 누군가의 잠재적인 소득(해당 금액을 버는 능력)을 측정하는 것, 심지어 이를 개념화하기조차 어렵다는 사실이다.

조세 정책에서 수평적 형평성을 달성하는 것이 거의 불가능한 영역은 바로 개인과 부부에 대한 과세를 어떻게 처리하느냐는 문제다. 소득세 시행 초기부터 대부분 국가에서는 부부를 법적으로 단일 과세 단위로 취급했다. 즉, 배우자의 소득을 합한 금액에 세금을 부과한 것이다. 그러나 이는 점차 나라마다 달라졌는데, 미국의 소득세 단위는 일반적으로 여전히 부부(공동 신고)[67]인 반면, 대부분의 다른 국가에서는 개인 단위별로 과세한다. 즉, 모든 납세자는 배우자의 소득과 관계없이 자기 소득만을 기준으로 세금을 낸다.

그러나 세금 제도가 계속 진보하기를 바라는 한 어떤 접근법도 수평적 형평성의 다음 두 가지 좋은 원칙을 동시에 충족할 수는 없다. 하나는 부부를 하나의 단위로 취급하든 별개로 취급하든 세금 납부액에 차이가 없게 하는 것이고, 또 다른 하나는 부부 소득을 어떤 방식으로 분배하든 합산 세금액에는 차이가 없게 하는 것이다. 두 번째 기준은 부부가 받는 세금이 그들의 총소득을 기준으로 부과되는 경우에만 적용될 수 있다. 그러나 그 나라가 누진제를 채택했다면 부부가 따로 세금을 낼 때 세금 총액은 그들의 총소득 합계뿐 아니라 부부간 소득을 분배하는 방식에 따라 달라진다. 따라서 이때는 첫 번째 기준도 충족할 수 없다. 결국 누진제를 채택했을 때 결혼은 총세금액에 많은 영향을 줄 수 있다.

암묵적인 차별을 피하기 어려움(아마 불가능할 수도 있음), 그런 차별이 초과 부담을 줄이는 바람직한 목적에 도움이 될 수 있다는 점, 그리고 그밖의 모든 논리적 난제는 비록 우리가 세금 제도의 일부 특성을 아무런 이의 없이 온전히 받아들인다고 하더라도 수평적 형평성을 달성하기가 처음 보기보다는 훨씬 더 어려운 일임을 알려준다.

　　4장에서 6장까지 우리는 선조들이 세금 제도를 공정하게 운영하려고 얼마나 다양한 노력을 기울였는지 살펴보았다. 그러나 거의 모든 공개 토론에서 그렇듯이 이 문제들에 대한 연결고리가 빠져 있다. 예를 들어 납부능력에 근거해 세금 제도를 공정하게 설계할 수는 있지만, 그렇다고 해서 모든 문제가 다 해결되는 것은 아니다.

　　우리는 소小피트 시대 영국의 여성 하인세에서 이 문제의 실마리를 보았다. 이 세금은 원래 그들의 고용주에게 부과되었지만 이들이 세금을 빌미로 하인들에 대한 임금을 줄임으로써 여성 하인들을 매춘으로 내몰았다. 이런 경험에서 얻을 수 있는 중요한 통찰은 과세에 따르는 실질적 부담이 항상 겉으로 보이는 대로 또는 의도한 대로 부과되는 것은 아니라는 사실이다. 다음 장에서 이 문제를 좀 더 면밀히 살펴보자.

7장

옛것을 따를 것인가, 변화를 받아들일 것인가

내게 그 과목을 배우던 연구생이 있었지.
그는 1908년경부터 내 과목을 수강했지만 전쟁 때문에 다 끝내지 못했다네.
그 이후로 그의 소식을 듣지 못했지.
에드윈 캐넌(영국의 경제학자)[1]

이 불행한(그리고 제대로 조언도 받지 못한) 학생이 수강했던 과목은 조세 귀착Tax incidence, 즉 정말로 세금 부담을 짊어지는 사람이 누구인가 하는 문제였다. 정부는 세금의 영향이 특정 집단에 미치게 하려고 의도적으로 노력한다. 그러나 세금이 반드시 정부가 의도한 곳에 부과되는 것은 아니다. 시장의 힘이 실질적인 부담을 다른 사람에게 전가할 수 있기 때문이다.

캐넌 교수의 제자가 발견한 것처럼, 세금 부담이 결국 어디로 귀착되는지 파악하기는 결코 쉽지 않을뿐더러 의도하지 않은 결과를 불러올 여지도 많다. 조세부담이 어디로 귀착되는지를 좀 더 폭넓게 이해하는 것은 심오한 문제다.

양모 수출을 예로 들어보자. 영국 왕들은 1275년부터 양모 수출로 막대한 수입을 올릴 수 있다는 것을 알았다.[2] 세금을 내는 당사자는 양모 상인들이었지만, 양모를 재배하는 프랑스 중북부 도시 모Meaux의 수도원장 같은 지주들은 이 세금을 실제로 부담하는 사람은 자신들이라는 사실을 재빨리 간파했다. "왕에게 이 세금을 바치는 사람은 양모를 소유한 사람들이지 상인들이 아닙니다.… 상인들이 왕에게 더 많은 세금을 낼수록 우리에게 가격을 더 후려치니까요."[3] 양모 생산자들이 장악한 의회는 이 세금을 강력하게 반대했다. 결국 그들은 이 세금을 없애는 데 성공하지는 못했지만, 이로써 헌정 위기가 서서히 시작되었다. 의회가 왕에게 우위를 차지하는 시대의 첫걸음을 내디딘 것이다. 마침내 1362년, 왕에게 세금을 부과할 권리가 있는 자는 상인이 아니라 의회라는 원칙이 확립되었다.[4]

아마도 중세 영국의 왕들은 (적어도 처음에는) 양모 수출세를 실제로 부담하는 자가 누구인지는 별로 신경 쓰지 않았을 것이다. 그러나 때로는 조세 귀착의 문제에 신경 쓰다가 누가 정책의 대상이 될지 결정하는 일이 방해받을 수 있다. 1990년, 미국 의회는 소득세를 인상하지 않고 부자들에게 세금을 부담시키는 타협안으로 10만 달러 이상의 보트 등 몇 가지 사치품에 세금을 10퍼센트 부과하는 법안을 제정했다.

하지만 상황은 뜻한 대로 흘러가지 않았다. 『뉴욕타임스』는 이 세금이 "유람선 산업의 성장에 말뚝을 박았다"[5]라고 썼고, 플로리다의 일간지 『선센티넬Sun-Sentinel』은 "전국적으로 요트 판매량이 1990년 7,500대에서 1992년 3,500대로 절반 이상 줄었다. 전국적으로 일자리 3만 개가 사라졌으며, 특히 미국의 보트 4대 중 1대가 건조되는 남부 플로리다에서만 일자리가 8,000개 사라졌다"[6]라고 보도했다. 하와이세금재단Tax Foundation of Hawaii의 한 간부는 "요트 판매와 소유가 급감하면서 일자리를 잃은 사람들은 모래로 요트 갑판을 닦으며 열심히 일하는 노동자들이었다"[7]라고 지적했다. 결국 사치품에 대한 세금은 부자들에게는 의도한 만큼 영향을 주지 못했고, 최소한 그 일부가 엉뚱한 사람들(요트업계 노동자들)에게 떠넘겨진 것이다. 소小피트가 여성 하인들을 매춘으로 몰아넣으려고 여성 하인세를 부과한 게 아니었던 것처럼 말이다.

이 이야기는 세금 부담이 최종적으로 어디에 귀착될지 고민하지 않고는 합리적인 조세 정책을 펴기 어렵다는 교훈을 준다. 물론 세금이 최종적으로 어디로 귀착되는지 정확히 알아내기는 어려울 수 있다. 하지만 더 나쁜 것은 그마저 시도조차 하지 않는다는 것이다. 조세의 귀착지를 알아내는 것이 항상 쉽지는 않지만, 그것을 찾도록 안내해주는 몇 가지 강력한 원칙이 있다. 그리고 피해야 할 유혹적인 실수도 있다.

조세 귀착에 대한 올바른 이해

+

조세 귀착을 생각할 때 방심하는 사람들이 조심해야 할 네 가지 함정(비양심적인 사람들에게는 기회가 되겠지만)이 있다.

첫 번째 함정은 세금 이름이 그 세금 부담을 최종적으로 짊어지는 곳과 관련이 있다고 생각하는 것이다. 단지 세금에 어떤 것 또는 누군가의 이름이 붙는다고 해서 그것이 그 세금의 귀착지는 아니라는 말이다. 예를 들어 대부분 사회보장제도는 고용주의 분담금과 종업원의 분담금으로 나뉜다. 그러나 실제 귀착지가 누구이든 두 가지 모두 일반적으로 임금 소득에 부과되므로 적어도 장기적으로는 실제 효과에서 왜 차이 나야 하는지 그 이유를 알기 어렵다. 당신은 그 차이가 명백하다고 여길 수도 있다. 그러나 널리 읽히는 세계은행의 『사업수행보고서Doing Business Reports』는 많은 나라에서 종업원 분담금이 아니라 고용주 분담금이 세금 평가 부문에서 기업에 비우호적인 것으로 불리하게 여겨진다며 그 차이를 엄격히 지적하고 있다. 각국 정부가 총액은 변경하지 않은 채 고용주 분담금을 종업원 분담금으로 전환하는 것은 기업 친화성 점수를 높이는 차원에서 보면 안이하고 의미도 없는 방법이라는 사실을 인식하지 못한다는 것이다.

여기에는 좀 더 일반적인 관점이 있다. 세금의 이름이 달라도 세금을 부과한 결과가 같은 조세제도는 귀착지도 같다는 것이다. 예를 들어 완벽하게 시행되기만 한다면, 8퍼센트 소매 판매세와 8퍼센트 부가가치세는 같은 형태의 부담을 발생시킨다. 이는 아주 쉬운 문제여서 웬만한 분석으로도 쉽게 알 수 있다. 그러나 사람들은 이처럼 명백하지 않은 세금은 헷갈려 한다.

예를 들어 임금에 대한 정액세는 부가세와 같은 정액 소비세와 본질적으로 같다. 이를 이해하기 위해 당신의 유일한 수입원이 월급이며, 유산을 남길 계획이 없다고 가정해보자. 이때 당신이 가장 싫어하는 것은 무엇일까? 당신이 버는 모든 것에 대한 세금 25퍼센트일까, 아니면 당신이 소비하는 모든 것에 대한 세금 25퍼센트일까? 아마도 당신은 별 관심이 없을 것이다. 어느 쪽이든 당신의 평생 소비 가능성이 25퍼센트 줄기 때문이다.[8] 이것이 바로 동일한 효과를 불러오는 세금이다.

그러나 조세 귀착 분석은 독단적인 기준으로 세금 부담 패턴을 평가하려고 다른(논리적으로도 일관성이 없는) 방법을 사용하는데, 이는 기존의 분류가 소비에 붙는 것은 '간접세', 소득에 붙는 것은 '직접세'라고 나누는 그다지 의미 없는 방식을 취하기 때문이다.

두 번째 함정은 세금을 내야 할 법적 책임이 누구에게 있는지를 지나치게 중시하는 것이다. 로마의 네로 황제는 노예 판매세 4퍼센트를 노예를 사는 사람이 아니라 파는 사람이 내도록 명령했다. 그러나 로마의 역사가 타키투스Tacitus는 "판매하는 상품 가격의 25분의 1을 판매자가 세금으로 내게 하는 것은 실질적인 부담 효과보다는 명목적인 부담 효과에 불과하다. 세금을 내라는 명령은 판매자가 받았지만 그만큼 가격에 포함되어 구매자에게 전가되기 때문이다"라고 말했다.[9] 타키투스는 실제로 세금을 내는 사람이 누구인지는 전혀 중요하지 않다는 것을 일찍이 간파한 것이다.

우리는 타키투스만큼 똑똑하지는 않지만 그 지적은 아주 상식적이다. 예를 들어 부가가치세율이 인상되더라도 소비자들은 자신들이 세무당국에 세금을 내야 할 법적 의무가 없으므로(납부 책임은 기업에 있다) 부담이 늘어난 것을 거의 걱정하지 않는다. 좀 더 일반적으로 말하면 세금 회피나 탈세 가능성은 차치하고라도, 시장의 어느 쪽에 최종적으로 세금이 부과되는지는 중요하지 않다는 것이다. 이 논리를 잘 이해하지 못하는 일이 종종 일어난다. 대표적인 예를 한 가지 들어보자. 2018년 스페인에서는 주택담보대출 인지세를 은행과 대출받은 소비자 중 누가 내야 하는지를 두고 논쟁이 벌어졌다.

결국 스페인 대법원까지 이 문제에 끼어들었는데, 대법원은 처음에는 은행이 세금을 내야 할 법적 책임이 있다고 판결했다가 나중에 판결을 뒤집었다. 그러나 이 논쟁에서 네이노 홈스Neinor Homes라는 부동산회사의 분별력 있는 재무담당 이사는 '은행이 세금을 낸다 해도 어차피 고객에게 부담이 전가될 것'이라는 사실을 알아차렸다.[10] 여기에서 핵심 단어는 '어차피'다(세금을 내는 사람이 누구인지는 중요하지 않다). 세금을 내는 사람이 누구이고 실제로 부담을 짊어지는 사람이 누구인지 구분할 때 혼동하지 않으려고 우리는 이 책에서 '세금을 내는 사람'이라는 말은 될 수 있으면 하지 않고자 한다(물론 이것이 이상하게 들릴 수 있다는 점은 인정한다).

그러나 세금 회피와 탈세를 경고하는 것은 중요한 일이다. 따라서 세금을 낼 책임이 누구에게 있느냐에 따라 세금을 회피할 기회가 달라진다면 그 책임을 누구에게 지울 것이냐는 중요한 문제가 될 수 있다. 예를 들어 1980년대 중반부터 2000년대 중반 사이에 미국의 많은 주에서는 공급망에서 누가 주정부에 경유세diesel fuel taxes를 내야 하는지 결정하는 법적 책임의 부과 대상을 변경했다. 즉 소매 주유소에서 세금을 걷던 것을 감시하기가 더 쉬운 공급망의 상층부로 이동시킨 것이다. 그 결과 경유세가 소매가격에 떠넘겨져 경유 가격이 인상되었지만 이로써 세금 탈루를 크게 줄일 수 있었다.[11]

세 번째 함정은 "기업은 마땅히 자신에게 부과된 세금을 공평하게 부담해야 한다"라고 말하는 것이다. 미트 롬니Mitt Romney는 2012년 미국 대통령 선거에 출마할 때 "기업은 사람이다"[12]라는 유명한 말을 했다. 대부분 법치국가에서 기업은 법인legal persons이므로 법적 측면에서는 이 말이 맞다. 기업이 창조자와 다른 사람들이 모인 단체라고 인식하는 것은 로마 시대까지 거슬러 올라간다.[13]

그러나 비록 주목받지는 못했지만 롬니의 진짜 의도는 세금 귀착의 측면에서 볼 때 전혀 그렇지 않다는 것이다. 기업은 진짜 살아 있는 사람들이 아니며, 따라서 세금 때문에 어떤 의미 있는 고통을 느끼지 않는다. 물론 기업의 소유주, 그 기업에서 일하는 사람들, 그 기업의 제품을 사는 사람들이 모두 진짜 살아 있는 사람으로 세금 부담을 짊어지지만, 기업 자체가 지는 것은 아니다. 이런 철학적인 말 뒤에는 기업에 부과되는 세금은 어떻게든 그 기업의 돈 많은 소유주가 부담할 거라는 가정이 깔려 있다.

그러나 우리는 그런 상투적인 가정을 조심해야 한다는 것을 이미 배웠다. 앞으로 알게 되겠지만 법인세의 귀착지는 원칙적으로나 사실적으로나 명확하지 않다. 그러나 귀착지가 어디였든 그 부담을 짊어지는 것은 진짜 사람이다.

마지막 함정은 조세 귀착이 정부 칙령으로 쉽게 통제될 거라고 보는 것이다. 1930년대 미국에서 소매 판매세가 처음 자리 잡았을 때, 이 세금이 기업들의 수익에 영향을 미칠까 우려한 일부 주에서는 "판매세는 소비자에게 전가되어야 한다"라고 강조했다.[14] 한 저명한 세무학자가 언급했듯이, "장기간에 걸쳐 작동하는 인간 외적인 힘의 관점으로 사고하는 데 익숙한 경제학자들에게는 가격을 올리지 않고도 조세 귀착을 통제할 수 있다는 정부 의견이 언뜻 순진해 보인다"라고 지적했다.[15] 이런 지적은 두 번째와 세 번째 함정에도 해당한다. 소매업자(일반적으로 판매자)가 자유롭게 가격을 정하는 한 조세가 소비자에게 귀착되는 것을 결코 막을 수 없다.

그뿐만 아니라 소매업자들도 가격 인상에 따르는 소비자들의 분노를 직접 감당하는 것은 원치 않아서 그 책임을 정부에 돌리기를 좋아한다. 기업들의 이런 태도가 1936년 미국 대통령 선거에서 중요한 영향을 미쳤다. 선거 캠페인에서 현직 대통령인 민주당의 프랭클린 델라노 루즈벨트Franklin Delano Roosevelt 후보에게 고전을 면치 못하던 공화당은 소비세로 인한 소비자 물가 인상을 정부 탓으로 돌리려고 했다.

공화당은 선거 캠페인에서 정육점들에 "유권자 여러분, 정육점을 탓하지 마세요. 고깃값 자체는 싼데 세금이 높아서 고기가 비싸진 겁니다"라는 슬로건과 함께 정육점에 세금이 붙지 않았을 때 고기 가격, 세금액, 세금을 합친 총가격을 게시하도록 했다. 그러자 정부 측 법무장관은 제품 가격 인상을 세금 탓으로 떠넘기는 사람들에게 벌금 또는 징역형을 부과한 연방 법규를 인용하면서(사실 거의 적용된 적이 없음) 그런 문구를 게시하는 정육점을 기소하겠다고 위협했다.[16]

모든 것을 정부 탓으로 돌리려는 전략은 세금 부담을 짊어진 당사자가 판매업자들 자신이라는 인상을 주려는 것이다. 정부가 이런 전략을 좋아하지 않는 이유가 있다. 거기에는 어떻게든 세금을 없애야 한다는 뜻을 암시하는 표현이 자주 사용되기 때문이다. 워싱턴주에서는 판매업자들이 '세금 포함'이라는 말을 광고의 다른 문구만큼 큰 소리로 나오게 하거나, 광고의 다른 문구 크기의 절반 이상으로 표시해야만 판매세를 낸다는 광고를 할 수 있도록 정했다. 다른 여러 주[17]에서도 판매업자가 '면세 판매' 또는 '판매세는 우리가 냅니다'라는 표현을 사용하지 못하도록 하였다.[18]

조세 귀착에 따르는 물가 인상의 책임을 지지 않으려고 노력하는 것은 미국에만 있는 일이 아니다. 프랑스도 2009년 비슷한 시도를 했다. 프랑스는 2009년 19.6퍼센트였던 식당 부가가치세율을 5.5퍼센트로 인하하면서 식당 주인들에게서 세금 인하의 상당 부분을 가

격 인하로 반영한다는 서약을 받았지만 이는 단기간만 효과가 있었을 뿐이다.[19]

조세 귀착을 법제화할 때는 그것이 가격을 통제하는 것과 같은 의미라는 사실을 알아야 한다. 만약 법으로 가격을 통제하지 않는다면 모든 기업은 세금이 부과될 때마다 세전 가격을 마음대로 조정할 수 있으므로 소비자 가격은 세금을 모두 반영하게 되어 있다. 결국 최종적인 조세 귀착은 정부 소망대로가 아니라 시장의 힘이 기업의 가격 인상을 얼마나 압박하느냐에 달려 있다. 따라서 조세 귀착을 올바로 이해하려면 세금이 시장의 반응을 어떻게 변화시킬지 판단하는 것 말고는 대안이 없다. 이것이 당신과 상관없는 말로 들릴 수도 있다. 그러나 조세 귀착 문제는 실제로 많은 갈등을 일으켰는데, 중세 영국에서도 예외가 아니었다.

다른 사람의 지능을 훔쳐서라도

+

영국이 1846년 밀[20]과 기타 곡물에 대한 복잡한 관세를 다룬 곡물법을 폐지한 것은 영국 정치사에서 획기적 사건이었다. 이 사건은 제조업과 상업 세력이 농업 세력에 우세를 점했음을 보여주었을 뿐 아니라, 자유무역에 대해 정부가 한 약속의 상징이 되었다. 또한 조세 귀착에 대한 많은 중심적 생각이 처음으로 도출되는 계기가 된 사건이기도 하다.

곡물법은 많은 사람의 일상생활에 정말로 중요한 문제였고, 마침내 이 분야의 두 거인(친구 사이이기도 함)이 논쟁에 힘을 보탰다. 한 명은 데이비드 리카도(1772~1823)다. 그는 막대한 부를 일군 뒤(워털루 전쟁의 결과를 맞혀 100만 파운드를 벌어들였다) 역사상 가장 위대한 경제학자가 되었다. 물론 가장 뛰어난 세금 경제학자이기도 하다(당신은 그렇게 생각하지 않을지도 모르지만). 또 한 명은 토머스 맬서스Thomas Malthus(1766~1834)[21]다. 당시 역사가 토머스 칼라일Thomas Carlyle은 맬서스의 인구론에서 영향을 받아 경제학을 '우울한 과학'이라고도 했다(그렇지 않다는 설도 있다).[22]

논쟁의 핵심은 곡물법의 수입관세[23]가 토지소유주, 노동자, 자본가 등 3대 핵심 사회계층 구성원의 이익에 어떤 영향을 미치느냐는 것이었다. 토지소유주가 최대 수혜자라는 데는 다른 이견이 없었다. 이런 관점에서 리카도와 맬서스는 지대론地代論, theory of rents을 발전시켜 나갔다.[24] 지대론의 중심 생각은 좋은 농경지는 제한되어 있다는 것이다. 즉 농경지는 공급이 고정되어 완전 비탄력적이므로 관세 때문에 식량 가격이 오르면 농경지에 대한 수요가 높아져 농경지 가격은 계속 오른다(그래서 그다지 좋지 않은 땅이 농경지로 유입된다). 이에 따

데이비드 리카도: 그의 지식은 충분히 훔칠 가치가 있다.

라 좋은 땅을 소유한 사람들은 추가 투자나 노력 없이 큰 이익을 얻게 된다는 것이다.[25]

이것이 경제학자들이 말하는 '지대'의 의미다(토지 사용에 따른 일상적 금액을 의미하는 것이 아니다). 즉 그 땅에서(그 땅을 임차해서) 어떤 활동(여기서는 곡물 재배)을 하는 사람들이 그 활동을 하려면 내야 하는 최소한의 금액을 초과하는 금액을 낸다는 의미다. 이 개념이 세금 분석에서 매우 중요하게 떠오른다.

산업 노동자들이 수혜자라고 생각한 사람은 없다. 오히려 곡물법의 수입 관세에 따른 식량 가격의 상승 압력은 그들에게 큰 문제였다. 공장 노동자들은 수입의 약 5분의 3을 식량에 소비했다.[26] 하지만 관세가 실제로 그들에게 해를 끼쳤을까? 리카도와 맬서스[27]는 그렇게 생각하지 않았다(나중에 또 다른 공공 재정의 거인 존 스튜어트 밀도 이들의 생각을 지지했다).[27] 맬서스가 발전시킨 유명한 이론에 따르면, 많은 노동자가 생존에 필요한 최소한의 수익을 벌면서 식량 가격 상승으로 시작된 실질소득 감소에 적응한다는 것이다(예를 들어 한 끼를 굶는다든가). 오늘날의 관점에서 보면, 노동의 공급은 적어도 장기적으로 봤을 때 생계유지 임금 수준에서 '완벽하게 탄력적'이었다는 의미다. 즉, 노동을 얼마나 많이 하든 결국 임금은 생존에 필요한 최소 수준의 고정된 실질 임금에 근접하게 된다는 것이다.[28]

이와 같이 식량 가격 상승은 단기적으로 근로자의 실질 임금을 줄이지만 이로써(심지어 굶주림으로) 노동자들이 일찍 죽고 출산율이 감소해 아이들의 생존율까지 떨어지면 노동 공급이 줄어든다. 그러면 식량 가격 상승을 상쇄할 만큼 다시 임금이 오르면서 실질 임금이 생활 수준까지 올라가게 된다는 게 그의 주장이었다. 과연 맬서스의 이론은 '우울'하다고 할 만했다. 하지만 이처럼 장기적으로는 산업 노동자에게 그다지 해가 되지 않는다는 그의 이론은 별 위안이 되지 못했고, 훗날 케인스는 이에 대해 "장기적으로 보면 우리는 모두 죽는다"라고 주장했다.[29]

식량 가격이 올라 가장 크게 피해를 본 이들은 자본가들이었다. 가장 분명한 이유는 식량 가격 상승에 직면한 노동자들의 실질소득이 일부 또는 전체가 회복되었기 때문이다. 당시 자본가들은 이런 임금 상승을 제품 구매자(소비자)에게 떠넘길 수 없었다. 자본가들의 가장 중요한 사업은 수출(당시에는 주로 옷감)이었는데, 가격이 오르면 외국인이 거래처를 다른 데로 옮길 것이 분명했기 때문이다.

이 모든 것이 반곡물법동맹Anti-Corn Law League의 선동으로 일어난 혼란스러운 공공 논쟁의 소재가 되었다. 이 동맹을 주도한 활동가 중 하나인 토머스 톰슨Thomas Thompson은 자기주장을 담은 소책자를 전국에 뿌리고, 선박 옆에 놓아두고, 각종 연설과 서한으로 널리 알렸다. 또 자신의 철학과 정치경제의 진리를 워크숍에 참가한 기능공들에게 전파했다.[30] 오늘날 자유무역의 열렬한 지지자인 『이코노미스트The Economist』가 이 시기에 창간된 것도 우연은 아니다. 당시 벌어진 논쟁의 수준과 공공 이익에 대한 관심이 놀라울 뿐이다. 그리고 오늘날 세금 제도가 그때만큼 사려 깊고 폭넓은 관심을 받지 못하는 것이 안타까울 뿐이다. 또 같은 시기(1832~1833) 미국에서 있었던 이른바 연방법 거부사태Nullification Crisis 때 정치적 양상이 정반대였던 것과 비교하면 놀라지 않을 수 없다.

당시 농업이 주산업이었던 남부는 북부의 제조업을 보호하는 관세에 반대했다. 그러나 미국에서는 영국에서처럼 냉철하게 토론을

벌이는 대신 폭력이 날뛰는 사태로 번졌다.●

결국 영국의 곡물법 문제는 로버트 필 총리가 정리했다. 필은
"지대, 임금, 세금, 10분의 1조 등에 관한 정치경제학 거장들의 글을
빠짐없이 모두 읽었다.[31] 만일 곡물법의 시행으로 노동자의 상황이
악화되었다면 곡물법은 사실상 그것으로 끝난 것이다"[32]라고 주장했
다. 필은 1840년대 초 밀 가격이 등락했을 때의 경험에 비추어 다음
과 같은 결론에 이르렀다. "정치경제학자들이 이미 말했듯이 사람들
은 임금이 결국 식량 가격에 맞춰 스스로 조절된다고 하지만, 나는
그렇게 생각하지 않는다."[33]

아일랜드에서 두 번째로 감자 흉작 전망이 나오자 필 총리는 곡
물법 반대파들과 손잡고 곡물법 폐지에 나섰다. 이 때문에 그는 자신
이 속한 토리당에서 따돌림을 받았다. 같은 당의 야심 찬 정치인 벤
저민 디즈레일리는 필 총리를 '다른 사람의 지능을 훔친 도둑'[34]이라
고 비웃었다. 마침내 곡물법이 폐지된 지 2시간 후 필의 오랜 동맹 세
력이었던 지주 엘리트들은 곡물법과 전혀 상관없는 다른 입법 절차
에서 필에게 패배를 안기는 복수를 했다. 결국 필은 하원에서 거부당
한 총리라는 전례 없는 사태의 주인공이 되었지만, 그가 옆문으로 국
회의사당을 빠져나갈 때 거리의 수많은 군중은 그에게 지지의 환호
성을 올렸다.[35]

───────

● 연방법 거부사태는 사우스캐롤라이나주가 연방정부의 관세법이 위헌이라며 연방정부
탈퇴를 선언하고 이에 맞서 앤드루 잭슨 대통령이 의회에 군대 파견을 요청하는 등 강경
하게 대응한 사건임.

이것만은 기억하라

+

리카도와 맬서스 이후 조세 귀착 이론을 다룬 문헌이 엄청나게 쏟아져 나왔다. 위대한 공공금융 경제학자 에드윈 셀리그먼은 1899년까지 이 주제에 대해 글을 쓴 사람이 최소한 146명이 넘으며, 그밖에 이름이 알려지지 않은 사람이나 미국인들까지도 이 주제로 글을 썼다[36]고 했다. 이후에도 이런 추세는 멈추지 않았다. 거장들의 글을 빠짐없이 읽었다는 필조차 오늘날까지 전해지는 그 많은 문헌을 다 따라잡기는 어려웠을 것이다. 그러나 현대 조세 귀착 이론은 대부분 곡물법 논쟁에서 나온 한 가지 생각, 즉 수입 관세가 토지소유주, 노동자, 자본가 등 3대 핵심 사회계층 구성원의 이익에 어떤 영향을 주느냐는 데에 그 기반을 두고 있다.

결국 누가 최종적으로 세금 부담을 떠안게 되느냐는 모든 관련 당사자가 그 세금에 대해 얼마나 쉽게 대안을 찾느냐에 달려 있다는 것이다. 예를 들어 임금이 궁극적으로 맬서스의 철칙에 따라 생활 수준으로 귀결된다고 생각하지 않을 수도 있지만, 노동자들이 최소한의 세후 임금을 받는 한 노동력 공급이 무제한이라면 그들은 어떠한 세금 부담도 지지 않을 거라는 중요한 교훈은 여전히 유효할 것이다. 맬서스 이론의 관점에 따르면, 노동자들이 계속 낮은 임금을 받는 경우 결국 노동자들의 대안은 소멸(노동 공급의 중단)할 수밖에 없다는 것이다. 이는 불행한 대안이지만 세후 임금이 더 낮아지는 것을 막는 유일한 대안이다.

공급 고정의 정반대 극단의 예가 바로 토지다. 경제학자들은 오랫동안 이 문제에 매료되었다. 프랑스 앙시앵 레짐 시대 계몽주의 경제학파인 중농학파는 논리적으로 토지는 공급 비탄력적일 수밖에 없다는 결론에 근거해 모든 세금은 궁극적으로 토지에 대한 세금이며 따라서 토지 소유자들이 이를 부담한다고 주장해왔다. 존 로크도 좀더 조심스럽긴 했지만 비슷한 태도를 보였다. 그는 "아무리 연구해봐도 누구에게서 징수하든 간에 세금은 대부분 토지에 귀결된다"[37]라고 주장했다. 왜 그럴까?

가발의 냄새를 방지하는 파우더에 대한 세금을 예로 들어보자. 이 세금으로 구매자들이 더 높은 가격을 부담하게 되었다고 가정해보자. 자부심을 가지고 가발을 쓰는 사람들은 집세나 다른 것들에 쓸 돈을 줄일 것이다. 그러면 지대(일반적 의미의 지대)가 떨어져 결과적으로 토지 소유자들이 최종적으로 세금 부담을 지게 된다. 가발을 쓰는 사람들은 보행용 지팡이에도 돈을 덜 쓸 것이다. 그러면 지팡이 제조업체도 그들의 집세 지출을 줄여 같은 결과가 나온다. 파우더 제조업체가 세금을 부담하면서도 파우더 가격을 올리지 않아 세금이 제조업체에 귀착된다고 해도 같은 논리가 적용된다.

리카도와 맬서스의 토지 분석이론은 예리하면서도 일반적이다. 그들은 공급이 비탄력적이라는 것은 토지 제공자들이 그 땅을 경작하는 데 드는 최소한의 금액보다 더 많은 돈을 받으려 한다는 증거라고 주장한다. 지주들은 바로 이런 관점에서 지대를 받는다. 밀 가격이 오르자 곡물법 때문에 이미 사용 중인 토지의 지대가 같이 올랐고, 한편으로는 더 많은 (그러나 품질은 더 낮은) 토지가 밀 생산에 투입되었다. 결국 곡물법이 지주들(토지 공급자)에게는 효자 노릇을 한 셈이다.

모든 것은 공급에 달려 있다. 그러나 수요 측면에서도 비슷한 고려사항이 작동한다. 구매자들은 세금이 부과되는 것에 대한 대안을 찾기 쉬울수록(수요가 더 탄력적일수록) 세금 부담을 덜 수 있다. 예를 들면 요트에 높은 세금이 부과되면 요트 대신 멋진 별장을 사는 식이다. 세금이 가격에 떠넘겨져 가격이 오르면, 소비자들은 세금이 부과되지 않는 대안을 찾아 나섬으로써 가격 상승을 완화하는 것이다. 사실 공급이 완전히 비탄력적인 물건보다는 수요가 완전히 비탄력적인 물건을 생각하기가 더 어렵다. 결국, 가격이 지나치게 비싸진다면 아무도 그 물건을 사려고 하지 않을 것이다. 그러나 일반적 원칙은 여전히 적용된다. 수요가 상대적으로 비탄력적이면(예를 들면 향수) 구매자들이 세금을 상당 부분 부담할 확률이 높다.

세금 부담이 궁극적으로 어디에 귀착되느냐는 이러한 수요와 공급의 탄력성 사이의 균형에 달려 있다. 요점은 마땅한 대안이 별로 없는 과세 대상을 소비하거나 생산하는 사람들이 결국 세금 부담을 짊어진다는 것이다. 여기서 말하는 대안에는 세금이 부과되지 않거나 적게 부과되는 대체물로 전환하는 것(세금이 부과되는 여성 하인 대신 남성 하인을 고용한다), 다른 생산 방법을 사용하는 것(세금이 부과되는 기계 대신 사람을 더 많이 쓴다), 심지어 세금이 적은 다른 지역으로 이주하는 것 등이 포함된다. 결국 세금 부담으로 가장 큰 타격을 입는 것은 그런 대안이 가장 적은 사람들이다.

그러나 선택할 수 있는 옵션은 현실적으로 변할 수 있으므로 이것이 나타나는 방식은 단기적·장기적으로 달라질 수 있다. 예를 들어 맬서스 이론에 따르면, 노동자가 소멸하거나 공급이 줄어드는 데는 시간이 좀 걸린다. 그러나 우리가 기억해야 할 것은 조세 귀착이 수요와 공급의 상대적 대응에 달려 있고, 지대 변화를 인지하는 데도 시간이 많이 걸린다는 점이다. 따라서 세금을 액면 그대로 받아들이는 습관에서 벗어나 그 진정한 귀착지에 대해 의심을 품는 습관을 기르기까지는 귀착지가 뚜렷하지 않은 조세 정책을 제대로 이해하는 통찰력을 길러야 한다.

다음에서 이런 생각의 힘을 보여주는 몇 가지 현대적 사례를 살펴본다. 사람들의 실질적 관심사에 대해 진지하게 생각하기를 원한다면, 이런 생각의 힘이 반드시 필요할 것이다. 물론 언제나 그렇듯이 세금의 역사는 그 자체만으로 재미있지만 말이다.

친구여, 0.5센트만 빌려주게나

+

대공황 기간인 1930년대 초 세수가 절박했던 미국의 13개 주에서 소매 판매세를 도입했는데, 세율은 대개 2~3퍼센트였다. 당시 비누나 사탕 같은 많은 소매 품목의 가격은 10센트를 넘지 않았다. 여기에서 재미있는 난맥상이 발생했다. 겨 시리얼 한 박스 가격이 10센트였으므로, 세금이 2퍼센트 부과된다는 것은 박스당 세금이 0.2센트 붙는 것이었다. 그런데 가장 작은 단위의 동전이 페니(센트)였으므로 소매업체는 가격을 단순히 박스당 10.2센트라고 할 수 없었다.

그러자 한 가지 해결책으로 나온 것이 판매세 토큰이었다. 1933년 일리노이주에서 이를 처음 도입하자 다른 많은 주와 수십 개 지역 단체가 이를 뒤따랐다. 판매세 토큰의 액면가는 0.1센트 또는 0.25센트 배수 단위였고, 소매업체들은 이 토큰을 주정부에서 사들였다. 다시 겨 시리얼을 예로 들어보자. 고객은 계산원에게 겨 시리얼값으로

10분의 1센트짜리 판매세 토큰

11센트를 주고 거스름돈으로 0.8센트어치 토큰(0.1센트짜리 토큰 8개)을 받는데, 이 토큰은 나중에 어디서든(다른 상점에서도) 물건을 사는 데 사용할 수 있다.

그러나 연방정부는 이런 관행이 화폐 발행이라는 국가의 고유 권한과 충돌한다는 점을 주목했다. 루스벨트 행정부는 의회에 두 가지 새로운 화폐 단위(0.5센트짜리와 0.1센트짜리) 발행을 승인해달라고 청원했지만, 해당 위원회는 이를 거부했다. 이에 따라 12개 주에서 단위가 작은 돈 문제를 해결하려고 세금 토큰이나 증서를 발행했지만, 물가가 오르고 몇 분의 1센트라는 단위의 중요성이 상대적으로 줄어들면서 이 관행은 점차 사라졌다. 이 관행이 마지막까지 이어진 미주리주에서도 1961년 공식적으로 사용을 중단했다.

보이는 것이 항상 진실은 아니다

+

조세 귀착을 고려하지 않으면 중요한 조세 정책의 실제 과세 효과가 왜곡될 수 있는데 이런 일은 실제로 가끔 일어났다.

ETIC, 가난한 노동자를 위한 것인가, 고용주를 위한 것인가

근로소득세액공제ETIC: Earned Income Tax Credit는 빈곤을 완화하고 노동을 장려하기 위해 미국에서 채택된 주요 정책 수단인데, 오늘날 다른 여러 나라도 이를 자신들에 맞게 바꿔 시행하고 있다. 이 제도는 과세 대상 소득액에서 일정 금액을 공제해줌으로써 소득이 낮은 근로자에게 보조금을 지급하는 방식으로 작동한다. 즉 공제액이 내야 할 세금액을 초과하면, 그 차액을 근로자에게 현금으로 지급하는 방식이다(소득이 일정 수준 이상이 되면 공제가 중단된다). 예를 들어 2020년 기준 미국의 EITC는 자녀를 셋 둔 가정에 연간 최대 6,660달러의 공제액을 설정했다.

하지만 EITC가 과연 의도했던 대로 충실하게 저소득 근로자에게 도움이 되고 있을까? 아마 전적으로 그렇지는 않을 것이다. EITC가 더 효과적으로 작동한다면, 저소득 노동자들의 노동 공급을 늘릴 것이다. 노동에 대한 수요가 완전히 비탄력적이지 않다면(고용주들이 지급해야 하는 임금 수준에 상관없이 노동력을 같은 양 고용하지는 않을 테니), 노동 공급이 증가하면 임금이 떨어진다. 임금이 떨어지는 만큼 EITC가 애초 의도한 수혜자(저임금, 비숙련 노동자)에 대한 혜택은 줄어들고, 원래 의도한 바에서 일부는 고용주 이익으로 돌아간다. 게다가 EITC의 혜택을 받지 못하는 비숙련 노동자들은 더 큰 상처를 받는다. 그들이 EITC의 혜택을 받는 노동자들과 경쟁할 때 상대적으로 더 낮은 임금을 받으면서도 공제 혜택을 받지 못하기 때문이다.

그러나 이처럼 이익이 고용주에게 돌아간다 해도 EITC가 의도했던 효과가 완전히 없어지는 것은 아니겠지만, 그렇다고 무시할 수준은 아니었다. 한 추정치에 따르면, 낮은 임금을 받는 미혼모들이 EITC로부터 받는 혜택 1달러당 0.30달러의 손실을 보는 것으로 조사되었으며, 숙련도가 낮은 노동자의 고용주들은 1달러당 0.73달러의 부당 이득을 보는 것으로 나타났다. 이 중 0.30달러는 EITC의 혜택을 받는 독신 노동자에게서 발생하며, 나머지 0.43달러는 EITC의 혜택을 받지 못하면서도 임금이 하락한 노동자에게서 발생한다.[38] 이 연구에 따르면, EITC의 혜택을 받는 노동자와 받지 못하는 노동자를 모두 고려할 때 비숙련 노동자에게 돌아가는 순 혜택은 EITC 혜택 1달러당 27센트(즉, 100 빼기 73)에 불과하다.[39]

결국, 가난한 사람들의 삶을 개선하겠다는 조치들이 더 잘사는 사람들에게 이득이 될 수 있는 위험이 여전히 반복된다. 비록 가설이긴 하지만 아주 딱 맞는 예를 들어보겠다. 윈스턴 처칠은 제1차 세계대전 전에는 (믿어지지 않겠지만) 급진적 자유주의자로 일찍이 조세 귀착 문제에 관해 일가견이 있었다.[40]

그는 다음과 같은 가설을 주장했다. 어떤 교회가 이웃의 가난한 가족에게 무료로 음식을 제공한다. 그러면 가난한 사람들이 그 지역으로 이주해 그곳 임대료가 오른다. 임대료 상승이 무료 음식의 가치를 상쇄할 때 가난한 사람들의 이주는 중단된다. 궁극적으로 이 지역의 가난한 사람들은 아무 이익도 얻지 못하는 상황이 되고, 더 높은 임대료를 청구할 수 있다는 점에서 이익은 집주인에게 돌아간다는 것이다.

비과세 지방채가 영리한 부자들에게 이익일까

때로는 세금 부담의 이전이 수평적 불평등을 상쇄하는 것처럼 보이기도 한다. 미국에서는 주정부 및 지방정부 채권(주로 자치단체 공항, 학교, 하수시설 등의 건설 비용을 채우려고 발행한다)에 대한 이자는 연방 소득세가 면제된다.[41] 내 주변에는 비과세 채권을 사는 사람도 있고 과세 채권을 사는 사람도 있는데, 이는 언뜻 수평적 불평등처럼 보일 수 있다. 어떤 채권을 보유하느냐에 따라 누구는 세금을 내고 누구는 세금을 내지 않는 것이 차별 대우하는 것처럼 보이기 때문이다. 겉으로만 보면 비과세 채권을 보유한 요령 있는 투자자들이 진정한 승자 같다.

그러나 『월스트리트저널WSJ』에 실린 수익률을 보라.[42] 2019년 7월 말, 미국의 10년 만기 국채(과세 대상) 수익률은 2.02퍼센트인 반면, AAA 등급 10년 만기 지방채(비과세) 수익률은 1.55퍼센트에 불과했다. 따라서 한계세율이 23.3퍼센트[43]라면, 과세 대상인 국채에 투자해도 비과세인 지방채에 투자하는 것과 정확히 동일한 세후 수익률을 거둘 수 있다. 그러므로 굳이 비과세인 지방채를 보유한다고 해서 본질적으로 더 큰 이익이 생기는 것은 아니다. 오히려 비과세 이익은 주정부나 지방정부(희망적으로는 그곳에 사는 주민들)에 돌아간다. 주정부나 지방정부는 그런 비과세 채권을 발행함으로써 위험도는 비슷하지만 완전히 과세되는 채권을 발행하는 곳(예를 들면 일반 기업들)보다 더 낮은 이자로 돈을 빌릴 수 있기 때문이다.

누진세율처럼 개별 한계세율이 다를 때는 이야기가 더 복잡해진다. 그러나 기본적 요점은 크게 다르지 않다. 비과세 자체가 지방채 수익률을 떨어뜨리는 요인이므로 그 이익은 대체로 영리한 투자자들보다는 주정부와 지방정부 그리고 그들의 선거구민들에게 돌아간다고 보아야 한다.

법인세는 누가 부담하는가

조세 귀착 분석에서 말이 많고 격렬했던 논쟁 중 하나가 법인 소득세와 관련된 것이다. 1909년 미국에서 법인 영업세를 도입하자 사람들이 이를 지지한 이유는 기업에 대한 과세가 당시 미국의 석유시장을 독점하다시피 했던 스탠더드 오일Standard Oil이나 높은 이자로 원성이 자자했던 신탁회사들의 이익에 직접 세금 부담을 부여하는 거라고 생각했기 때문이다. 그리고 오늘날에도 많은 사람은 여전히 법인세를 그런 식으로 생각한다. 물론 그 대상이 스탠더드 오일에서 페이스북 같은 회사로 바뀌었지만 말이다.

그러나 법인세의 궁극적 귀착지가 어디냐에 대해서는 항상 의심이 끊이질 않았다. 1909년, 아이다호주의 잘나가는 상원의원 윌리엄 보라William Borah는 "이 나라의 거대한 산업을 좌지우지하는 거대 기업들이 일제히 나서서… 개인 소득세보다 법인세를 지지하는 이유는… 그들이 이 세금을 전가할 수 있기 때문이다"[44]라고 주장했다.

기업들이 세금을 전가할 수 있다는 윌리엄 의원의 말은 법인세의 귀착지에 대해 우리에게 무엇을 들려주는가? 이를 알려면 법인세가 어떻게 과세되는지부터 알아야 한다. 법인세는 기업의 총수입에서 사업에 드는 비용(투자 매입에 대한 감가상각충당금과 지급이자까지 포함한다)을 뺀 이익에 과세된다.

과세 기준은 두 가지로 구성되는데, 하나는 그 회사의 자기자본 수익률이 주주들이 그 회사에 계속 투자할 만큼 충분하느냐는 것이고, 다른 하나는 지대(회사 수익)가 투자자가 요구하는 최소 수익을 초과했느냐는 것이다.

우리는 10장에서 지대를 살펴볼 것이다. 자기자본 수익에 대한 세금에서 중요한 것은 투자자에게 대안 투자 기회가 있느냐는 것이다. 투자 기회가 많을수록 그 회사에 대한 자본의 공급은 더 탄력적일 테고, 자본을 공급하는 사람들의 부담은 덜할 것이다. 그 기업에서 받게 될 수익이 세금 때문에 그들이 원하는 최소치 이하로 떨어지면, 그들은 다른 투자처를 찾을 것이다.

예를 들면 투자자들은 해외로 눈을 돌릴 가능성이 더 커질 수 있다(이에 대해서는 11장에서 자세히 살펴본다). 이렇게 되면, 국가가 세금을 부과할 자본주금資本株金, capital stock이 감소하고, 이는 노동생산성을 떨어뜨려 결국 임금률이 낮아질 것이다. 어느 경우든 법인세 부담은 재벌이 아니라 또다시 그들에게 고용되어 열심히 일하는 근로자에게 돌아갈 수 있다.[45]

또는 투자자들이 법인세를 적용받지 않는 S항 회사S-corporation●에 속하는 회사들에 투자할 수도 있다. 이 경우 세금의 귀착은 노동력을 집중적으로 사용하는 부문이 법인의 사업인지 비법인의 사업인지에 따라 달라진다. 비법인 부문이라면 근로자에게 세금이 귀착되

● 내국세입법 제1장 S항에서 규정하는 주주 35명 이하, 발행주식 1종류 등의 조건을 채우고 파트너십과 같은 과세를 선택한 회사. 법인의 소득에는 과세하지 않고 개인 주주에게만 세금을 부과함.

는 것을 피할 수 있는데, 이는 생산이 법인 밖으로 이전되면서 노동 수요를 실질적으로 증가시켰기 때문이다.

곡물법 논쟁에서와 마찬가지로, 법인세 변화의 효과는 장단기적으로 다르게 나타날 수 있다. 각 부문 간 또는 국가 간 자본의 이동은 그 효과가 나타나기까지 상당한 시간이 걸릴 것으로 보인다. 그러나 우선 당장은 법인세 인상이 주가 하락을 압박해 어느 정도까지는 그 시점에서 해당 기업의 주식을 보유한 사람들이 부담하게 될 것이다. 또한 단기적으로 기업들은 그런 부담을 완화하려고 세금을 피하는 방법을 찾을 것이다. 예를 들면, 기업들은 자금을 조달하려고 주식(자기자본)보다는 차입에 더 의존할 것이다. 법인세율이 높아지면 이자를 공제받기가 더 유리하기 때문이다.[46]

법인세 부담이 궁극적으로 노동자들에게 얼마나 돌아가느냐는 문제는 지적으로 이해하기 어려울 뿐 아니라 그에 대한 여론이 통일되기도 쉽지 않다. 2017년 말, 미국 연방 법인세율을 35퍼센트에서 최종적으로 21퍼센트로 대폭 인하하면 과연 누가 혜택을 볼까 하는 질문이 제기되었을 때, 견해가 각자 갈리면서 논쟁 분위기도 험악해졌다.

당시 트럼프 대통령의 경제자문위원회CEA 의장이었던 케빈 해셋Kevin Hassett은 이 같은 법인세 인하로 미국 가구의 연수입이 평균 4,000달러 내지 9,000달러 높아지는 효과를 가져올 거라고 주장했다.

이에 대해 민주당 경제학자들은 노골적인 경멸을 감추지 않았다. 오바마 정부에서 CEA 의장을 지낸 제이슨 퍼먼Jason Furman은 해셋의 분석은 '매우 설득력이 없을뿐더러 터무니없는 주장'이라고 일축했다.[47] 그는 반박문에서 해셋이 '과학적으로 말이 되지 않는 소설'

을 쓰고 있다고 혹평했다.

빌 클린턴 정부에서 재무장관을 지낸 로렌스 서머스Lawrence Summers도 해셋의 주장이 '부정직하고, 무능하며, 터무니없다. 만약 박사과정 학생이 그런 분석을 학기말 논문으로 제출했다면, 합격 점수를 주기 힘들 것'[48]이라고 반격했다. 이 모든 논쟁이 구경꾼에게는 꽤 재미있었지만, 그런 인신공격성 대응은 전문가에게는 아무런 도움이 되지 않았다. 처음부터 다시 살펴보자. 그들이 그렇게 주장하는 근거는 무엇일까?

수많은 연구에서 그 증거들을 살펴보았다. 그러나 한 조사에 따르면 그런 연구들 대부분은 '심각한 결함이 있거나, 불합리한 추정치를 도출했거나, 믿을 만하지 않거나, 이론과 맞지 않는다'고 밝히면서도, 노동자들이 법인세의 16~40퍼센트를 부담한다는 증거가 있다고 결론 내렸다.[49]

2013년 미국 조세공동위원회U.S. Joint Committee on Taxation(연방 세금의 분배적 영향을 추정하는 일을 주로 하는 기관)는 장기적으로 법인소득세의 75퍼센트는 자본 소유자가, 나머지는 대부분 노동자가 부담한다고 밝혔다. 의회예산처CBO도 유사한 방법으로 장기적으로 볼 때 2010년 기준 법인소득세의 25퍼센트는 노동자에게 돌아간다고 추정했고, 재무부에서는 18퍼센트로 추정했다.[50]

미국 법인세 부담의 약 4분의 1이 노동자에게 돌아간다는 추론에 미국의 주요 세무서들도 폭넓게 동의하지만 그렇다고 해서 그 관점이 전적으로 옳다는 것은 아니다. 세계 다른 나라에서도 법인세가 노동자에게 귀착되는 비율이 그 정도까지 된다고는 말할 수 없다. 예를 들어 경제가 자본의 움직임에 더 개방적일수록, 법인세 부담이 노동자에게 더 가해질 가능성이 있다(이 경우 자본을 해외로 이전하기가 쉽기 때문이다). 또 유독 한 나라가 법인세를 인상하는 경우는 여러 나라가 법인세를 인상하는 경우(법인세를 회피할 경로가 차단된다)보다 완전히 다른 결과가 나올 수 있다.

결국 정답은 법인세 설계에 달려 있다. 법인세가 기업의 수익에만 부과되는 것으로 설계된다면, 그 부담은 주주들에게만 돌아갈 거라고 확실히 예상할 수 있다. 결론적으로, 법인세 개혁에 따른 조세 귀착은 세금의 설계와 그 세금이 운영되는 맥락에 따라 달라진다는 것이다.

진실 여부와 상관없이, 법인세(좀 더 일반적 표현으로 자본과 사업소득에 대한 세금)를 인하해야 한다고 주장하는 사람들은 법인세 인하가 대체로 노동자에게 이익이 된다고 볼 것이다. 그들에게 그나마 다행인 것은 법인세의 귀착이 모호하다는 특성 때문에 제너럴 일렉트릭 같은 대기업 로비스트들이 양심에 따라 법인세에 대한 각종 세금 혜택을 관철할 수 있다는 것이다.[51] 그러나 근로자의 복지를 우려하며 법인세가 기업을 소유한 사람들에게만 부과되어야 한다고 주장하는 이들에게는 법인세 인상이 자신들의 대의명분을 해칠 위험을 감수하는 일일 뿐이다.

전체 맥락을 보라

+

지금까지 우리는 특정 세금의 귀착에 대해 살펴보았지만 더 중요한 질문이 있다. 전체적인 세금 부담 책임을 누가 지느냐는 것이다. 사실 이 질문도 새로운 것은 아니다. 1920년대에 영국 정부는 바로 이 문제에 대한 조언을 구하려고 왕립위원회를 설립했다.[52] 이 문제는 에드윈 캐넌 교수의 제자를 좌절시켰을 뿐만 아니라 유명한 교수인 캐넌 자신을 몹시 화나게 만들었다.

캐넌 교수는 이 문제의 증거를 위원회에 제공하면서 분노를 감추지 않았다. "이 문제는 정말 수수께끼요. 하원이 이 문제에 대한 답을 요청했을 때도 답할 수 없었소."[53] 그러나 이는 아직도 많은 사람이 답을 찾으려고 애쓰는 문제다. 예를 들어 영국 통계청은 해마다 이런 종류의 연구를 수행한다.[54] 미국에서도 최근 이 주제가 학자들 사이에서 격렬한 논쟁의 대상이 되었다.[55]

일반적인 접근법은 가구 소득과 소비 수준에 대한 상세한 정보를 먼저 파악한 다음 몇 가지 조세 귀착 가정에 따라 가구 수 전체에 세금과 통화 이전monetary transfer[56]을 할당하는 방식이다. 한 세기가 지난 오늘날, 우리는 캐넌 교수만큼이나 이 문제에서 불편함을 느낀다. 예를 들어 각종 복지 혜택이 임금률에 어떤 영향을 미치는지 등과 같은 불확실성도 이 문제에 해당한다고 볼 수 있다.

이러한 연구가 광범위해질수록 문제는 더 심각해진다. 예를 들어 현재의 세금 제도에서 사실에 반한다고 평가될 수 있는 것은 무엇인가? 세금이 전혀 없어서 변호사도 법원도 필요 없는 세상은 상상하기조차 어렵고, 그런 세상에서 사람들이 지금과 같은 소득을 누릴 거라고 생각하는 것은 더 상상하기 어렵다. 따라서 이러한 연구가 다루는 범위는 때로 매우 불완전하다.

곡물법에서 보았듯이, 관세도 조세 귀착이라는 중요한 문제를 일으킬 수 있다.[57] 그러나 대부분 연구에서 관세는 제외된다. 개발도상국에서는 여전히 관세가 정부 세수의 상당 부분(아마도 최대 4분의 1 까지)을 차지하는데, 이를 연구 과제에서 제외하는 것은 심각한 문제 다. 때로는 법인세도 연구에서 빠진다.[58] 게다가 연구에 적용된 세금 부담 이전의 가정이 내부 모순에 기초하는 일도 적지 않다.[59]

중요한 것은 연구 결과가 검증되지 않은 가정에 따라 민감하게 달라진다는 것이다. 캐나다 세금 제도에 대한 고전적 분석은 캐넌 교 수도 자랑스러워할 만큼 유익한 교훈을 준다. 이 분석에 따르면, 그 럴듯한 대안적 가정(예를 들면, 법인소득세 귀착을 보는 관점)하에서는 법 인세 제도가 대체로 소득에 비례하거나 매우 누진적으로 보이게 만 들어질 수 있다는 것을 보여준다.[60]

이런 연구들이 유익한 정보가 아니라는 뜻이 아니라, 위에 지적 한 사항을 참고해 최소한 주의 깊게 읽어야 한다는 것이다. 예를 들 어 영국에서 보고된 일종의 실습 훈련을 단지 세금 혜택 제도에 대한 사람들의 순 분담금을 설명하는 것으로 해석할 수 있는데, 실습 훈련 은 그 자체로 흥미가 있을 수 있지만 사람들이 짊어지는 부담에 대해 서는 아무것도 말해주지 않는다.[61] 우리에게 필요한 것은 캐넌 교수 의 불편함이 아니라 겸손함과 명확성이기 때문이다.

따라서 조세 귀착에 대한 경험적 이해는 여러 면에서 제한적이 다. 조세 귀착이 공공 재정 분야에서 차지하는 중요성을 고려할 때, 이는 전문가로서 난처한 고백이 아닐 수 없다. 이는 당신이 앞으로 조세 귀착 문제에 대한 많은 주장(특히 대개 암묵적인 주장)을 만날 때, 그것들을 주의 깊게 읽어야 한다는 것을 의미한다. 이는 전반적인 세 금 제도나 복지 제도의 조세 귀착 연구뿐만 아니라 싱크탱크 같은 연 구기관들이 최근의 소득세나 부가가치세 제도의 영향을 좁게 바라보고 도출하는 연구도 마찬가지다. 이런 연구들도 역시 강력한 조세 귀착 가정에 근거하기 때문이다. 다만, 세금 변동의 영향을 파악하는 더 나은 방법이 발견됨에 따라 연구에 진전이 있음은 다행스러운 일이다.

그러나 이런 진전이 프랑스에서 자동차를 수리할 때 부가가치세를 인상한 것과 같은 상당히 좁은 경험적 사례와 관련이 있는 경우가 많은데, 사실 이는 광범위하게 적용하기에는 단서가 너무 부족하다. 예를 들어 표준 부가가치세율의 변동이 소비자에게 완전히 전가된다는 기본적인 가정을 뒷받침할 증거는 여전히 찾기 어렵다.[62]

풍부한 데이터와 더 나은 방법을 사용하는 똑똑한 연구자들이 조세 귀착에 대한 견해차를 좁히고 있다는 것은 그나마 고무적이다. 그러나 경험적 사례에서 해답을 찾는 것보다 더 중요한 것이 조세 귀착 분석의 기본 메시지다. 우리가 세금에 대해 생각할 때 보이는 것이 항상 진실은 아니며, 어떨 거라고 생각하는 것과도 꽤 다르다는 사실을 명심해야 한다.

◆ ◆ ◆

지금까지 조세의 공정성은 여러 차원에서 보아야 한다는 것을 배웠다. 어느 시대에 대세였던 의견도 시간이 흐르면서 바뀔 수 있지만, 판단 차이는 여전히 좁혀지지 않을 것이다. 우리는 또 진정한 공정성이 어떻게 달성되는지는 물론 과세가 국민의 복지에 미치는 영향은 개인과 기업이 당면한 세금에 어떻게 반응하느냐에 달렸다는 것도 살펴보았다.

이제 3부에서는 그런 반응과 세금의 영향을 좀 더 자세히 살펴본다. 대부분 이런 반응은 계획되지 않았거나 적어도 환영받지 못하는 것이다. 그러나 세금이 우리가 행동하는 방식을 바꾼다는 것만은 부인할 수 없다.

3부

행동 방식이
바뀌고 있다

벼룩 때문에 골치를 앓던 개가 회계사를 찾아가 도움말을 구했다. "이 벼룩들을 세금 면제 대상으로 신고해도 될까요?" 회계사가 웃으며 고개를 저었다. "특정 조건을 갖추면 진드기는 혈족으로 여겨져 면세될 수 있지만 벼룩은 사치품으로 여겨지기 때문에 세금이 공제되기는커녕 과세 대상에서 제외될 수 없습니다." 다음 날 그 개에게는 이제 더는 벼룩이 없었다. 개가 벼룩을 신고하지 않았어도 결과는 같았을 것이다.

J. B. 핸들스먼(미국의 만화가)[1]

8장

나쁜 것은 버리고 좋은 것을 만들자

세금을 부과할 수 있는 무한한 힘 안에는
반드시 파괴하는 힘도 함께 들어 있다.
대니얼 웹스터(미국의 하원의원)[1]

1698년, 러시아의 표트르 대제는 일련의 개혁을 시작했다. 활기 있게 여행하며 돌아다니던 젊은 시절 유럽에서 보았던 근대화의 길을 가는 것이 그의 개혁 목표였다. 상트페테르부르크 건설은 개혁에서 가장 웅대한 계획이었다. 비록 그리 고상하게 보이지는 않았지만 이 캠페인의 하나로 턱수염에 연간 세금을 부과했다.

과세 대상은 표트르 대제의 눈에는 화가 치밀 정도로 후진적인 러시아의 전통 귀족 특권층boyar이었다. 그들이 자랑스럽게 여기는 털투성이 외모는 깨끗하게 면도한 유럽 귀족들과 정반대 모습이었고, 턱수염에 대한 세금은 그런 관습에 종지부를 찍으려는 한 가지 방편이었다.[2]

그러나 수염을 깎느니 차라리 세금을 내겠다고 작정한 귀족들도

표트르 대제하에서 시행된 최첨단 조세 정책: 수염 토큰

있었다. 이런 사람들이 법을 지키게 하는 수단으로 수염을 계속 기르
는 귀족들은 정부에서 '수염 토큰'을 사서 남들이 다 볼 수 있게 달고
다니도록 했다. 구리나 은으로 만든 토큰 한쪽에는 러시아 독수리를,
다른 한쪽에는 콧수염과 턱수염이 달린 코와 입을 새겨 '세금을 납부
했음'을 나타냈다.

　그러나 러시아의 수염세는 세금이 단지 세수를 올리려는 목적뿐
만 아니라 나쁜 습관을 버리게 하거나 좋은 습관을 장려함으로써 사
람들의 행동을 바꾸게 하려는 것도 세금의 목적이 될 수 있음을 보
여준다. 이처럼 과세에는 세수를 올리려는 목적 외에 또 다른 뚜렷
한 역할이 있음을 보여주는 것이 이 장의 초점이다. 이를 전문용어로
'교정적'corrective 역할이라고 하는데, 사실 세금 제도의 이런 사회공

학적 역할은 실제보다 과소평가되는 것 같다.

옳은 일을 하라

+

사람들이 통치자들이 바라는 대로 행동하도록 유도하려고 세금 제도를 활용한 사례는 적어도 고대 세계의 사치 규제세까지 거슬러 올라간다. 사치품에 대한 세금은 부자들에게 세금을 더 부담하게 하려는 목적보다는 하층민들이 그런 사치품에 물들지 않게 하려는 목적에서 비롯되었다. 1928년 당시 최고로 유행한 여성의 단발머리에 세금을 부과하기로 한 스위스 우리주의 결정도 크게 다르지 않았다. 버리게 하거나 장려해야 할 행동으로 여겨지는 습관은 시간과 장소, 심지어는 사람에 따라 다르지만, 사람들이 옳은 일을 하게 하려고 조세제도를 이용하려는 정부의 본능은 동서고금을 막론하고 다르지 않다.

가족 문제

세금 제도의 사회공학적 역할은 결혼과 그에 수반되는 출산과 관련하여 자주 거론되었다. 우리는 6장에서 결혼한 부부와 미혼자 사이에 수평적 공평성을 확보하는 것이 얼마나 어려운지 살펴보았다. 하지만 그것은 현대에 와서 제기된 문제일 뿐 인류 역사에서 결혼은 출산을 장려하는 간접적인 방법으로 적극 권장되었다.

독신남들에 대한 세금도 결혼을 장려하는 하나의 방편이었다. 고대 그리스와 로마 시대에는 결혼 적령기가 지난 미혼 남성에게 노총각세aes uxorium라는 세금이 부과되었다.[3] 오스만제국 시대에도 미혼 독신남에게 해마다 세금이 부과되었고, 영국에서도 1695년에서 1706년 사이에 이와 유사한 세금이 있었다.[4] 미국에서도 식민지 시대부터 총각세가 부과되어 조지아주, 메릴랜드주, 몬태나주 등에서는 20세기까지 계속되었다. 총각세 지지자들은 이 세금에 대해 여러 가지 정당성을 주장했다.

아일랜드의 극작가 오스카 와일드Oscar Wilde는 "부유한 독신남들에게는 세금을 많이 부과해야 한다. 특정 남성들이 다른 남성들보다 더 행복해야 한다는 것은 불공평하지 않은가"라고 풍자했다.[5] 총각세를 옹호하는 좀 더 일반적인 주장은 소득과 부가 같다 해도 총각들은 부양가족이 없으므로 유부남들보다 자원을 더 많이 가진 셈이고 따라서 더 유리한 납세능력을 가지고 있다는 것이다.

인류 역사에서 출산 장려는 끊임없이 강조되었다. 때로는 경쟁국가보다 인구를 늘리려는 군국주의적 욕망이 반영된 경우도 있었다. 파시스트 이탈리아와 나치 독일에서 모두 총각세뿐만 아니라 그밖에 결혼과 출산을 장려하는 각종 지원[6]을 한 것은 우연이 아니다. 인구수를 늘려 이른바 우세 인종을 보호하려는 동기도 있었는데,[7] 예를 들어 남아프리카공화국 트란스발에서는 1917년부터 1920년까지 급증하는 흑인 인구를 따라잡는 방편으로 백인의 출산을 장려하려고 비슷한 종류의 세금을 부과하기도 했다.[8]

인정 많은 입안자들은 사랑에 실패한 사람들(그래서 결혼하지 못한 사람들)을 걱정하기도 한다. 결혼하지 못한 사람들은 여자들에게는 버림받고 세금 관리들에게는 세금 독촉을 받는다. 그들이 그렇게 이중으로 저주를 받아야 한단 말인가? 그래서 여자에게 청혼했지만 거절당했다는 것을 증명하는 독신남들에게는 총각세를 면제해주는 정부도 있었다.[9] 그러다보니 한쪽 주머니에는 반지와 함께 청혼서를, 다른 쪽 주머니에는 세금 면제서를 넣고 다녀야 한다는 우스갯소리까지 나올 정도였다.

1900년경 아르헨티나에서는 이런 조항 때문에 웃지 못할 세금 회피 행태가 발생했다. 바로 수수료를 약간 받고, 어떤 남성이 자기에게 청혼했는데 거절했다고 당국에 증언해주는 일을 직업으로 삼는 여성 professional lady rejecters이 등장한 것이다.[10]

그러나 독신남에게 세금을 부과하는 것이 결혼을 장려할 수는 있겠지만 반드시 출산으로 이어지는 것은 아니다. 정말 출산이 목표라면, 출산에 대해 직접 보상하는 것이 최선의 방편이다. 독신남에게 세금을 부과하는 간접적 출산 장려는 아이를 낳지 않는 불행한 결혼을 양산하는 의도치 않은 결과를 불러올 수 있기 때문이다. 사실 이런 추론들은 세금설계 일반원칙의 한 가지 예에 불과하다. 세금의 의도가 무언가를 장려하거나 단념시키는 거라면 그 목적에 가장 직접적으로 초점을 맞춘 세금(또는 보조금)을 사용하는 것이 최선이라는 애기다.

이러한 표적화 원칙은 1940년대 스탈린의 소비에트 연방과 여러 공산주의 국가들에서 적용된 바 있다. 이 국가들은 출산율을 높이고 전쟁에 따른 인구 손실을 만회하려고 자녀가 없는 가정에 세금을 부과했다. 소비에트연방에서는 25세에서 50세 사이의 자녀 없는 남성과 20세에서 45세 사이의 자녀 없는 기혼 여성에게 추가 소득세를 6퍼센트 부과했다.[11] 루마니아에서는 성관계를 장려한다는 좋은 명분을 내세우며 25세까지 자녀가 없는 사람에게 '독신자세'celibacy tax라는 이름의 세금을 부과했다.[12]

마오쩌둥의 중국에서는 정반대 의도로 같은 원칙이 적용되었다. 1970년대 후반부터 1980년대 초반까지 가구에서 한 명 이상 자녀를 낳지 못하게 하려고 세금과 유사한 조치들이 사용되었다.[13] 여기에 전통적으로 남자아이를 선호하는 중국의 관습까지 더해지면서 엄청난 성별 불균형이 나타났다. 2014년까지 중국에서 남자아이가 여자아이보다 3,200만 명이 더 많았다.

출산을 장려하는 세금적 인센티브는 한 나라의 군사력이 인구수에 크게 의존했던 시대의 잔재라고 볼 수 있다. 그러나 오늘날 많은 나라가 인구 고령화와 이로 인한 국가 연금 재정과 노인 의료 서비스를 위한 자금 조달에 어려움을 겪으면서, 출산 장려 인센티브가 다시 주목을 받고 있다. 호주, 캐나다, 체코, 리투아니아, 싱가포르 같은 나라에서는 통상적인 세금 감면이나 양육비 지급 외에 아동 수당baby bonus을 추가로 제공한다. 헝가리는 2019년 자녀를 4명 이상 둔 여성에게 평생 소득세를 면제해주는 제도를 도입했다.[14]

그리고 이런 정책들은 확실히 출산에, 또는 적어도 출산 시기에 영향을 미친 것으로 보인다. 2004년 호주 정부는 그해 7월 1일 이후 태어난 아이의 부모들은 한 차례에 한해 3,000달러에 달하는 부양가족 세금 면제를 받을 거라고 발표했다. 아니나 다를까, 7월 1일 이전까지 출생아 수가 급감했다가 7월 1일 당일에 지난 30년 동안의 어느 날보다 더 많은 아기가 태어났다. 이날의 출산 증가는 대부분 유도분만과 제왕절개 분만이었던 것으로 나타났다.[15]

출산과 관련한 이러한 세금 사례는 자녀를 낳지 않는 것을 나쁜 일로 보고 세금을 부과하는 것(무자녀에 세금을 부과하는 루마니아)과 정반대로 자녀를 낳은 것을 좋은 일로 보고 세금을 감면해주는 것(위 호주 사례) 사이에 유사성이 있음을 보여준다. 표트르 대제는 턱수염이 없는 귀족들에게 보조금을 줌으로써 턱수염을 기른 귀족에게 과세하는 것과 같은 효과를 거두었고, 결혼한 사람들에게 세금 감면 혜택을 줌으로써 독신남에게 과세하는 것과 같은 효과를 거두었다. 물론 어떤 일을 좋은 일로 여겨 보조금을 주는 방식보다 나쁜 일로 여겨 세금을 부과하는 것의 확실한 장점은 정부에 추가 세수가 생긴다는 점이다. 비록 세수를 올리는 것이 그런 정책의 주요 목적이 아니라 하더라도 세수 증대 효과를 완전히 무시할 수는 없다.

지식에 대한 과세

신문을 보는 사람에게 세금을 부과하는 법이 1712년 영국에서 처음 제정되었을 때, 이는 단지 세수를 올리려는 여러 방편 중 하나에 불과했다. 그러나 신문의 인기가 높아지면서 이 세금을 회피하는 몇 가지 인상적인 반응이 나타났다. 사람들이 신문을 시간 단위로 빌려서 보거나, 집으로 배달하게 하지 않고 우체국에서 우체국으로 배달하게 하거나, 선술집이나 커피점에서 신문을 돌려보기 시작한 것이다.[16]

그러나 19세기 초부터 이 세금의 목적이 단지 세수를 올리려는 것이 아님이 명백해졌다. 1819년 검열관들이 '정부에 대한 혐오와 경멸'을 자극하는 평론이나 기사를 적발하면서 신문에 대한 정부의 압박이 노골화하기 시작했다.[17] 심지어 지역 유력 신문 두 개를 발행하는 한 신문 발행인은 "신문세를 폐지하면 자격 없는 저질 신문들이 신문업에 뛰어들어 국가의 품격을 크게 떨어뜨릴 것"이라고 주장했다. 그는 또 품질이 의심스러운 값싼 신문들이 쏟아져 나와 유력 신

문들의 광고 수익을 빼앗아갈 거라고 주장했다.[18]

그러나 사회개혁가들의 관점은 달랐다. 그들은 신문세가 노동자 가정의 뉴스와 정보에 대한 접근을 가로막고 있다고 주장했다. 그들은 신문세는 '지식에 대한 과세'라는 멋진 슬로건도 발표했다. 윌리엄 글래드스턴 재무장관도 이 생각에 동의했다. 그는 언론에 대한 압박을 좋은 생각이라고 주장한 로드 팔머스톤Lord Palmerston 총리의 반대에 맞서 1861년 신문세를 폐지했다. 빅토리아 여왕도 글래드스턴 재무장관과 같은 생각이었고, 귀족들로 구성된 상원도 표결로 세금을 폐지할 수 없다는 관례를 깨고 재무장관을 지지했다.[19]

한 역사학자는 19세기 신문 제작 변화의 가장 중요한 원동력으로 언론에 세금을 부과하지 않았던 점을 꼽는다.[20] 그러나 모든 곳에서 언론이 세금에서 자유로웠던 것은 아니었다. 19세기 후반 오스트리아 정부는 영국 팔머스톤 총리의 생각과 다르지 않았다. 미국 주간지 『뉴욕 네이션New York Nation』의 한 특파원은 1897년, "오스트리아의 신문세 부과는 당시 하층민들이 모든 정치, 사회, 산업 문제에 전혀 무지했기 때문이다. 그리고 실제로 하층민들을 정보로부터 차단하는 것이 그 세금을 부과한 반동주의 정당의 유일한 목표였다"라고 평가했다.[21]

미국은 신문이나 간행물에 세금을 부과하는 것을 보통 자제했다. 이는 아마도 영국이 1765년 식민지의 신문을 포함한 모든 법적 문서와 인쇄물에 지속적으로 부과한 악명 높은 인지조례 때문이었을 것이다. 하지만 미국에서도 신문세를 시도한 적이 있다. 1934년, 루이지애나는 휴이 롱 주지사 시절에 발행부수가 2만 부를 초과하는 신문의 광고 판매에 세금을 부과하는 법안을 통과시켰다. 롱 주지사는 이를 '거짓말에 대한 세금'이라고 불렀는데, 오늘날 이른바 '가짜 뉴스'에 해당하는 말일 것이다.[22] 그러나 이 세금은 1936년, 미국 연방 대법원이 언론의 자유를 침해한다는 이유로 만장일치로 기각했다.

오늘날 많은 국가에서는 미디어(디지털 형식을 포함해서)를 처벌하기보다는 세금 혜택을 주는 방향으로 나가고 있다. EU도 2개 회원국을 제외한 모든 회원국이 인쇄된 책에 우대 부가가치세라는 특혜를 제공하며 영국과 아일랜드는 한 발 더 나가 영세율을 적용하고 있다. 영국 정부는 2020년 12월부터 반대론자들이 '독서세'라고 비판해온 전자책과 온라인 신문에 대한 부가가치세를 폐지했다.[23] 미국에서도 1983년 연방대법원은 신문에 사용되는 종이와 잉크 제품에 세금을 부과하는 미네소타주 법을 기각했다. 다른 여러 영역의 세금 정책에서 그랬던 것처럼 이번에도 글래드스턴이 이겼다.

나쁜 일에는 세금을

+

세금 설계에 대한 슬로건은 대부분 신뢰할 수 없지만 나쁜 일에 세금을 부과한다는 명분만은 논쟁할 여지가 없을 것이다. 그러나 단지 무엇이 나쁜 일인지 가려내는 것보다 그 일이 얼마나 나쁜지, 정확히 얼마만큼 세금을 부과해야 하는지를 수치화하기는 매우 어렵다. 경제학자들은 이에 대한 분명한 접근방법을 제안했다.

경제학자들이 제시한 접근방법의 핵심은 '외부 효과'externality 다. 외부 효과는 어떤 거래나 행동이 그와 전혀 상관없는 사람들(따라서 그들은 그 거래나 행동을 하는 사람들에게 전혀 신경 쓰지 않는다)에게 주는 피해 또는 이익을 말한다. 이를 명확히 이해하기 위해 오염과 같이 유해한 외부 효과를 발생시키는 경우를 예로 들어보겠다. 오염을 유발해 외부 효과를 발생시키는 사람들의 이익(예를 들어 오염을 방지하기 위한 청정 기술을 사용하지 않음으로써 절감되는 비용)은 대부분 그 오염으로 고통받는 사람들이 치르는 비용보다 비교할 수 없을 만큼 적다. 따라서 원칙적으로 이 두 비용의 차이가 오염 배출자와 오염 피해자 사이에 유익한 쪽으로 교섭할 여지를 남긴다.

오염 피해자들이 오염 배출자로 하여금 배출량을 최소한으로 줄이는 데 드는 비용보다는 더 많고, 자신들이 오염으로 겪는 피해보다는 약간 적은 중간 금액을 내도록 함으로써 오염 배출량을 줄이게 유도할 수 있다면, 양측 모두에게 도움이 될 것이다.[24] 그렇게 한다면 오염을 '효율적인' 수준으로 통제할 수 있으므로 그나마 좀 더 나은 결과를 도출할 수 있다. 현실적으로 양측이 누리는 순편익을 함께 양보해서 줄이지 않는다면, 상황을 바꿀 방법이 없다는 점에서 더욱 그렇다. 이것이 외부 효과가 처리되는 방식이다.

이론적으로는 아주 깔끔한 해결책이지만[25] 현실에서는 외부 효과가 너무 많은 사람에게 영향을 주므로 오염 배출자와 오염 피해자 사이에 이런 식의 직접적 협상은 불가능하다. 바로 여기서 세금이 역할을 할 수 있다.

이를 처음 간파한 사람은 1세기 전 영국 케임브리지대학교의 아서 세실 피구Arthur Cecil Pigou[26]라는 경제학자다. 최소한으로 줄일 수 있는 수준the last bit 이상의 오염을 발생시켜 다른 사람들에게 피해를 주는 만큼의 금액을 세금으로 부과하자는 것이다. 오염 배출자들이 아무리 이기적이라고 해도 이런 식으로 계산하면 다른 사람들에게 가해진 피해 비용을 추정할 수 있다고 생각한 것이다. 그의 견해가 설득력이 강해서 그 이후 외부 효과를 해결하기 위해 세금 제도를 이용하라는 권고가 경제학자들의 표준 도구가 되었다. 다만 그런 세금을 피구비안Pigouvian이라고 해야 할지 피고비안Pigovian이라고 해야 할지 의견이 나뉘었을 뿐이다.[27]

오염 활동은 부정적인 외부 효과의 전형적인 예다. 세탁소에서 오염된 물을 강에 버려 하류에 있는 다른 사업체나 수영객들에게 피해를 준다고 할 때 다른 사람들이 받는 피해의 금전적 가치와 같은 액수의 세금을 세탁소가 버리는 물 1리터당으로 계산해 부과하는 것을 피고비안세라고 한다(이런 일반적 규칙을 흔히 '오염 배출자 부담의 원칙'이라고 하는데, 안타깝게도 이는 우리가 신뢰할 수 없는 슬로건의 범주에 있다. 그 이유는 이런 세금이 다른 세금과 적절히 뒤섞여 세금 부담이 전이됨으로써 오염 피해자뿐만 아니라 오염 배출자에게 유리하게 운영되기 때문이다).[28] 그러나 피고비안세는 여전히 긍정적인 평가를 받고 있다. 예를 들어 기초과학의 발전은 다른 과학자들로 하여금 응용과학을 더 발전시키게 만드는 긍정적 외부 효과를 가져오는데, 이를 피고비안 장려 효과라고 한다.

안타깝게도 지난 몇 세대 동안 학생들에게 피고비안 세금이라는 아이디어를 설명하기 위해 위의 세탁소 이야기[29] 같은 수준 낮은 사례들을 인용할 수밖에 없었다. 하지만 오늘날에는 이 개념을 설명하는 데 대규모의 현실적인 외부 효과를 인용하게 되었다. 그것은 바로 기후 변화다.

지구를 구하라

과학자들은 거의 모두 쌓인 온실가스(65퍼센트는 석유, 가스, 석탄 같은 화석연료의 연소에서 나오는 이산화탄소에서 발생된다)가 지구 표면에서 재방사되는 열을 가둬 지구 평균 온도를 높인다는 이론에 동의한다. 기후 패턴의 변화는 점점 더 심각하고 광범위한 경제적 악영향을 줄 것으로 예상된다. 기후 변화가 더 자주, 더 심각하게, 더 극단적으로 나타날수록 저소득 국가의 생산량은 더 떨어지고[30] 멕시코만의 역류, 서남극 빙하의 붕괴 등 영화 〈투모로우-Day After Tomorrow〉에나 나올 법한 재앙적 사건이 더 자주 나타날 것이다.

이 '모든 외부 효과의 근원'[31]에 대한 피고비안식 대응은 간단하다. 일반적으로 온실가스 배출, 특히 화석연료 연소에 따른 배출이 초래할 전 세계적 피해를 반영하는 수준으로 세금을 부과하는 것이다. 모든 화석연료를 태울 때 배출되는 이산화탄소CO_2의 양은 탄소 함량(이는 이미 잘 알려져 있다)[32]에 비례하므로 이런 탄소세는 원칙적으로 시행하기도 쉽다. CO_2 배출량이 얼마나 많은 피해를 유발하는지 계산해 배출 CO_2 단위당 금액을 연소하는 화석연료의 양만큼 곱해서 세금을 부과하는 것이다(이는 소가 뀌는 방귀 등 다른 온실가스에도 마찬가지로 적용된다. 이에 대해서는 이 장 뒷부분에서 잠깐 다루겠지만, 이를 실행하는 일은 탄소세보다 좀 더 어렵다).[33] 탄소세 가운데 일부는 탄소 기반 연료를 사용해 생산되는 상품의 소비자에게 떠넘겨지므로 그런 상품의 수요를 줄일 것이다. 나머지는 그런 화석연료를 판매하는 기업들에 돌아가 화석연료 공급을 줄이도록 유도할 것이다.[34]

이런 식으로 개인과 기업이 모두 CO_2 배출을 줄이는 데 참여함으로써 온실가스가 불러오는 해로움의 수준을 조정하는 것이다. 물론 배출을 완전히 중단시키기보다는 배출로 인한 피해와 배출을 줄이는 비용 사이에 균형을 맞추는 방향으로 나아가는 것이다. 이와 함께 세금을 내지 않아도 되는 저탄소 에너지 기술에 대한 연구 개발과 투자를 촉진하게 될 것이다.

그러나 탄소세를 어느 수준으로 책정해야 할지 가늠하는 것은 기술적으로 어려운 일이다. 피고비안 논리에 따르면, 탄소세는 줄일 수 있는 CO_2 배출량으로 인한 사회적 피해여야 한다. 탄소세 지지자들도 '마법적인 공식이나 완벽한 숫자는 없다'[35]는 점을 인정한다. 어쨌든 현재로서는 CO_2 톤당 35달러가 부과되는데,[36] 이는 휘발유의 경우 갤런(3.8리터)당 1센트에 해당한다. 이 액수가 별것 아닌 것 같지만, 이제는 우리 모두 익숙해진 휘발유 가격의 변동을 고려하면 결코 만만한 액수가 아니다.

그러나 더 큰 문제는 휘발유가 아니라 휘발유보다 더 더럽고, 더 널리 사용되고, 훨씬 더 대량으로 사용되는 석탄이다. 이런 점에서 탄소세는 우리의 과거를 통해 미래를 볼 수 있게 해준다back to the future. 영국에서는 석탄세가 1368년에 도입되었다. 1889년까지 런던으로 들어오는 모든 석탄에 세금이 부과되었다(이 세금은 여러 용도로 사용되었는데, 1666년 세인트 폴 대성당에 불이 난 뒤에는 성당 재건 사업에도 지원되었다).[37]

석탄업계에서 탄소세는 매우 큰 문제다. CO_2 톤당 35달러라는 세금은 휘발유와 같지만, 이는 석탄 가격을 두 배로 올릴 수 있다. 탄소세의 처음 목적상 이 액수는 시간이 지남에 따라 가격보다 빠르게 늘게 되어 있는데, 2030년까지 지구 온난화를 2015 파리협정에서 세운 목표 범위 안으로 억제하려면, 석탄에 대한 탄소세는 톤당 75달러

정도로 올라갈 것이다.[38]

여기서 중요한 사실은 탄소세와 같은 효과를 얻을 수 있는 또 다른 방법이 있다는 것이다. 이는 세금과 다른 정책 수단들의 경계가 그렇게 뚜렷하게 구분되지는 않는다는 것을 보여준다. 예를 들어 CO_2 톤당 세금이 50달러 부과될 때 배출량이 300억 톤에 머물 거라고 해보자. 이를 뒤집어 해석하면, 총 300억 톤의 배출권을 톤당 50달러에 팔 수 있다는 것이다.

여기서 다음과 같은 대안이 도출된다. CO_2 300억 톤을 배출할 권리를 만들고, 그 권리를 민간 시장에서 거래하도록 하는 것이다. 권리의 가격은 톤당 똑같이 50달러로 결정될 것이다. 이러한 배출권 거래제도(배출권 상한선이 있고 권리를 사고팔 수 있다는 점에서 배출총량거래제cap and trade라고 한다)는 원칙적으로 탄소세의 효과가 같게 나타나도록 할 수 있을 뿐 아니라, 경매로 거래된다면 정부에는 세금과 동일한 수익이 될 수 있다.[39]

많은 나라에서 탄소 배출을 줄일 필요성을 인식하면서 EU회원국을 포함한 190개 국가가 2015년 획기적인 파리협정을 비준했고, 이들 중 대부분이 자국의 탄소배출 완화 전략을 수치로 담은 서약서를 제출했다.[40] 게다가 놀랍게도 정치적 성향이 다른 경제학자들이 탄소 가격 책정이 이러한 약속(머지않아 우리 모두 지켜야 할)을 이행하는 가장 효율적이고 효과적인 방법이라는 데 합의했다.

그러나 세계가 이 방법을 완전히 수용하기에는 아직 갈 길이 멀다. 예를 들어 캐나다의 브리티시컬럼비아주와 EU 전역에서 운영되며 높이 평가받는 탄소세를 포함해 전 세계적으로 탄소세 또는 배출권 거래 제도가 60여 종 시행되고 있지만, 탄소 배출량에 대한 전 세계 평균 가격은 아직 톤당 약 2달러에 불과하다.

의미 있는 탄소 가격 책정이 종종 강력한 저항에 부딪힌다는 불편한 진실도 있다. 각국 정부는 세계 시장에서 자국 기업의 경쟁력이 떨어질까 우려해 먼저 행동을 시작하지 않는다. 또 화석연료가 많이 매장되어 있는 나라들과 회사들은 배출량에 세금이 부과되면 자신들의 자산 가치가 떨어질 것을 우려한다. 소비자들도 더 높은 에너지 가격을 좋아하지 않는다. 저소득 국가들은 이미 부유해진 나라들이 자초한 문제를 해결하기 위해 왜 자신들 같은 가난한 나라들이 희생(에너지에 대한 정당한 접근의 제한)해야 하는지 의구심을 품는다.

그러나 이런 문제들(적어도 대부분)을 해결할 방법이 없는 것은 아니다. 연료 가격이 높아 가난한 나라들과 대체 위기에 놓인 화석연료를 생산하는 나라들이 피해를 보지 않게 사회보장제도에서 사용되는 이전지급Transfer payments●을 적용할 수 있다. 또 투입물로 사용되는 탄소에 가격을 매기는 방법도 있는데, 이는 생산 과정에 사용되는 탄소의 가격에 그렇게 큰 영향을 주지 않으면서 비슷한 탄소 배출 억제 효과를 낼 수 있다.[41] 따라서 이제 피고비안 과세의 경제학으로 대응한다면, 기후 변화는 더 이상 인류가 대응할 수 없는 지적 문제는 아니다. 문제는 피고비안 경제학의 해법을 각국 정부에서 받아들이려 하지 않는다는 것이다.

동물(소, 개, 고양이 등)의 문제

동물들도 외부 효과를 만들어낸다. 우리는 소가 트림하고 방귀

● 한 인구집단이 낸 분담금을 다른 인구집단에게 지급하는 것.

뀌는 것에도 기후 변화에 대한 상당한 직접 책임을 물을 수 있다. 동물이 소화하는 과정에서 '장내에서 일어나는 발효'는 전체 온실가스 배출량의 약 6퍼센트를 차지하는 메탄을 생성하는데,[42] 이는 항공과 선박을 합친 것보다 더 많은 만큼 절대 무시할 수 없는 양이다. 게다가 동물들에게 필요한 사료와 동물들이 일으키는 삼림 파괴 피해까지 더하면, 우리에게 쇠고기와 우유를 제공하는 소는 온실가스 배출량의 약 9퍼센트를 만들어내는 주범이다. 또 전 세계 쇠고기 수요의 꾸준한 증가는 동물들이 온실가스에서 차지하는 비중이 진짜 중요한 문제가 됨을 여실히 보여준다.

여기에도 피고비안 처방이 적용될 수 있다. 유엔은 2010년, 가축이 탄소를 배출하는 데 대한 세금을 세계적으로 부과해야 한다고 제안했다. 농부들이 이에 호응하지 않은 것은 당연하다. 뉴질랜드에서는 2003년, 농부들이 가스를 내뿜는 농가 동물에게 부과된 세금 납부를 거부하면서 정부 각료들에게 동물 분뇨를 소포로 보내는 방식으로 자신들의 불만을 드러냈지만,[43] 그것으로 문제가 해결될 수는 없었다. 가축에게 세금을 매기는 문제(이 또한 과거를 통해 미래를 볼 수 있는 사안으로, 소에 대한 과세는 농경사회에서도 천 년 동안 나름대로 역할을 했다)는 향후 몇 년 안에 주요 정책 메뉴로 자리 잡을 것이다.

개를 소유하는 데도 종종 세금이 부과되었다. 독일의 강아지세 Hundesteuer는 개 주인이 어디에 사느냐(도시냐 시골이냐)에 따라 세금액이 달랐고, 도베르만 핀셔Doberman Pinschers나 로트와일러Rottweilers 같은 '위험한' 맹견에는 세금이 더 많이 부과되었는데, 이는 다른 사람들에게 피해를 줄 가능성이 얼마나 더 많은지를 반영한 것으로 추정된다. 하지만 사랑스러운 고양이에게 누가 세금을 부과하고 싶겠는가? 그러나 막스 플랑크 조류학연구소의 조류 전문가 피터 버톨드 Peter Berthold는 고양이가 조류의 개체 번식에 피해를 주지 않도록 통제하려면 고양이에 대한 '생태 보상세'가 필요하다고 주장했다. 아마도 쥐 보호를 주장하는 로비스트들도 의심할 여지없이 이에 동의할 것이다.[44]

죄를 지은 대가

+

영국의 유명한 축구선수 조지 베스트George Best가 은퇴한 뒤 궁핍하게 살자 사람들이 그에게 그동안 번 돈으로 뭘 했느냐고 물었다. 그는 이렇게 대답했다. "술, 여자, 경주용 자동차에 썼고, 나머지는 그냥 탕진했습니다."[45] 죄는 기꺼이 대가를 치러야 하는 것이며 비록 죄의 대가가 항상 죽음은 아닐지라도● 무거운 세금인 것만은 분명하다.

나쁜 습관, 담배

유럽의 첫 흡연자들은 담배를 피우기 시작한 지 얼마 되지 않아 불평을 늘어놓았다. 1604년 영국의 제임스 1세가 『담배에 대한 반격 A Counterblaste to Tobacco』[46]이라는 책을 출판했는데, 그는 여기서 담배를 피우기 시작한 이후 뚜렷하게 나타난 모든 문제를 다음과 같이 나열했다. 중독(누구에게나 가장 해롭지만 멈출 수 없는 어떤 것이 습관이 되는 것), 건강에 해로운 영향(담배 연기는 남성의 내장을 연기 가득한 부엌으로

● 성경 로마서 6:23 '죄의 삯은 사망이요'라는 구절에서 따온 것.

만들어 까맣게 기름기가 낀 상태로 오염시킴), 감수성이 예민한 사람들에 대한 악영향(유인원처럼 다른 사람을 흉내내다 자신을 파괴시킴), 간접흡연 등. 이 책의 한 구절을 인용하면 다음과 같다.

> 담배를 피우는 남편들은… 우아하고 건강하고 피부가 깨끗한 아내들을 쇠약하게 만들고, 아름다운 향기를 썩게 만들고, 영원히 악취 나는 고통 속에 살게 만든 것을 부끄럽게 생각해야 한다.

현대적 감성과는 좀 거리가 먼 이 비판은 흡연을 '난폭하고 신도 섬기지 않으며 노예처럼 맹종하는 인디언들의 야만적이고 짐승 같은 행위'라며 인종차별을 강하게 드러냈다. 뒤에서 살펴보겠지만 제임스 1세는 이 책을 펴낸 뒤 흡연자들에게 어느 정도 보복 같은 조치를 했다. 어쨌든 제임스 1세는 평범한 사람이 아니라 이 '악랄하고 악취 나는' 습관에 대한 자기혐오를 정책에 반영할 수 있는 위치에 있었으니까 말이다. 결국 그는 흡연을 억제하려고 담배에 많은 세금을 부과하면서 "우리는 순전히 좋은 의도로 담배에 세금을 부과함으로써 다른 어떤 일에 대비하는 힘을 비축할 수 있다"[47]라고 말했다. 이것이 야말로 진정한 피고비안 정신이 아닐까?

사람들은 여전히 흡연자들이 다른 사람들의 건강을 해롭게 하고 귀찮게 하는 외부 효과를 유발하므로 담배에 대한 높은 세금은 정당하다고 여기는 경향이 있다. 그러나 흡연과 관련된 모든 외부 효과가 부정적인 것은 아니다.[48] 흡연자들은 대체로 일찍 죽어 연금을 받지 못함으로써 다른 사람들의 공적 연금과 건강관리 자금 확보에 숨통이 트이게 해준다. 반면, 모성 흡연이 유아와 아동의 건강에 심각한 부정적 영향을 미친다는 데는 공감대가 폭넓게 형성되어 있다.[49] 전반적으로 볼 때 흡연의 외부 효과가 긍정적인지 부정적인지는 명확하지 않으며 국가마다 크게 다를 수 있다.[50] 그러나 분명한 사실은, 담배의 외부 효과가 오늘날 유럽과 미국의 많은 지역에서 볼 수 있는 높은 담배세를 정당화한다고 주장하기는 어렵다는 것이다.

흡연의 외부 효과로 담배에 무거운 세금을 부과해야 한다는 목소리가 압도적이긴 했지만, 담배 과세에 대한 다른 근거가 나타났다는 사실을 새롭게 알더라도 흡연자들은 아마 크게 놀라지 않을 것이다. 담배에 무겁게 과세해야 한다는 새로운 근거는 바로 흡연자들에게 자기 통제 문제가 생긴다는 것이다. 사람들은 지금 담배를 피워도 때가 되면 언제든 담배를 끊을 수 있다고 이성적으로 생각하지만, 정작 그때가 와도 여전히 담배를 계속 피우고 싶어 한다. 즉, 사람들이 자신이 정말 하고자 했던 것(담배를 끊는 것)을 할 자제력을 잃는다는 것이다.

문제는 흔히 말하는 중독이 아니라 이른바 '시간 비일관성'time inconsistency 현상이 나타난다는 것인데, 이는 오늘 미래의 행동을 합리적으로 계획했는데도 정작 그 시점이 오면 그렇게 하지 않는 것이 이성적이라고 생각하는 현상(어느 시점에는 최적으로 보였던 행동이 시간이 지난 뒤에는 최적이 아니라고 보는 현상)이다. 결국 담배에 세금을 무겁게 부과하면, 처음부터 담배를 피우지 않도록 유도해 이런 자기 통제 문제(그 피해가 흡연자 자신에게 돌아가므로 이를 내부 효과internality라고 한다)를 극복하는 데 도움이 된다는 주장이 나온 것이다.

이런 주장은 흡연자들이 상대적으로 가난한 경향이 있어[51] 담배세가 역진적이라는 우려를 완전히 뒤집어놓았다. 가난한 사람들이 자기 통제 문제로 더 많이 고통받는 것이 사실이라면, 그것을 극복하도록 돕는 세금을 내게 함으로써 가난한 사람들이 더 많은 이익을 얻게 된다는 것이다.[52] 이런 주장을 온정주의라고 보는 이들도 있다. 그러나 이런 주장이야말로 담배에 세금을 무겁게 부과하는 것이 정당하다는 가장 훌륭한 논리적 근거가 될 수 있다.

2002년 이러한 내부 효과를 해결하려고 담배 한 갑당 9.37달러(또는 그 이상)의 세금이 적절하다는 추정치가 널리 인용되었다.[53] 이는 그 당시에는 매우 높은 수치였지만 오늘날의 관점에서는 그렇게 높지 않다. 오늘날 뉴욕시에서 담배 한 갑의 평균 가격은 13달러 선인데, 여기에는 주州세 4.35달러, 시市세 1.50달러, 연방세 1.01달러가 포함되어 있다. 명시적인 세금은 아니지만 1998년의 담배일괄타결협약(119쪽 참조)도 한몫하고 있다. 2000년 이후 48개 주와 워싱턴 D.C.는 무려 145차례에 걸쳐 주 담배세를 인상했다.[54] 담배세의 대폭 인상은 미국에만 국한된 현상은 아니다. 예를 들어 프랑스에서는 2000년부터 2015년까지 담배 한 갑의 가격이 두 배 이상 올랐고, 영국에서도 2005년부터 2017년 사이에 두 배 이상 올랐다.[55]

따라서 담배 과세의 실행 근거에는 외부 효과와 내부 효과에 기초한 추론이 혼합되어 있으며, 흡연이 나쁜 습관이라는 이른바 '죄의 대가'라는 의미는 그렇게 반영되지 않았다고 할 수 있다. 하지만 사람들의 나쁜 행동을 바꾸려는 것이 담배세를 부과하는 유일한 목적은 아니어서 정부 수입을 올리려는 목적도 당연히 있었다.

담배에 부과되는 세금은 미국에서는 연간 300억 달러(36조 원), EU 국가들에서는 700억 유로(95조 원), 일본에서는 2조 엔(21조 원)으로 각각 총세수의 약 1퍼센트에 달한다.[56] 비록 담배세가 전체 세수에서 차지하는 비율이 줄고는 있지만, 다른 세금들과 마찬가지로 상당 부분 미국의 유명한 은행강도 윌리 서튼Willie Sutton[57]의 원칙을 반영하는 것만은 사실이다. 바로 '돈이 거기 있기 때문'이다.

여기에는 분명히 균형적 요소가 있다. 담배에 대한 세금을 인상하면 수요가 줄지만(이것이 담배세의 교정적 역할에서 중심 논거였다), 그에 따라 세수도 줄 수 있다. 그러나 역사적으로 볼 때, 담배 수요는 상대적으로 비탄력적으로 여겨졌다(과거에도 가격을 올린다고 해서 수요가 크게 줄지는 않았다). 이는 정부에는 매우 편리한 무기다. 세율을 인상해 세수를 늘리는 동시에 나쁜 습관도 어느 정도 줄일 수 있다는 명분이 생기기 때문이다. 그러나 담배나 죄악시되는 다른 제품들의 수요가 특별히 비탄력적이라고 너무 믿어서는 안 된다. 젊은이들은 담배 가격에 꽤 민감하게 반응하며, 담배 제품에 대한 전반적 수요는 예상만큼 특별히 비탄력적이지도 않다.[58] 따라서 적어도 많은 선진국에서는 세수와 국민 건강이라는 목표가 균형을 이루는 일이 점점 더 현실적인 문제가 될 것이다.

일부 국가에서는 특정 과세 대상 품목에 높은 세금을 물리는 것이 오히려 역효과가 나타난다는 사실을 발견하고 이를 폐지하는 법을 만들려고 시도했다. 2009년 중국 후베이성에서도 그런 일이 있었다. 후베이성 시민들은 지방정부로부터 담배를 피울지 벌금을 낼지 한 가지를 선택하라는 최후통첩을 받았다. 후베이성 관리들은 세수를 늘리려고 담배 판매 할당제를 시행하기로 결정했다. 영국 일간지 『텔레그래프The Telegraph』는 "지역 학교 교사들에게 담배 판매 할당량이 떨어졌으며, 어떤 마을의 지역 공무원들은 해마다 담배를 400보루 구입해서 판매하라는 명령을 받았다"라고 보도했다.[59]

앙시앵 레짐 시대의 프랑스에서도 이와 비슷한 일이 벌어졌다. 일부 지역에서 유아들을 제외한 모든 사람에게 최소한 일정량의 세금이 붙은 소금을 구입하도록 의무화한 것이다.(당시에도 정책 입안자들은 세금을 거두고 싶은 욕망이 넘쳐났는데, 일부 지방에서는 이 강제 할당된 세금을 납세자가 원하는 때 내면 되었으므로 '자발적 세금'이라고 했다.)[60]

사람들이 합법적으로든 밀수로든 세율이 더 낮은 이웃 행정구역에서 담배를 사려는 시도가 빈번해지자, 높은 세율이 과연 세수에 얼마나 도움이 되는지를 놓고 정부의 고민이 커졌다. 이 대목에서 제임스 1세에게서 모욕적인 말을 들었던 아메리카 원주민들이 담배세 이야기에 다시 등장한다.

캐나다와 미국에서 아메리카 원주민 보호구역은 그들의 주권이 보장되는 영토다. 따라서 담배세를 포함한 주세州稅는 보호구역 내 원주민에게는 적용되지 않는다.[61] 보호구역 안에서라도 원주민이 아닌 사람들에게 판매할 때는 담배세를 적용할 수 있지만, 보호구역 내 법 집행 활동의 민감성을 고려하면 이를 시행하기 어렵고,[62] 경우에 따라서는 법적 장애물도 있었다.[63] 결국 보호구역 안에서 비원주민에게 판매하는 일이 위태할 만큼 상당한 규모까지 늘어나는 경향이 나타났다. 2010~2011년에는 뉴멕시코주 흡연자 중 4분의 1 이상이 원주민 보호구역의 소매점에서 담배를 산 것으로 알려졌다.[64]

이런 현상은 캐나다와 미국 국경에 걸친 보호구역에서 가장 심하게 나타났다. 1990년대 초, 담배가 전액 면세로 합법적으로 캐나다로부터 수출되었다가 비과세 수입품으로 불법적으로 재수입되면서 문제가 발생했다. 게다가 여기에 일부 담배 제조사가 연관된 것으로 밝혀졌다. 이에 레이놀즈 담배회사가 밀수 방조 혐의로 벌금 3억

2,500만 캐나다 달러를 부과받았고, 일부 경영진이 형사 고발을 당했으며, 그중 한 명은 미국에서 징역형을 선고받았다.[65] 1993년까지 캐나다에서 팔린 담배의 약 3분의 1에는 어떤 세금도 부과되지 않았다.[66]

이 사건은 결과적으로 연방 소비세가 보루당 10.36캐나다 달러에서 5.36캐나다 달러로 크게 떨어지는 결과를 불러왔다.[67] 이후 담배 수출에 대한 통제가 강화되자 세율은 다시 인상되었다. 그러나 캐나다-미국 국경의 원주민 보호구역 문제는 지속되고 있으며, 오늘날에는 보호구역 안에서 담배를 제조(심지어 위조까지도)하거나 범죄 단체를 끌어들일 만큼 규모가 더 커졌다.[68] 2017년까지 캐나다 남부 온타리오주에서 밀수 담배의 비율은 전체 담배 판매량의 3분의 1이 넘었을지도 모른다.[69]

이런 문제는 여기에 그치지 않는다. 영국 관세청HMRC은 2016~2017년 담배 제품 관세로 거둬들였어야 할 수입의 18퍼센트가 빠져나갔을 것으로 추산하였다.[70] 전 세계적으로 판매되는 담배의 약 10퍼센트가 불법 거래되거나 불법 생산되고 있으며, 이로 인한 연간 총수입 손실이 400억~500억 달러(5조~6조 원)에 달할 것으로 추정된다.[71]

그런데 오늘날에는 전자담배에서 더 큰 세수 문제가 나타나고 있다.[72] 전자담배는 담배를 태우는 것이 아니라 증기 형태로 1회분의 니코틴을 공급하는데, 전자담배를 만드는 회사들은 자기네 제품에는 흡연자들의 생명을 위협하는 여러 성분이 없다고 주장한다. 또 간접흡연 피해도 발생시키지 않는다고 주장한다. 이 새로운 형태의 담배가 기존의 담배보다 훨씬 덜 해롭다는 광범위한 합의도 있다. 예를 들어 미국 의료계 최고 관리인 연방 의무감 권한대행, 미국 암협회, 영국 공중보건국 등이 그렇게 주장한다.[73]

그럼에도 많은 정부에서는 전자담배에 세금을 부과하는 강력한 조건반사적 반응을 보였다.[74] 미국에서는 이미 10여 개 이상 주에서 그렇게 하고 있고, 더 많은 주가 시행을 고려하고 있으며,[75] 그밖에 20여 개 국가에서 여전히 전자담배에 높은 세금을 부과하고 있다.[76] 그러나 과세의 수준과 형태는 매우 달라서[77] 각국 정부가 전자담배를 어떻게 다룰지 고민하고 있음을 보여준다.

전자담배가 기존 담배를 태우는 것보다 덜 해롭고(아마 열 배 정도), 아예 끊는 길을 제공할 수 있다면, 마땅히 기존 담배보다 세금이 덜 부과되어야 한다.[78] 그러나 얼마만큼 줄여야 할지는 불명확하다. (단지 세수를 거두려는 목적이 아니라면) 전자담배에 세금을 부과하는 것은 어떤 의미에서는 오히려 사람들에게 기존 담배를 계속 피우라고 유도하는 결과를 불러올 수 있다. 전자담배가 사람들이 담배를 끊게 하는지, 더 피우게 하는지 그 상대적 효과는 아직 알려진 게 거의 없어서 전자담배에 대한 세금을 얼마나 낮추는 것이 균형적인지는 여전히 불분명하다. 다만, 정부 스스로 세수를 올리는 데 중독되어 여전히 과한 세금을 부과할 위험이 있다고 지적하는 것은 그리 부당한 일은 아닐 것이다.[79]

술꾼들의 저주

술은 오랫동안 과세의 표적이 되었다. 19세기 초까지는 차茶 세금이 영국 전체 세금 수입의 약 5퍼센트를 차지했다.[80] 그러나 차를 마시는 것을 죄라고 생각한 사람들도 있었다. 1759년 영국의 식료품

상인 토머스 터너Thomas Turner는 다음과 같이 한탄했다. "차를 마시는 사치스러운 습관이 신분을 막론하고 거의 모든 사람의 도덕을 타락시켰다."[81]

물론 그런 우려를 낳게 한 것은 알코올음료였다(터너는 술을 차와 같은 범주로 보았다). 지나치게 많이 마시면 '태아 손상과 아동 학대, 부부 생활 파탄, 도로 교통사고, 범죄와 폭력, 사망률 증가, 60여 가지 알코올 관련 질병 및 질환' 등 온갖 끔찍한 것을 발생시킨다.[82] 이 모든 것에 대한 사회적 비용을 정확하게 측정하기는 어렵지만 엄청나다는 것은 의심할 여지가 없다. EU의 경우, 그 비용은 평균적으로 GDP의 0.7퍼센트는 차지할 것으로 추정된다.[83]

알코올음료에 대한 세금은 역사상 오래된 세금 중 하나다. 이집트의 클레오파트라Cleopatra 여왕은 마르쿠스 안토니우스Marcus Antonius와 손잡고 아우구스투스 옥타비아누스Augustus Octavianus와 치른 전쟁 자금을 조달하기 위해 맥주에 최초로 세금을 부과한 것으로 알려졌다.[84] 그러나 맥주에 대한 세금 부과는 피고비안적 성격이라기보다는 술 취한 사람들을 단속한다는 명분으로 음주 억제 풍조를 만들려는 성격이 더 강했다.

이후 술에 대한 세금은 노동자들이 노동 현장에 반드시 나타나게 하려는(노동자들이 술을 먹고 노동 현장에 나타나지 않는 일이 많았으므로) 규율 수단으로 여겨졌다(오스카 와일드Oscar Wilde는 이를 보고 '노동은 술꾼들에게는 저주다'라고 표현했다).[85] 술에 세금을 매기는 일반적인 목적은 노동자들이 술을 마시고 폭동이나 악행을 일으키지 못하게 하려는 것이다.[86] 물론 이 세금은 세수 증가에도 크게 기여했다. 빅토리아 시대 영국에서 주류세는 정부 총세수의 3분의 1 이상을 차지했다.[87]

양측에게 모두 유리한 제안: '맥주를 되돌려주고 소득세를 낮춰라'(밀워키 맥주 공장 밖에 걸린 간판)

제정 러시아에서는 제1차 세계대전이 일어났을 때 국가 전체 수입의 거의 30퍼센트가 보드카에서 나왔다.[88]

술에 세금을 부과할 때도 담배에 세금을 부과할 때와 유사한 문제가 발생한다. 예를 들어 젊은 사람들의 술 수요는 가격에 꽤 민감하게 반응하지만(탄력적), 이른바 술꾼들에게는 가격 탄력성이 훨씬 적다. 또 세율이 높으면 밀수나 국경을 넘는 거래가 자주 일어난다. 담배와 술에 대한 세금이 높으면, 불법적인 변종 소비가 조장된다는 점도 공통적 특징이다.

예를 들어 인도에서 담배 시장은 텐두잎tendu leaf을 말아서 만든 담배가 주를 이루는데, 최근까지도 일반 담배보다 세금이 훨씬 적게 부과되었다.[89] 또 러시아 정부가 2012년 보드카에 대한 소비세를 대폭 인상했을 때, 정부는 불법 제품이 빠른 시일 안에 시장의 절반 이상을 차지한다는 사실을 알게 되었다.

그러나 이 점에 관한 한 담배와 술에 중요한 차이가 있다. 불법 담배는 대개 합법적으로 생산된 담배보다 건강에 더 해롭지는 않지만, 밀조한 술의 주성분인 메탄올은 사람을 죽이거나 눈을 멀게 할 수 있는데 실제로 그런 일이 자주 일어났다. 인도 뭄바이에서는 2015년 밀주 사건 하나 때문에 100명 이상이 사망했다.[90]

미국의 금주법 시대에 세금은 가장 중요한 쟁점이었다. 금주법 이전(1920~1933)에는 많은 주의 재정이 주류 판매 소비세에 크게 의존했다. 그러나 주류 판매가 불법화되자 그 모든 수입도 함께 사라졌다. 금주법 옹호자들이 주류세 의존도를 낮추려고 소득세를 주장했던 것처럼, 술꾼들은 금주법이 도입되자 소득세 의존도를 줄이려고 금주 시대를 끝내야 한다고 주장했다. 이들은 밀워키 맥주 공장 밖에 이를 요구하는 간판을 내걸기도 했다.

섹스…

우리가 아는 한 어떤 정부도 영국의 전설적 코미디 그룹 몬티 파이선Monty Python의 촌극에 나오는 '거시기'에 세금을 부과하자고 떠드는 공무원들만큼 황당하지는 않았다.[91] 390년부터 로마제국의 기독교인 황제들은 동성 간 섹스는 법으로 금지하면서도(이를 위반하면 산 채 화형했다) 남성 매춘부들에게서 세금을 계속 징수했다.[92]

고대 아테네에서는 특정 매춘부들을 선별해 세금을 부과했고(이들을 포르노 텔로pornikon telos라고 한다), 칼리굴라 황제는 매춘부들에게 하루 1회 성행위값에 해당하는 세금을 부과했다. 성행위를 했는지 직접 관찰하기가 어렵다는 점을 감안하면, 아마도 그 세금은 추정세치고는 그리 나쁜 편은 아니었을 것이다. 칼리굴라는 또 미치광이(또는 잘못된 유머 감각) 증상으로 보이지만 전직 매춘부들에게도 이 세금을 부과했다. 2009년 네바다주(일부 카운티에서 매춘이 합법인 유일한 주)에서는 주 재정을 개선한다는 허위 명목으로 성행위 1회당 5달러의 칼리굴라 세금 법안이 제안되었지만, 결국 통과되지는 못했다.[93]

섹스 쇼도 가끔 세금의 표적이 된다. 2007년 텍사스주 의회는 라이브 누드쇼를 진행하며 술을 파는 업소에 고객 1인당 5달러를 세금으로 부과했는데, 이는 나중에 기둥세pole tax로 불렸다. 유타주에서도 '누드 또는 부분 누드인 종업원'이 서비스를 제공하는 업소는 입장료와 상품, 음식, 음료, 서비스 판매에 세금이 10퍼센트 부과되었다.[94]

포르노에 대한 과세의 여러 특징은 그대로 다른 섹스, 죄와 관련된 활동에 대한 중과세로 이어졌다. 몇 가지 사례를 들어보면, 이탈리아는 2005년 하드코어 포르노물에 부가세와 별도로 25퍼센트를 세금으로 부과했다. 프랑스에서는 포르노그래피가 아닌 영화만 5.5퍼센트라는 낮은 부가가치세율을 적용받는다.

이 책 작가 중 한 명의 동료는 한때 포르노 쇼와 일반 쇼에 차별적으로 세금을 적용하는 일을 했는데, 확신하기는 어렵지만, 아마도 9장에서 보게 될 케이크와 비스킷에 차별 과세를 하는 것보다 더 흥미로웠을 것이다. 미국에서는 2005년 민주당 상원의원 9명이 성인용 웹사이트 수익에 세금을 25퍼센트 부과하는 법안을 제안했는데 통과되지는 않았다.[95]

마약…

아편에 대한 세금은 중국 역사에서 특히 두드러지게 나타난다.

영국(동인도회사)은 인도에서 독점 생산한 아편을 중국으로 안전하게 들여오기를 원했고, 결국 2차 아편전쟁 후인 1858년 아편 반입을 합법화했다. 아편전쟁 후 체결한 조약(난징조약)은 아직도 중국에 대한 영국의 영향력이 남아 있을 정도로 '불평등한 조약'이었다(글래드스턴 총리는 "나는 우리가 중국에 저지른 국가적 죄악에 대해 하나님이 영국에 내릴 심판이 두렵다"라고 말했다).[96] 아편이 초래할 사회적 재앙을 우려했던 청나라는 마지못해 아편 수입을 허용하며 관세를 8퍼센트 부과했다[97](아이러니하게도 아편 관세 수입은 난징조약에 따라 전후 영국과 프랑스 동맹국이 부과한 막대한 배상금 마련에 유용하게 사용되었다).

재앙으로 점철된 1930년대, 국민당이 이끄는 중화민국 정부와 지방성, 이후 등장한 공산당 그리고 홍콩의 영국 식민 정부 모두 아편세에 크게 의존했고, 중국과 전쟁 중이던 일본 점령 정부도 그랬다. 더 최근에는 아프가니스탄의 탈레반과 FARC(콜롬비아 혁명군)도 전쟁 비용을 조달하려고 마약 밀매에 세금을 부과한 것을 넘어, 한 발 더 나아가 통제 구역에서 아편 선적을 보호하고 헤로인 연구소를 운영함으로써 마약 생산에 더 직접적으로 관여했다.[98]

오늘날 마약 논쟁은 대마초의 합법화와 과세에 초점이 맞춰져 있다. 네덜란드는 1976년부터 소량의 대마초 소유를 허용했으며, 2008년에는 700개 이상의 커피숍●[99]에서 해마다 4억 유로의 법인세를 징수했다. 미국도 중독성 마약이 이런 식으로 취급되었던 과거로 다시 돌아가고 있다. 1914년 해리슨 마약류 세법Harrison Narcotics Tax

---

● 네덜란드에서 '커피숍'은 대마초를 피우거나 대마초 용품을 판매하는 곳이며, 커피를 마시는 곳은 '카페'다.

Act은 아편과 코카 제품의 생산, 수입, 유통을 규제하고 세금을 부과했으며, 마약류의 생산자와 유통자는 국세청에 등록하고, 판매량을 기록하며, 연방 세금을 납부하도록 의무화했다.

그러나 오늘날 미국의 대세는 대마를 합법화하는 쪽으로 방향을 바꾼 것으로 보인다. 적어도 부분적으로는 이로부터 적지 않은 세금을 거둘 수 있다는 인식이 깔려 있을 것이다. 콜로라도주는 2014년 주 가운데 처음으로 기분 전환용 대마 판매를 허가했다. 콜로라도주는 기분 전환용 대마에 소비세 15퍼센트, 특별판매세 10퍼센트, 판매세 2.9퍼센트를 매기면서 대마 재배업자와 판매업자에게 출원료와 면허료를 부과했는데, 그 결과 술 판매의 두 배 가까운 세금을 거둬들였다.[100]

캘리포니아주도 2018년 1월 1일부로 기분 전환용 대마를 합법화하고 이에 세금을 15퍼센트를 부과했는데, 2020년 3월까지 세금을 10억 달러 거둬들였다.[101] 대마 사업자들은 미국의 증권시장에 회사를 상장시키며 향후 성장에 대한 기대로 한껏 부풀어 있다. 대마 회사는 '스케줄 I 약류'Schedule I drug로 분류되는데, 이 카테고리로 분류되는 회사는 일반 사업비가 공제되지 않으므로 소득세가 판매에 대한 세금과 똑같다.[102]

로큰롤에는 세금이 많이 붙지 않아요…

록이나 다른 종류의 음악이 세금의 표적이 된 사례는 없지만, 그럼에도 세금 이야기에서 록 스타들이 남긴 두 가지 이야기는 빼놓을 수 없다. 하나는 그들이 세금에 대한 불만을 굳이 레코드를 거꾸로 돌리지 않아도 충분히 알아들을 수 있도록 표현했다는 것이다.

앞서 언급한 비틀스의 〈택스맨〉뿐만 아니라 영국의 록그룹 더후The Who는 〈성공 이야기Success Story〉에서 '여섯은 세금으로, 나머지 하나만 밴드 몫이라네'라고 노래했고,[103] 록그룹 킹크스Kinks도 〈화창한 오후Sunny Afternoon〉에서 '나는 요트를 탈 수 없어. 세금 징수원이 내가 가진 걸 다 빼앗아갔으니까'라고 노래했다. 또 다른 하나는 그들의 유명한 세금 회피 이야기인데, 이는 12장에서 살펴본다.

건강에 해로운 생활

기름진 음식과 설탕이 많이 들어 있는 음료가 담배 못지않게 우리 몸에 해롭다는 것을 아는가? 최근 비만, 심장병, 뇌졸중 환자가 급격히 증가하는 상황에 발맞춰(이는 부정적인 외부 효과 때문이라기보다는 자기 통제의 문제다), 정책 입안자들도 동맥이 막히게 만드는 지방 함유 식품과 설탕이 든 청량음료에 세금을 부과하는 추세를 보인다.

하지만 '비만세'는 거센 저항에 부딪혔다. 지금까지 비만세를 채택한 곳은 덴마크뿐이다. 덴마크는 2011년 작은 버터 한 통에 세금을 부과해 가격을 약 30퍼센트나 올렸는데, 이로써 맛있는 잼이 가득한 빵 스판다우어Spandauer와 프레첼 같은 도넛 크링글Kringles은 심각한 타격을 입었다.

하지만 이 세금은 겨우 1년밖에 지속되지 못했다. 정부 태도가 바뀐 이유는 특정 상품에 높은 세금을 부과할 때 으레 생기는 바로 그 문제 때문이었다. 즉, 사람들이 이 제품들을 해외에서 구매하기 시작한 것이다. 덴마크 사람들의 거의 절반[104]이 자신들이 좋아하는 지방이 많은 음식을 사려고 국경을 넘어 세금이 붙지 않은 독일이나 스웨덴으로 넘어간 것으로 나타났다.

비만세가 지금까지 자리 잡지 못했지만, 설탕이 든 음료에 세금을 부과하는 것은 나름 꽤 인기를 얻고 있다. 그러나 이것도 사실 새로운 것은 아니다. 미국의 우드로 윌슨 대통령은 1914년, 제1차 세계대전의 전비를 조달하기 위해 청량음료(맥주와 특허 의약품도 함께)에 세금을 부과해달라고 하원 세입위원회에 요청했다. 결국 윌슨 대통령의 요청은 의회에서 승인되지는 않았지만, 그런 음료에 대한 세금은 개발도상국에서는 이미 꽤 널리 퍼져 있었다. 물론 개도국에서는 청량음료가 극빈층이 소비하는 상품이 아니라는 점을 고려할 때, 꼭 건강을 염두에 두었다기보다는 합리적인 수익원이라고 생각했을 것이다.

오늘날 탄산음료 세금, 더 정확히 말하면 설탕이 첨가된 음료에 대한 세금은 빠르게 확산되고 있다. 2014년 캘리포니아 버클리의 유권자들은 미국에서 처음으로 탄산음료 세금 법안에 찬성했고, 현재 적어도 8개 지역에서 이를 시행하고 있다. 유럽, 프랑스, 아일랜드, 노르웨이, 영국 등 몇몇 선진국도 이미 시행하고 있다.[105]

탄산음료 소비가 유난히 많고 최근 들어 비만이 급증한 멕시코는 2014년 설탕이 첨가된 무알코올 음료에 세금을 10퍼센트 부과했는데,[106] 이는 어느 정도 성공한 것으로 보인다. 경제성장 둔화와 소비자 취향 변화 같은 다른 요인이 작용했을 수도 있지만, 설탕이 든 음료의 소비가 이듬해에 10퍼센트 줄어든 것이다.[107] 물론 탄산음료 섭취를 줄인다고 해서 반드시 체중 감소나 건강 증진으로 이어지는 것은 아니다. 또 멕시코 사람들이 여전히 건강에 좋지 않지만 세금이 붙지 않는 다른 음료로 바꿨을지도 모른다. 예를 들어 맥주 판매는 세금이 시행된 이후에도 증가했다.

사실 이런 현상은 그런 세금과 관련해 제기되는 큰 의문점 중 하나다. 그러니까 소비자들의 이런 전환 행태를 고려하면, 과연 이런 세금이 더 나은 건강으로 이어지는지에 대한 확실한 증거는 없다는 것이다(또 이런 질문이 나올 수도 있다. 부유한 나라 사람들이 기본적으로 너무 많이 먹는 게 문제라면, 음식에 특별히 낮은 세율을 부과하는 기존 관행을 중단하는 것이 더 간단한 해결책 아닐까?).

우리를 더 건강하게 만들기 위한 세금은 이밖에도 더 있다. 예를 들어 붉은 고기(소, 양, 돼지고기 등)에 대한 세금도 소, 돼지 등 가축들이 불러일으키는 기후 문제를 겨냥한 것이다.[108] 선텐업소tanning salon에 대한 과세도 마찬가지다. 국제암연구기구International Agency for Research on Cancer가 일광욕용 베드tanning beds를 석면, 비소, 담배 등과 함께 암을 유발할 위험성이 높은 범주로 분류한 이후 미국에서는 2010년 건강보험개혁법의 일환으로 피부 선텐 업소에 소비세를 10퍼센트 부과했다.

이러한 죄악세는 대부분 가난한 사람들이 순수하지 않은 쾌락에 빠지는 것을 막으려는 의도로 보인다. 하지만 과연 부자들이 좋아하는 죄는 없을까? 향정신성 약물류의 화학구조를 변형시켜 제조한 합성약물류인 디자이너 약물designer drugs은 일부 상류층 가정에 꽤 널리 퍼져 있지만, 아직 이들에는 세금이 부과되지 않는다. 또 많은 부자에게 일중독은 스스로 선택한 중독이라는 견해도 있다. 따라서 이런 불쌍한 사람들이 돈을 벌어야겠다는 열망을 극복하도록 도우려면 소득세율을 상향 조정해야 한다는 주장도 제기되고 있다.[109]

세금 대 규제

+

사람들이 해서는 안 될 일을 하지 못하게 하는 방법에 세금만 있는 것은 아니다. 그들에게 자신들이 한 행동의 결과에 대한 좋은 정보를 제공하는 것도 또 다른 방법이다. 그러기 위해 정부는 세금 부과와 규제 사이에서 선택할 수 있다. 여기서 규제는 노골적으로 금지하는 방법뿐만 아니라 세금을 매겨 가격을 올리는 방식 이외의 덜 극단적인 통제 방법을 사용하는 것도 포함된다.

예를 들어 러시아의 표트르 대제는 귀족들이 수염을 기르지 못하도록 세금이라는 방법을 사용했지만, 17세기 중국 청나라에서는 사람들에게 정부가 원하는 머리 모양(변발)을 하게 하려고 다른 방법을 사용했다. 청나라는 1912년 왕조가 멸망할 때까지 앞머리는 밀고 뒷머리는 길게 따는 것을 만주족(청나라를 세운 민족)에 복종하는 표시로 여기고 이를 따르지 않는 자는 사형에 처했다. 러시아에서 니콜라이 2세는 1914년, 보드카를 마시는 것이 전쟁 의지를 떨어뜨린다고 판단하고 보드카를 마시지 못하게 했지만, 이로써 가장 큰 수입원을 포기해야 했다.

그러나 수입은 그만두고라도 그런 강제적인 규제보다 과세가 나은 점은 가격 메커니즘의 힘을 활용해 자원을 효율적으로 배치한다는 것이다. 전면적으로 금지하는 방식인 규제보다 잘 설계된 세금 접근법의 또 다른 장점은 세금 부과 활동을 잘 사용하는 사람들이 그 방법을 계속 발전시킨다는 것이다.

기후 변화를 예로 들어보자. 정책 입안자들은 전체 온실가스 배출량을 줄이려고 개별 기업의 배출 한도를 설정하거나 자동차, 건물

등에 대해 배출 표준을 고안하는 식으로 제도를 발전시켰다. 반면 배출을 아예 규제하는 접근법의 문제점은 그런 목표를 설정하고 집행하는 실질적 비용은 제쳐두고라도, 그 사회가 감당할 수 있는 최소 비용으로 배출량 감소라는 목표를 달성한다는 보장이 없다는 것이다.

하지만 세금 접근법은 그것이 가능하게 했다. 규제 접근법의 또다른 문제는 특정 회사가 배출량을 줄이는 데 얼마나 많은 비용이 드는지 직접 관찰할 수 없는 한(사실 이는 가능하지 않다), 배출량 제한을 설정한다 해도 이산화탄소 1톤을 줄이는 비용이 철강회사나 버스회사에 모두 같지 않다는 것이다. 따라서 총배출량 감소 목표가 같다 하더라도 비용이 적게 드는 업종은 배출 감소량을 더 늘리고, 비용이 많이 드는 업종은 배출 감소량을 더 줄이는 방식을 취할 수 있다. 이러한 방식으로 사회는 어느 업종이 기후 변화 영향에 더 중요한지에 따라 전체적으로 더 낮은 비용으로 같은 총배출량 감소를 달성할 수 있다.

그런 의미에서 탄소의 연소에 가격을 매기는 것은 모든 회사가 배기가스를 줄이는 데 같은 비용을 내도록 자동으로 보장하는 현명한 방법이다.● 그렇게 함으로써 회사들이 탄소 배출을 줄이는 데 드는 비용과 줄이지 않아서 발생하는 비용이 서로 같아질 때까지 탄소 배출을 줄이려고 노력할 것이기 때문이다. 이것이 바로 탄소 가격이다. 탄소 가격이 모든 기업에 같다면, 모든 기업은 결국 탄소 배출을 줄이는 데 같은 비용을 부담하는 셈이다. 이 경우 정책 입안자들이 각 회사가 배출량을 줄이는 데 얼마나 많은 비용이 드는지 직접 관찰

● 규제 방식보다는 과세 방식이 낫다는 결론.

할 수 없더라도, 사회가 가장 적은 비용을 내는 방식으로 탄소 배출을 줄일 수 있다. 그러면 정부가 군이 개입하지 않더라도 애덤 스미스의 보이지 않는 손이 제대로 잘 작동할 것이다.

다만 과세 접근법의 단점은 유해 활동이 앞으로 얼마나 지속될지 확실히 알 수 없다는 점이다.[110] 예를 들면, 특정 액수의 탄소세가 앞으로 탄소 배출량을 어느 정도 수준으로 끌어내릴지를 전적으로 확신할 수 없다는 것이다. 특히 외부 효과를 창출하는 활동의 작은 차이가 큰 사회적 결과를 가져올 경우, 이는 진짜 큰 문제가 될 수 있다.

제1차 세계대전 당시, 영국의 로이드 조지 총리는 군수공장 노동자들이 술에 취해 작업장에 나오지 않거나 술김에 작은 실수로 공장 전체를 폭파시키는 사고가 일어나지 않도록 술집 영업시간을 제한했다. 큰 재앙을 막으려고 사소해 보이는 작은 문제에 엄격하게 대처한 것이다. 전 세계가 글로벌 외부 효과를 다루는 국제 협정을 효과적으로 체결하기 위해 한자리에 모여 오존층을 파괴하는 염화불화탄소의 생산과 사용을 단계적으로 중단한 것도 바로 이런 이유 때문이다.

과세의 한계는 우리 시대의 또 다른 거대한 외부 효과인 코로나19 대유행으로도 충분히 설명된다. 여기서 외부 효과는 다양한 종류의 접촉을 통한 감염의 확산이었다. 이 경우 접촉을 막으려고 피고비안식 세금을 부과하는 것은 기술적으로 명백히 실용적이지 않았다. 설령 그런 식의 세금을 부과했다 하더라도 올바른 대응은 되지 못했을 것이다. 각기 다른 상황에서 감염 위험의 불확실성이 크다는 것은 세율이 잘못 설정될 개연성이 크다는 것을 의미하기 때문이다. 또 세금을 너무 낮게 책정해 결과적으로 접촉이 많아진다면(또는 세금을 너

무 높게 책정해 불필요하게 경제적 고통이 가중된다면), 그로써 생기는 피해
는 돌이킬 수 없을 만큼 클 것이다.

사회적 거리두기 형태의 규제는 이론적으로 더 나은 접근법이었
을 뿐만 아니라 실제로도 유일하게 실행 가능한 접근법이었다. 코로
나19 대유행이 기후 변화의 맥락과 다른 점은 기후 변화의 피해는 서
서히 쌓이는 배출량에 따라 달라지므로 시간에 따라 부과하는 탄소
세를 조정해 연간 흐름의 경로에 영향을 미칠 수 있지만, 코로나19는
그렇게 너그럽지 못하다는 것이었다.

세금과 규제가 모두 각자 나름의 분명한 역할을 하는 사례도 있
다. 어떤 상품의 구매에 세금을 부과한다는 것은 결국 그 상품의 사
용에 세금을 부과하는 것과 같은 의미가 아니다. 그 상품이 사용되
는 상황에 따라 문제가 되는 외부 효과는 큰 차이가 생길 수 있다. 이
것이 바로 술에 세금을 부과하는 경우, 술꾼들과 갈등이 생기는 근본
적인 어려움이다. 예를 들어 하룻저녁에 맥주를 7파인트(3.3리터) 마
시는 것과 일주일 동안 하루에 1파인트(0.47리터)를 마시는 것은 아주
다른 일이지만, 하룻저녁에 조금씩 마신다고 해서 세율을 더 낮게 부
과하기는 어렵다(기술적으로 언젠가는 달리 부과할 수 있겠지만).

그리고 적당한 음주는 관상동맥 심장 질환의 위험을 줄일 뿐만
아니라 스트레스를 줄여주고, 다른 사람들에게 유익한 외부 효과를
미치는 사교성을 높이는 데 효과가 있다. 따라서 모든 주류 구매에
동일한 비율로 부과되는 세금은 그다지 효과적인 피고비안 방식이
아니다. 여기서 음주운전을 금지하는 법이나 음주한 후에는 시동이
걸리지 않는 장치alcoholic interlocks 등과 같은 규제의 역할이 등장한다.
담배 문제에서도 공공장소의 흡연 제한은 비흡연자에게 미치는 피해

를 완화하는 데 중요한 역할을 할 수 있다.

그러나 모든 공공 정책이 그렇듯이, 이러한 제한은 뜻하지 않은 결과를 불러올 수도 있다. 예를 들어 음주 최소 연령을 법제화함으로써 음주운전을 줄이려는 미국 여러 주의 노력은 청소년의 사망 운전 사고를 줄여준 것으로 나타났다. 하지만 어떤 주에서 청소년에게 40킬로미터 이내로 음주운전을 허용한 경우는 다른 결과가 나타났다. 젊은이들은 이웃 주로 나가 합법적으로 음주운전을 했고, 특히 18~19세 운전자의 사망사고 발생률은 실제로 더 높아진 것으로 나타났다.[111]

같은 이유로, 세금은 피해가 발생하는 곳을 집중해서 표적으로 삼을수록 외부 효과를 더 효과적으로 해결할 수 있다. 예를 들어 휘발유에 세금을 부과하는 한 가지 근거는 교통 혼잡을 완화해 모든 운전자가 서로에게 교통 체증으로 인한 시간 낭비를 줄여주자는 의도였다. 그러나 기술이 발전함에 따라 명시적인 혼잡 요금 부과는 더 빈번해지고 더욱 정교해진다.

이 분야의 세계적 선두주자는 단연 싱가포르다. 싱가포르는 차량 종류뿐만 아니라 하루 중 시간대에 따라, 심지어 예측 교통 속도에 따라 실시간으로 조정되는(속도가 느릴 때, 즉 혼잡이 심할 때 요금이 더 올라가는) 혼잡통행료를 도입할 계획이다. 물론 차량 속도 정보는 주차장 상황 정보 업데이트와 함께 운전자들에게 즉시 제공된다.[112] 이러한 발전은 적어도 운전자들에게는 좋은 소식이 될 가능성이 크다. 이처럼 혼잡통행료가 일반화되면 혼잡 문제를 해결한다는 명분으로 휘발유에 세금을 부과한다는 논란은 사라지고, 최소한 원칙적으로 휘발유에 대한 세금은 인하되어야 할지 모른다.[113]

그러나 아마도 세금과 규제의 가장 분명한 차이점은(특히 정부에서) 과세가 어떤 행동을 제한하거나 금지하는 규제보다 수익을 올리는 매력이 있다는 점일 것이다. 그리고 정부들은 그런 이유로 과세에 중독될 수 있다. 존 핌의 판매세(55쪽 참조)에서 본 것처럼, 우리 생활에서 임시세만큼 영구적인 것은 거의 없다.●

이 장에서 세금의 목적을 다양하게 살펴보았지만, 대부분 세금의 진정한 목표는 정부의 수입을 올리는 것이다. 이는 때로는 의도하지 않은 행동 반응, 때로는 바람직하지 않은 행동 반응, 때로는 결정적으로 이상한 반응으로 이어진다.

● 처음에는 임시 조치로 등장했다가 영구 조치로 정착한다는 의미.

9장

부수적 피해

국세청은 납세자의 호주머니를 털 목적으로 세법에 따라
가능한 모든 방법을 활용하는 데 빠르고 올바르게 행동한다.
납세자도 마찬가지로, 자기 재산을 세금으로 빼앗기는 것을 막으려고
정직하게 할 수 있는 한 기민하게 행동할 권리가 있다.
클라이드 경[1]

영국이 19세기 동안 전 세계의 바다를 지배했지만 19세기에 만들어
진 영국 상선은 대부분 바다 밑바닥으로 처박힐 정도로 위험성이 높
았다. 영국의 상선들은 '유럽에서 가장 볼품없고 다루기 힘든 배들'
이었는데,[2] 그 이유는 바로 세금 때문이었다. 1773년 이후 거의 한 세
기 동안 영국의 배는 항구 요금과 등대 요금을 내야 했는데, 이는 배
의 길이와 너비에 따라 부과되었지만 깊이는 상관이 없었다.[3] 따라서
세금을 최소화하면서 화물을 최대한 많이 싣는 방법은 깊이가 깊고
폭이 좁은 배를 만드는 것이었으므로 배 모양이 불안정해진 것이다.

1830년 『해양 사전Marine Directory』의 저자는 상선을 건조할 때
"영국은 바람이 다른 방향으로 불어도 항해를 잘할 수 있도록 만들기
보다는 화물 선적에 따른 세금을 회피하는 데 더 많은 주의를 기울인

다"라고 썼다.[4] 그러니까 영국의 상선은 항해에는 전적으로 적합하지 않았지만, 조세 효율성은 뛰어났다는 것이다.

어떤 물건에 세금을 부과하면 그 물건의 소비와 생산이 줄어드는 것은 명백하다. 창문세가 창문 수를 줄인 것처럼 말이다. 그러나 볼품없는 영국 선박은 세금이 우리가 소비하고 생산하는 물건의 본질적 특징마저 바꾼다는 것을 보여준다. 세금에 대한 이런 반응은 세금 납부가 단순한 자원 이전 이상의 피해를 불러온다는 점을 시사한다. 이 장에서는 이 같은 초과 부담의 본질을 좀 더 자세히 살펴본다.

독창성을 자극하다

+

케인스는 "세금 회피는 여전히 이익이 남는 지적 추구"라고 말했다.[5] 우리는 세금 회피라는 말을 들으면 돈 많은 변호사가 고급 사무실에서 기발한 생각을 꾸며내는 것을 연상하는데, 11장에서 살펴보겠지만 국제적 과세에서는 그런 경우가 많은 것이 사실이다. 하지만 세금 회피는 때로는 일상의 물건들까지 해괴한 형태로 뒤틀어놓기도 한다(영국의 상선처럼). 그리고 그 해괴한 모습에서 그 물건이 자연스럽게 보이지 않는다는 것이 명백히 드러나는데, 바로 그 부자연스러움이 초과 부담이라는 증거다. 일상의 물건에서 그런 해괴한 모습이 나타나게 되는 근본적 원인은 오늘날의 호사스러운 변호사들이나 19세기 조선업자들이나 다를 바 없다. 정부가 일단 어떤 물건에 세금을 부과하기로 하면 어떤 것이 과세 대상이고 어떤 것이 과세 대상이 아닌지 명확하게 정의한다. 그러면 납세자들은 세금이 부과되는 것과 매우 유사하지만 실제로는 부과되지는 않는 물건을 찾거나 발명한다.[6] 바로 여기에 많은 나쁜 술수가 끼어든다.

이상한 물건들

세금은 발명의 어머니라는 사실이 증명되었다. 사람들이 무언가의 필요성을 절실하게 인식하기 때문이다. 세금을 회피하려고 인상적인 창조물이 많이 만들어졌지만, 대부분 자연스럽지 않은 형태로 비틀어져서 사회적 관점에서는 의미 없다기보다는 오히려 더 나쁜 편에 가깝다. 그런 창조물은 무거운 세금이 부과되는 것들에서 가장 강력하고 눈에 띄게 나타난다. 지난 몇 세기에 걸쳐 가장 두드러진 창조물로는 주택, 담배, 술, 자동차 등을 들 수 있다.

건물에 대한 세금은 쉽게 변하지 않는 부와 수익성의 가시적 지표로 오랜 기간 매력적인 과세 기반이었다. 그런 이유로 건물은 특히 이상한 왜곡을 자주 보였는데, 폭이 좁은 건물도 그런 경향이 반영된 것이다.

400년 전, 폴란드의 주택 소유자들은 집의 정면이 도로에 얼마나 넓게 접하는지(그리고 길 쪽을 향한 벽의 창문 수)에 따라 재산세를 냈는데, 아마도 세금 징수원이 길을 따라 걸으면서 쉽게 확인할 수 있었기 때문일 것이다. 그 결과 어떤 현상이 나타났을지는 쉽게 추측할 수 있다. 바로 폭이 좁은 집들이 생겨났는데, 이런 집들은 1제곱미터당 재산세가 훨씬 적었다. 16세기에 네덜란드에서도 집의 폭을 기준으로 세금을 매겼다. 이 같은 세금 부과 방식은 당시 네덜란드 식민지였던 카리브해의 쿠라사우섬에도 적용되었는데, 이 섬의 수도 빌렘스타트에는 지금도 해안을 따라 매우 폭이 좁은 (하지만 색상이 눈에

띠게 다채로운) 건물들이 남아 있다.

도쿠가와 시대 일본에서도 집이나 상점의 폭을 기준으로 세금을 부과했다. 이로써 일본의 많은 고대 건물은 폭이 좁고 세로로 긴 형태를 띠는 경향이 있으며, 대부분 상점은 건물의 실제 크기를 감추려고 전면을 작게 설계한 것이 특징이다.[7] 상점 주인들은 그런 모양의 건물에 아주 작은 문을 달고는 세금 징수원에게 자기 건물은 작아서 세금을 덜 내야 한다고 설득했다. 베트남에서도 주택과 상점의 전면이 거리에 접하는 폭을 기준으로 세금이 부과되었으므로 세금을 낮추기 위해 '로켓' 모양으로 주택을 지었다.[8]

세금을 피하기 위한 변칙적인 건물은 이밖에도 많다. 그리스에서 미완성 건축물은 세금을 60퍼센트 감면해주자 미완성 건물이 엄청나게 생겨났다. 미국에서는 1962년 내국세법Revenue Act에 투자에 대한 세액 공제 규정이 도입되면서 이동식 사무실 칸막이가 널리 유

폭이 좁은 로켓 모양 주택들

행했다. 고정된 구조물은 공제 대상이 아니지만 이동식 칸막이는 공제 대상에 포함되었기 때문이다. 반면, 이탈리아 남동부의 그림 같은 마을 알베로벨로는 주택이 말 그대로 가장 빨리 변하는 곳으로 유명했다. 이 마을의 전통적 석조 가옥인 트룰리Trulli는 모르타르를 사용하지 않고 마른 돌로만 지어졌는데, 많은 인터넷 관광 사이트[9]에 따르면 이는 세금 때문으로, 세금 징수원이 나타날 것 같으면 집을 빠르게 해체하기 위해서라는 것이다.

흡연자들도 다양한 기형적 상품을 목격했다. EU의 많은 나라에서 여송연cigar에는 일반 담배cigarettes보다 낮은 세금을 부과하자 담배 제조사들은 세금을 피할 목적으로 담배 같은 여송연 생산에 눈을 돌렸다. 또 여송연으로 분류되는 담배의 최소 무게 규칙이 도입될 때까지는 가는 필터 담배cigarillo와 여송연이 명확히 구분되지 않았으므로 제조사들은 작게(따라서 무게가 덜 나가도록) 잘라서 피우게 되어 있는 긴 담배를 생산했다. 결국 EU는 담배 제품의 정의를 더 세분해서 강화할 수밖에 없었다.

1990년 독일에서는 '롤 담배'tobacco roll라는 제품이 나왔다. 연기가 투과되는 종이에 잘게 썬 담배를 싸서 별도로 판매하는 '엠프티'empty라는 튜브에 넣어 피우는 담배였는데, 이 롤 담배는 EU의 담배 제품 정의에 해당하지 않았다. 엠프티 없이 '그 자체만으로는 피울 수 없었기' 때문이다. 결국 롤 담배는 세금이 훨씬 적은 '잘게 썬 담배' 범주로 분류되었다.

그리고 마침내 '파티 시가'party cigar가 등장했다. EU의 많은 나라에서는 여송연과 필터 담배의 소비세율을 무게가 아닌 제품 낱개 당으로 규정하였다. 그러자 일부 제조업체들은 낱개의 길이를 길게

집이 어디 있는지 찾아봐!(두 건물 사이에 있는 좁은 집이 보이나요?)

만들었는데, 폴란드에서 길이가 35센티미터나 되는 파티 시가가 등장했다. 파티 시가는 혼합된 담뱃잎을 담뱃잎으로 싼 것으로, 그 자체로 흡연하는 것이 아니라 20개비로 나눠야 한다는 점을 제외하고는 EU의 여송연/필터 담배의 정의를 충족한 제품이었다.[10]

술도 세금 회피 때문에 우여곡절을 겪었다. 1786년 스코틀랜드에서는 증류기의 용적량에 비례해 면허세를 부과하는 방식으로 증류주에 세금을 부과했다. 이 방식으로 공장에서 생산하는 증류주의 양을 정확하게 알 수 있다고 보았기 때문이다. 그러나 공장들에서는 꼼수를 쓰기 시작했다. 면허세가 시행되자 공장들은 용적량은 같지만 주정을 더 빨리 증류할 수 있는 더 넓은 증류기shallower를 설치했다. 세금 역사에서 늘 반복되기 마련인 쫓고 쫓기는 고양이와 쥐 게임에서 정부는 이에 대응해 세율을 인상했고, 증류업자들은 더 창의적인 꼼수를 생각하게 되었다. 결국 이 제도가 폐지될 때까지 세금은 갤런당 1.50파운드에서 54파운드까지 치솟았고, 주정 40갤런을 뽑아내는 데 걸리는 시간은 2,880배나 늘어났다.[11]

영국에서 진 광풍Gin Craze●이 일어났을 때도 비슷한 꼼수가 등장했는데(12장에서 자세히 설명한다), 갤런당 고정 금액이 세금으로 부

이탈리아 전통 석조 주택 트룰리. 세금 징수원이 나타날 거라고 예상되면 빠르게 해체되었다.

과되는 것으로 명시되어 있었으므로 증류업자들은 자신들이 생산한 진의 알코올 함량을 높이는 방식으로 세금을 피했다. 그러자 정부에서는 더 높은 세금을 부과하는 악순환이 계속되었다.

영국의 시인이자 평론가인 새뮤얼 존슨Samuel Johnson 박사**는 "소매업자들은 특정 알코올 도수의 술에 주정을 세 차례 나누어 넣는 기발한 제품을 만들어 주정 1파인트에 대한 세금만 내고 3파인트를 사용한 만큼의 술을 판매할 수 있었다. 이는 증류량을 세 배로 늘리면서도 술꾼들을 만족시키기에 충분한 알코올 도수를 유지할 수 있었기 때문이다"라고 말했다.[12]

● 18세기 초반 영국에서 특히 저소득층을 중심으로 진이 매우 많이 소비된 현상.
●● 문학에 대한 업적으로 박사학위가 추증되어 '존슨 박사'라 불림.

세금은 이상한 자동차도 만들어냈다. 칠레에서 정부가 소형 패널 트럭보다 승용차에 훨씬 더 높은 세금을 부과하자 시장에는 화물칸에 패널 대신 유리 창문을 갖추고 뒤쪽에 천막을 씌운 승용차 대용 패널 트럭이 나왔다.[13] 인도네시아에서는 정부가 모터사이클에 세금 우대 조치를 하자 뒷좌석에 긴 벤치를 설치해 8명까지 탈 수 있는 바퀴가 세 개 달린 기발한 모터사이클이 등장했다. 이 장치는 자동차처럼 보이지만 자동차로 분류되지 않고 모터사이클의 세금이 적용되었다. 2009년 이후 미국으로 수입되는 승합차에는 관세가 2.5퍼센트 부과되는 반면 화물차에는 25퍼센트가 부과되자 포드자동차는 5인승 승합차 모델인 트랜짓 커넥트Transit Connect를 수입해 뒷좌석, 바닥, 뒷유리창을 뜯어내고 새 바닥을 덧붙였다. 이렇게 승합차에서 화물차로 개조되는 데는 정확히 11분 걸렸다.[14]

세금으로 인한 이 같은 독창적 혁신에는 칭찬할 만한 좋은 사례도 많다. 18~19세기 영국 정부가 수많은 상품세를 도입하면서 보여준 창의성도 대단했지만, 그 세금을 피하려는 납세자들의 창의성 역시 그에 못지않았다. 1712년 정부가 인쇄된 무늬 벽지에 세금을 부과하자 건축업자들은 무늬가 인쇄되지 않은 벽지를 붙인 다음 그 위에 무늬를 입히는 방식으로 세금을 피했다.[15] 1745년에는[16] 완성된 최종 제품의 무게에 따라 유리 제품에 세금이 부과되었는데, 의학저널 『란셋Lancet』은 이를 '빛에 대한 어리석은 세금'[17]이라고 표현했다.

그러나 이 세금을 줄이려고 속이 빈 목 손잡이hollow stems가 달린 작고 멋진 유리잔이 쏟아져 나왔는데, 이들은 '소비세 잔'[18]이라고 불리며 오늘날 수집가들에게 인기 있는 물건이 되었다. 1784년에는 벽돌과 기와에 대해 개당 세금이 부과되었는데, 건설업자들은 더 큰 벽돌(따라서 더 적은 수의 벽돌)을 사용함으로써 세금을 줄일 수 있다는 사실을 재빠르게 알아챘다. 정부도 이에 질세라 더 큰 벽돌에 더 많은 세금을 부과했다. 시기에 따라 크기가 다른 벽돌이 나란히 사용된 사진들이 아직도 많이 보인다.[19] 거의 비슷한 시기인 1795년 덴마크-노르웨이 연합은 크기에 따라 누진율을 적용하는 방식으로 수입 거울에 세금을 부과했다. 예를 들

세금 회피 노력이 탄생시킨 우아한 작품. 속이 빈 목 손잡이가 달린 작고 멋진 유리잔

면 크기가 두 배인 거울은 세금이 두 배 이상 높았다. 그래서 세금을 피하려고 작은 거울을 수입한 뒤 연결해 큰 거울을 만들었다는 이야기가 전해진다.

세금 이야기에 예상치 않게 자주 등장하는 개 이야기도 빠질 수 없다. 영국 왕실은 수백 년 전부터 개에게 세금을 부과했지만, 썰매·수레 등을 끄는 꼬리가 잘린 작업견working dogs은 세금 면제를 허용했다. 이는 가난한 사람들은 일만 하고 귀족들 사냥에는 따라다닐 수 없는 꼬리 없는 개들만 소유했으므로 그들에게 세금을 면제해주려는 취지였다. 그러니까 개의 꼬리를 자르면 균형감과 이동성을 상실해 사냥용으로는 쓸 수 없다는 생각이 깔린 것이었다. 그렇지 않아도 재정 형편이 어려운 평민들은 세금을 피하기 위해서라도 개 꼬리

를 자르는 관행을 순순히 따랐다. 그러나 개에 대한 세금이 폐지될 때까지 개 꼬리를 자르는 것이 일종의 전통이 되어 세금이 완전히 없어진 오늘날까지 그 관행이 남아 있다. 그러나 개 세금에 정통한 학자들 중에는[20] 이 이야기를 믿지 않는 이들도 있다.

이 이야기들의 공통 특징은 세금이 배의 길이나 폭, 벽지에 무늬가 있느냐 없느냐, 위스키 증류기의 폭 등과 같이 어떤 물건의 물리적 특징에 근거해서 부과되었다는 것이다. 소득세에서 소득을 추정해 세금을 부과했던 것처럼, 그런 세금이 부과되는 물건의 특징이 그물건 자체의 본질을 나타내는 요소였기 때문이다. 그러나 그런 물건들은 저마다 복잡한 속성이 있어서 한두 번 세금이 부과된 다음에는 어떻게 해서든 세금을 회피하려는 사람들이 물건의 본질은 유지하면서 과세되지 않는 다른 속성의 물건으로 대체한다.[21] 납세자들의 이

한 벽에 크기가 다른 두 가지 벽돌이 사용되었다.

같은 대응은 어떤 물건의 특성을 기준으로 과세하는 정부에서 의도하지 않은 것이었으므로 정부는 위 벽돌 사례에서 보는 것처럼 세금 기준을 다시 정하며 대응한다. 결국 세금 회피는 납세자들의 기발한 발명과 그 발명을 무력화하려는 정부 사이에 벌어지는 치열한 경쟁 무대였다.

이처럼 특성을 기반으로 하는 과세는 창의력이 돋보이는 인상적인 혁신을 가져오기도 했지만, 세금을 피할 수 있다는 이익은 그만두고라도 해당 제품 자체를 해괴하게 만들었다. 이런 문제에 대한 해결 방안은 특성 대신 가격을 기반으로 과세하는 것이다. 이를 종가세從價稅, ad valorem●라고 하는데, 이 방식이 부가가치세나 소매 판매세에서 보는 것처럼 오늘날 표준이 되었다. 정말로 예외적으로 특성에 세금을 부과할 수밖에 없는 것은 주류세처럼 교정 목적으로 세금을 부과하는 경우뿐이다.[22]

과세 기준을 어떻게 정할까

특성을 기반으로 하는 과세로 생기는 독창성은 종가세에서도 여전히 나타난다. 종가세에서는 상품의 종류에 따라 과세율을 달리하지만 세율을 결정하려면 여전히 해당 상품의 일부 특성을 고려해야 한다. 즉 세율을 결정하기 위해 상품을 구분하는 기준(특성)이 있어야 하기 때문이다. 그런데 곧 살펴보겠지만, 이러한 기준을 마련하는 과정에서 악명 높을 만큼 어리석은 법적 사건이 몇 차례 일어났다. 세금 처리에서 어떤 형태든 차별 과세가 행해지면, 새로운 제품을 발명

● 과세단위를 과세 객체의 가격에 두고 세율을 백분율로 표시한 조세체계.

꼬리 없는 개에게 세금을 면제해준 데는 사연이 있지만 이는 확실치 않다.

하도록 장려하기는커녕 세금이 부과되는 제품을 개조하거나 똑똑한 변호사를 고용해 소비자들이 여전히 해당 제품을 좋아하게 하는 동기를 만들어낸다. 따라서 정부가 상황에 따라 신중하게 각기 다른 세율을 적용하는 종가세를 채택하더라도 세금 회피는 항상 발생하기 마련이다.

차별 과세를 하는 합리적 근거를 알기 어려울 때가 있다. 네덜란드에서는 세금이 쥐 사료에는 21퍼센트가 부과되지만, 토끼 사료에는 9퍼센트가 부과된다. 물론, 불합리해 보이는 차별 과세에서도 최소한 근거를 알 수 있는 경우도 있다. 영국에서 가난한 사람들을 세금 부담에서 보호하려는 뜻으로 식품에 부가가치세를 면제하는 것도 이 경우에 해당한다(14장에서 살펴보겠지만, 이는 몇 가지 이유로 아주 비효과적인 방법이다). 하지만 어떤 식품이 세금을 면제받을 가치가 있는지

케이크야 비스킷이야? 변호사에게 물어봐요!

정확히 파악하는 것은 변호사의 꿈에 지나지 않을 수 있다(전문 변호
사나 알 수 있을 만큼 쉽지 않다). 자파 오렌지jaffa orange에서 이름을 딴 비
스킷 모양의 '자파 케이크'Jaffa Cakes라는 히트 상품이 나왔을 때도 그
랬다. 자파 케이크를 케이크로 본다면 1991년 당시 세법에 따라 부가
가치세가 0퍼센트 적용될 것이다. 그러나 이 제품을 초콜릿을 입힌
비스킷으로 본다면, 표준 부가가치세가 17.5퍼센트 부과될 것이다.
영국 조세법원은 성분, 크기, 질감, 포장, 마케팅, 기타 물리적 특징
은 물론 썩으면 어떻게 되는지, 심지어 소비자들이 자파 케이크를 손
으로 집어 먹는지 포크로 먹는지까지 다양한 요인을 고려해 이 사건
을 심의했다. 법원은 최종적으로 자파 케이크가 부가가치세 0퍼센트
를 적용받기에 충분한 케이크라고 결정했다(그러나 이 판결은 왜 케이크
와 비스킷에 세금이 다르게 부과되어야 하는지 근본적 의문을 제기한다).

　　자파 케이크가 영국만의 문제일 수도 있지만 차별 과세 기준이
복잡하고 혼란스럽다는 점은 영국만의 문제가 아니다. 만약 당신이
미국 북부 위스콘신주에서 아이스크림 케이크를 팔려고 한다면, 주
세무국으로부터 그것이 과세 대상인지 아닌지를 판단하는 1,437단어
로 된 설명서와 사례가 10개 담긴 문서를 받을 것이다.[23]

정책 입안자들은 때로 구매자가 어떤 용도로 그 물건을 사용하느냐에 따라 차별 과세를 시도하기도 하는데 여기에도 나름대로 문제가 있다. 예를 들어 아이오와주, 펜실베이니아주, 뉴저지주에서는 호박이 조각용이 아닌 식용으로 사용될 때만 판매세가 면제된다. 하지만 호박 판매자가 소비자들이 호박을 식용으로 쓸지 조각용으로 쓸지 어떻게 알고 세금을 낸단 말인가? 연방의 경유에 대한 세금 관리에서도 이와 유사한 문제가 생기지만 그 규모는 호박과 비교할 수 없을 만큼 더 크다. 미국에서는 교통 운송용으로 사용되는 경유에는 세금이 부과되지만 농업용, 농기계 및 해양사업, 항공기에 사용되는 경유에는 세금이 부과되지 않는다. 그 문제를 해결하기 위해 면세 경유에는 색을 가하는 방법이 시도되었다. 도로를 누비는 트럭들을 수시로 점검하면 연료 탱크에 염색된 경유(비과세 경유)가 있는지 쉽게 찾아낼 거라는 발상이었다(이에 대해서는 13장에서 다룬다).

뉴욕시 당국도 2010년 베이글 매장에서 베이글을 먹으면 판매세를 부과하지만 포장하면 세금을 부과하지 않는 법안을 시행했다. 그러나 매장에서 베이글을 자르면 과세되는 거래로 분류했다. 그렇다면 사람들이 도대체 어떻게 세금을 내지 않고 눈에 띄지 않게 매장에서 베이글을 먹는지 알 수 있단 말인가? 2014년에도 캐나다 매니토바주에서는 단맛이 나는 구운 제품은 6개 미만으로 미리 포장하지 않아야만 부가가치세가 면제되었다.[24] 이것도 소비자들이 의도하는 용도와 관련이 있을 것으로 추정되지만, 사실 우리는 그게 무슨 의미가 있는지 전혀 알 수 없다.

세금을 피하려는 노력에서 제품 혁신 등과 같은 여러 가지 대응이 가장 활발하게 나온 경우는 세금이 과표 등급에 따라 부과될 때일 것이다. 즉, 3장에서 살펴본 '10분의 1세'처럼 어떤 기준을 넘으면 세금 납부액이 불규칙적으로 크게 늘어나는 경우다. 예를 들어 일본에서는 알코올 맥아음료 세금이 맥아 함량에 따라 다르다. 1996년 이전에는 맥아 함량이 25퍼센트에서 67퍼센트 사이면 세금이 리터당 152.7엔 부과되었는데, 이보다 함량이 더 많으면 세금도 높았고, 적으면 세금도 더 낮았다. 당연히 이런 식의 세금 부과에 대응해 제품이 혁신되었다. 1994년 산토리Suntory는 맥아 함량이 65퍼센트로 고율세 바로 아래 등급인 '스파킹 알코올음료' 하포슈泡酒를 출시했다. 2003년까지 맥주와 하포슈를 합친 시장에서 하포슈 점유율은 40퍼센트까지 상승했다. 아니나 다를까, 세수 누출을 우려한 일본 정부는 2003년 하포슈의 세율을 인상했다. 그러자 예상대로 삿포로Sapporo와 산토리는 이에 대응하려고 2004년 가장 낮은 세율을 적용받는 맥아 함량 0인 맥주를 출시했다. 2008년까지 이 새 맥주는 맥아 함량이 중간 수준인 하포슈만큼 많이 팔렸다.[25]

영국이 2018년 설탕세를 발표했을 때도 이와 비슷한 상황이 벌어졌다. 스코틀랜드의 인기 청량음료 제조사인 아이른 브루Irn-Bru는 설탕세에 대한 대응으로 회사에서 생산하는 음료 대부분의 설탕 함량을 세금 기준치 바로 아래로 낮출 거라고 발표했다. 그러자 5만 명 이상의 소비자가 세금 때문에 제품이 변하는 데 반대하는 청원에 서명하는 일이 벌어졌다.[26]

과세 기준을 정하는 데 어떤 물건 자체보다 개념으로 구분할 때 더 문제가 될 수 있고 경제적 파급력도 좀 더 크다. 예를 들어 회사에 소속되어 있는 종업원(고용주가 소득세를 원천징수해 납부하는 경우)과 독립 계약자(원천징수가 적용되지 않는 사람들) 사이에는 중요한 구분이 있다. 미국 세법에는 근로자가 구분선의 어느 쪽인지 판단하는 검사 기준이 20가지나 있다. 게다가 우버Uber나 리프트Lyft 같은 당사자 간 거래peer-to-peer 기업의 등장으로 종업원과 고용주의 구분이 모호해지면서 이는 더 중요한 문제가 되고 있다. 우버는 2016년 집단소송을 해결하기 위해 1억 달러를 지불하기로 합의하고, 캘리포니아주와 매사추세츠주에서 자사 서비스에 참여한 운전자들을 계속 독립 계약자로 분류하게 되었다. 그러나 2016년 8월, 연방법원은 그 금액이 불충분하다고 판단하고 이 합의안을 기각했다.

2020년 현재, 캘리포니아주 당국이 자사 서비스에 참여한 운전자들을 종업원이 아닌 독립 계약자로 잘못 분류했다는 혐의로 우버와 리프트를 고소하면서 소송은 계속 진행 중이다. 그러나 2020년 11월 캘리포니아주 유권자들은 우버나 리프트, 그밖에 긱 이코노미gig economy 기업들이 운전자들을 독립 계약자로 취급하는 것을 허용하는 주민투표에서 압도적으로 찬성표를 던졌다.

세법에 명시된 또 다른 중요한 과세 기준은 기업이 자금을 조달하는 방식과 관련이 있다. 기업이 차입(채무 금융)으로 자금을 조달하면 은행에 내는 이자는 일반적으로 사업원가로 여겨 과세소득에서 공제된다. 이와 달리 기업이 주식을 발행해 자금을 조달하면 배당과 양도차익 형태로 주주에게 지급되는 이익은 법인세 기준에서 공제되지 않는다.

이에 따라 오늘날 기업들은 자금을 마련하는 두 가지 기본 방법에서 세금 처리가 뚜렷이 다르며, 세법은 채무 금융에 특혜를 주고 있음을 잘 인식해야 한다. 기업들은 주식형 특성(상환을 약속할 필요가 없음)이 있으면서도 이자를 세금에서 공제받을 수 있는 부채(정기적인 고정 금액 지출)처럼 보이는 자본 조달 방법을 모색하고 있다.

법적 금융기관들도 이런 '하이브리드 상품'을 찾는 데 앞장서 왔다. 관건은 자본 요건만 충족하면 이자에 대한 세금을 공제하면서도 주식으로 여겨질 수 있는 상품을 찾는 것이었다. 글로벌 금융 위기 이후 은행들이 레버리지●의 이점뿐만 아니라 세금도 포기하지 않는 자본 완충 장치를 재구축하려고 노력하면서 이런 방법을 찾는 일이 긴급하고 중요해졌다. 이런 노력의 하나로 금융기관들이 고안한 중요한 제품 혁신 중 하나가 조건부 자본증권Contingent Convertible Security(우발전환사채 또는 코코본드CoCo bond라고도 함)이다. 이는 특정 사건이 일어나면(은행의 자본이 감독 규정에 미달하는 경우, 즉 발행기관이 경영개선 명령을 받거나 부실 금융기관으로 지정되는 경우) 손실흡수형 주식(보통주)으로 전환되는 이자지급 채권이다.

2009년과 2015년[27] 사이에 발행된 조건부 자본증권은 3,500억 달러(425조 원)가 넘었는데, 이는 결코 무시할 만한 수준이 아니다. 자본요건을 충족하는 이런 방식을 선호하는 이유가 세금 때문만은 아니지만, 세금이 큰 이유인 것만은 분명하다. 예를 들어 독일에서는 2014년 5월까지 조건부 자본증권을 전혀 발행하지 않았지만, 그다음 달부터 이표지급利表支給, coupon payments에 세금이 공제되자 도이체방크는 조건부 자본증권을 47억 달러어치 발행했다.[28]

특정 시점에 이르면 과표 등급이 생기는 경우도 있다. 이는 한 가지 세법이 과세연도 말까지 적용되다가 그다음 날부터는 다른 규칙이 적용되는 식으로 세법이 바뀌며 생기는 과표 등급이다. 이 경우

● 차입으로 자산을 매입해 수익률을 극대화하는 전략.

실효세율實效稅率, effective tax rate[*]이 내려가면 세무당국에서 과세소득을 받는 것을 미루고, 실효세율이 오르면 과세소득을 앞당겨 받을 동기가 생긴다. 이에 대한 가장 두드러진 예가 1986년 미국에서 나타났다. 1987년 1월 1일 미국의 세제개혁법안이 발효되자 실현자본이익에 대한 세금이 급상승할 것으로 예상되었다. 자본이익이 발생한 자산의 보유자는 이를 주목하지 않을 수 없었다.

1986년 12월의 장기 자본이익은 1985년보다 거의 일곱 배, 1986년 11월 이전까지 평균의 여섯 배에 달했다.[29] 이는 소득 공제 측면에서 과세연도 말일 출생자[30]뿐만 아니라 사망자 날짜에도 민감한 영향을 미쳤다(이는 12장에서 살펴본다). 이 같은 세율 변경은 적절한 시점에 과표 등급에 변동을 가함으로써 경제활동 시점을 변경하려고 의도적으로 정확하게 일시적으로 진행된다.

예를 들어 2020년 7월, 코로나19 대유행의 회복 국면에서 독일은 소비를 촉진하려고 6개월 동안 부가가치세 표준세율을 19퍼센트에서 16퍼센트로 낮추었는데, 이는 미래보다는 현재의 구매 활동(특히 내구재)을 장려하려는 것이었다. 또 2008년 글로벌 금융 위기 이후 영국은 한시적으로 부가가치세 표준세율을 17.5퍼센트에서 15퍼센트로 인하했고, 미국도 투자를 앞당기려고 일시상각제도bonus depreciation[**]를 채택했다.[31]

과세연도라는 주제에는 기이한 세금 제도를 연구해온 학자들이 결코 도외시할 수 없는 이상한 현상이 한 가지 있다. 미국을 포함한

● 과세표준에 비해 납세자가 실질적으로 납세하는 세액의 비율.
●● 기업의 취득 자산에 대한 감가상각을 '내용연수'별로 하지 않고 취득 첫해에 감가상각 대상금액을 100퍼센트 전액 상각해주는 것.

대부분 국가에서 개인에 대한 과세연도는 역년제calendar year를 시행해왔지만 영국에서는 그렇지 않았다. 영국의 새로운 과세연도는 4월 6일 시작된다. 영국의 이런 특이한 과세연도는 영국과 아일랜드에서 오랫동안 모든 부채와 외상을 갚아야 하는 날이자 집세를 내는 날로 여겨지는 4대 기독교 기념일(크리스마스 포함)로 거슬러 올라간다. 예를 들어 우리가 잠시 살펴본 찰스 2세의 복고 시대Restoration era에 난로세는 성모 영보領報 대축일Lady Day●(3월 25일)과 성 미카엘 축일 Michaelmas(9월 29일) 두 번에 나눠 내야 했다. 당시에는 3월 25일을 새해 첫날로 기념했는데, 이날을 기념하지 않는 사람도 영국 과세연도의 첫날로 여겼다.

그러다가 1752년 영국이 그레고리력을 채택하면서 이미 그레고리력을 채택한 유럽의 나머지 국가에 비해 영국 달력에서 11일이 사라졌다. 1752년 9월 2일 수요일 다음 날이 1752년 9월 14일 목요일이 된 것이다. 이로써 이월 문제가 발생했는데, 이를 조정하지 않으면 다음 세금 납부 기한이 더 빨리 왔기 때문이다. 그래서 조정했지만 몇 년 동안은 익숙하지 않았다(그 시점에 이월 충격이 이미 끝났으므로). 결국 3월 26일에 11일을 더해 과세연도 시작일이 4월 6일이 된 것이다.[32]

그런데 왜 과세 기간이 예를 들어 2년이 아니고 꼭 1년일까? 과세 기간을 2년으로 하면 행정 비용과 그에 따른 준수 비용을 줄일 수 있고, 만약 누군가 특정 해의 상황이 매우 이례적이었을 경우(예를 들면 특정 해의 소득이 이례적으로 낮거나 높은 때)에도 좀 더 정확한 과세 기

───────

● 대천사 가브리엘이 성모 마리아에게 예수를 잉태하였음을 알린 날.

준을 적용할 수 있다. 비용 절감을 이유로 과세 기간을 2년 주기로 전환하는 것에 찬성한 한 학자는 자신의 논문 서두에 '당신의 논문 주제는 내가 평생 들어본 최악의 아이디어 중 하나'라는 '친구'의 견해를 게시함으로써 자신의 주장이 폭넓은 지지를 받지 못했음을 시인했다.[33] 물론 우리도 전적으로 동의하지 않는다(그런데 고대 이집트인은 2년 주기로 세금을 부과했다).[34]

모양이 기형적인 자동차나 터무니없는 법적 공방 그리고 특성기반 과세와 과세 기준을 정하는 과정에서 나온 이야기들을 그저 우스갯거리로 여기기 쉽다. 그리고 실제로 조롱받아 마땅한 이야기들도 있다. 그러나 이런 차별 과세는 대개 적어도 선의의 목적을 추구하려는 실용적 필요성 때문에 추진된다. 예를 들어 대부분 부가가치세 제도에서는 다른 용도의 부족한 행정 자원을 절약하고 소규모 거래 준수 비용을 완화하는 방법으로 기업들에 매출액이 일정 기준을 초과할 때만 세금을 내라고 요구한다.

그러나 일부 기업은 이런 선의의 과표 등급을 악용해 겉으로 드러나는 회사의 매출 규모와 성장을 인위적으로 과세 기준 이하로 줄이기도 한다.[35] 그리고 정부가 식품과 특정 제품에 더 낮은 세율로 세금을 부과하고 싶어 하면 자파 케이크와 같은 혼란은 불가피하게 치러야 할 대가일 수 있다. 문제는 그런 꼼수 조세 회피로 인한 부작용이 단순한 조세 절감 목적 이상이어서 지나친 것은 아닌지 그리고 그런 행위를 제한할 수 있는지 하는 것이다. 그런 부작용들 중 특히 두드러지는 것은 기업들의 그런 행동 변화로 정부의 세금 집행 비용을 발생시킬 뿐 아니라 그들이 실제 정부에 내는 세금 이상의 피해를 불러오는 것이다. 그것이 우리가 이제 살펴볼 초과 부담이다.

초과 부담

+

세금이 실제 납부하는 액수보다 납세자에게 더 큰 손실을 입힌다는 사실은 위에서 언급했듯이 세금 때문에 발생한 각종 꼼수 혁신에서 분명히 드러난다. 세금을 절약하려는 목적이 아니라면 완성되지 않은 집이나 작은 문이 달린 집에서 살고 싶은 사람이 누가 있겠는가? 이런 모든 '왜곡 현상'은 부당한 세금 제도가 그런 동기를 끌어냈기 때문이다. 그리고 이것이 중요한 이유는 그런 부당한 과세로 민간 납세자들이 정부에 자원을 이전하는 과정에서 어쩔 수 없이 겪어야 하는 것 이상의 손실을 발생시키기 때문이다. 과세로 인한 이러한 추가 손실, 즉 '초과 부담'은 과세를 이야기할 때 가장 중요하게 여겨야 할 근본적이고 강력한 주제이지만, 공개 토론에서는 거의 다루어지지 않는다. 오히려 그런 이야기를 하는 사람더러 세상 물정을 모른다고 할지도 모른다. 하지만 이는 보이는 것만큼 이해하기 힘든 일도 아닐뿐더러 매우 중요한 문제다.

아니 땐 굴뚝에 연기 날까

1660년 찰스 2세가 10여 년의 망명 생활을 끝내고 왕위에 복귀한 지 얼마 되지 않았을 때 참수형을 당한 아버지 찰스 1세처럼 돈이 부족했다. 그러나 의회는 그의 회생에 필요한 불합리한 봉건적 채무를 더는 허용하지 않았다. 이제 모든 세금은 의회 승인이 필요했다. 1662년 5월, 의회는 잉글랜드 지방[36]에 난로세(여기서 난로는 난방은 물론 요리에 사용하는 발열기도 포함됨)를 부과했다. 난로 한 개당 연간 2실링(빈곤층은 면제)이 부과된 이 세금은 관세와 소비세를 제외하면 전시가 아닌 평화 시에도 정기적으로 부과된 첫 번째 세금이다. 난로세에 대한 공식 기록은 대부분 남아 있어서 족보학자들에게 귀중한 자료가 되었다. 이 자료들에 상상력이 약간 더해져 우리에게 과세 효과에 대해 많은 것을 가르쳐준다.

난로에 세금을 부과한다는 아이디어가 나온 것은 난로 수가 그 가구의 납세능력을 보여주는 합리적 증거로 보였고, 인두세처럼 개수를 조작할 수 없으며 집 안의 난로 수를 파악하기도 쉬워 실용적이었기 때문이다.[37] 그러나 그런 설계에서 유리한 점이 무엇이었든 난로세는 처음부터 환영받지 못했다. 난로 수를 처음 센 날의 다음 달까지 세금을 내야 했는데, 영국의 작가이자 관료인 새뮤얼 피프스는 "사람들이 난로세에 불만을 가지고 있으며, 강제력이 동원되지 않는다면 결코 세금을 내지 않겠다고 말한다"라고 일기에 썼다.[38]

사람들이 난로세에 거부감을 가진 이유는 세금 자체뿐만 아니라 세금 징수원이 신고한 난로 수가 정확한지 확인하려고 집 안을 마음대로 드나드는 권력(세금 징수원에게는 의무였겠지만)을 행사했기 때문이다. 당연히 그에 대한 저항이 일어났다. 1668년 브리드포트에서 '마을의 어른들과 어린이들까지 난로세 징수원을 따라다니며 돌을 던지는 바람에 난로세 징수원 나이트 씨Mr. Knight가 머리에 돌을 두 번 맞아 사망한' 사고가 발생했다.[39]

난로세는 1689년 폐지되었는데,[40] 이는 그전 해 일어난 명예혁명 이후 윌리엄 3세가 취한 첫 번째 조치 중 하나였다. 또한 빠르게 인기를 얻은 무혈혁명의 명백한 승리였다. 왕은 과도한 세금을 반대한다는 뜻을 시민들에게 알리는 데 신경을 많이 썼는데,[41] 토베이에서 런던까지 이어진 혁명 환영 행진에서는 고통스러운 난로세에서 벗어나게 해달라는 시민들의 요구가 빗발쳤다.[42] 난로세 폐지법 발의안에서는 '난로세는 잘 모르는 사람이 마음대로 집 안에 들어와 뒤지는 것을 허용한, 모든 사람에게 노예의 휘장 같은 것'이었다는 내용이 언급되었다.[43] 결국 난로세 폐지는 1689년 의회가 통과시킨 권리장전에 명시적으로 기재되었다. 비록 난로세의 고통은 짧은 기간 지속되었지만 초과 부담의 본질이 무엇인지 그리고 그것이 어떻게 작동하는지 직접 겪은 한 납세자의 다음 이야기로 잘 드러난다.

1662년 난로세가 도입되었을 때, 존 윈도버John Windover라는 남자는 남부 해안 사우샘프턴 외곽의 홀리루드 교구에서 살고 있었다.[44] 그의 형편은 꽤 좋은 편이어서 집에는 벽난로가 다섯 개 있었는데, 이는 그 교구에서 과세 대상이 되는 사람들의 평균 수준이었다.[45] 그러나 8년 후 윈도버의 집에는 난로가 4개밖에 보이지 않았다. 그의 집에서 난로가 한 개 없어진 것이 세금 때문인지는 모르겠지만, 그렇다고 가정해보자. 윈도버는 남아 있는 벽난로 네 개에 대한 세금으로 총 8실링을 냈다. 그러나 그가 세금 때문에 실제 치러야 할 대가는 그 이상이었다. 우선 다른 데 쓸 돈이 줄어든 것은 물론 더 춥고 덜 안락해진 집에서 살아야 했다. 윈도버가 낸 세금 외에 추가된 대가(손가락이 얼고, 잘 때 모자를 쓰고 귀를 덮어야 하는 등)가 바로 난로세로 겪게 되는 초과 부담이었다.

이 손실은 윈도버가 실제로 낸 8실링처럼 눈에 잘 보이지는 않지만 그에게는 세금 못지않은 현실적인 피해였다. 우리는 그런 추가된 초과 부담을 금전적으로 표시할 수도 있다. 우선 그가 감당하게 된 추가 손실은 1670년 난로 하나의 가치가 없어졌다는 것이다. 그 벽난로는 그에게 얼마나 가치가 있었을까?(그 난로 가격 이상이었을까?)

확실한 것은 그 난로가 그대로 있었더라면 내야 했을 세금 2실링보다는 적었으리라는 것이다. 만약 그 난로가 그보다 더 가치가 있었다면 그는 벽난로를 없애지 않고 세금 2실링을 더 부담했을 테니 말이다. 그러나 동시에 그 난로는 그에게 전혀 가치가 없는 것도 아니었을 것이다. 만약 전혀 가치가 없었다면 처음부터 그 난로를 소유하지 않았을 테니 말이다. 결국 1670년 없어진 벽난로의 가치는 2실링과 0실링 사이다. 적당하게 추측하면 중간, 즉 1실링이다. 그래서 난로세로 보는 그의 총손실은 9실링이라고 할 수 있다. 그중 8실링은 실제로 명백히 납부한 세금 형태였고, 적어도 정부 재원에 기여한다는 명분이 있었다. 그러나 나머지 1실링, 즉 초과 부담은 보이지 않을뿐더러 누구에게 혜택이 돌아간 것도 아니다. 존 윈도버나 왕정복고 시대 잉글랜드 모두에 그것은 그저 순전히 낭비일 뿐이었다.

이 장 앞부분에서 살펴본 특성 기반 과세나 과표 등급도 형태는 다르지만 사라진 벽난로보다 더 알기 쉬운 초과 부담을 발생시킨다. 19세기 영국 선주들은 선박 모양을 변형시켜 항구 정박비 등을 절약했지만, 그런 기형 선박을 건조하는 데 오히려 비용이 더 많이 들고 전복될 위험성도 높다는 것을 알게 되었다. 아마도 더 많은 밸러스트●를 실어야 하거나 더 높은 보험료를 내야 하는 등 그로써 발생한 추가 비용이 바로 초과 부담의 한 형태라고 할 수 있다.

또 예를 들어 부가가치세 납부 기준치를 밑도는 회사들은 그 덕분에 부가가치세를 내지는 않겠지만 성장을 인위적으로 제한하거나 부가가치세를 내지 않으려고 부가세 납부 기준 이하의 더 작은 기업

● 배의 무게 중심을 잡으려고 바닥에 싣는 돌이나 모래.

으로 회사를 쪼개야 하는 고통을 겪어야 했는데, 이 또한 그들에게는 초과 부담이 될 수밖에 없을 것이다.

오늘날에는 난로 과세로 인한 초과 부담은 긴급한 정책 관심사도 아니고, 선박에 세금을 부과하는 데도 과거처럼 위험한 방법은 사용되지 않는다. 그러나 세금을 납부하는 것 이상으로 납세자의 복지가 상실되는 등의 문제는 거의 모든 세금에 해당한다. 초과 부담은 경제활동과 복지를 좌우하는 더 큰 요인, 즉 투자와 기업의 성장, 노동시장 참여, 저축, 직업 선택, 차입과 대출 결정 등에 영향을 미치는 세금에서 주로 발생한다. 그런 모든 것에 영향을 미치는 세금은 모두 초과 부담을 불러올 우려가 있다.

초과 부담을 발생시키지 않는 유일한 세금은 납세자들이 회피할 수 없는 세금, 즉 4장에서 잠시 언급한 정액세 종류인데, 이에 대해서는 다음 장에서 더 자세히 다룬다. 이밖에 다른 모든 세금은 자원이 납세자 손에서 정부로 이전하는 데 본질적으로 내재된 비용(세금 납부액 자체) 외에 추가로 실질 비용을 발생시킨다.

다만 여기에는 다음과 같은 예외가 있을 수 있다. 특성 기반 과세가 일으킨 혁신이 꽤 유용한 것으로 판명되는 일도 있다는 것이다. 물론 뒷좌석에 긴 의자가 달린 인도네시아의 바퀴 세 개짜리 모터사이클이 여기에 해당하지는 않겠지만, 16세기 말 네덜란드가 개발한 '플류트'Fluyt라는 범선은 이에 해당한다고 볼 수 있다. 그 기원은 북해와 발트해 사이의 주 통로인 외레순해협을 통과하는 선박에 부과된 세금에 있었다. 이 세금은 갑판 크기에 따라 부과되었으므로 갑판이 작아도 흘수선吃水線, waterline●이 넓은 배의 개발을 촉진했다.[46]

이렇게 설계된 배가 얕은 물에서도 큰 화물을 운반하는 데 적합

세금에 효율적인 배: 플류트선 상상도

하다는 것이 증명되었고,[47] 플류트선은 17세기 네덜란드가 해상 제
국이 되는 데 크게 기여했다. 이 경우 갑판 크기에 따라 부과되는 세
금으로 인한 초과 부담은 오히려 마이너스(긍정적 효과)가 될 수 있다.
물론 이러한 혁신이 전적으로 세금 때문이라고는 할 수 없다. 세금이
아니더라도 이런 개선은 일어날 수 있었다. 사실 이 경우 세금으로
인한 혁신이 본질적으로 사회에 이익이 된 사례라고 할 수 있다(안경
에 붙은 소비세가 안경 디자인을 우아하게 만든 것도 그렇다). 그러나 세금으
로 인한 혁신(꼼수)이 실제로 더 유용한 창의력을 방해하는 일도 적지
않다. 예를 들어 배의 용적에 대한 유별난 규칙이 없었다면 아마도

● 선체가 물에 잠기는 한계선.

영국은 선체가 얇은 쾌속 범선을 더 빨리 개발했을 것이다.[48]

세금이 혁신을 유발하는 반면에 혁신 또한 과세를 유발할 수 있다. 과학자 마이클 패러데이Michael Faraday는 전기의 실용적 가치가 무엇이냐는 글래드스턴 총리의 질문을 받고 다음과 같이 대답했다. "네, 전기에 곧 세금을 부과하게 되리라는 겁니다." 패러데이가 정말 그렇게 말을 했든 안 했든 결국 그렇게 되었다.

초과 부담은 오랫동안 경제학자들의 주된 관심사였다. 존 스튜어트 밀은 이미 2세기 전 이에 대한 글을 썼다.[49] 하지만 초과 부담은 실제로 세금 자체까지 거슬러 올라갈 만큼 역사가 깊다. 서로마제국이 쇠퇴한 까닭이 무거운 세금 때문이라고 보는 많은 사람은 서로마제국 멸망이 단지 세금이 높아서가 아니라 그 세금 때문에 농민들이 농사를 짓지 않고 농업을 떠나는 형태로 나타난 초과 부담 때문이라고 주장한다.[50]

그러나 초과 부담을 실질적인 정책 수립과 토론을 거쳐 반영하기는 매우 어려웠다. 문제는 초과 부담의 개념이 매우 모호하다는 것이다. 초과 부담은 누구의 예산에도 나타나지 않는다. 게다가 대개 지금은 존재하지 않는 물건(윈도버의 사라진 벽난로, 러시아 귀족들이 사랑한 사라진 턱수염, 실행되지 않은 투자로 벌지 못한 수익과 임금)이나 하지 않은 행동(하지 않은 연장근로나 기업가가 선택하지 않은 길)의 형태로 나타난다.

초과 부담은 때로는 존재하지만 실제로 존재해서는 안 되는 형태를 취하기도 한다. 그 이유는 세금 또는 명시적인 보조금이 그로써 가장 직접 영향을 받는 사람에게 혜택을 주기보다는 그 나머지 사람들이 더 많은 대가를 치르게 하는 조치로 이어질 수 있기 때문이다. 만약 찰스 2세가 윈도버에게 여섯 번째 난로를 들여야겠다고 생각할 만큼 난로 보조금을 지급했더라면, 윈도버는 추가 손실이 아니라 따뜻함을 추가로 즐겼을 것이다. 하지만 우리는 그가 새 난로의 가치를 새 난로를 설치하는 비용보다 더 적게 평가했다는 사실을 알고 있다. 그렇지 않다면, 그는 보조금이 없어도 새 난로를 들이는 비용을 부담했을 것이다.

자동차에 대한 관세도 이와 마찬가지다. 관세는 소비자에게 저가인 수입 자동차 대신 그보다 고가인 국내 생산 자동차를 사게 만든다. 국내 자동차 제조사들이 이로써 이득을 보고 정부는 세금으로 일부 수익을 챙기지만, 점점 더 비싸지는 차를 사는 소비자들의 손실은 더 커질 뿐이다.

초과 부담이라는 개념은 눈에 잘 보이지 않으므로 가시적인 것보다 실질적인 정책 수립에서 그리 주목받지 못한다. 예를 들어 세금 징수에서 납세자와 정부에 발생하는 비용은 대개 명백하고 이해하기도 쉽다. 세금을 간소화한다는 말은 군중을 기쁘게 하지만 초과 부담을 줄인다는 조치로 군중의 기립박수(선거에서 표를 가져오는 일)를 받는 일은 드물다.

물론 공개 토론에서 이러한 초과 부담이 상대적으로 얼마나 소홀히 여겨지느냐는 그것이 얼마나 중요한 문제이냐에 달려 있다. 하지만 초과 부담이 주목을 받으려면 얼마나 중요한 문제여야 할까? 여기서 핵심 쟁점은 해당 세금에 대한 납세자의 반응이다. 이걸 보려면 윈도버가 살던 홀리루드로 돌아가 코넬리우스 폭스Cornelius Fox라는 사람을 만나야 한다. 이웃인 존 윈도버처럼 폭스도 1662년 벽난로를 다섯 개 가지고 있었다. 그러나 1670년 그는 윈도버와 같은 세금 2실링을 피하려고 벽난로를 한 개가 아니라 세 개나 줄였다. 그래서 폭스는 윈도버보다 더 적은 4실링짜리 세금 고지서를 받았다. 그러나 그의 손가락은 더 얼었고 밤은 더 추웠는데, 이는 더 큰 초과 부담이 발생했음을 의미했다. 더는 존재하지 않는 벽난로 세 개의 가치를 위에서 윈도버에 대해 언급한 것과 같은 논리로 각각 1실링이라고 했을 때, 폭스가 겪는 초과 부담은 합리적으로 추측하면 3실링이다.

폭스에게는 그의 전체 손실(7실링, 실제로 낸 세금 4실링과 초과 부담 3실링을 합한 금액)의 절반 가까이가 실제 낸 세금의 형태가 아니라 초과 부담의 형태로 나타난다. 바로 여기에 일반적 진실이 있다. 폭스가 윈도버보다 세금에 더 강력하게 대응했으므로(그의 수요 탄력성이 훨씬 더 높았으므로) 그는 세금을 더 많이 줄일 수 있었다. 그러나 그렇게 함으로써 폭스는 금전적 측면에서나 실제 정부가 걷은 세수 관점에서나 모두 더 큰 초과 부담을 겪었다. 따라서 세금에 대한 납세자의 반응이 세진다는 것은 정부로서는 세입이 줄어드는 것이고, 동시에 납세자의 초과 부담은 커진다는 뜻이다.

납세자의 그런 행동 반응의 정도를 측정하는 것이 바로 현대 경험적 경제학의 핵심이다. 다양한 세금에 대한 납세자의 반응 정도를 정확히 파악하려 자연적·무작위적으로 통제된 현장 실험을 이용하는 온갖 종류의 화려한 통계 기법과 영리한 조사 설계 기법이 개발되었다. 예를 들어 이미 일하고 있는 사람들의 노동 소득에 대한 과세가 불러오는 초과 부담은 징수된 세금 금액 단위(예: 1달러)당 매우 적은 것으로 나타났다. 이는 노동공급이 세금의 영향을 전혀 받지 않는다는 것이 아니라 그들에게서 걷는 불가피한 수준의 세금에는 초과 부담의 효과가 거의 없다는 것을 뜻한다.

그러나 아예 일할지 말지를 결정하는 것은 (특히 여성들 사이에서)

이런 불가피한 효과를 넘어서 상당히 크게 반응하는 쪽으로 나타났는데, 이 경우 노동시장 참여를 저해하는 세금으로 인한 달러당 초과 부담은 상당히 크다는 사실을 알 수 있다.[51]

이런 맥락에서 납세자의 행동적 반응을 생각해보면, 난로의 수나 노동시간 같은 실제적인 것만 중요한 게 아니라, 어떻게든 세금을 회피하려는 과정에서 발생하는 비용도 중요하다. 우리의 친구 윈도버가 실제로 창문을 벽돌로 막거나 다섯 번째 난로를 없애지 않고 세금 징수원이 찾아왔을 때 난로를 숨기거나 뇌물을 주고 난로 수를 모두 세지 말라고 했다고 가정해보자. 그러면 윈도버의 손가락은 난로를 없애버렸을 때처럼 얼지는 않았을 것이다.

그러나 난로를 무엇으로 덮어 감추었든, 세금 징수원에게 현금을 건네주었든, 난로세를 회피하려면 여전히 얼마간 비용이 들었다. 그 비용은 얼마나 되었을까? 윈도버가 세금 2실링을 피하려고 기꺼이 지불했을 뇌물은 2실링과 0실링 사이 어디쯤이었을 것이다. 아마도 1실링이 적당한 액수였을 것이다. 결국 난로가 실제로 사라지지 않았다 하더라도 그가 감당해야 할 초과 부담은 위에서 우리가 살펴본 것과 정확히 일치한다. 세금을 회피하는 다른 방법에도 같은 논리가 적용된다.

여기서 우리가 알 수 있는 교훈은 납세자[52]가 겪는 초과 부담은 납세자의 반응이 벽난로를 줄이거나 노동 공급 또는 투자를 줄이는 것과 같은 실물경제활동 측면으로 나타나든 세금 회피 형태를 취하든 마찬가지라는 것이다. 이 같은 진실은 3부 서두에서 인용한 J. B. 핸들스먼의 이야기(개가 벼룩을 정말로 없애버렸든 아니면 대충 숨겼든 간에 초과 부담 측면에서는 같은 결과가 나온다)에서 이미 언급했지만(253쪽 참

조) 경제학자들은 이 진실을 아주 최근에야 깨달았다.[53]

이러한 관찰로 과세표준(예를 들면 신고한 과세소득 금액)이 과세에 어떻게 반응하는지(그 반응이 노동 공급의 감소 같은 실질적인 것이냐를 따질 필요도 없이) 그리고 다른 수단(비과세 부가 급여fringe benefits●로 전환)에 의한 회피나 탈세(일부 소득을 신고하지 않는 것)에는 비용이 얼마나 드는지를 살펴봄으로써 초과 부담을 발생시키는 핵심 요인을 파악할 수 있다. 이 모든 반응이 과세표준을 줄이고 전반적으로 중요한 효과를 가져온다.

이러한 인식 아래 경제학자들은 매우 영리한 방식으로 과세표준 반응을 측정하는 연구를 수행했다. 소득세의 경우 '과세소득의 탄력성'을 추정하려고 시도한 논문들이 쏟아져 나왔다. 이 중 최근의 한 조사[54]는 전형적인 과세소득의 탄력성은 0.2와 0.3 사이라고 결론 내렸다. 이게 무슨 뜻이냐 하면, 예를 들어 소득세율이 30퍼센트에서 37퍼센트로 오른다고 하자. 이는 세금 공제 후 순소득률net-of-tax rate이 70퍼센트에서 63퍼센트로 떨어져 과세소득이 10퍼센트 하락했다는 것이다. 과세소득의 탄력성이 0.2에서 0.3 사이라는 것은 신고된 과세소득이 세금이 증가함에 따라 2~3퍼센트 사이로 떨어진다는 것을 뜻한다.

창문세의 초과 부담

영국의 난로세는 창문세로 대체되었다. 창문도 그 집이 얼마나 잘사는지 보여주는 지표이지만 난로세처럼 집 안에 들어가는 무례한

● 근로자가 기본임금 외에 사용자에게서 받는 보수.

방식으로 하지 않아도 창문을 셀 수 있었다. 앞서 영국 주택 소유자들이 이에 대한 반응으로 일부 창문을 벽돌로 막았다고 했는데 1848년, 런던 목수협회 회장은 의회에 출석해 런던 소호 지역 콤프턴가의 거의 모든 집이 창문 수를 줄이려고 목수를 고용했다고 증언했다.[55] 창문세의 한 가지 특징은 창문 수가 일정한 수를 넘으면 세금액이 급증한다는 것이다. 앞서 우리는 이를 '과표 등급'이라고 했다. 몇 세기가 지나면서 그런 과표 등급은 초과 부담이 얼마나 되는지를 측정하는 영리한 방법을 제공하는 것으로 드러났다.[56]

1747년으로 돌아가 보자. 창문이 10개 미만인 집은 창문세를 내지 않았지만 10개에서 14개 사이이면 10개를 초과하는 창문 수가 아니라 모든 창문당 6펜스를 세금으로 내야 했다. 따라서 창문이 9개에서 10개로 하나만 더 늘어나도 5실링(6펜스×10)을 세금으로 내는 것이다. 이런 방식으로 계산되는 창문세는 10번째 창문을 매우 비싸게 만들었다. 사람들이 세금에 전혀 반응하지 않는다면, 우리는 창문이 10개 있는 집에 살 만큼 여유 있는 사람이 창문이 9개 있는 집에 살 여유가 있는 사람보다 다소 적기 때문에 창문이 10개인 집의 수가 창문이 9개 있는 집의 수보다 다소 적고, 마찬가지로 창문이 9개 있는 집이 8개 있는 집보다 다소 더 적을 거라고 단순히 생각할 수 있다.

그러나 사람들이 세금에 강하게 반응한다면, 과표 등급 기준 바로 아래인 창문이 9개인 집이 창문이 10개인 집보다 훨씬 많다는 사실을 발견하게 될 것이다(심지어 창문이 8개인 집보다 더 많을 것이다). 더 놀라운 사실은 납세자들이 창문세에 크게 반응할수록 그에 따라 발생하는 초과 부담도 더 커진다는 것이다.

한 탁월한 연구에서 1747년과 1757년 사이에 영국 슈롭셔주 러들로 마을에 있는 주택 496채에 대한 지역 창문세 기록에 이러한 통찰력을 반영했다.[57] 이 기록에 따르면, 창문이 9개인 집의 수가 창문이 8개인 집이나 10개인 집보다 네 배 이상 급증했다. 또 창문이 14개인 집과 19개인 집도 크게 늘었는데, 이 또한 15개 창문과 20개 창문에서 또 한 번 과표 등급이 변동하기 때문이다. 이것을 단지 우연으로 설명하기에는 그 증가 폭이 너무 컸다.

이런 현상이 세금에 대한 반응이라고 본다면, 창문세로 인한 추가 부담은 가구 평균으로 볼 때 납부한 세금액의 13퍼센트로 추정된다. 그러나 정확히 납부 등급 한 단계를 줄인 사람들(예를 들어 창문을 14개로 줄인 사람들)에게 초과 부담은 훨씬 더 커서 납부한 세금액의 62퍼센트에 달했다. 이들 중 창문을 9개로 줄여 납부 대상이 되지 않은 사람들에게는 창문세 자체가 전부 초과 부담이었다. 정부가 그들에게서 창문세를 거두지는 않았지만, 그들의 행동은 크게 왜곡되었다.

세금 제도에서 이런 식의 과표 등급은 일반적으로 좋은 결과라고 할 수 없다. 각 등급이 변하는 지점에서 특별한 반응을 불러오기 때문이다. 그러나 이를 연구하는 사람들은 당시 납세자들이 세금에 대해 확실한 반응적 행동을 보인 것을 고맙게 생각한다. 예를 들어 파키스탄의 소득세 왜곡 비용(오늘날에는 드물게 과표 등급을 여러 단계 적용했다)과 영국의 부가가치세 기준 설정으로 인한 왜곡 비용을 평가하는 데도 같은 방식이 적용되었다.[58]

과표 등급에 따라 과세 금액을 갑자기 올리는 방법을 쓰지 않고도 한계세율(추가로 버는 마지막 1달러에 대한 세율)을 변동시키는 방법(즉 세율표의 세율 변곡점)이 유사하게 사용될 수 있다. 예를 들어 추가로 버는 1달러에 세율이 20퍼센트 부과된다면 사람들은 계속 돈을 더 벌려고 하겠지만, 세금이 50퍼센트 부과된다면 사정이 달라진다. 그래서 우리는 사람들이 대부분 한계세율이 상승하는 수준[59] 또는 그 근처까지 돈을 벌려 할 거라고 판단할 수 있다.

미국의 근로소득세액 공제제도에 초점을 맞춰 세율 변곡점에 대한 납세자 반응을 두고 독창적인 연구가 진행되었다. 7장에서 살펴본 것처럼 이 연구에서는 보조금이 최고로 효과를 거두려면 일정 수준까지 소득에 보조금을 주어야 한다고 주장하였다. 그리고 소득이 어느 수준에 도달하면 소득이 늘어나는 만큼 보조금을 줄여 공제액을 '환수'한다.

이 세율표에는 변곡 구간이 세 개 있는데, 마이너스 한계세율(보조금)에서 공제액이 최대가 되는 제로세율까지, 제로세율에서 환수가 시작되는 플러스 세율까지, 그리고 플러스 세율에서 공제가 완전히 사라지는 제로세율까지다. 이 연구에서는 신고 소득의 유연성이 높은 자영업자들이 첫 번째 변곡 구간에 집중적으로 몰리는 명백한 증거를 발견했는데, 이런 행동은 대부분 탈세의 일환으로 공제를 더 많이 받으려고 실질소득을 과대 신고한 것이라고 해석했다.[60]

창문세 이야기를 마치기 전에 오늘날 빛에 대한 세금이 더는 문제가 되지 않는다고 한다면 이탈리아 북동부의 유서 깊은 마을인 코넬리아노를 방문해보라. 명품 와인 프로세코prosecco로 유명한 이 마을에서는 상점 밖에 세워둔 간판이 공공보도에 그림자를 드리우면 상점주는 세금을 내야 한다.[61]

결국 세금 제도를 설계할 때는 초과 부담을 최대한 낮추는 것이 좋다(이를 전문 용어로 표현하면 세금 제도를 최대한 '효율적'으로 만들고 '왜곡'을 최소화한다고 한다). 물론 이 책 첫 부분에서 강조했듯이 세금 제도를 공정하게 만드는 것도 중요하다. 우리는 효율성을 위해 세금에 가장 적게 반응하는 물건에 세금을 더 많이 부과해야 하고, 수직적 형평성을 이루려면 세금이 납부 능력과 연결되어야 한다는 것 등을 포함해 바람직하고 공정한 세금 제도를 만들기 위해 무엇이 필요한 지 살펴보았다. 그러나 효율성과 형평성이 별개 문제라는 것도 살펴보았다. 이제 우리에게 필요한 것은 이 두 가지를 모두 고려해야 할 때(항상 그렇지만) 어떤 원칙을 따를 것인가 하는 것이다.

10장

공정하고 효율적인 세금 제도

조세 기술은 소리는 가장 적게 내면서 가능한 한 가장 많은
거위의 깃털을 뽑는 것과 같다.
장 바티스트 콜베르(프랑스의 중상주의 정치가)[1]

당신이 탄광을 소유했거나 무기 제조업체를 가지고 있다면, 제1차
세계대전은 적어도 당신 주머니 사정에는 꽤 좋은 소식이었을 것이
다. 물가상승은 사업을 유지하기 위해 필요한 최소치 이상의 이익을
얻는 기회로, 리카도의 관점에서는 지대(회사 수익)를 받는 것을 의미
한다. 물론 이런 기회는 아들이 전쟁터에서 죽어가는 사람들이나 엄
청나게 늘어난 지출을 조달할 방법을 찾는 정부들에는 전혀 해당하
지 않는 이야기다. 모든 주요 교전국(오스트리아-헝가리제국, 영국, 프랑
스, 독일, 이탈리아, 러시아, 미국)을 비롯한 여러 나라[2]는 전쟁에 대응하
려고 이런 지대에 대해 '초과 이익세'를 도입했다. 그리고 이 제도는
잘 작동했다. 전쟁이 끝날 무렵 이 세금으로 미국 연방정부는 세입이
4분의 1,[3] 영국 중앙정부는 3분의 1 이상[4] 늘어났다.

이 세금이 그렇게 인기 있게 된 것은 두 가지 특징이 잘 어우러졌기 때문이다. 하나는 지대에 대한 세금으로 원칙적으로 왜곡을 일으키지 않았다는 것이다. 예를 들어 무기를 생산하는 사업은 세금이 없을 때도 수익성이 있었지만, 세금이 있어도 여전히 수익성이 유지된다. 이 세금은 본질적으로 4장에서 '정액세'라고 한 것의 한 형태로, 어떠한 초과 부담도 발생시키지 않았다. 정액세가 진짜 중요한 이유는 그것이 사람들의 행동에 영향을 미치기 때문이다.

모든 세금은 자원을 민간 부문에서 정부로 이전하는 것이며, 이로써 누군가는 경제적으로 더 가난해져 결국 행동을 바꾸게 된다. 내일 아침에 일어나 정부가 지갑에서 세금으로 100달러를 빼갔다는 멋진 감사편지를 본다면, 당신은 더 적게 쓰거나, 덜 저축하거나, 더 많이 일할 수밖에 없다. 그렇지 않으면 화가 치밀어 노발대발할 수밖에 없다. 그것이 바로 정액세의 본질이다.

온갖 세금에 시달렸던 유머 작가 P. G. 우드하우스P. G. Wodehouse 조차 초과 이익세에 대해서는 긍정적인 견해를 털어놓았다. "여러 면에서 나는 이 소득세 제도가 생긴 것을 전혀 유감스럽게 생각하지 않습니다. 지루함을 느낄 수 없을 정도로 모든 게 이해하기 쉬웠으니까요. 이제 내가 돈을 좀 벌면 문제가 되겠구나 하고 생각하니 정말 제대로 일할 맛이 나는군요."[5] 우드하우스가 직면한 이 뜻밖의 세금은 정액세의 본질적 특징을 보여준다.

이 세금은 그를 변하지 않을 수 없게 만들었다. 물론 이 세금으로 그의 형편은 더 어려워졌고(단지 느낌이 아니라 실제 경제적으로), 행동 측면에서 더 많은 일을 하게 만드는 '소득 효과'income effect를 가져왔다. 그러나 그런 효과는 그에게서 자원을 빼앗음으로써 발생하는 피할 수 없는 결과이며, 모든 세금이 다 마찬가지다. 그런데 정액세는 다른 세금과 달리 바로 그런 소득 효과만 유발한다. 초과 부담을 불러오는 세금에서는 그런 소득 효과가 나타나지 않는다.

예를 들어 우드하우스가 과거의 소득에 대해서가 아니라 미래의 소득에 대해 더 높은 세금을 청구받는다고 가정해보자. 그는 글을 써서 버는 돈을 줄일지도 모른다. 그러면 버티 우스터Bertie Wooster, 지브스Jeeves 그리고 그들의 친구들●에 대한 재미있는 이야기를 덜 쓰는 형태로 초과 부담이 발생할 것이다. 그것이 초과 부담인 이유는 수입 증대에 따라 본질적으로 발생하는 소득 효과 이상으로 그의 행동이 변했기 때문이다. 이처럼 초과 부담을 발생시키고 세금을 비정액세로 만드는 것을 가격이나 세후 임금의 변화를 반영하는 '대체 효과'substitution effects가 생겼다고 한다.

초과 이익세가 인기를 얻게 된 두 번째 이유는 이 세금이 공정성과 납부 능력에 대한 보편적 아이디어를 반영했기 때문이다. 물론 모든 정액세가 그 기준을 충족하는 것은 아니다. 예를 들어 인두세도 정액세지만 악명 높을 정도로 불공평하다. 그러나 초과 이익세가 생산을 왜곡하지 않는다면 전쟁으로 번 이익에 세금을 부과하는 것을 어느 애국자가 반대한단 말인가?

4장에서 논의한 사회적 지위에 대한 세금에서도 정액세와 공정성 추구라는 비슷한 열망이 있었음을 볼 수 있다. 이 세금도 행동을 변화시킬 위험이 거의 없고 납세능력과 합리적으로 결부될 개연성이 높았다. 우리가 살펴본 것처럼 모든 세금에는 결함이 있다. 공작 신

───────

● 버티, 지브스는 우드하우스의 희극 〈지브스 이야기〉의 등장인물들임.

분이지만 가난한 사람도 있고 초과 이익세도 세금 회피에는 취약하다. 그러나 이 두 가지 열망은 많은 면에서 이상적인 세금 제도가 어떠해야 하는지 엿볼 수 있게 해준다. 정액세는 각 개인의 본질적인 납부 능력에 따라 조정될 수 있고, 공정성에 대한 더 넓은 사회적 개념과도 일치한다. 이러한 세금 제도가 콜베르 말처럼 가능한 한 소리(초과 부담이나 불공정에 대한 불만)를 적게 내고 깃털(세금 수입)을 뽑는 방법이라고 할 수 있다.

다만 이 같은 제도를 구축하는 데는 큰 걸림돌이 있다. 세금에 대응하여 납세자가 자신의 납세능력을 감추거나 의도적으로 변경할 수 없는 관찰 가능한 지표가 있어야 한다. 예를 들어 일을 더 또는 덜 한다거나, 다른 지역으로 이주한다거나, 9장의 윈도버처럼 벽난로를 해체한다거나 해서 납세자가 변경할 수 있는 것에 세금을 부과하면, 납세자들은 그런 것들을 계속 변화시킬 테고 결국 초과 부담이 발생한다. 물론 납세능력에 대한 완벽한 지표는 적어도 아직은 없고 아마 앞으로도 없을 것이다. 이 장에서는 그런 불완전한 세계에서 조세제도가 어떻게 조세 분석의 성배라고 할 수 있는 왜곡되지 않고 공정한 제도에 근접하게 형성되어 왔는지 살펴본다.

먼저 정액세이면서 공정한 세금 제도를 찾으려는 몇 가지 시도와 그들에게 영감을 준 정치운동과 보드게임을 살펴본다. 그러나 그런 세금이 정부의 세수 요구를 모두 충족할 수는 없었을 테고, 그래서 초과 부담이 불가피하게 나타났을 것이다. 따라서 세금이 유발한 이런 낭비(초과 부담)를 어떻게 줄일지에 대한 진실과 신화를 함께 살펴보고, 그로 인한 효율성과 공정성 사이에 감도는 긴장감을 살펴본다.

성배를 찾아서

+

초과 부담을 최소화하는 동시에 공정한 조세 기준을 찾는 것은
거의 종교적 열정, 때로는 혁명에 대한 두려움과도 같았다.

전쟁 수익자와 다시 등장한 법인세

1920년에는 전쟁이 세금 혁신을 낳는다는 생각이 이미 깊이 인
식되어 초과 이익세는 '전쟁 중 금융 분야에서 개발된 유일한 발명
품'으로 환영받았다.[6] 이는 틀린 생각이었지만(조지아 시대 영국의 시민
혁명 중에도 이미 이런 세금이 있었다)[7] 제1차 세계대전 이전 몇 년 동안
이런 인식이 널리 퍼져 있었다.

영국도 미국이 채택한 초과 이익세의 기술적 우위를 깨달았지
만, 제1차 세계대전 중 영국의 초과 이익세는 다소 다른 형태를 취했
다.[8] 영국은 초과 이익세를 채택하면서 투자 자본의 수익률이 8퍼센
트를 초과하는 모든 수익에 세금을 부과했는데, 이는 8퍼센트가 투
자자들이 합리적으로 요구할 수 있는 최소 수익률이라고 보았기 때
문이다. 리카도와 맬서스의 관점에서 이 수준을 지대와 비슷한 기준
으로 판단한 것이다.

이미 살펴보았듯이, 미국과 영국 모두에서 초과 이익세율은 80
퍼센트까지 높아졌다.[9] 이 세금이 너무 성공적이어서 전쟁이 끝난 후
에도 계속 유지해야 한다는 말까지 나왔다. 하지만 이런 말들은 곧
사라졌다. 그 세금은 분명히 일시적인 것이었고, 기업들은 '이 세금
을 회피하는 것은 반역이나 다름없다'[10]고 여겨지는 전시에는 반대하
기 어려웠지만 평시로 돌아오면서 이를 반대하는 것이 더 쉽다는 사

실을 알게 되었다. 제2차 세계대전의 선전포고[11]가 나오기 전인 1939년 초 프랑스, 독일, 영국에서 초과 이익세가 잠깐 다시 나타났지만, 시간이 지나면서 초과 이익세에 대한 기억은 희미해졌고[12] 전통적인 법인세가 기업에 대한 과세의 주요 수단이 되었다.

그런데 1970년대 중반부터 통상적인 법인세가 왜곡을 일으킨다는 인식이 커졌다. 이런 인식은 법인세가 지대(법인 수익)뿐 아니라 주식금융equity finance[•] 제공자에게 필요한 최소 수익에도 부과되어 금융과 투자 결정에 복잡한 왜곡을 초래한다는 생각에서 나타난 것이었다. 이에 따라 법인세를 지대에 대한 세금으로 전환함으로써 이런 왜곡을 없애고, 정부 세수도 정액세 제도와 비슷하게 늘 수 있다는 주장이 제기되었다(이는 주주에게 돌아가는 배당금이나 자본소득 형태의 주식으로 인한 소득에 과세할 가능성을 열어둔 것이다).

기업의 지대에 세금을 부과하려면 반드시 고려해야 할 것은 기업에서 발생하는 모든 비용의 공제를 허용하는 것이지만 사실 이는 궁극적으로 불가능하다. 일부 비용(예를 들어 열심히 일하는 소유주나 관리자의 무보수 노고)은 관찰하거나 검증하기가 어렵기 때문이다. 하지만 초과 이익세 논리를 유용한 지침으로 삼으면 이 문제를 해결하기 위해 앞으로 어떻게 해야 할지 알 수 있다.

실제로 표준 법인세를 지대에 대한 과세로 전환하는 한 가지 방법은 제1차 세계대전의 초과 이익세와 매우 유사해 보인다. 즉 기업에 투자된 주식의 추상적 수익에 대한 공제를 이자 공제와 함께 하도록 허용함으로써 법인세 과세 기준에서 정상적인 주식 수익을 차감

[•] 주식을 발행해서 자금을 조달함.

하는 것이다. 이런 종류의 세금, 즉 '자기자본 공제제도'Allowance for Corporate Equity 형태의 법인세는 1990년대 이후 벨기에, 브라질, 이탈리아 등 여러 나라에서 성공적으로 시행되고 있다.[13]

대안적 접근법으로 투자를 '현금흐름'으로 처리하는 방안을 들 수 있는데, 이는 모든 투자 비용이 발생하면 (감가상각 충당금 형태로 장기간에 걸쳐 탕감하는 대신) 전액 공제하도록 하고, 이자 공제는 더 이상 허용하지 않는다는 것을 의미한다(두 가지를 모두 허용하면 투자 한 번에 세금을 두 번 공제하는 셈이 되므로). 이렇게 하면 사실상 정부는 투자자의 조용한 협력자가 될 수 있다.

예를 들어 세율이 20퍼센트라고 할 때 투자를 현금흐름으로 보면 정부는 자비의 20퍼센트를 즉시 공제해줌으로써(기업이 낸 세금을 줄여준다) 투자 비용의 20퍼센트에 대해 미리 효과적으로 혜택을 주지만,[14] 나중에 그 투자가 발생시킨 수익의 20퍼센트에 세금을 부과할 수 있다. 정부가 모든 비용과 수익에 같은 몫을 부담하는 협력적 관계를 취함으로써 투자자들의 투자 의욕에 악영향을 미치지 않을 수 있는 것이다. 이는 세율이 20퍼센트든 80퍼센트든 마찬가지다. 세율은 지대에 대한 정부 몫을 결정할 뿐이다. 이같이 투자를 '현금 흐름'으로 여긴 사례는 이미 멕시코에서 있었고,[15] 2017년 미국의 세제개혁에서도 투자를 현금 흐름과 매우 가까운 것으로 취급했다(이자가 계속 공제되었으므로 지대에 대한 과세와는 여전히 달랐지만). 이는 투자에 동등하게 세금 혜택을 제공하기를 원했던 다른 나라들에도 압력이 되었다. 실제로 캐나다도 그다음 해에 미국을 따라 이를 도입했다.

천연자원, 특히 석유와 가스와 관련해 다양한 종류의 지대 과세가 오랫동안 지지되었고, 부분적으로 시행되기도 했다.[16] 원자재 가격이 고공행진을 하는 가운데 지대 수익이 분명한 분야에서 주로 시행되었지만, 각국 정부는 오랫동안 지대 수익의 정부 몫을 차지하려고 노력해왔다. 그러나 최근 효과적인 지대 과세에 관심이 많아진 것은 페이스북, 구글 등 몇몇 회사가 벌어들이는 높은 수익 때문임은 의심할 여지가 없다.

그러나 한 가지 중요한 측면에서 디지털 시대 다국적 대기업의 지대보다는 석유·가스 대기업의 지대에 과세하기가 더 쉬울지 모른다. 유전과 가스전은 이동하기가 어려우므로 그들이 거둬들이는 수익은 특정 장소에 특화되어 있는데, 이는 매우 중요한 의미가 있다. 따라서 석유나 가스 대기업은 (비록 불가능하지는 않지만) 세계에서 가장 낮은 세율을 적용하는 곳에서 지대가 발생하는 것처럼 꾸미기가 어렵다. 하지만 지대가 특정 장소의 지하 석유가 아니라 오늘날 가장 수익성 높고 강력한 디지털 다국적기업의 주력 비즈니스 모델인 지적 재산권과 연결되어 있을 때 '수익 이동'profit shift이 이루어지기 훨씬 더 쉽다. 이 경우 세금 납부가 편리한 곳으로 소유권을 쉽게 조정할 수 있기 때문이다. 그런 수익 이동으로 다국적기업의 과세와 관련해 일어나는 문제는 11장에서 다루겠다. 그러나 위치에 따라 특정 지대가 발생할 수 있는 또 다른 중요한 것이 있는데, 그것은 바로 토지다.

토지가치세[17]

짧은 시간에 질주하듯이 조세의 역사를 살펴보았다. 토지에 대한 세금은 시대를 막론하고 정부 세입의 버팀목이 되었지만 토지세에는 그 이상의 의미가 있다. 토지는 거의 완전한 공급 비탄력성 상태에 있으며,[18] 리카도와 맬서스도 실질적인 경제 지대의 전망을 설명할 때 지대를 주로 인용했다. 리카도 이후 '개발되지 않은' 토지 가치('파괴할 수 없는 토지 본연의 힘'에 부여되는 현재 가치)에 대한 과세에 상당한 지지가 나타났다.[19] 이 가치는 토지 소유자들이 통제할 수 없으므로 이에 대한 과세는 초과 부담을 유발하지 않는다는 것이다. 게다가 토지 소유자들은 부유층(특히 더 큰 부자들)일 확률이 높아서 훌륭한 과세 기반처럼 보이기 시작했다.

존 스튜어트 밀은 토지 가치에서 나오는 '미래의 불로소득 증가'에 대한 과세를 주장하면서 이 소득이 '소유주의 노력이나 비용 지출 없이 단지 인구와 부가 늘어났다는 이유만으로 지속적으로 증가'한다는 점을 지적했다.[20] 그 토지가 얼마에 임대되거나 팔릴지 반영하는 오늘날의 재산세와 달리, 개발되지 않은 토지에 세금을 부과하더라도 농가를 증축하거나 호텔을 짓는 등의 방식으로 그 토지를 개발하려는 노력을 방해하지 않는다는 것이다. 개발되지 않은 토지 가치에 대한 과세, 즉 '토지가치세'land value tax[21]라는 생각은 매우 매력적이어서 거의 복음주의적인 지지를 받았다.

토지가치세의 주장자는 미국의 경제학자이자 행동주의자인 헨리 조지Henry George(1829~1897)다. 그는 토지 소유자들이 다른 사람들의 노력(예를 들어 정부 예산으로 근처에 철도가 건설되는 등) 덕택으로 토지 가치가 높아지면서 이익을 누리는 도덕적 모순을 강하게 지적했다. 조지는 한 발 더 나아가 토지가치세 하나면 다른 어떤 세금도 필요 없다고 주장하면서 토지가치세 한 가지면 충분하다는 '단일세' 운동을 시작했다. 1879년 당시 베스트셀러였던 그의 저서 『진보와 빈곤Progress and Poverty』(비봉출판사, 1997)은 예리한 경제적 통찰력과 메시아적 열정이 결합된 책이다. 영적 차원에서 단일세는 기독교의 최고봉이라 할 옥으로 된 벽과 진주로 된 문이 있는 '신의 도시'City of God를 지상으로 가져오는 것이었고,[22] 경제학자의 표현으로 조지는 '누군가의 신념이 숭배 대상이 된 역사상 유일한 세금 이론가'로 추앙받았다.[23]

하지만 조지의 대중적 호소가 선거 승리로 이어지지는 못했다.[24] 비록 그의 유세장에 에이브러햄 링컨 이후 뉴욕에서 가장 많은 사람이 모여 장사진을 이루었지만 말이다. 그의 주장에 조지 버나드 쇼George Bernard Shaw, 레오 톨스토이Leo Tolstoy, 쑨원孫文(쑨원은 한 손에는 성경을, 한 손에는 『진보와 빈곤』을 든 미국인 선교사를 만난 후 기독교 신자가 되었다고 함)[25]을 포함한 많은 저명인사가 지지를 표했다. 세금 제도를 높이 평가하지 않은 것으로 유명한 밀턴 프리드먼조차 '가장 나쁘지

토지가치세가 '신의 도시'를 지상으로 가져온다. '단일세가 사회를 해방시킨다'는 포스터

않은 세금이 바로 개발되지 않은 토지의 가치에 부과되는 재산세'라며 인색하지만 지지를 표했다.[26]

그다지 잘 알려지지 않았지만 조지의 열렬한 지지자 엘리자베스 매기 필립스Elizabeth Magie Phillips는 1906년, 토지 소유와 관련된 부당한 이익의 폐해를 설명하는 보드게임을 만들어 조지보다 더 많은 영향을 미쳤다. '지주 게임'The Landlord's Game이라고 불린 이 게임은 (논쟁의 여지는 있지만)[27] '모노폴리'Monopoly라는 유명한 게임의 원조가 되었다(보드게임 애호가들은 세계 최대 오픈마켓 이베이에서도 〈국세청을 지켜라: 조세 피난 게임Stick the IRS: The Tax Shelter Game〉을 구매할 수 있다는 걸 알면 좋아할 것이다. 세금을 가장 적게 내는 사람이 이긴다).

이른바 조지주의Georgism(지공주의라고도 함)는 초기에 몇 가지 성공을 거두었다. 뉴질랜드는 1878년 개발되지 않은 토지에 대한 세금(비록 1년 동안만 지속되었지만)을 도입했다.[28] 헨리 조지의 호주 강연 여행이 어느 정도 영향을 미쳤는지 호주의 몇몇 주도 1890년대 중반까지 이 세금을 시행했다. 또 비록 법으로 시행되지는 못했지만 영국 로이드 조지 내각도 1909~1910년 토지 가치 증가로 인한 미래의 불로소득에 세금을 부과하는 안을 제

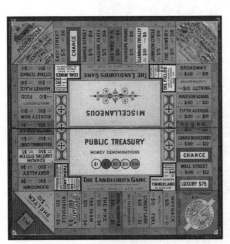

보드게임으로 경제이론을 설명한 엘리자베스 매기 필립스의 '지주 게임'

안했다.[29] 미국의 일부 주는 토지와 건물에 서로 다른 세율을 적용하는 '분할 세금제'를 도입했다.[30] 쑨원도 영향력 있는 옹호자임을 입증했다.[31] 그의 후계자들이 타이완에서 '단일세의 원조인 헨리 조지의 가르침이 개혁 프로그램의 기초가 될 것'이라는 그의 약속을 실천한 것이다.

쑨원은 또 토지 자체가 거의 거래되지 않아 적용할 마땅한 시장 가격이 없는 상황에서 오직 세금 목적으로 토지를 평가하는 깔끔한 아이디어를 제안해 조지주의의 실용성을 과시했다. 고대 그리스의 부유층에 부과한 리터지를 연상시키는 그의 아이디어는 토지 소유자들로 하여금 세금 목적으로 자기 부동산의 가치를 신고하게 하는 것이었지만, 정부가 신고된 가격으로 그 토지를 매입할 선택권을 갖는다는 지혜도 담겨 있었다.[32] 따라서 이 접근법은 토지 소유자에게 진정한 시장 가치를 신고할 동기를 제공한다. 너무 높게 신고하면 필요 이상으로 세금을 더 많이 내게 되고, 너무 낮게 신고하면 실제 토지 가치보다 더 낮은 가격에 팔아야 하는 위험을 감수해야 하기 때문이다.

사실, 이 같은 제도는 1891년 뉴질랜드에서 이미 시행되었는데, 왕실은 신고된 금액보다 10퍼센트 더 높은 가격만 제시하면 모든 토지를 매입할 수 있었다.[33] 그 후 일부 다른 나라에서도 쑨원의 아이디어를 채택했다. 1993년 콜롬비아의 수도 보고타에서는 자진신고제도를 도입했는데, 이는 (당시 지적등록부에 등재되지 않은 토지의 신고를 유도하려고) 신고 가격보다 25퍼센트 높게 정부가 강제로 매입하도록 하는 것이었다. 이로써 토지 신고 건수가 1993년과 1994년에 두 배 이상 증가했다.

그러나 토지세 혁명은 일어나지 않았다. 2000년대 초까지 토지

가치에 차등세를 부과한 나라는 25개에 불과했다.[34] 다른 곳에서는 토지가치세가 거의 사라졌다. 하와이에서는 2002년에 분할 세금제를 폐지했는데, 이는 아마도 호텔과 관광 명소를 개발하라고 너무 많이 장려했기 때문일 것이다. 가수 조니 미첼Joni Mitchell은 와이키키에서 휴가를 보내면서 자신의 유명한 노래 〈크고 노란 택시Big Yellow Taxi〉의 가사를 썼는데, 여기에는 이런 내용이 있다. "사람들은 낙원을 덮어버리고 그 위에 주차장을 세웠지."[35]

그렇다고 해서 토지가치세라는 아이디어가 완전히 사라진 것은 아니었다.[36] 문제의 핵심은 토지 본연의 가치를 어떻게 평가하느냐는 것으로, 이는 매우 실질적인 문제다. 예를 들어 뉴욕시 한복판에 있는 개발되지 않은 토지는 거의 거래되지 않으므로 '파괴할 수 없는 토지 본연의 가치'를 직접 평가할 마땅한 시장 가격이 없다.

개념적 문제도 여전히 존재한다. 뉴질랜드에 이주자들이 처음 들어왔을 때는 개발되지 않은 토지가 많았지만 시간이 지나 개간, 배수, 평탄 작업 등 기본 개발 작업을 거치면서 토지 본연의 가치를 추정하는 것이 불가능해졌다. 그러나 토지 본연의 합리적인 가치를 구하는 방법이 없는 것은 아니다.[37] 실제로 미국에서 모든 토지를 단위당 평가하려는 시도는 비록 같은 세율을 적용한다 해도 최소한 토지와 개발을 분리해서 평가하려는 의도로 보인다.[38]

헨리 조지조차 오늘날 토지 가치에 대한 세금이 모든 세금을 대신할 수 있다고 생각하지는 않을 것이다. 예를 들어 영국의 재산세 수입(개발 가치가 포함되어 토지가치세보다 과세 기반이 훨씬 광범위하다) 하나만으로 다른 모든 세금을 대체하려면 재산세가 거의 열 배 이상 높아져야 한다.[39] 그러나 토지가치세의 수입 잠재력은 결코 대충 볼 수준이 아니다. 게다가 토지가치세에는 또 다른 매력이 있다. 과세 기반의 국제적 이동성이 높아지면서(11장의 주제) 위치에 따라 특화되는 토지 지대세의 매력이 더욱 뚜렷해지기 때문이다. 헨리 조지의 아이디어가 활발하게 논의되는 시대가 앞으로 다시 올지 모른다.

자본에 대한 과세

제1차 세계대전이 끝나갈 무렵, 초과 이익세가 성공적으로 징수되었어도 유럽의 정부들은 부채에 허덕였다. 승전국은 승전국대로 전쟁에서 승리하려고 돈을 빌렸고, 패전국은 패전국대로 배상금을 물어야 했다. 1922년과 1923년, 영국의 공공부채는 국민소득의 186퍼센트에 달했다.[40] 이 '끔찍한 전쟁의 상흔'[41]을 해결하려는 한 가지 제안이 자본에 대한 과세, 즉 현존하는 부에 일회성으로 과세하는 것이었다. 이 세금은 지대에 국한되지 않을 터였다(최소한의 수익만 발생하더라도 자산은 플러스 가치를 갖기 때문이다). 또한 이 세금은 정액세가 될 것이었다.[42] 누군가의 보유 자산은 이미 결정이 반영된 것이므로 납세자가 세금에 대한 반응으로 자산 가치를 마음대로 바꿀 수 없기 때문이다. 과거를 어떻게 바꾼단 말인가. 따라서 자본에 대한 과세로 정부 부채를 줄인다는 생각은 부유한 사람들에게 초과 부담이 없는 정액세를 거둠으로써 그 부채를 갚는 데 필요한 미래의 비효율적 세금을 대체하는 수단이 될 것이었다.

물론 많은 사람에게 이는 순수한 볼셰비즘Bolshevism●이었지만, 1920년대 정치 상황에서 자본에 과세한다는 것은 매우 진지한 의견

● 러시아 혁명을 실현한 볼셰비키의 사상으로 러시아 마르크스주의의 급진적 좌경 사상.

이었다. 영국에서는 노동당, 재무부, 심지어 윈스턴 처칠까지 이 생각을 지지했고,[43] 학계에서도 큰 이견이 없었다. 피구(외부 효과를 주창한), 슘페터 그리고 케인스도(처음에는) 이 의견에 동의했고, 그들 모두 나폴레옹 전쟁 중 쌓인 부채의 맥락을 쓰면서 조세 귀착에 대해 이미 한두 가지를 지적했던 리카도의 이론을 인용했다. 그러나 정작 영국에서는 자본 과세가 시행되지 않았다. 다른 유럽 국가들에서도 완화된 자본 과세가 시행되었을 뿐이고 오히려 제2차 세계대전 이후 일본에서 큰 성공을 거두었다. 하지만 이 경험이 전적으로 행복한 것은 아니었다.[44]

자본 과세가 잘 시행되지 않고 시행되어도 그 결과가 실망스러운 이유 중 하나는 그런 세금의 가능성을 논의하는 것만으로도 자본 소유주들에게 자산을 해외로 이전하거나, 처분하거나, 보호하기 위한 다른 조치를 하게 함으로써 이를 피할 기회를 주기 때문이다. 자본에 대한 세금이 피할 수 있는 세금이 되면 더는 정액세가 될 수 없다. 자본에 대한 세금은 민주주의 원칙과 달리, 예기치 않게 즉각 부과되는 경우에만 진정한 정액세가 될 수 있다(어쩌면 이 때문에 일본에서 자본 과세가 성공했는지 모른다).

자본 과세를 우려할 이유는 또 있다(사실 이것이 더 일반적인 교훈이다). 만일 어떤 정부가 현재 그런 세금을 부과하겠다는 의지를 보인다면, 그 정부는 이를 한 번으로 그치지 않을 거라는 우려 때문이다. 이 세금의 옹호자들은 비상적인 성격임을 강력하게 주장하는 반면, 반대론자들은 반복될 우려가 있다는 점을 지적한다.[45] 문제는 정부가 아무리 다시 반복하지 않겠다고 약속한다 하더라도(진정으로 그렇게 생각한다고 하더라도), 이런 복고적 세금의 매력은 미래에도 여전히 정부를 유혹할 것이라는 점이다. 그리고 실제로 절대 반복하지 않겠다는 약속도 믿을 만한 것이 못 된다. 그렇기에 현재의 자본 과세는 미래의 자본 과세 가능성을 암시하므로 초과 부담을 한 번 더 발생시킨다.

만일 정부가 미래에 자본 과세를 하지 않는다고 스스로 구속할 수 있다면, 세상은 더 나아질 것이다. 하지만 어떤 정부가 후임 정부를 구속한단 말인가. 불행하게도 정부가 할 수 있는 거라고는 지금 당장 자본 과세를 시행한다는 유혹을 물리치지는 못하더라도 미래에 자본 과세를 하지 않겠다는 약속도 굳이 하지 않는 것이다.

이러한 '시의일관성'時宜一貫性, time consistency(시간이 지나도 위험에 대해 평가가 변하지 않는 것, 즉 미래에 어떤 일을 하지 않는 것이 바람직하다고 현재 판단한다면, 그 미래가 왔을 때도 그 일을 하지 않는 것이 바람직하다고 판단하는 것)은 조세 정책에 더 광범위하게 영향을 미친다. 정부가 아닌 개인 차원에서라면, 이는 8장에서 언급한 세금의 교정적 역할에서 내부 효과의 근거인 자기 통제 문제와 같은 개념이다. 이는 또 납세자들이 소급과세에 크게 분개하는 이유이기도 하다.

납세자들이 세금에 어떻게 반응할지 이미 결정한 시점에서 정부가 예상하지 못한 세금을 부과한다면, 정부가 다시 그렇게 하지 않으리라고 어떻게 보장할 수 있겠는가? 또 세금 사면tax amnesties, 즉 정부가 특정 금액을 내면 과거의 탈세를 합법적인 것으로 인정해주는 것(물론 마지막이라는 단서를 달고)이 매우 위험한 것도 바로 이런 이유 때문이다. 정부가 오늘 그런 사면을 해준다면, 납세자들은 앞으로 언젠가 또 그런 사면이 있을 거라고 기다리며 세금을 회피하는 것이 유리하다고 생각할 수 있다. 실행하기는 어렵지만 유일한 해결책은 정부가 세금 약속을 지킴으로써 신뢰를 쌓는 것뿐이다.

피해는 최소한으로

+

정부가 지대에 세금을 부과하거나, 정액세를 확대하거나, 나쁜 일에 세금을 매기거나, 수용 가능한 모든 누진 방식을 동원하는 것만으로 필요한 수입을 모두 충당할 수 있었다면, 세금의 역사는 그렇게 길지 않고 재미도 없었을 것이다. 하지만 정부는 그렇게 할 수 없었다. 9장에서 언급한 윈도버의 사라진 벽난로처럼 어느 정도 초과 부담이 불가피했던 이유다. 문제는 그것을 어떻게 최소한으로 제한하느냐는 것이다. 초과 부담은 아무에게도 이익이 되지 않고 궁극적으로 누군가(아마도 위험할 정도로 불만을 품은 시민들)를 더 나쁘게 만드는 일종의 낭비이므로 전제 군주라 하더라도 이 문제에 관심을 가져야 한다. 다행히 윈도버 같은 사람들에게 초과 부담을 줄여줄 몇 가지 간단한 가이드라인이 있다.

역탄력성의 원칙

케임브리지 킹스칼리지의 프랭크 램지Frank Ramsey 선임연구원은 열정적이고 총명한 영국 학자로, 머리가 너무 좋아서 일주일 만에 독일어를 배우고 칸트를 읽었다는 이야기가 전해지지만, 아쉽게도 사실은 그렇지 않다고 한다[46](그러나 학부생일 때 독일의 철학자 루트비히 비트겐슈타인Ludwig Wittgenstein의 책을 영어로 번역했고, 나중에 '중대한 실수'를 바로잡아 칭송받았다). 스물여섯 살인 1930년 황달로 사망할 때까지 램지는 주요 관심사인 철학과 수리 논리 분야에 지속적으로 기여했다. 그는 자기 직업에 필수적이라고 본 경제에 관해서도 논문을 두 편 썼지만, 그것을 '시간 낭비'로 여겼다고 한다(그의 관점에서는 그랬을 것이다). 이 중 하나인 1927년 발표한 논문은[47] 세금 시스템을 가장 잘 설계하는 방법에 대한 기반을 제공한 것으로 평가되고 있다.

이 논문은 그가 수학적 도구를 사용하지 않았다는 피구의 질문에 대답한 것이기도 했다. 피구의 질문 요지는 이러했다. 정부가 탈세와 행정의 실무적 문제는 무시하면서 당장의 소득세는 내버려두고 재화와 서비스 소비에 다양한 세율의 세금만 부과하면 초과 부담을 최소화할 수 있단 말인가?

그 답의 실마리는 9장에서 찾을 수 있다. 윈도버와 폭스가 난로세로 겪었던 초과 부담을 비교해보면, 우리는 초과 부담이 많을수록 세금이 매겨지는 물건의 세금에 대한 반응도 더 격렬해진다는 것을 알았다. 램지는 분석하는 과정에서 이 점을 거듭 확인하고, '역탄력성의 원칙'inverse elasticity rule을 도출해냈다. 초과 부담을 최소화하려면 세율에 덜 반응하는 것, 즉 수요나 공급의 탄력성이 0에 가까운 물건에 세율을 더 높게 하여 세금을 부과해야 한다는 것이다. 실제로 우리는 반세기 후 나온 통찰력[48]에서 그 반응이 진짜인지

프랭크 램지는 다른 사람보다 훨씬 더 긴 안목으로 세상을 보았다. 1925년 영국 북서부 레이크 디스트릭트에서.

(실제로 난로를 줄였는지) 가짜인지(세금 징수원이 왔을 때만 덮어서 감추었는지)는 중요하지 않다는 것을 알았다.

초과 부담을 최소화하려면(전문 용어로 '효율성'을 추구하거나 '왜곡'을 최소화하려면) 세율에 덜 반응하는 것에 더 높은 세금을 부과해야 한다는 점이 다시 확인된 것이다. 그런 물건들로는 담배류, 주류, 연료 같은 것들을 생각할 수 있다. 이는 우리가 8장에서 살펴보았듯이 나쁜 습관을 깨려면 이런 물건들에 무거운 세금을 부과해야 한다는 논리를 더욱 강화한다(물론 이런 물건들의 수요 탄력성이 때로는 생각만큼 낮지 않다는 것을 보긴 했지만).

그러나 이 규칙이 시사하는 바대로 사람들은 좋은 대체품이 있는 물건에 무거운 세금을 부과하는 것이 (그 대체품들에도 비슷하게 과세하지 않는 한) 그다지 현명하지 않은 일이라고 여기는 경향이 강하다. 대체품이 있다는 것은 사람들이 가격에 매우 민감하다는 것을 의미하기 때문이다.[49] 결국 사람들은 그 물건에 부과되는 세금을 피하려고 자신이 사용하는 물건을 쉽게 재조절할 수 있으므로 과세 기반이 사라지는 것을 추적하려면 높은 세율로 부과해야 하고, 비슷한 물건에도 비슷한 세율을 적용해야 한다.

프랭크 램지의 대수학에는 또 다른 교훈이 있다. 사람들의 소득이 높아질수록 더 많이 소비하는 물건은 상대적으로 낮은 세율을 적용하고 반대로 '여가로 즐기는 보완재'[50]는 상대적으로 높은 세율을 부과하는 것이 일반적으로 좋다는 것이다. 그 이유는 구매력의 관점에서 노동을 덜 보람 있는 일로 만듦으로써 상품세가 사람들에게 노동을 덜 하도록 유도하기 때문이다.[51]

이론적으로 이런 효과를 완화하는 한 가지 방법은 사람들이 더 열심히 일할수록 더 중시하는 물건들을 구매하기 유리해지고, 열심히 일하지 않을 때는 중시하는 물건들을 구매하기 불리해지도록 상품마다 세율을 영리하게 차별 적용하는 것이다.[52] 예를 들어 보육 서비스에는 낮은 세율을 적용하고, 스포츠 경기 관람에는 높은 세율을 적용하는 것이다.

이 모든 것이 우리에게 가르쳐주는 한 가지는 모든 소비(또는 소득의 유형)에 획일적인 세금을 부과해야 한다는 세제개혁가들의 일반적 외침이 항상 정답은 아니라는 것이다. 특히 일부 상품을 선별해 특별히 높은(또는 낮은) 세율을 적용하는 것은 효율 측면에서 그럴 만한 이유가 충분하다. 문제는 그러기 위해 어떤 상품을 선별해야 하는지 구체적으로 파악하기가 매우 어렵다는 것이다. 우리가 실용적인 권장 사항을 따를 만큼 충분한 확신을 가지고 상품을 선별할 수 없는 이유는 수요 반응의 특징 때문이다.[53]

따라서 우리의 경험적 이해가 개선될 때까지 진짜 원칙의 문제는 실용성은 제쳐두고라도 수요 반응에 대한 지식이 불완전할 때 그 재화와 서비스에 대한 과세를 어떻게 결정하느냐 하는 것이다. 예를 들어 우리가 세수를 올리려면 어떤 상품들에 세금을 부과해야 하는데 그 상품들의 수요 탄력성을 전혀 모른다고 가정해보자. 모든 상품에 적당히 낮은 세율로 과세하는 것이 좋을까, 아니면 동전을 던져 무거운 세금을 부과해야 할 상품들을 고르고 나머지는 면제하는 것이 좋을까?

일률적으로 세금을 부과하는 것을 선호하는 데는 나름대로 강력한 현실적 이유가 있다. 다양한 세율을 적용하려면 과세 기준이 필요하며, 거기에는 우리가 그동안 보아온 모든 게임의 규칙을 고려해야 한다. 또 경감 세율(다양한 차별적 세율)을 우선 적용하면, 정책이 특정 계층을 위한다는 이기적 논쟁에 휘말릴 수도 있다. 그리고 초과 부담의 본질적 특징상 일률적인 과세가 초과 부담을 제한하는 합리적 기준이라는 점도 타당한 이유가 될 수 있다.

조세 기반은 넓히되 세율은 낮춰라

9장에서 윈도버가 벽난로에 대한 세금 2실링에 대해 난로 하나를 없애는(또는 감추는) 방식으로 반응했을 때, 우리는 그가 겪은 초과 부담을 1실링으로 추정했다. 이제 세율이 벽난로 한 개당 2실링에서 4실링로 높아져 윈도버가 벽난로 한 개를 더 없애는 것으로 반응한다고 가정해보자. 같은 논리로 그는 이제 사라진 난로 두 개를 각각 4실링(현재 그가 직면한 세금) 미만의 가치로 생각했다. 그렇지 않다면 난로 수를 그대로 유지했을 것이다. 그리고 난로의 가치를 0으로 생각했다면 처음부터 난로를 설치하지 않았을 것이다. 따라서 윈도버가 생각한 난로 가치를 적당히 추측하면 2실링이고, 사라진 난로 두 개로 인한 그의 초과 부담은 이제 4실링이 되었다.

여기서 놀라운 점은 세율이 두 배가 되면 초과 부담은 두 배 이상, 사실상 네 배 증가한다는 것이다(앞서 9장에서 난로 하나가 없어졌을 때 윈도버의 초과 부담이 1실링이었던 점을 상기하라). 이것이 바로 중요한 사실이다. 즉 초과 부담은 세율이 오르는 것보다 더 많이 커진다.[54] 이 점이 시사하는 것은 역탄력성 물건이나 여가 보완재에 높은 세금을 부과하는 것 외에 초과 부담을 낮게 유지하는 방법은 몇 가지 제품에 세금을 높게 부과하기보다는 많은 제품에 낮은 세금을 부과해야 한다는 것이다.

이것이 바로 석판에 새겨져 오늘날까지 전해지는 고대 세금 설계의 보편적 주문이었다. 또 조지 부시 행정부에서 재무부 차관보로 세금 정책을 담당했던 R. 글렌 허버드R. Glenn Hubbard는 그 자리를 떠나며 후임자에게 다음과 같은 말을 남겼다. "조세 기반은 넓히되 세율은 낮추어라."[55] 이 말에는 확실히 많은 진실과 유용성이 담겨 있다(예를 들어 2장에서 시간 경과에 따라 세금을 완화하는 것이 바람직하다고 주장한 설명의 대원칙이기도 하다). 그러나 이러한 세금 금언도 다른 말과 마찬가지로 그저 말로만 그칠 수 있다.

우리는 앞서 명목상 자기자본 이익에 대한 공제를 허용함으로써 표준 법인소득세를 지대로 전환하는 사례를 살펴보았다. 이는 좋은 아이디어일 수 있지만 좁은 조세 기반에서 개혁 사례에 불과하다. 결과적으로 이 세금은 다행히 왜곡되지 않아서 비록 기반은 좁지만 세율을 충분히 높게 설정함으로써 더 많은 세수를 올릴 수 있었다(높은 세율이 근본적인 활동을 저해하는 것은 아니기 때문이다). 그러나 이 세금은 동시에 과세 기반이 넓다면 낮은 세율을 적용할 수 있다는 점에서 특정 세금이 반드시 효율적이라는 주장에 주의해야 한다고 경고하는 여러 사례 중 하나다.

예를 들어 B2B 판매를 포함한 모든 판매액에 매출세를 부과하는 방식으로 최종 소비에만 세금을 부과하는 소매 판매세나 부가가치세 같은 세수를 올릴 수 있다. 그러나 기업 투입물에 세금을 부과하는 것은 특별한 이유(화석연료의 사용 등 외부 효과를 다루는 경우)가 없는 한 일반적으로 좋은 생각은 아니다. 기업 투입물에 세금을 부과하는 것이 옳지 않은 이유는 그런 세금이 상품의 최종 소비를 왜곡할 뿐만 아니라 생산 과정에서 낭비를 불러오기 때문이다.

그런 세금은 세금의 특성을 감안해 상업적 · 합리적으로 여겨지는 방식으로 제품 생산을 장려하지만, 오히려 없는 것이 더 타당하다. 기업들은 세금이 부과되는 투입물 대신 세금이 부과되지 않는 투입물(예를 들어 세금이 부과되는 무늬 벽지 대신 세금이 부과되지 않는 무늬 없는 벽지 위에 페인트로 무늬를 그리는 방식)을 사용하거나, 과세 단계를 피하려고 합병을 시도할 수 있다.[56] 생산자들의 이런 반응은 그런 세금이 없었다면 그들이 선택하지 않았을 방식으로 일한 것이므로 결과적으로 그들의 최종 산출물의 가치가 줄었음을 암시한다(어쨌든 페인트로 무늬를 그렸으므로 무늬 벽지보다는 보기가 더 안 좋을 수 있으므로). 이것을 '생산 비효율화'production inefficiency라고 한다. 결국 차질이 생긴 산출물로 유용한 결과가 나왔다 해도 그것을 옳다고 할 수는 없다는 논리다.

기업 구매에 세금을 부과하는 것이 바람직하지 않다는 주장은 1970년대에 공식적으로 제기되었지만,[57] 정책 입안자들의 마음속에는 이미 훨씬 전부터 그런 생각이 자리 잡고 있었다. 17세기 영국의 창문세법도 처음부터 산업용이나 상점 건물, 축사나 식품 창고 등과 같이 사람이 살지 않는 건물은 과세 대상에서 제외했다. 물론 조사원이 나오면 건물을 비우거나 회사 용도로 쓰는 것처럼 꾸미는 일이 많아 자체적으로 어려움을 겪는 일도 적지 않았다.[58] 기업 투입물에는 세금을 부과하지 않는다는 원칙을 적용하는 데는 현실적으로 항상 개인 용도와 기업 용도를 구분하는 문제에 부딪히지만, 그것은 오늘날까지 우리가 유지하는 강력한 세금 원칙 중 하나로 남아 있다.

그러나 안타깝게도 모든 정책 입안자가 이 문제를 제대로 인식한 것은 아니었다. 1923년의 오스트리아 판매세는 특정 생산 단계에서 각 상품에 한 번만 징수하게 되어 있었지만, 각 단계에서 실제로 세금이 부과될 때 일반적으로 마지막 단계의 상품에 누적되는 세금을 반영하도록 설계되었다. 다시 말하면, 이 세금은 매출세에서 발생할 수 있는 비효율적인 왜곡을 의도적으로 모방하려 한 것이다. 판매세에 냉소적이었던 경제학자 존 F. 듀John F. Due는 '오스트리아 판매세 제도에 기본적으로 반대하는 이유는 이 세금의 근거가 되는 원칙 자체가 완전히 불합리하기 때문'이며 '해괴한 세금 박물관에서 가장 앞선 후보'라고 혹평했다. 수십 년이 지난 지금 우리는 그 말이 옳다는 것을 잘 안다.[59]

기업 투입물에 대한 세금 부과로 발생하는 일반적인 비효율성은 금융거래세(모든 금융거래에 부과하는 세율이 매우 낮은 세금)가 그렇게 좋은 아이디어가 아닐 수 있다고 의심하게 하는 합당한 근거가 되기도 한다. 낮은 금융거래세를 옹호하는 자들은 금융거래의 규모가 엄청나게 커서 낮은 세율로도 수입을 많이 올릴 수 있다고 주장한다.[60] 그러나 그 세금은 광범위한 중간 거래에 부과되므로 비록 세율은 낮지만 높은 비효율을 초래할 수 있다. 일부 거래의 매우 낮은 마진에 비해서는 세율이 그렇게 낮다고 볼 수 없기 때문이다.

실질적인 방법은 환매조건부 채권매매Repo●같이 낮은 세율에도 특히 민감한 금융거래는 거래세를 제외하는 것이다. 예를 들어 이것이 최근 몇 년간 EU에서 시행된 금융거래세의 운명이었다. EU 11개국은 서민들을 지원하고 고통을 덜어주는 차원에서 금융거래세 도입에 찬성하면서 이를 정의로운 느낌을 주는 로빈 후드라고 명명했지

● 금융기관이 고객에게 일정 기간 후 금리를 더해 다시 사는 것을 조건으로 파는 채권.

만, 금융거래세가 노후를 대비해 자산을 쌓고 관리하는 사람보다 금융권의 고액 연봉 근로자들에게 귀착될 거라고 추정할 만한 타당한 이유는 없다.[61]

조세제도 구축에서 고려할 점

+

초과 부담을 최소화하는 것만이 중요하다면, 좋은 세금정책을 만드는 것이 그리 어렵지는 않을 것이다. 또 램지의 역탄력성 원칙을 걱정할 필요도 없을 것이다. 모든 사람에게 동일한 세금을 부과하는 인두세가 효과가 있을 테니까 말이다. 불평등 해결만이 중요하다면, 이 또한 그리 어렵지 않을 것이다. 5장에서 살펴보았듯이 모든 것에 세금을 부과한 다음 평등하게 공유한다는 에지워스의 해결책이 우리가 상상하는 만큼 평등주의를 가져다줄 테니 말이다.

그러나 효율성과 공정성이 모두 중요하고 그 어느 것도 무시할 수 없으므로 세금 설계가 수수께끼같이 어려워지는 것이다. 램지의 원칙을 실행에 옮기려는 순간 효율성과 공정성 사이에 균형을 맞추어야 할 필요가 바로 생긴다. 수요가 상대적으로 비탄력적인 물건은 의식주처럼 인간다운 삶을 사는 데 기본이 되는 물건들이다. 따라서 그런 물건들에 대해 상대적으로 높은 세율의 세금을 부과하자는 램지 규칙은 효율성 측면에서 좋아 보이지만 공정성 측면에서는 나빠 보인다.

그러나 조세 설계의 공정성과 효율성의 균형에 대한 논의의 최우선 과제는 소득세율표를 어떻게 만드느냐는 것이다. 즉 소득세율표의 누진율을 어떻게 해야 할까? 그리고 누진율은 반드시 적용해야 할까? (여기서 누진율은 소득이 증가할 때마다 평균 세율이 항상 증가하는 것을 말하는데, 이는 정확성을 기해야 한다.) 그동안 관행은 시대와 나라에 따라 매우 다양했다. 소피트 시대의 소득세는 최고세율이 그리 높지 않은 10퍼센트였지만, 28단계 세율을 운영했다. 제1차 세계대전이 끝날 무렵, 미국의 한계세율은 최저 과세소득에는 6퍼센트, 최고 과세소득에는 77퍼센트까지 다양했고, 영국도 11.3퍼센트에서 52.5퍼센트까지 다양했다.[62] 1979년 영국의 근로소득에 대한 최고 한계세율은 무려 83퍼센트였지만 현재는 45퍼센트로 조정되었다.

소득세의 누진율은 전 세계적으로 매우 다양하다.[63] 러시아나 루마니아와 같이 단일세율flat tax을 적용하는 나라들은 단 한 가지 한계세율(일반적으로 상당히 낮은)을 면제 기준 이상의 모든 소득에 적용하는데, 그다지 폭이 크진 않지만 소득에 따라 평균 세율이 증가한다는 점에서 역시 누진세라고 할 수 있다.

이처럼 소득세의 누진율이 다양한 것은 시대별·나라별로 대안적 세금 제도의 공정성과 관련된 윤리적 가치의 차이와 변화를 반영하기 때문이며, 우리는 경제학자들이 대안적 세금 제도의 윤리적 가치의 정당성에 대해 특별한 전문지식이 없다는 것을 목격했다. 경제학자들이 기여할 수 있는 것은 높은 누진율이 모든 소득 계층을 중시해야 한다는 공정성을 거스르면서 초과 부담(얼마나 일하고, 벌고, 저축해야 하는지에 대한 결정을 왜곡하는 것)을 얼마만큼 유발하는지 이해하는 것뿐이다. 경제학자들은 정책 입안자들이 몇 세기 동안 세금 제도를 운영하면서 보여준 시행착오(18세기의 창문세에서 살펴보았듯이)를 활용해 이 문제를 다루는 데 점점 더 능숙해졌다. 아울러 좋은 세금 제도를 설계하려면 이런 왜곡의 의미를 이해해야 한다는 점에도 어느 정도 익숙해졌다.

이러한 이해의 첫걸음은 '개인소득세'라고 하는 것만 고려해서는 충분하지 않다는 사실을 인식하는 것이다. 좋은 조세제도를 구축하려면 사회보장분담금과 근로소득 세액공제와 소비에서 세금으로 지불한 금액(이 또한 소득에 따라 체계적으로 크게 변화하므로) 등과 같은 소득과 연계된 복지 급여의 설계와 영향까지 고려해야 한다. 이 모든 요소를 고려할 때 소득에 대한 유효 한계세율, 즉 소득이 1달러 증가할 때 발생하는 추가 세금은 확실하게 높아질 수 있다. 예를 들어 한계 개인소득세율이 30퍼센트, 사회보장세가 15퍼센트, 부가가치세가 20퍼센트인 경우 소득을 모두 지출해야 하는 사람들에게 적용되는 유효한계세율EMTR은 50퍼센트가 넘는다.

초과 부담과 공정성이 모두 우려되는 상황에서 어떤 종류의 소득세율표를 적용해야 할지 알아내는 것은 매우 어려운 수학적 문제다. 이는 램지가 초과 부담 측면만 보고 소득세 부과로 제기된 복잡한 문제에서 추론해 해결한 것보다 더 어렵다. 1971년이 되어서야 비로소 케임브리지의 또 다른 경제학자 제임스 멀리스James Mirrlees가 에지워스의 분석을 확장해 소득을 얻기 위한 동기에 과세하는 것의 잠재적 악영향을 인식하는 데 성공했다. 그는 이 연구를 오랜 기간 계속한 결과 25년 후 노벨 경제학상을 수상했다. 그러나 이 문제의 해결책을 찾는 것보다 훨씬 더 어려운 일은 그것을 설명하는 방법을 알아내는 것이었다. 이것이 우리가 할 수 있는 최선이다.

소득세율표, 좀 더 정확히 말하면 근로소득 수준에 따라 부과하는 세금을 조정하는 표에 대해 생각해보는 한 가지 방법은 소득 수준

별로[64] 해당 시점에서 한계세율을 높였을 때(다른 시점에서는 그대로 유지한다) 나타나는 두 가지 효과를 비교해보는 것이다. 높은 한계세율로 인한 한 가지 효과(나쁜 효과)는 초기에 딱 그 정도 소득을 번 사람들의 노동 동기를 떨어뜨린다는 점이다. 또 다른 효과(좋은 효과, 더 많은 세금을 걷을 수 있으므로)는 소득이 더 높은 모든 사람에게서 걷는 세금이 늘어나게 할 수 있다는 점이다. 이들이 직면하는 한계세율은 변함이 없지만, 낮은 분포에서 한계세율이 높아져 평균세율이 높아짐으로써 초과 부담을 가져오지 않는 소득 효과를 내기 때문이다.

이런 좋은 효과는 소득 분포의 낮은 쪽 끝으로 갈수록 특히 두드러지는 경향이 있는데, 이는 소득분포의 높은 쪽에 있는 사람이 많고 잠재적인 과세기준도 높기 때문이다. 이것이 끝부분에서 좋은 효과가 매우 강한 이유다. 한계세율이 높다는 것은 빈곤층이 세금을 많이 낸다는 의미가 아니라 소득이 높아질수록 보조금이 빠르게 줄어들어 혜택이 최저 소득층에 집중되기 때문에 저소득층이 더 많은 보조금을 받게 된다는 것을 뜻한다.

소득 분포의 높은 쪽 끝 상황은 좀 더 복잡하다. 먼저 소득이 가장 높은 한 사람이 있다고 가정하자. 소득 분포에서 이 사람보다 세금을 더 많이 낼 사람이 없으므로 한계세율을 올려도 좋은 효과는 없고 나쁜 효과만 있다. 따라서 이 사람에 대한 한계세율은 0이 되어야 한다. 이는 매우 놀라운 결과로,[65] 세금 제도가 모든 곳에서 누진제가 되어서는 안 된다는 주장의 근거가 될 수 있다. 논리적으로는 나무랄 데가 없지만 우리가 그 최고 소득자 한 명이 누구인지 그리고 그가 얼마나 버는지 알 수 있다 해도, 그것이 차상위 소득자의 세율이 얼마가 되어야 하는지 알려주는 것은 아니므로 실질적 의미는 그렇게 크지 않다. 좀 더 실질적인 접근법은 그런 최고 소득자가 없다고 가정하는 것이다. 즉 누가 얼마를 버는지 한계가 없다고 보는 것이다. 그러면 한계세율의 좋은 효과가 나타나 어느 정도 힘을 발휘한다. 그리고 소득 분포의 상위층에서 세금을 추가로 거둠으로써 저소득층의 세금 부담을 줄여주는 공정성이 나쁜 효과를 뛰어넘을 것이다.

나쁜 효과가 가장 크게 나타날 가능성(많은 납세자에게 영향을 미치므로)이 있는 곳은 소득자가 대부분 분포하는 소득의 중간 범위다. 바로 이 범위에서 낮은 한계세율의 사례가 특히 강력하게 나타날 수 있다.

이 모든 관측을 종합했을 때 나타나는 그림은 모두에게 적지 않은 기본소득을 제공하지만 저소득층에게는 고소득층에 대한 복지 급여를 철회해 한계세율을 높이고, 중간 소득층에게는 한계세율이 중간 수준이 되도록 하는 제도다. 소득의 상위 범위에서 상황이 어떻게 전개되는지는 행동 반응의 패턴과 소득 분포의 형태에 따라 달라진다. 고소득층에 대한 최적 한계세율은 소득에 따라 높아질 수 있는데, 이는 일반적으로 당연하게 생각되지만 때로는 그렇지 않을 수도 있다. 가장 일반적인 관점은 고소득층에 대한 한계세율이 정말로 높아져야 한다는 것이다.[66] 그렇다면 한계세율의 가장 좋은 패턴은 U자형이다.(그런데 여기에는 상식적으로는 전적으로 합리적이지 않지만, 가장 많이 발생하는 소득 계층에 대한 세금이 누진되지 않는 상황이 현실이 될 가능성, 즉 일정 범위에서는 더 높은 소득층에게 더 낮은 평균 세율이 적용될 가능성이 있다.)

이 모든 고려사항이 소득세율표의 실제 숫자에 어떻게 반영되어야 하는지는 사람들이 세금 인센티브, 소득 능력의 분포, 사회적으로 빈곤층과 부유층의 소득에 부여되는 상대적 가치에 어떻게 반응하는지, 그리고 정부가 재분배 목적보다 세수 증대 목적에 얼마나 더 기울어졌는지에 달려 있다. 앞으로 경제 전문가들은 이런 분야에 대해 실천 가능한 조언을 더 많이 하게 될 것이다.[67]

그러나 세금 제도가 얼마나 누진적이어야 하는지 대답하려면 더 많은 것을 고려해야 하는데, 이에 대해서는 아직 배워야 할 것이 많다. 상품세를 소득세와 결합함으로서 얻을 수 있는 잠재적 효과를 함께 고려해야 하고, 노동을 대체하는 것들에 상대적으로 낮은 과세를 계속 적용해야 한다는 램지의 중요한 교훈도 잊어서는 안 된다.[68] 또 다른 중요한 문제는 세금 제도가 세전 소득에 어떤 영향을 미치는지(예를 들어 우리는 앞서 근로소득 공제가 세전 소득을 줄일 수 있음을 살펴보았다) 그리고 관찰된 소득 중 초과 부담을 유발하지 않고 과세될 수 있는 지대(예를 들면 고액 연봉의 임원들)를 반영하는 부분이 얼마나 되는지[69] 등과 같은 조세 귀착 문제들이다.

우리가 줄곧 주장해온 최적의 세금 제도에 관한 이론이 주는 답은 간단하지 않다. 하지만 이 이론은 정말로 중요한 것이 무엇인지 가르쳐주고, 그럴듯하게 들리지만 실제로는 잘못된 생각은 경계하게 해준다. 아울러, 세금정책 입안자들의 목표가 무엇이든 특정 상황에서 그 목적을 달성하는 방법이 있다는 것을 우리에게 가르쳐준다.

세금은 얼마나 걷어야 할까

+

콜베르의 비유(가능한 한 소리를 적게 내면서 많은 깃털을 뽑는 것) 가운데 많은 깃털(많은 세금 수입)에 대해서는 아직 탐구할 소지가 남아 있다. 램지와 멀리스는 어떻게 해야 세금을 가장 잘 거둬들일지만 물을 뿐 정작 세금을 얼마나 거둬들여야 하는지는 고려하지 않는다. 하지만 정부는 세금을 얼마나 많이 걷어야 할까? 도대체 얼마나 많은 깃털이 필요하며 깃털을 뽑는 사람은 얼마나 있어야 할까?

세율이 꼭 경제에서 정부가 차지하는 비중을 의미하지는 않지만 어떤 까닭인지 역사적으로 볼 때 10퍼센트 안팎으로 적용되어왔다. 공자는 10퍼센트를 적정세율로 보았고, 징기즈칸도 러시아 일대를 점령하면서 세금을 10퍼센트만 요구했다.[70] '십일조'tithe라는 말은 '10분의 1'을 뜻하는데, 스페인에서는 '텐스'tenth, 베네치아에서는 '데시마'decima라는 세금이 있었고, 크롬웰의 '10분의 1세'decimation tax, 18세기 프랑스의 '10분의 1조'dixième도 있었다. 1799년 소피트의 소득세도 최고세율이 10퍼센트였다.

하지만 경제학자들의 반응은 그렇게 독단적이지 않았다. 실제로 집행된 세금 수준은 매우 다양했으며, 선진국들 사이에도 각기 달랐다. 덴마크와 스웨덴은 GDP의 약 50퍼센트 또는 그 이상을 지지해왔지만, 미국에서는 그렇게 높은 세금은 볼셰비즘과 다를 게 없다는 인식이 아직도 강하다. 하지만 정작 볼셰비즘의 본토인 소련에서 스탈린은 1943년 소득세를 최고 13퍼센트 도입했고, 이 정도 세율이 오늘날 러시아에서도 그대로 시행되고 있다.[71]

세금을 단지 재미로 부과하는 나라는 없다. 8장에서 다룬 나쁜 습관을 없애려는 교정 목적 외에는 공공지출의 재원을 조달하는 것이 세금의 주목적이다. 그러므로 정부가 얼마나 많은 세금을 거둬야 하는지(적어도 장기적인 관점에서 그리고 해외에서 원조를 받는 가난한 나라는 제쳐두고라도)는 그 나라에 지출이 얼마나 많이 필요하냐에 달려 있다.

물론 이는 정반대로 작용하기도 한다. 정부 지출을 어디에 얼마나 해야 하는지는 세금 제도의 불완전성으로 제약을 받기 때문이다.

예를 들어 9장에서 윈도버의 벽난로에 세금을 매겨 세수로 8실링을 거두기 위한 진짜 사회적 비용은 초과 부담 때문에 8실링이 아니라 9실링이었다. 따라서 정부가 세금으로 거둔 8실링은 사회적 관점에서 볼 때 9달러 이상의 가치가 있어야만 진정으로 의미 있는 세금이 될 수 있다. 이 말이 이상하게 들릴지 모르지만, 정부가 세금으로 거둔 1달러를 납세자들 손에 남겨진 1달러보다 더 가치 있게 쓰지 못한다면 세금을 부과하는 의미가 없다. 정부가 구사하는 세금 제도가 더 효율적일수록(그리고 분배라는 목적에 더 충실할수록), 사람들은 더 큰 정부가 필요하다고 기대하게 된다.

물론 세금 징수를 더 효율적으로 한다고 해서 정부가 더 크게 성장한다는 사실을 경험적으로 입증하기는 어렵다. 다가오는 전쟁에 쓸 군사비용을 준비하는 것처럼 더 많은 지출을 예상하는 국가는 세수를 올릴 능력을 미리 구축할 수도 있다. 그런 나라들은 감사관을 더 많이 고용하거나, 정보를 더 많이 보고받을 수 있는 체계를 갖추거나, 더 빠른 컴퓨터를 구입할 수 있다. 그렇게 하는 과정에서 실제로 세금을 더 많이 부과하는 것보다는 더욱 효율적으로 부과할 수 있는 능력을 먼저 갖추게 되겠지만, 그렇다고 해서 그런 능력을 갖추는 것이 세금을 더 많이 거두도록 유발했다고 단정 짓는 것은 옳지 않다.

그러나 부가가치세에 대한 경험이 몇 가지 단서를 제공한다. 부가가치세는 지난 반세기 동안 현명한 이론적 아이디어를 실질적인 주요 수익원으로 성장시킨 근본적인 조세 혁신이기 때문이다. 실제로 이 기간에 많은 유럽 국가는 정부 규모가 훨씬 커졌다. 이 상관관계에 대해서는 두 가지 해석이 가능하다. 하나는 부가가치세를 발견해 정부에서 세수를 올리는 좀 더 효율적인 방법에 접근하게 되면서 이런 나라들의 정부가 크게 성장했다는 것이다(미국에서는 부가가치세 도입을 반대하는 많은 사람이 미국도 그렇게 할까 봐 우려하지만). 만약 그렇다면 우리는 현시점에서 더 나쁜 다른 세금은 줄어드는 대신 부가가치세가 더 성장하는 모습을 보게 될 것이다.

또 한 가지 해석은 부가가치세를 개발한 것이 단지 정부가 원한 지출 증가에 따라 재원 조달 방안을 모색한 결과라는 것이다. 이 해석이 맞는다면 부가가치세뿐만 아니라 다른 세금의 세수도 여전히 증가할 것으로 예상된다. OECD의 여러 국가에서 두 가지 효과가 모두 작용했다는 증거가 있는 것으로 밝혀졌지만, 첫 번째 해석의 가능성이 좀 더 많았던 것 같다. 부가가치세가 '현금자동지급기'(정부의 세수를 자동으로 늘려주는) 역할을 하면서 더 큰 정부를 자극했다는 것이다.[72]

이보다는 덜 민감하지만 여전히 중요한 것 중 하나는 세율과 경제성장의 연관성이 정부 규모와 얼마나 관계가 깊으냐에 대한 의구심이다. 그러나 이 두 요인의 연관성은 정부 규모의 성장과 일반적인 관계는 없는 것으로 밝혀졌다. 예를 들어 부유한 국가들의 장기 성장률은 정부 규모가 훨씬 더 커졌는데도 19세기 후반 이후 크게 변하지 않았다. 1960년대 초반 미국과 유럽 국가들의 1인당 소득과 세금 수입은 거의 같았지만 이후 벨기에, 덴마크, 핀란드 같은 유럽 국가들은 세율을 10~15퍼센트 올렸다.

그러나 장기 성장률은 미국과 유럽 국가들이 거의 같았다. 세율과 경제성장 사이에 어떤 기계적 관계가 없다는 것은 그리 놀라운 일이 아니다. 세금 제도의 어떤 측면은 경제성장에 악영향을 줄 수 있고 개인의 다양한 활동을 위축시킬 수도 있는 반면, 세금이 교육, 인프라 등 공공지출에 사용된다는 측면에서는 경제성장에 분명히 도움이 되기 때문이다. 그러나 세율이 15퍼센트까지 올라야만 경제성장이 지속되는 오늘날의 개발도상국에서는 이른바 문턱 효과threshold effect●가 나타난다는 증거도 있다.[73] 충분히 잘 운영되는 국가에서는 15퍼센트 세율이 국가의 기본 기능을 수행하기 위해 필요한 최소한의 금액이라고 할 수 있다.

결과적으로 세금 설계의 몇몇 강력한 원칙이 때로는 본능에 따라 그리고 최근에는 공식적인 분석으로 수면 위로 올라왔다. 이 원칙들은 본질적으로 세법을 집행하면서 발생하는 모든 문제, 즉 시대를 막론하고 세무 행정에서 가장 중요했던 문제들을 모두 다룬다. 다음 장에서는 이 원칙들에 초점을 맞춘다. 이 원칙들은 세금 효과가 국경을 넘어 영향을 미칠 때 발생하는 명백한 문제에도 적용될 수 있다. 이런 문제들(현재 많은 논쟁의 중심이고 미비한 점도 없지 않지만)이 바로 다음 장의 주제다.

● 일정한 한도를 넘는 자극이 가해지면 새로운 현상이 나타나는 것.

11장

세계의 시민

주식을 소유한 사람은 정말 세계의 시민이라 할 만하다.…
그는 언제든 성가신 종교재판에 휘말릴 여지가 있는 조국을 버릴 수 있고…
보유한 주식을 다른 나라로 옮겨 그 나라에서 사업을 계속하거나
좀 더 편하게 부를 누릴 수 있을 테니까.
애덤 스미스[1]

1962년 10월 쿠바 미사일 위기 당시 온 세계의 눈이 핵전쟁에 집중
되는 동안 유럽에서 또 다른 국제관계의 위기가 펼쳐지고 있었다. 이
곳에서도 긴장이 고조되면서 국경이 봉쇄되는 상황에 이르렀다. 그
러나 이 봉쇄는 쿠바처럼 미 해군의 무력으로 이루어진 것이 아니
었다. 프랑스 세관원 6명이 비를 맞으며 모나코라는 작은 독립 공국
과의 국경을 막고 서 있었다.[2] 프랑스인들, 특히 샤를 드골Charles de
Gaulle 대통령을 그렇게 화나게 한 것은 모나코의 화려한 맨션이나 아
파트 사이에 탄도 미사일이 숨겨져 있어서가 아니라 모나코가 소득
에 어떠한 세금도 부과하지 않았기 때문이다.

프랑스인과 프랑스 기업들에는 소득세가 없는 모나코에 거주하
거나 최소한 거주하는 것처럼 보이게 하는 것만으로도 매력적인 일

이었다. 프랑스와 지중해에 둘러싸여 있는 모나코는 국경 검문소도 제대로 없었으므로 프랑스인들이 그곳으로 이주하는 것은 비교적 쉬운 일이었다. 상상하기 힘들겠지만, 발레리 지스카르 데스탱Valerie Giscard d'Estaing 재무장관(이후 대통령이 됨)이 모나코 전화번호부에서 무작위로 이름을 골라 전화를 걸면 그중 4분의 3은 파리에 사는 사람이었다는 말이 나올 정도였다.

1962년, 프랑스 식민지 개척자인 '피에 누아르'pieds noirs들이 최근 새로 독립한 알제리에서 이곳으로 이주하면서 자신들의 영향력을 확대했는데, 돈 많은 부자들은 모나코에 돈을 쌓아두고 세금을 내지 않는 재미를 톡톡히 보았다. 특히 피에 누아르들 가운데 극단주의자들이 드골을 암살하려고 시도한 적이 있었으므로 드골은 그들에 대한 감정이 좋지 않았다. 게다가 드골을 더 언짢게 한 것은 미국의 여

비를 맞으며 모나코 국경을 지키는 프랑스 세관원들. 이들은 조르주 심농Georges Simenon의 소설에 나오는 메그레 경감Maigret보다는 블레이크 에드워즈Blake Edwards의 희극 〈핑크 팬서The Pink Panther〉 시리즈에 나오는 탐정 자크 클루조Jacques Clouseau에 더 가깝다.

배우 그레이스 켈리Grace Kelly가 모나코의 레니에 대공Prince Rainier과 결혼하면서 모나코와 미국의 관계가 더 가까워진 것이었다.

결국 10월 12일 모나코를 봉쇄하려고 세관원들이 파견되었다. 봉쇄는 몇 시간 정도에 불과했지만, 국경 통과는 꽤 오랫동안 지연되었다. 어쨌든 프랑스의 태도는 확고했다. 이 문제의 해결책을 찾는 데는 쿠바 위기를 해결하는 것보다 시간이 더 오래 걸렸지만, 결국 1963년 5월 모나코에 거주하는 프랑스 시민들은 1962년 10월까지 5년 동안 모나코에 거주하지 않았다면 프랑스에 소득세를 부담하며, 수입의 4분의 1 이상이 모나코 외부에서 들어오는 모든 기업도 그 수입에 대해 소득세를 낸다는 합의에 도달했고 이는 오늘날까지 이어지고 있다.

어찌 보면 우스꽝스러운 프랑스와 모나코의 충돌은 비록 특이하긴 하지만 250년 전 애덤 스미스가 발견한 힘의 한 예를 보여주었다. 즉 조세 기반이 국경을 넘어 이동할 수 있을 때는 그 조세 기반(이 경우 프랑스 시민과 기업의 소득)이 세율이 가장 낮은 곳으로 이동하는 경향이 있다는 것이다. 스미스는 예견하지 못했지만 1962년 명백하게 밝혀진 것이 하나 더 있다. 그것은 이처럼 조세 기반이 움직이면 국경을 넘는 파급 효과가 일어난다는 것이다. 8장에서 다룬 외부 효과와 정치적 긴장의 원인이 될 수 있는 노골적 불평등이 바로 그것이다.

바로 이런 문제들이 오늘날 주요 머리기사의 단골 소재가 되고 있다. 부유층과 다국적 대기업들이 국제간 세제 격차를 이용해(합법적이든 아니든) 세금 부담을 줄이려고 노력하는 과정에서 광범위한 우려를 불러오고 있고 정치적 문제로까지 비화하고 있는 것이다. 그들의 행위는 각기 독특한 특징이 있어서 파나마 페이퍼스나 룩스리크스LuxLeaks 같은 폭로 사건들처럼 세금과 관련된 모든 유출을 추적하기는 어려워졌다.

그러나 그 모든 행위가 국제간 세금 협정을 불명예스럽게 만들고 있다. 이에 관련이 있는 것으로 알려진 아이슬란드 총리 같은 정치인들은 사퇴해야 했고, 일부 회사들도 비난을 받고 있다. 영국에서 돈을 번 것이 분명한 커피체인 스타벅스가 단지 세금 혜택을 받기 위해 10년이 넘는 동안 영국 사업이 손실을 보고 있다고 허위 신고한 것에 혐오감을 느낀 시민들이 시위를 벌이기도 했다. 공정성에 대한 대중의 압박과 세수를 올려야 한다는 필요성, 양쪽 모두를 인식한 선진국 정부들은 지난 몇 년 동안 국제간 과세 문제에 관심을 보이기 시작했다.

G20 회원국들은 프랑스처럼 국경을 봉쇄하지는 않겠지만, 현재 제정을 추진하는 새 국제 세금 기준을 준수하지 않는 국가들[3]에 '방어조치'를 취할 거라는 말을 입 밖에 내기 시작했다. 그러나 G20 회원국들 사이에서도 세금 문제를 두고 갈등이 멈추지 않고 있다. 이번에도 프랑스가 다시 등장하는데, 1장에서 살펴보았듯이 프랑스가 다국적기업에 대한 디지털세 방침을 발표하자 미국이 보복 조치를 하겠다고 으름장을 놓은 것이다.

이 장에서는 사람들과 기업들이 국경을 넘어 세금을 최소화할 기회를 어떻게 이용해왔는지 그리고 정부가 이 문제를 다루려고 어떻게 대응하기 시작했는지 살펴본다.

다국적기업에 대한 과세

+

오늘날 영리한 사람들이 국제간 세금 협정을 자신들에게 유리하게 활용하는 것이 화제가 되긴 하지만, 사실 그런 행위는 새로운 것이 아니다. 그 영리한 사람들이 현재 활용하는 많은 기본 기술은 이미 한 세기 전에 세금을 적게 내는 것을 자랑스럽게 여긴 왕조를 만든 사람들이 개발한 것들이다. 그들은 바로 영국의 거대 식품기업 베스티 그룹Vestey Group● 창업자 베스티 형제다.

제1차 세계대전이 시작될 무렵, 윌리엄 베스티William Vestey와 에드먼드 베스티Edmund Vesty 형제는 당시만 해도 보기 드물었던 다국적기업을 설립했다. 냉장 보관 사업의 개척자였던 그들은 아르헨티나, 중국, 러시아에 사업장을 두고 값싼 고기를 세계 시장에 공급했다. 전쟁이 일어나면서 이미 백만장자가 된 그들은 종전 무렵까지 영국군에 고기를 하루 100만 파운드 공급하는 수지맞는 계약을 했다. 그들은 또 전쟁의 와중에 기발한 세금 회피 계획을 시도했는데, 이는 이후 수십 년 동안 영국 국세청을 혼란스럽게 하고 몹시 분노하게 했다. 한 세무 관리는 "세금으로 베스티를 통제하려는 것은 쌀 푸딩을 쥐어짜려는 것과 같다"[4]라며 어려움을 토로했다.●●

베스티 형제의 게임은 1915년 11월 시작되었다. 전쟁이 피비린내 나는 교착상태에 빠지자 베스티 형제는 사업장을 해외로 이전했다(아마도 10장에서 언급한 초과 이익세가 이때 나왔기 때문일 것이다). 그들

● 현재 명칭은 Vesty Holdngs로 바뀜.
●● 그만큼 힘들고 적게 나온다는 의미.

베스티 형제: 고깃값과 세금을 낮추기 위해 회사의 본사를 아르헨티나로 이전하면서 세금을 회피하려고 회사를 해외로 이전하는 최초의 사례를 남겼다.

은 이미 이른바 '조세 이연'tax deferral의 혜택을 누리고 있었다. 당시 영국은 해외에서 벌어들인 이익이 영국으로 들어올 때만 세금을 납부하게 했으므로 이익을 본국으로 돌려보내지 않으면 세금을 무한정 피할 수 있었다. 그러나 전쟁이 시작되자 영국 정부는 곧바로 본국으로 들어오지 않은 이익에도 세금을 부과하는 방향으로 전환했고 소득세율과 상속세도 인상하는 조치를 단행했다. 그러자 베스티 형제는 회사의 본사(적어도 그 형제 중 한 명도 함께)를 소득세를 시행하지 않는 아르헨티나로 옮겼다. 그들은 미국에 보유하고 있던 회사(미국에서는 여전히 조세 이연이 허용되었다)에 수익을 내는 편법을 쓰면서 본사를 해외로 이전하는 방식으로 세금을 회피하는 최초의 사례를 남겼다.

그러다 전쟁이 끝나자 베스티 형제는 영국으로 다시 돌아오고 싫어 했다. 로이드 조지 총리에게 선처해달라고 직접 호소한 일은 비록 실패했지만, 로이드 총리는 윌리엄에게 대가를 받고 귀족 작위를 주었다. 그러나 당시 국왕인 조지 5세와 많은 사람은 "전쟁 중에 세금을 피하려고 조국을 떠나 다른 나라로 회사를 옮긴 사람에게 귀족 작위를 주는 것은 온당치 않다"[5]라며 혐오감을 드러냈다. 하지만 베스티 형제는 쉽게 포기하지 않았고, 또 다른 세금 회피 대안인 '신탁 기금'trust fund을 생각해냈다. ●

신탁 기금은 십자군 전쟁까지 거슬러 올라간다. 십자군 기사들은 전쟁하는 동안 자신들의 자산이 사라지지 않게 할 방법을 찾고 있었다. 그들은 누군가와 전쟁 중 자산을 관리해주겠다는 협약을 맺고 그 약속에 의지할 수밖에 없었는데, 이는 무척 위험한 일이었다. 몇세기 후 P. G. 워드하우스의 소설에 등장하는 주인공처럼 말이다.

얼마 전, 파이크 영감은 소득세 명단에서 빠지기 위해 자신의 막대한 재산을 [로디]의 계좌로 송금했지. 물론 로디는… 때가 되면 다시 돌려주기로 양해했다네. 나는 [로디에게] 이렇게 말해주었지. "남자답게 굴게나. 작별 인사는 간단하게 하고, 그걸 현금으로 바꿔 가지고 외국으로 나가 있게"[6]

신탁 기금은 십자군으로 전쟁에 나간 사람들, 다른 사람들에게 자기 자산을 관리하도록 맡긴 파이크 같은 사람들을 보호하기 위해 발전했다. 요점은 자산의 소유권이 수탁자에게 이전될 때 자산 양도

● 합법적인 제3자에게 자산을 위탁해 보유하게 하는 것.

인settlor이 지정한 방식으로만 돈을 쓰도록 의무화하는 것이다. 베스티 형제는 1921년 체결한 신탁 계약에서 영국 회사에 자기 회사를 임대하면서 해마다 고정 금액의 임대료(세금이 공제되는)를 자신들이 직접 받지 않고, 수탁자가 자신들이 소유한 지주 회사에 미리 예치해놓은 기금에 송금하도록 했다. 수탁자는 베스티 형제가 승인하는 조건으로 대출이나 선불을 해줄 권한을 부여받았다. 이 모든 일이 독자들에게 복잡하게 보이겠지만 실제로 그랬다.

영국 국세청은 제2차 세계대전이 일어나고 나서야 비로소 이런 계약에 이의를 제기할 수 있다는 정보와 법적 권한을 인지하고 이의를 제기했지만 상원에서 패하고 말았다. 어처구니없게도 이유는(감탄할 수밖에 없지만) 해당 법률은 권력을 가진 '개인'에 해당될 뿐 신탁 계약에 따른 권한은 형제에게 있다는 것이었다.

이 모든 과정을 거쳐 베스티 형제는 목장, 포장회사, 냉장선, 도매업, 소매 정육점 등 밀접한 관련 활동을 하는 여러 회사로 구성된 고도의 통합된 사업을 영위할 수 있었다. 그들의 이런 행위로 발생한 문제들은 아직도 다국적기업에 대한 과세에서 핵심 문제로 남아 있다. 베스티 그룹처럼 여러 나라에서 사업을 운영하는 기업들에는 내국세와 별개의 세금이 적용되므로(오늘날에도 그렇다) 이들은 '이전가격'移轉價格, transfer prices(동일 그룹 내 관련 기업 간 거래에 적용하는 가격)을 조작해 세금이 낮은 곳에서 이익이 발생하는 것처럼 꾸밀 수 있다(수익을 세금이 높은 나라에서 낮은 나라로 옮기는 것이다). 예를 들어 목장주들에게 가벼운 세금이 부과된다면, 그들은 자신들이 소유한 다른 회사로 하여금 높은 가격으로 목장에서 고기를 사게 할 것이다. 동일 기업 그룹 내에서 어느 한 사업부가 다른 사업부에 지불하는 가격은 최종 세금과는 관련이 없기 때문이다.

이 문제에 대한 대응은 '제3자 가격'Arm's Length Pricing●의 원칙을 일반적으로 채택하는 것이었다. 즉 다국적기업 내 거래도 세금 목적상 동일 업종의 다른 외부 회사와 거래한 가격으로 평가해야 한다는 것이다. 하지만 안타깝게도 윌리엄 베스티가 1919년 왕립위원회에서 소득세에 대해 다음과 같이 장황하게 설명했듯이, 제3자 가격을 적용하는 것은 말처럼 쉽지 않다.

> 우리가 하는 다국적 사업에서는 어느 특정 국가에서 얼마나 많은 이익이 창출되었는지를 특정할 수 없습니다. 소 한 마리를 잡으면 그 고기가 50개 나라에서 팔리니까요. 그러니 영국에서 얼마나 이익이 생겼고 해외에서 얼마나 이익이 생겼는지 단정적으로 말할 수 없습니다.[7]

이전가격은 확실히 법적으로 적용하기에 모호한 부분이 있지만, 베스티 형제는 종종 그 영역을 교묘하게 벗어났다. 1934년 아르헨티나 당국도(현재는 소득세를 시행하고 있다) 베스티 형제의 고기 포장 회사에서 실제로 비용이 얼마나 발생하는지를 궁금해했다(그것이 그들이 실제로 이익을 얼마 내는지 알 수 있는 기준이 될 것이므로). 마침내 런던으로 가는 배 안에서 바닷새 배설물로 뒤덮인 '절인 쇠고기'라고 표시된 포장 상자를 발견했는데, 그 안에서 급여, 대차대조표 등 여러 정보가 담긴 문서가 쏟아져 나왔다.

● 이를 정상 가격이라고도 함.

결국 이 사건으로 베스티 가문의 재산 축적과 지속적인 세금 회피를 밝혀낼 근거가 마련되었다. 1978년 베스티 형제가 소유한 정육점 체인 듀허스트사는 230만 파운드가 넘는 매출에 대해 세금을 고작 10파운드 낸 것으로 드러났다. 1993년 영국 여왕도 소득세를 납부할 거라는 발표가 나오자, 베스티 경은 이렇게 말했다. "이런, 마지막은 내 차례가 되겠군."[8]

조세 폭풍의 피난처

+

베스티 형제 같은 사람들이 오래전부터 국제간 세금 협정을 유리하게 활용하는 방법을 모색해왔지만, 사실 이런 이야기의 역사는 국가나 특정 관할 구역이 이를 조장할 방법을 고안하려고 오랫동안 노력해온 것과 맥을 같이한다. 바로 세계의 '조세 피난처' 이야기다.

'피난처'haven라고 하면 많은 사람은 푸른 바다, 야자수가 늘어선 바닷가, 석양을 배경으로 마티니를 한잔 즐기는 모습을 연상한다. 그러나 그다지 파랗지도 않은 북해에 둘러싸인 일부 선진국들도 매우 달콤한 세금제를 내놓는다. 사실 '조세 피난처'라는 말이 널리 사용되지만, 그게 정확히 무엇을 의미하는지 합의된 정의는 없으며[9] 심지어 이 용어를 경멸적으로 생각하는 사람들도 있다. 따라서 '피난처'라는 말을 경계할 만한 충분한 이유가 있으므로, 우리는 '조세 은신처'tax sanctuaries라는 말을 사용할 것이다. 이는 다른 곳이라면 당연히 내야 할 세금을 회피하거나 심지어 탈세하도록 돕는 관행과 결부되어 낮은 세율 또는 제로 세율을 제시하는 곳이라는 의미다.

조세 은신처를 제공하는 나라 또는 지역의 기원은 19세기 후반으로 거슬러 올라간다.[10] 1862년, 스위스의 보Vaud주는 부유한 외국인 은퇴자들을 끌어오려고 특별 세금제를 도입했다. 미국의 뉴저지주와 델라웨어주도 1880년대 초 '쉬운 법인설립'이라는 기법을 만들어 누구나 주 의회의 특별 조치 없이 법인의 정관을 신고하는 것만으로 다른 주의 프랜차이즈 수수료보다 낮은 조건으로 법인을 설립하도록 허용했다. 제1차 세계대전 이후 세금이 전례 없는 수준으로 높아지고 앞에서 다룬 자본 과세에 대한 전망이 나오면서 이런 '조세 은신처'는 더욱 확산되었다. 1934년 스위스 은행법은 법 위반(은행의 기밀 누설)을 민사뿐만 아니라 형사 범죄로 규정함으로써 은행의 기밀을 강화했다.[11]

1929년 룩셈부르크는 영국이나 미국에서보다 자국에 회사를 설립하고 소유하는 것을 훨씬 더 매력적으로 만드는 지주회사 체제[12]를 도입했다. 이에 헨리 모겐소Henty Morgenthau 미국 재무장관은 1937년, 루스벨트 대통령에게 기업들이 미국의 세금을 피하려고 세금이 낮은 곳으로 이전하거나 소유권을 은닉한다는 경고 메시지를 보내기도 했다.[13]

그러나 조세 은신처가 세계 경제의 주요 관심사로 떠오른 것은 제2차 세계대전 이후 그리고 1970년대 후반 선진국들이 외환 관리제도를 철폐하면서부터다. 조세 은신처로 거론되는 나라는 나라마다 나름대로 스토리와 세제의 특수성이 있었다. 카리브해의 바하마는 쿠바 혁명 이후 미국의 세금 전문 마피아인 메이어 랜스키Meyer Lansky의 관심을 끌었다.[14] 아프리카 남동부 섬나라 모리셔스는 인도 투자가들에게 매력적이었다. 홍콩이 중국 투자자들에게 그랬던 것처

조세 피난처에 항상 야자수가 있는 것은 아니다. 케이맨제도의 어글랜드 하우스와 델라웨어주의 노스오렌지 스트리트 1209번지

럼 말이다. 스위스는 1953년 찰리 채플린Charlie Chaplin이 스위스로 이주한 이후 '렉스 채플린'Lex Chaplin(일하지 않는 외국인에게 일반 소득세가 아니라 생활비를 기준으로 정액세를 연간 부과하는 제도)이라는 법을 시행함으로써 여전히 부유한 외국인들을 끌어들이고 있다.

모든 조세 은신처가 하늘색 바닷가, 환상적인 스키, 화려한 밤을 제공하는 것은 아니다. 미국의 와이오밍, 델라웨어, 사우스다코타 등도 진짜 소유주가 누구인지 밝히지 않고 회사를 설립하도록 허용하고 있다. 그냥 허울뿐인 이름만 있는 회사이거나 사기 행위를 한다는 것을 증명할 수 없다면, 연방정부도 소유주를 알아낼 수 없다. 버락 오바마 미국 대통령이 카리브해 케이맨제도의 수도 조지타운에 있는 5층짜리 건물 '어글랜드 하우스'Ugland House에 무려 1만 2,000개 회사가 주소를 두고 있는 것을 보고 "세계에서 가장 큰 건물이거나 가장 큰 세금 사기"[15]라고 비난했을 때 케이맨제도의 금융서비스국 국장은 미국 델라웨어주 윌밍턴의 노스오렌지 스트리트 1209번지 건물에도 28만 5,000개 회사가 입주해 있다고 응수했다.

열대지방의 낙원은 아니지만 또 다른 은신처는 네덜란드다. 네덜란드는 오랫동안 해외 투자로 가는 중간 기착지로 매력적인 세금제를 제안해왔다. 독일의 최북단 북해 연안의 작은 마을, 이름부터 감미로운 노르데르프리드릭스코오크Norderfriedrichskoog는 오랫동안 지방 영업세를 일절 부과하지 않았다.[16] 이에 따라 이 마을은 도이체 방크, 루프트한자 같은 기업들의 은신처가 되었다. 기업들은 이 마을을 모든 기록, 커뮤니케이션, 핵심 사업 활동의 기반으로 삼으며 면세 혜택을 누렸다. 농부들은 자신들의 다락방, 헛간, 외양간을 기업들에 임대하여 돈을 벌었고, 지역 주민들은 사무장으로 고용되었으며, 통신회사 도이치텔레콤은 이 지역의 팩스 통신 폭발에 대처하려고 여분의 전화선까지 설치했다. 결국 이 마을의 세금 면제 조치로 10년 동안 3억 유로의 세금 손실이 발생했다. 그러나 이는 지속되지 못했는데, 독일에서 2004년부터 모든 지방자치단체는 지방 영업세를 최소 9.1퍼센트 부과하도록 의무화했기 때문이다.

조세 은신처들의 공통점은 야자수가 아니라 나라(또는 지방)의 크기다.[17] 모나코는 뉴욕시의 센트럴파크 안에 쉽게 들어갈 만큼 작다. 조세 은신처가 작은 나라인 이유는 간단하다. 작은 나라는 국제적으로 활발하게 움직이는 활동에 낮은 세율을 책정할 유인이 자동으로 생기게 마련이다. 외국 기업들에 세금을 감면해준다고 하더라도 자국의 국내 세수에 거의 영향을 미치지 않으면서(그 기업들이 그 나라에서는 거의 활동을 하지 않으므로) 세계의 다른 넓은 지역에서 거대한 조세 기반을 들여올 수 있기 때문이다.

이러한 유입에는 법인세뿐만 아니라 각종 등록비 같은 수익이 동반된다. 게다가 관광, 금융 서비스 부문의 발전, 창고 임대 등 부수적인 혜택도 있다. 이러한 혜택은 자체적으로 그런 경제적 발전을 추진할 여력이 없는 나라에는 꽤 매력적일 수 있다. 따라서 이들은 자신들이 가지고 있는 것, 즉 자신의 정체성에서 파생될 수 있는 소득원을 찾는다. 이런 나라들이 조세 은신처가 되는 것은 3장에서 언급한 '국가 주권의 상업화'[18](실용적인 쓸모는 없지만 수집가에게 매력적인 우표 발행처럼)의 또 다른 예라고 할 수 있다.

하지만 이들이 조세 은신처가 되려는 이유는 이뿐만이 아니다. 성공적인 조세 은신처의 또 다른 이점은 그 자체로 좋은 통치의 지표로 인정되면서 세계에서 긍정적인 평가를 받을 수 있다는 것이다.[19]

예를 들어 많은 조세 은신처는 영국 정부 명성의 후광을 받는 영연방 국가들이다.[20] 투자자들은 단지 낮은 세금만 원하는 것이 아니라 나중에 돈을 무사히 돌려받도록 계약이 안전하게 이행될 거라는 확신을 갖기를 원한다. 이를 위해서는 조세 은신처가 법치주의를 확실하게 따른다는 신뢰와 명성이 있어야 한다. 이것은 멋진 우표를 몇 장 인쇄하는 것보다 훨씬 더 어렵지만, 궁극적으로 국가에 훨씬 더 보람되고 이익이 되는 일이다.

비록 작은 나라들이지만 조세 은신처는 세계 경제에 커다란 발자국을 남겼다. 예를 들어 2018년 룩셈부르크는 전 세계 외국인 직접 투자FDI 규모에서 세계 3위였고, 네덜란드는 1위를 차지했다.[21] 물론 여기에는 세금 이외의 다른 이유도 있지만, 세금이 낮고 작은 나라라는 점이 분명 큰 영향을 미쳤을 것이다. 하지만 상황은 변하고 있다. 강대국들은 이제 조세 은신처를 몰아내자는 운동에 전면적으로 나서고 있다. 이 장 뒷부분에서는 이런 노력을 살펴본다.

부자는 우리와 뭔가 다르다[22]

+

베스티 형제 이야기는 납세자들이 약간의 창의성과 상당한 배짱을 가지고 국제간 세금 협정의 약점을 악용하는 방법을 오랫동안 찾아왔다는 것을 알려준다. 그리고 조세 은신처가 그런 사람들을 기꺼이 환영하며 도와줬음을 보여준다. 그들의 그런 행동에는 충분히 분노할 만하지만 이것만으로는 근본적인 문제를 해결할 수 없다. 이를 해결하려면 납세자들이 국경을 넘어 어떤 게임을 할지 정확하게 이해해야 한다. 베스터 형제가 몇 가지를 보여주긴 했지만 할 수 있는 것은 그밖에도 더 있다.

실제로 국경을 넘나드는 세금 꼼수의 목록에는 거의 끝이 없다. 항공기와 같은 무생물도 낮은 세금을 찾아 움직인다. 미국의 일부 주에서는 평가일에 비행기가 격납되어 있는 곳을 기준으로 자산을 평가해 세금을 부과한다. 아니나 다를까, 그 평가일 바로 전날이 되면 그런 주에서 출발하는 항공편이 그렇지 않은 주에서 출발하는 항공편보다 훨씬 더 많다.[23]

사람들이 국경을 사이에 둔 세금 차이를 이용하는 모든 전략(꼼수)에 어떤 정책으로 대응할 수 있는지 살펴보기 전에 먼저 가장 광범위하게 사용되는 전략 두 가지를 살펴본다.

그들은 이제 여기 살지 않는다

세금을 피하려는 합법적이고 오래된 방법 가운데 하나는 세금이 낮으면서 될 수 있으면 환경도 쾌적한 곳에서 사는 것이다. P. G. 워드하우스는 거의 평생 세금 문제에 시달리다가 자기 회계사가 자신과 달리 대응했다는 것을 깨달았다. "사실 지금도 그가 어떻게 그렇게 했는지 잘 모르지만, 어쨌든 그가 지난 몇 년 동안 영국 거주자로 등록되어 있지 않았다는 걸 알았지. 우리가 영국을 떠난 건 불과 사흘밖에 되지 않았는데 말이야."[24]

1934년 워드하우스는 실제로 프랑스에 거주지를 두고 있었다. 프랑스에서는 영국과 달리, 프랑스 밖에서 발생하는 소득(예를 들면 저작권 수입)에는 세금이 면제되었기 때문이다. 이렇듯 세금 망명을 한 것을 보면, 그 또한 세금을 피해 다른 나라로 이주한 많은 부자와 유명한 사람들의 대열에 서 있었음이 틀림없다.

부유층에게 세금을 지나치게 부과해서는 안 된다는 이유로 그들이 해외로 빠져나갈 우려가 있다는 논리가 자주 거론된다. 물론 유명인사들의 세금 망명 사례가 많은 것은 사실이지만, 현명한 정책을 수립하려면 보통 부자들(만일 이런 기준이 있다면)이 어디에서 살지 결정하는 데 세금에 얼마나 민감하게 영향을 주는지에 대한 좀 더 체계적인 자료가 필요하다. 몇몇 유명인의 사례가 있다고 해서 그것이 반드시 중요한 의미가 있다고 볼 수는 없다. 미국 안에서만도 주마다 세금 차이에 대한 반응은 아주 뚜렷하게 나타나지만(특히 은퇴자들에게) 주거지 결정에 큰 영향을 미치지는 않는다.

프랑스도 (프랑스 억만장자의 약 3분의 1이 벨기에나 스위스에 거주하거나 상당한 자산을 가지고 있지만)[25] 전체적으로는 세금이 주거지 결정에 큰 영향을 미치지 않는 것으로 나타났다. 물론 특정 사람들은 다른 사람들보다 이주를 선택할 기회가 더 많을 것이다. 한 연구는 바로 이 점을 염두에 두고 이동이 자유로운 사람들(예를 들면 축구선수들)이 고용 결정(소속 팀 결정)을 어떻게 하는지 들여다보았다. 이 연구에 따르면 특히 고액 연봉을 받는 선수들은 거주지 결정에서 세금에 매우 민감하게 반응하는 것으로 나타났다.[26] 이 연구가 중요한 이유는 축구선수들이야말로 보유하고 있는 기술을 장소와 관계없이 쉽게 이전할 수 있는 프로선수의 전형을 보여주기 때문이다. 이런 세계 시민들은 거주할 곳을 고를 때 세금에 매우 민감하게 반응할 수 있다.

해외 이주를 막는 방안으로 세금을 깎아주는 방법 외에 해외로 이주해도 국내에서 세금을 낼 책임을 그대로 부여하는 법을 제정하는 방안이 거론된다. 그래서 고대 그리스와 로마에서는 부자들에게 그들이 사는 도시뿐만 아니라 그들 고향 도시에도 공공 봉사를 위한 돈(리터지)을 내도록 했다.[27] 로마의 디오클레티아누스 황제는 불모지를 갖고 있는 소작농들이 세금을 내기보다는 아예 그 토지를 포기하고 떠난다는 사실을 알고는 농부들이 이주해도 그들의 토지에 부과되는 세금을 계속 내게 했다.[28]

아주 독특한 제도지만 미국도 미국 시민이 어디에 거주하든 그들의 모든 소득에 세금을 부과한다. 비록 그들이 미국 밖에서 낸 세금은 공제해주기는 하지만 말이다. 사람들이 더 자주 쉽게 이동할수록 이 아이디어는 관심을 더 많이 받고 있다. 예를 들어 사람들이 높은 세율이 적용되는 곳에서 직장 생활을 하면서 연금 납부금에 대해 세금 공제를 받다가 나중에는 세율이 낮은 다른 곳으로 이주해 연금을 타는 것을 막는 방법이 될 수 있기 때문이다.

그러나 시민권이 있는 사람에게 과세하는 것이 미국인의 세금 망명을 막을 수는 있지만 아예 시민권을 포기하는 사람이 생길 수도 있다.[29] 페이스북 공동창업자 에두와도 새버린Eduardo Saverin도 그런 사람들 중 하나다. 그는 자본소득에 과세하지 않는 싱가포르의 영주권자가 되었다. 미국에서는 2014년 해외에 보유한 미신고 자산을 적발하는 것을 목적으로 하는 해외금융계좌신고법FATCA이 발효되었는데,[30] 이 법이 발효되기 전 2년 동안 미국 시민권을 포기하는 자가 세 배나 늘어난 것은 우연이 아닐 것이다.

조세 피난에 대한 국제적 대응

가장 단순하고(몇 년간 가장 안전하다고 여겨진) 직접적인 탈세 형태 중 하나는 해외에 은행 예금이나 기타 금융자산을 보유하는 것이다.

물론 대개는 세금이 낮고 은닉하기 쉬운 외국 관할 구역이므로 이런 자산에서 발생하는 소득은 정작 그들이 사는 나라의 세무당국에는 신고하지도 않는다. 논쟁할 여지는 있지만 널리 인용되는 한 추정치에 따르면, 해외에 숨겨져 세무당국에 신고되지 않은 자산 규모가 전체 기계 자산의 약 8퍼센트(약 6조 달러)에 달한다고 한다.[31] 중동 산유국들과 남미 국가들은 해외에 숨겨진 자산 규모가 GDP의 약 60퍼센트에 맞먹는 것으로 알려졌고, 심지어 유럽 국가들도 15퍼센트에 달하는 것으로 알려져 있다.[32] 물론 이런 해외 보유 자산은 두말할 것도 없이 부자들 것이다.

스칸디나비아는 전체 가구의 0.01퍼센트에 불과한 슈퍼 부자들이 이 같은 해외 계좌를 만들어 자산을 도피시키면서 내야 할 세금의 4분의 1을 탈루하는 것으로 추정된다. 이런 행위는 무작위 감사에서도 잘 잡히지 않는데,[33] 문제는 이 나라들이 세금을 잘 내기로 유명하다는 것이다. 이 데이터를 완전히는 믿을 수 없다 해도 세금 회피에 대해 신뢰할 만한 데이터를 얻기가 어렵다는 점을 감안하면, 이는 엄청난 수치다.

명백한 해결책은 한 국가의 세무당국이 자국에 거주하는 외국인의 소득과 자산 정보를 입수해서 그들 나라 세무당국에 제공하고, 해당 국가에 대해서는 그곳에 거주하는 그 나라 국민에 대해 같은 정보를 제공하는 것이다. 그러나 이 방법은 세금을 탈루하려는 영향력 있는 사람들과 외국 기업을 유치하고 싶어 하는 나라들의 이익에 부합하지 않는다. 그래서 최근까지만 해도 자국민들의 해외 소득을 추적하고자 하는 세무당국은 이 방식을 현실적으로 적용하기는 어렵다고 판단했다. 실제로는 그에 관한 조약이 체결되어 있거나 탈루 혐의를 입증할 타당한 이유가 있을 때만 그런 정보를 요청할 수 있었다. 게다가 이런 요청을 받은 외국의 세무당국은 비록 이에 응하고 싶어도 은행의 기밀 유지 규정 때문에 할 수 없는 경우가 많았다.

그러나 글로벌 금융 위기 이후 상황은 빠르게 변하고 있다. 사실 해외 탈세와 금융 위기가 연관성이 있다는 것이 분명하게 밝혀진 것은 아니지만, 정부들이 세수 부족을 인식하고 있고 해외 탈세가 정치적으로도 주요 표적이 되면서 G20 국가들을 중심으로 해외 탈세를 억제하려는 움직임이 적극적으로 나타나고 있다. 현재 '금융정보 자동교환제도'AEOI가 국제적으로 적용되는데, 이는 자국에 거주하는 외국인의 은행 예금, 뮤추얼 펀드 보유 등 그들이 창출하는 가치와 소득에 대한 정보를 그들의 본국 세무당국에 정기적·자발적으로 전달하는 시스템으로, 자산과 소득의 은신처를 두지 말자는 취지다.

2014년 발효된 미국의 해외금융계좌신고법에서도 이 방법을 다루었다.[34] 이 법은 대부분 비미국 은행들과 금융기관들에 5만 달러를 초과하는 자산을 보유한 미국 납세자의 계좌에 대한 세부사항을 미국 국세청에 제공하도록 요구하고 있다. G20 국가들이 공동으로 주도한 '글로벌 포럼'Global Forum[35]이라는 거창한 이름의 절차에 따르면, 현재 150개 이상 회원국이 금융정보 자동교환제도 채택을 약속할 것으로 예상되며,[36] 이미 100개국 이상이 이 제도를 시행하고 있다.[37] 물론 누구나 예상할 수 있듯이 강제 요소 없이 이 같은 합의가 달성된 것은 아니다.[38] 해외금융계좌신고법에 따르면, 규정을 준수하지 않을 경우 미국 금융기관이 지불하는 모든 지급액에 원천세를 30퍼센트 부과당할 수 있다. 또 글로벌 포럼의 기준을 충족하지 못하면, 해당 국가는 '방어 조치'defensive measures 대상이 될 수 있다(방어 조

치에 대한 자세한 내용은 명시되지 않았다).[39]

그러나 이러한 시도들이 정보 교환을 약속한 국가들의 은행 예금이 줄어드는 결과를 가져온 것으로 보인다. 빠져나간 예금은 대부분 이 제도를 시행하겠다고 약속하지 않은 국가들로 이동한 것이 분명하다.[40] 여기서 문제는 정보 제공에 참여하도록 어떤 국가를 설득함으로써 오히려 참여하지 않는 나라들을 세금 회피에 더 매력적인 곳으로 만들어준다는 것이다.[41] 또 절차가 그다지 매끄럽지 못하다는 것도 문제다. 해외 세무당국에서 기가바이트의 정보를 받는 것과 그 정보를 국내 납세자들에게 유용하게 적용하는 것은 별개 문제이기 때문이다.[42] 개발도상국들은 다른 나라에 정보를 제공해도 정작 자신들은 기밀을 충분히 보장하지 못할 거라는 이유로 상대국에서 아무런 정보도 받지 못하는 일이 생길 수 있다.

어쨌든 이러한 시도들이 국가의 지속적인 세수 증가로 이어질지 판단하기에는 아직 이르며,[43] 각국 정부가 자국의 금융 자산이 해외로 빠져나갈지 모른다는 우려 없이 자신감을 가지고 자본소득에 과감하게 세율을 높일 조짐도 아직은 거의 보이지 않는다. 그러나 이 같은 시도는 아직 시작에 불과하다. 불과 10년 전만 해도 정치적으로나 기술적으로나 이 정도로 진보될 거라고는 상상도 하지 못했다.

거짓 수익

+

베스티 형제의 이전가격 꼼수는 훗날 영국 스타벅스 애호가들과 많은 사람을 격분하게 한(365쪽 참조) 다국적기업들의 세금 회피를 암시하는 전조였던 셈이다. 다국적기업들이 벌이는 일에 대한 내부 고발이 이러한 불만을 키우면서 정치인들이 직접 행동에 나서야 한다는 압박이 거세졌다. 예를 들어 2014년 폭로된 룩스리크스 스캔들●로, 회계 서비스 및 컨설팅 전문회사인 PwC는 '조세 회피를 산업적 규모로 확장해주는 곳'이라는 오명을 쓰게 되었다.[44]

대중의 뭇매를 맞게 된 다국적기업은 이를 반드시 바로잡아야 했다. 스타벅스는 소비자의 보이콧 운동이 일어나자 향후 2년 동안 세금 2,000만 파운드(325억 원)를 영국 정부에 자발적으로 내겠다고 발표했다. 정책 입안자들도 뭔가 해야 할 필요성을 느꼈다. 현재의 국제 법인세 체계는 조만간 깨질 거라는 인식이 널리 확산되고 있기 때문이다.

기발한 조세 회피 기술

현재의 국제 법인세 체계 그리고 이 체계를 앞으로 어떻게 고쳐야 할지를 이해하는 첫 단계는 사실 '국제 법인세 체계'가 아예 존재하지 않는다는 사실을 인식하는 것이다. 다만, 국제 조세 문제를 다루는 국내법과 각국의 조세 시스템을 합리적인 방식으로 조정하고 특히 같은 과세 대상이 서로 다른 두 관할 지역에서 모두 과세되는 것을 방지하려고 체결한 3,000여 개 양자 간 조세 협약이 있을 뿐이다. 이 모든 협약과 법률의 근간에는 오랜 역사적 과정의 산물인 규범이 있다. 비록 수메르 시대까지 거슬러 올라가는 것은 아니지만 말이다.

● 340개 다국적기업이 유럽 여러 나라에서 발생한 수익을 세율이 낮은 룩셈부르크로 옮겨 세금 수십억 달러를 탈루한 사건.

추적할 수 있는 주요 규범 중에는 1872년 영국과 스위스의 보주 사이에 체결된 국제 조세 협약[45]이 있다. 이 협약에는 스위스의 보주에서 사망한 영국인의 재산에 양국 모두 상속세를 부과한다고 되어 있다.[46] 소득세 문제에 관한 첫 협약은 1899년 독일과 오스트리아-헝가리제국 사이에 체결되었다. 1920년대 UN의 전신인 국제연맹은 이런 경험을 바탕으로 한 규범을 수립하려고 저명한 경제학자 네 명에게 보고서를 작성하게 했고,[47] 그 이후 UN과 특히 OECD가 국제 조세 표준의 수호자 역할을 해왔다. 그러나 오늘날 모든 조세 협약에 구체화된 관행은 대부분 독일제국과 오스트리아-헝가리제국 사이의 협약을 설계한 사람들에게서 나왔다.

아주 긴 이야기를 요약하면, 현재 시행되는 법인세 체계의 중심에는 규범이 두 가지 있다. 하나는 '제3자 가격'의 원칙으로, 다국적 기업에 대해서는 각 국가의 법인들을 독립된 회사로 보고 그들의 소득을 각 법인에 귀속시킨 다음 별도로 과세하는 원칙인데, 우리는 베스티 형제가 이를 교묘하게 피해간 것을 앞에서 살펴보았다. '제3자 가격'의 원칙에 따르면, 각 국가는 자국에 있는 법인의 '활동적'(즉, 사업과 관련된) 소득에 먼저 세금을 부과할 수 있다. 그다음 그 법인을 소유한 모회사의 국가 역시 세금을 부과할 수도 있고 부과하지 않을 수도 있지만, 세금을 부과할 때는 이미 납부한 세금만큼 공제해주는 것이다.

두 번째 규범은 관할 국가는 그 지역에 설립되어 운영되고, 물리적으로 사업장을 두는 법인의 소득에만 과세할 수 있다는 것이다. 독일에 실질적으로 사업장을 두지 않고 미국에서 독일로 수출만 한다면 독일이 독일 지역의 판매와 관련해 발생한 이익에 세금을 부과하는 것은 허용되지 않는다는 것이다.

이러한 규범들은 독일의 빌헬름 1세 황제Kaiser Wilhelm I 때 (1871~1888)나, 오스트리아-헝가리제국의 프란츠 요제프 황제Emperor Franz Joseph 때(1848~1916)나, 국제연맹 시대까지만 해도 잘 작동했을 것이다. 예를 들어 제3자 가격의 원칙은 독립 기업들이 동종의 다국적기업보다 세금상 이익이나 불이익을 받지 않도록 보장하는 타당한 방식이며, 우리가 10장에서 일반적으로 바람직하다고 본 생산 효율성의 한 형태다. 그리고 해외 투자가 그렇게 많지 않았던 시대에 물리적으로 사업장을 두도록 하는 것도 당연한 일이었을 것이다. 실제로 영국 회사가 나이지리아에서 철도를 소유할 때도 같은 형태를 취했다. 하지만 이런 규범들은 오늘날에는 그렇게 효과적이지 않다.

첫 번째 규범인 제3자 가격의 원칙부터 살펴보자. 우리는 앞서 베스티 형제가 이전가격을 조작해 높은 세금이 부과되는 법인에서 낮은 세금이 부과되는 법인으로 그룹 내에서 이익을 이전하는 방법을 찾은 것을 보았다. 그들은 그룹 안에서 쇠고기 가격을 변경해서 할 수 있는 다양한 방법을 다 찾아냈다. 그들이 자주 써먹은 수법은 허위 대출이었다.

허위 대출은 세금이 낮은 나라의 법인(아마도 오직 이 목적을 위해 만든 '알짜 회사'cash cow일 가능성이 높다)에 자본을 투입한 다음 세금이 높은 나라의 법인에 그 돈을 빌려주는 방식으로 한다. 돈을 빌려준 법인(세금이 낮은 나라에 있는)은 받는 이자에 대해 세금을 내야 하지만 세율이 낮으므로 세금을 적게 내는 반면, 돈을 빌린 법인(세금이 높은 나라에 있는)은 지급 이자에 대해 높은 세율로 공제를 받는다. 따라서 베스티 형제의 다국적기업은 전체적으로 세금 부담을 많이 줄이고

세후 이익이 크게 늘어난다.[48]

대출을 이용하는 이런 꼼수가 지루해진다면, 경영 수수료 management fees, 즉 특허, 상표, 상호, 영업권 등에 대한 로열티(이동하기 쉬운 무형자산이 점점 중요해지면서 이것이 기업 활동의 중심이 되고 있다) 같은 것으로도 똑같은 일을 할 수 있다. 예를 들어 스타벅스가 영국 사업에서 세금을 거의 내지 않은 것도 바로 이런 방식이었다. 영국의 스타벅스는 상표 등의 사용에 대한 로열티를 네덜란드의 계열사에 냈을 뿐 아니라 네덜란드와 스위스의 다른 스타벅스 자회사로부터 원두를 구입하고 로스팅하는 비용을 내면서 정작 영국 스타벅스는 차입하는 방식으로 적자를 내는 회사로 만든 것이다.[49]

다국적기업에서 이익을 배분하는 것도 끔찍하리만큼 복잡하게 만들 수 있다. 예를 들어 한 나라의 연구개발R&D연구소에서 신약을 개발하면 그 수익이 어디서 나오는지 생각해보라. 그 신약에 대한 특허는 다른 나라에 낼 수 있고, 자금은 또 다른 나라에서 조달할 수 있으며, 생산된 약품은 전 세계에서 판매된다. 누군가에게는 이러한 상황에서 제3자 가격을 적용하는 것이 단지 신중한 분석과 약간의 독창성 문제에 불과할 수 있겠지만, 또 다른 누군가에게는 제3자 가격은 본질적으로 무의미한 것일 수도 있다. 그들은 다국적기업이 서로 관련이 없는 다른 회사들보다 일을 더 특별하게 잘할 수 있다고 주장하지만, 그렇기에 관련이 없는 독립된 회사들이 동의할 만한 제3자 가격을 찾는 것은 단순한 허구를 넘어 환상에 가깝다.

두 번째 규범에 대한 문제, 즉 과세하려면 실제로 사업장을 두어야 한다는 문제는 최근 몇 년 동안 더 두드러졌고 더욱 논란이 되고 있다. 이 문제는 실제로 사업장을 두지 않고도 그 나라에서 사업을 할 수 있게 되면서 심각하게 드러났다. 전형적인 예가 구글과 페이스북이다. 이 회사들은 사업장을 두지 않은 나라에서 검색 서비스나 소셜 미디어 접근에 대해 비용을 받아 수익을 올렸어도 지금까지는 그 나라에서 그들 이익에 과세하지 않았다. 이들 회사의 서비스가 일상생활의 큰 부분을 차지하는 많은 사람에게는 이것이 '옳지 않은 일'that can't be right로 여겨질 수 있다. 그러나 어쨌든 현행법으로는 과세되지 않는다. 물론 앞으로도 여전히 그럴지는 조만간 결정될 것이다(37쪽 참조).● 현재는 한 국가에 물리적 사업장을 두지 않는 것이 세금 의무를 피하는 방법이지만, 기술의 변화는 과거보다 이런 과세를 더 쉽고 더욱 크게 만들 것이다.

다국적기업이 세금 부담을 줄이려고 이용하는 것은 위 두 가지 규범뿐만이 아니며, 더 많은 다른 방법이 얼마든지 있다. 무려 2조 8,000억 달러가 넘는 돈을 해외에 보관하던 미국의 다국적기업들은 2017년 세제개혁법안이 제정될 때까지 베스티 형제가 누린 것 같은 조세 이연 혜택을 보고 있었다. 애플만 해도 2,800억 달러 이상의 해외 자금에 대해 세금을 회피했거나 최소한 이연시켰다. 다국적기업들이 구사하는 또 다른 방법은 수많은 조세 협약을 이용해 그룹 안에서 인위적으로 납부 경로를 지정하고 그에 따라 세금을 최소화하는 것이다(이를 이른바 '협약 쇼핑'이라 한다). 또 국가 간 법의 부조화를 악용해 어느 나라에서도 세금을 내는 주민이 되지 않는 수도 있다.[50] 사실 이 방법은 엄청나게 복잡하다.

───────

● 이것이 최근 국제적 이슈가 된 디지털세 문제인데, G20과 OECD에서 이에 관한 초안을 준비 중임.

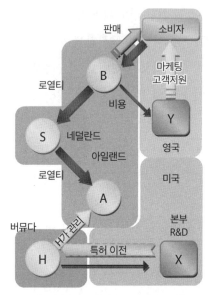

왼쪽이 '더블 아이리시 조세 회피 구조' 오른쪽이 히스 로빈슨의 '그뤼에르 방법으로 글로스터 치즈를 두 배로 부풀리는 공정.' 복잡한 구조가 비슷하다.

위 그림은 더블 아이리시Double Irish with a Dutch Sandwich •51 라는 악명 높은 세금 회피의 복잡한 구조를 보여주는데(특히 구글과 관련해), 옆에 있는 히스 로빈슨Heath Robinson의 복잡한 기계•• 못지않게 우스꽝스럽다.[52]

이 모든 속임수로 탈세를 얼마나 많이 했을까? 과연 세금이 낮은 나라로 수익을 이전시키려는 조짐이 광범위하게 나타났다. 2012년 미국 기업들은 세금이 낮은 버뮤다에서 중국, 프랑스, 독일, 일본

● 다국적기업이 조세제도의 허점을 이용해 세금을 회피하려고 아일랜드에 두 개, 네덜란드에 하나, 버뮤다 또는 바하마에 하나 등 법인을 네 개 만드는 복잡한 방법.

●● 영국의 만화가 히스 로빈슨이 간단한 작업을 하는 장치를 불필요하게 복잡하게 그렸는데, 이후 '지나치게 복잡한 기계'를 뜻하는 말로 사용됨.

등에서 나온 수익을 모두 합친 것보다 더 많은 수익을 낸 것으로 보고했다는 주장도 제기됐다.[53] 단일세의 사례에서도 막대한 세금이 탈루되었다. 예를 들어 인도의 경우 단일세 한 건에 문제가 된 세금액이 무려 26억 달러에 달했다.[54] 지난 몇 년 동안, 다국적기업의 세금 회피에 따른 세수 손실을 좀 더 체계적으로 계량화하려는 연구가 소규모 산업이 될 정도로 성장했다. 선진국과 신흥국을 합쳐 50여 개 국가를 대상으로 시행한 한 연구에 따르면, 다국적기업의 탈루 행위로 인한 글로벌 손실은 전 세계 법인세 수입의 4~10퍼센트, 금액으로는 해마다 1,000억~2,400억 달러 사이로 추정했다.[55]

더 많은 나라를 대상으로 시행한 또 다른 연구에 따르면, OECD 국가에서만 연간 약 4,000억 달러, 그밖의 국가들에서 연간 2,000억 달러의 세수 손실이 발생하고 있다고 보고했다.[56] 이러한 추정이 다소 논쟁할 여지가 있고 특정 국가별로 그 손실을 정확히 수치화하기는 어렵지만, 가장 많은 사례가 연구되고 손실 금액도 상대적으로 큰 것으로 알려진 미국의 경우, 손실액은 실제로 징수되는 법인세 수입의 15~25퍼센트는 될 것으로 추정된다.[57]

특히 선진국들은 이러한 수치들이 얼마나 중요한 의미가 있는지에는 이견이 있을 수 있다. 미국에서 그 수치는 높아봐야 GDP의 약 0.6퍼센트에 불과하다. 그러나 개발도상국들에서 그러한 세수 손실은 GDP의 1퍼센트를 넘는 것으로 보인다. 세금 수입이 GDP의 15퍼센트가 되지 않아 세수가 절실한 나라들은 선진국보다 법인세 의존도가 크므로 그 정도 손실은 매우 큰 수치다.[58] 게다가 이런 나라들은 추가 세수를 마련할 수익원이 거의 남아 있지 않다.

제3자 가격 무용론

1961년, 케네디 미국 대통령은 다음과 같이 탄식했다.

미국 기업들이 해외에 점점 더 많은 조직을 구축하면서 이 기업들끼리 내부 가격으로 거래하고, 특허권을 양도하고, 경영 수수료를 이전하는 등 모회사와 자회사 간 거래를 조작해 이득을 챙기고 있으며, 본국과 해외 양쪽 모두에서 세금을 회피하거나 줄이기 위해 조세 피난처로 수익을 쌓아두는 일을 자행하고 있다.[59]

그러나 이후 다국적기업의 조세 회피에 중요한 조치가 취해지기까지는 또 다른 반세기가 걸렸다. 최근 정책 활동의 중심은 G20/OECD가 주도한 '국가 간 소득 이전을 통한 세원 잠식'BEPS 프로젝트다. 이 프로젝트에 따라 2015년에는 각 국가가 이른바 '협약 쇼핑'(387쪽 참조) 문제를 다루고, 이자 공제에 엄격한 제한을 가하자는 기준과 공통의 열망이 담긴 합의안에 서명하기에 이르렀다. BEPS의 목적은 위에 명시된 국제 조세 규범을 바꾸지 않고, 바꾸려는 시도도 하지 않는 것이다. 하지만 BEPS를 열렬히 지지하는 사람들조차 BEPS가 소방훈련에 지나지 않을 거라고 우려했다. 실제로 얼마나 많은 성과가 달성되었는지는(위에서 언급한 수치들은 BEPS 합의 이전 수치임) 아직 보고되지 않았다. 그러나 어떤 경우에도 이 문제를 개선하려는 불길은 꺼지지 않으며, 이 규범들이 어떻게 변화해갈지 세계의 눈과 귀가 쏠리고 있다.

BEPS 프로젝트의 핵심은 '가치가 창출되는 곳'에 세금을 부과하는 것이었다. 이처럼 눈부시게 영광스러운 원칙에 반대하기는 어렵다. 가치가 창출되지 않는 곳이 어디냐에 합의하는 것은 그다지 어렵지 않을 것이다. 그러나 1923년 국제연맹에 보고한 경제학자 네 사람은 가치가 창출되는 곳을 합의하기가 쉽지 않다고 보았다.

> 캘리포니아의 나무 위에 있는 오렌지는 수확될 때까지는 부를 획득한 게 아니며, 심지어 포장될 때까지나 수요가 있는 곳으로 운송될 때까지 그리고 소비자가 직접 구매하는 매장의 진열대에 오를 때까지도 부가 획득된 것은 아니다.[60]

오렌지 수확 단계부터 소비자들 입안에 들어가기까지 일련의 필수적인 단계가 진행되는 과정에서 전체적인 가치 창출을 각 단계에 부분적으로 배분할 특별히 올바른 방법은 없다. 그리고 실제 생기는 수입(돈)의 관점에서 보면, 실무를 담당하는 정책 입안자들도 '가치가 창출되는 곳'에 세금을 부과한다는 원칙 자체에는 이론적으로 동의하지만, 가치가 창출되는 곳이 정확히 어디인지 알기 어렵다는 데는 거의 이견이 없다. 안타깝게도 이 원칙이 본질적으로 공허하다는 것이다.

이제, 실제 사업장을 두지 않은 나라에서 많은 사업을 하는 전형적 사례인 페이스북이나 구글과 같은 회사들에 세금을 부과하기가 고통스러운 이유가 분명해졌다. 그러니 이런 이유 때문에 이 두 번째 규범을 버릴 필요는 없다고 주장하는 사람들도 있다. 이들은 이런 회사들이 창출하는 가치는 결국 그들이 서비스를 제공하게 하는 기본 알고리즘을 결합하는 누군가가 제공하는 거라고 주장한다.

그러나 위에서 언급한 것처럼 이들의 행위가 합리적 원칙의 관점에서 '옳지 않은'(387쪽 참조) 일이라고 생각하는 사람들도 있다. 이들은 구글에서 검색하거나 페이스북에 글을 올리는 우리는 단순한 소비자가 아니라고 주장한다. 우리는 이런 회사들이 표적 광고를 하려고 사용하는 정보를 스스로 제공함으로써 가치 창출에 기여하는 이른바 '사용자 기여'user contribution를 한다는 것이다. 따라서 실제 사업장 없이 단지 클릭만 하는 국가라 하더라도 이런 회사의 해당 수익에 세금을 부과할 권리를 가져야 한다는 것이다. 비록 그곳에 사업장은 두지 않았어도 정보를 추출하는 공장을 둔 것이나 마찬가지라는 논리다.

또 다른 논쟁도 비슷한 결론으로 이어진다. 『이코노미스트』에서 정보가 석유를 대체할 만큼 세계에서 가장 가치 있는 자원이 될 거라고 평가했을 때,[61] 이는 정보가 세금 측면에서도 석유와 유사하게 효율 손실을 최소화하면서 세금을 부과할 수 있는 지대의 또 다른 잠재적 원천이 될 수 있음을 시사한 것이었다.[62]

어떻게 해야 세금을 부과할 권리를 가장 잘 행사할 수 있는지, 과세할 소득의 액수는 어떻게 산정해야 하는지 등의 문제는 아직 완전히 정리되지 않았다. 다만 먼저 단기적으로, 유럽 위원회와 영국은 구글이나 페이스북의 광고 수익에 '디지털 서비스세'를 부과하는 방안을 제시하였는데, 프랑스가 이를 시행할 첫 국가가 될 것으로 보인다. 정보를 석유로 여기는 관점에서 보면, 이 세금은 현재 대부분 천연자원을 판매하는 데 부과되는 로열티와 유사하다고 할 수 있다. 그러나 디지털 서비스세는 '아직 확정되지 않은 수익에 부과하는 세금'as-yet undefined profit-based tax으로 가는 단계로 보는 것이 더 타당할 것이다.

미국의 관점에서는 이 모든 것이 유럽이 노골적으로 세수를 확보하려는 수단을 찾는 것으로 보일 수도 있다. EU가 제안한 이런 세금의 대상이 되는 회사 대부분이 미국에 본사가 있기 때문이다.[63] 이를 둘러싸고 국제 조세 관계의 긴장감이 감돌고 있고, 1장에서 언급한 것처럼 미국이 이에 맞서 보복을 위협하는 것도 바로 이 때문이다.

이런 긴장이 두드러지게 나타나기는 했지만 거대 디지털 기업을 둘러싼 세금 우려는 사실 문제의 본질이 아니라 위에서 언급한 대로 현재의 법인세 체계가 가지고 있는 광범위한 문제를 상징하는 것일 뿐이다. 오늘날에는 거의 모든 기업 활동과 제품에 디지털적 요소가 포함되어 있다. 예를 들어 요즘 나오는 최신 냉장고는 우리의 식습관과 요리 습관에 대한 정보를 끊임없이 제조사에 보내는데, 이 또한 '사용자 기여'와 상당히 유사해 보인다.

핵심 논점(예를 들면, 무형자산의 사용에 대한 적절한 로열티 지급을 어떻게 결정할 것인가 등과 같은 문제)은 커피 판매 회사와 같이 디지털 사업과 전혀 상관이 없는 것처럼 보이는 기업에도 똑같이 적용된다. 따라서 BEPS 합의 이후에도 여전히 남아 있는 문제들에 대해 몇 가지 더 근본적인 해결책이 필요하다. 이에 따라 G20과 OECD는 2021년 중반까지 더 나은 방법을 도출해야 한다는 과제를 스스로 설정한 상태다. 현재 법인세 체계 전체를 심도 있게 바꿀 몇 가지 아이디어가 진지하게 논의되고 있는 것으로 알려져 있다.●[64]

● OECD와 G20은 2021년 10월 8일 최종 합의안을 도출했다. 140개 회원국 중 136개 국가가 서명한 이 합의안은 크게 두 가지 원칙을 천명했다. 하나는 글로벌 디지털 대기업은 본국뿐 아니라 매출이 발생하는 국가에도 세금을 내야 한다는 것이다. 두 번째는 글로벌 법인세 최저세율을 15퍼센트로 확정하는 내용으로, 이는 조세 은신처로 도피하지 못하게 막으려는 조치다. OECD는 2023년 시행을 목표로 하지만 각국, 특히 미국의 비준과 입법이 순조롭게 진행될지는 불투명하다.

지금 거론되는 아이디어들 중 일부는 현재 규범과 대체로 일치한다. 그중 하나가 2017년 트럼프 대통령의 세제개혁법Tax Cuts and Jobs Act에서 미국이 정한 노선을 다른 국가들이 따르도록 하는 것이다. 이 법안의 주요 조치는 연방정부의 법인세를 35퍼센트에서 21퍼센트로 대폭 인하한 것이지만, 국제 조세 관련 조항도 최소한 그 못지않게 중요하게 다뤄지며 개정되었다. 우선 제목부터 산뜻하게 바뀌었다. 깔끔하게 새로운 이름으로 명명된 '길티'GILTI: Global Intangible Low-Taxed Income(글로벌 무형자산 소득) 조항[65]은 기준 수익률을 초과하는 해외 수익에는 더 이상 이연되지 않고 국내 수익에 적용되는 세율의 절반에 해당하는 세율로 국내에서도 과세된다고 규정하였다. 따라서 미국의 모기업에서는 이제 해외에서 벌어들인 높은 수익을 세금이 낮거나 없는 조세 은신처로 옮길 동기가 크게 떨어졌다. 어떤 경우든 세금을 적어도 10.5퍼센트는 물게 되기 때문이다.

이와 함께 또 다른 조항 '비트'BEAT: Base Erosion and anti-Abuse Tax(세원잠식과 남용방지세)[66]에서는 미국 기업들이 수익을 미국 밖으로 이전할 때 자주 사용하는 일부 유형●의 금액에 대해 현지 자회사가 세금을 공제받아온 관행을 제한하고 있다.[67] 이 두 가지 아이디어가 얼마나 영리한 것인지 눈치챈 다른 국가들은 자기들도 이를 그대로 따라 할지 관심을 보이고 있다.

그러나 다른 제안들은 위에서 설명한 두 가지 규범을 그대로 고수하고 있다. 그중 한 가지는 다국적기업의 각 구성 법인에 대해 개별적으로 과세한다는 생각을 완전히 포기하고, 글로벌 수익을 총매

● 예를 들면 해외 자회사의 자산을 비싸게 사들이거나 로열티 등을 과도하게 지급하는 방식.

출, 자산, 급여, 고용 등의 비율에 따라 기계적 공식으로 각 국가에 배분한다는 것이다. 이를 '통합 이익 배분'formula apportionment 방식이라고 한다. 그러면 다국적기업이 굳이 수익을 그룹 내 이곳저곳으로 옮겨도 득이 될 게 없으리라는 것이다. 세금 목적상 중요한 것은 그 회사의 총이익뿐이기 때문이다. 현재 미국과 캐나다의 주와 지방 차원에서는 이런 방식으로 법인세가 부과되고 있다. 경제가 고도로 통합된 국가에서 제3자 가격을 적용하는 것은 실무적으로도 불가능하다. 게다가 세계가 점점 더 통합됨에 따라 '통합 이익 배분' 방식이 우리가 가야 할 명백한 길이라는 주장이 많아지고 있다.[68]

이와 유사한 방식이 EU 안에서도 공식 제안되었다.[69] '통합 이익 배분' 방식의 변형인 '초과이익 할당제'residual profit allocation는 다국적기업의 자산과 활동에 대해 최소 수익을 초과하는 수익에만 기계적인 규칙에 따라 세금을 안배하는 방식이다. 초과이익이 아직은 대략적 추정치이므로 용어만 볼 때는 리카도의 지대와 상당히 비슷하다.[70]

또 다른 안은 사용자 기여가 일어나거나 실제 고객이 있는 국가에 아예 과세권을 부여함으로써 두 번째 규범(실제로 사업장을 두어야 한다는 규범)을 폐지하자는 생각이다. 특히 '최종 목적지'나 '시장'이 되는 국가, 즉 고객이 있는 곳에 과세권을 부여하자는 접근법은 현행 규범과 아주 큰 차이를 가져올 것이다. 이 경우 다국적기업은 실제 사업장을 두지 않고 단순히 판매하는 것만으로도 세금을 내야 할 의무가 생기기 때문이다.

이는 상당한 지지를 받고 있다. 이를 지지하는 사람들은 사용자 기여는 측정하기가 어렵지만, 최종 판매가 일어나는 곳에서 과세하면 세금 회피를 막는 데 도움이 될 거라고 주장한다. 예를 들면 특허권은 어느 특정 국가에 지정해놓았다가도 쉽게 변경할 수 있지만 최종 소비자가 어느 국가에 있다는 사실은 쉽게 바꿀 수 없기 때문이다. 이러한 추론은 '최종 소비지 기반과세'DBCFT: destination-based cash flow tax를 도입해야 한다는 운동으로 발전했다.

트럼프 행정부 초기 잠시 논쟁 대상이 되었던 DECFT의 요점은 수출에 세금을 부과하지 않고 수입에 세금을 부과하며(하지만 기업의 수입은 공제됨), 모든 투자에는 즉시 세금을 공제해주는 것이다. 이 접근법은 단순히 부가가치세(과세표준에서 수출은 제외되고 수입은 포함됨)와 임금 비용에 대한 공제를 결합한 것으로 생각할 수 있다. DECFT를 보편적으로 채택한다면 장점이 많다. 부가가치세와 마찬가지로 이익 이전에 영향을 받지 않는다. 예를 들어 두 경우 모두 수출에는 과세하지 않고 기업이 수입에 지불하는 가격도 세금 목적으로는 큰 관련이 없기 때문에,[71] 이전가격으로 장난칠 의미가 없다. DECFT 하에서는 어느 특정 국가에서 생산한다고 해서 세금 혜택이 주어지지 않기 때문이다.[72] 또 다른 특징은 모든 비용에 즉시 공제해준다는 점에서(10장에서 언급한 것처럼 투자를 현금 흐름으로 여기므로) DECFT가 지대 역할을 한다는 것이다.[73] 그러나 안타깝게도 많은 경제학자가 DECFT를 지지하지만 아직 DECFT의 때는 오지 않았다.

다만 이 모든 생각 중 어느 것도 기술적·정치적 문제가 전혀 없는 것은 아니다. 예를 들어 공식에 따라 국가 간 이익을 분배하려면 분배 규칙에 대한 전례 없는 국가 간 합의가 필요한데, 이는 EU에서도 실현하지 못하고 있다. 물리적 사업장을 두어야 한다는 규범을 폐지하려면 모든 조세 협약을 바꿔야 한다. 하지만 우리가 이 모든 계획을 이 책의 한 단락에서 설명한다는 사실은 현재의 체계보다 더 잘 기능하는 체계가 고안될 수 있음을 시사한다.

희망적인 징후도 있다. 100년 동안 거의 꿈쩍도 하지 않았던 국제 조세 규칙은 2019년 OECD 주도로 135개국 이상을 하나로 묶는 포괄적 협의체Inclusive Framework를 구축하면서 전례 없는 속도로 개방적인 논의를 맞이하게 되었다. OECD는 앞서 설명한 것처럼, 다국적 대기업의 수익에 초과수익 할당제 같은 제도를 일반적으로 적용하자고 제안했다.[74] 이 제안은 사실 돈의 문제가 아니다.[75] 문제는 이 제안이 현재의 체계를 대신하는 것이 아니라 현재 체계에 새로운 내용이 더 추가되는 것으로, 단순화에 역행한다는 것이다. 게다가 코로나19 대유행은 그렇지 않아도 어려운 협상을 논리적으로 더 어렵게 만들었다. 그러나 놀랍고 고무적인 것은 국제 조세의 두 가지 핵심 규범 모두를 오랫동안 고집스럽게 옹호했던 OECD가 두 규범 모두 그들의 시대가 지났을 수도 있다는 것을 자인했다는 점이다.

세금 경쟁 게임

+

조세 은신처가 아닌 나라의 정부는 대부분 그들 스스로 현재의 세금 문제를 스스로 불러왔거나 적어도 깊이 관련되어 있다. 사람들은 다국적기업의 세금 회피에 분노하지만, 당사자인 기업들은 여전히 클라이드 경이 지적한 것처럼(293쪽 참조) 법적 한도 안에서 최대한 주주들의 주머니를 챙겨주려는 것일 뿐이라고 생각할 것이다. 결국 현재의 세법을 만든 것은 정부 자신이며, 그들은 오랫동안 자국을 다른 나라보다 세금 측면에서 더 유리한 나라로 만들려고 서로 경쟁했다(물론 혜택을 받는 사람들에게는 격려도 받았지만).● 이러한 '세금 경쟁'은 국경을 넘어 쉽게 이동할 수 있는 것들에 일반적으로 낮은 세율을 적용하는 형태로 나타났으며, 앞서 설명한 이익 이전을 위해 무수한 기회를 제공했다.

조세 은신처는 극단적인 예에 불과하다. 세금 경쟁 게임은 몇 세기 동안 지속되었다. 1763년, 러시아 산업의 육성을 갈망했던 예카테리나 대제Catherine The Great는 "러시아에 정착한 외국인들에게 공장을 세워 러시아에서 아직 만들어지지 않은 상품들을 제조하면 내륙통행료, 항만세, 관세 등을 내지 않고 10년 동안 그 상품을 판매하고 수출할 권리를 주겠다"라고 제안했다.[76] 증기기관으로 유명한 제임스 와트James Watt도 이 제안에 솔깃했다고 한다.[77]

1791년 실용제조업설립협회를 세우려던 미국의 초대 재무장관 알렉산더 해밀턴은 유럽의 제조업자들이 낡은 세계에서 견뎌야 했던 '세금 부담과 각종 제약'에서 벗어나기 위해 미국으로 몰려들 거라고 예상하고, 그들에게 10년 동안 세금을 면제해주는 방안을 검토했다.[78] 실제로 이후 여러 정부에서 그와 같은 조치를 취했다. 심지어 세금 감면을 넘어 노골적으로 보조금을 제공한 정부도 있었다. 1750년대에 프로이센에서는 실레지아 린넨Silesian linen●● 업계에 종사하는 이민자들에게는 베틀을 무료로 제공했다.[79] 사실 이런 사례는 그

● 각국 정부들이 세금 경쟁을 하다 보니 조세 은신처 같은 나라가 생기고 다국적기업이 그런 기회에 편승했다는 의미임. 따라서 그런 폐해는 각국이 스스로 불러왔다는 저자의 관점을 표명한 것임.
●● 면이 조밀하게 짜인 능직물로 옷의 안감으로 사용됨.

전에도 많았다. 중세 베네치아에서는 외국인 기술자, 유리공, 레이스 공 등에게는 2년간 세금을 면제해주었다.[80]

세금 경쟁 게임은 지금도 계속되고 있다. 1980년대 중반 이후 전 세계에서 표면적인 법인세율이 크게 줄어드는 추세가 확연하게 나타나고 있다. 선진국들의 평균 법인세율은 1990년 약 38퍼센트에서 현재 20퍼센트 미만으로 떨어졌다. 이런 문제를 이미 파악한 EU 집행 위원회 보고서는 1992년, EU 안에서 법인세율을 최소 30퍼센트 부과할 것을 권고했는데,[81] 지금 생각하면 이는 터무니없이 시대착오적인 조치였다. 2017년 미국의 세제개혁에서 연방 법인세율을 극적으로 인하한 일은 법인세 인하 경쟁의 현실을 뒤늦게 인식한 것이었다. 그러나 세금 경쟁은 단순히 표면적인 세율 문제가 아니다. 거기에는 모든 종류의 특별한 혜택이 함께 제공될 수 있다. 분명히 말하지만, 룩스리크스의 폭로는 낮은 표면적 세율 때문이 아니라 벨기에, 룩셈부르크, 네덜란드가 이전가격 조치 같은 비도덕적 세금 문제에 관대하게 판결했기 때문이다.

이러한 법인세 하향 압력은 진짜 중요한 문제다. 세수에 직접 영향을 미친다는 점에서 단 몇 포인트의 법인세율 인하로 인한 세수 손실은 다국적기업의 조세 회피에 따른 손실을 훨씬 넘어설 수 있다. 물론 이런 법인세 인하를 환영하는 이들도 있다. 이들은 법인세 인하를 야수를 굶주리는starve the beast 방법, 즉 정부의 지출을 줄여 정부가 낭비할 자원을 미리 빼앗는 거라고 보며, 법인세가 다른 세금보다 성장과 투자에 더 해를 끼친다는 증거를 제시하기도 한다.[82]

그러나 변덕스러운 세금 경쟁이 재정 준칙fiscal rule●보다 정부 지출을 줄이는 데 더 효과적이라고 볼 수는 없다. 그리고 우리는 10장에서 잘 설계된 법인세가 왜곡되지 않은 수익을 보장하는 이상적 모델에 근접할 수 있다는 것을 보았다. 게다가 많은 기업이 자신을 법인이 아니라 파트너십으로 여겨 개인 자격으로 세금을 낸다는 점을 감안할 때, 법인세율 인하는 개인 소득세의 최고 세율을 낮추는 압력으로 작용할 수 있다. 불평등에 관한 정치적 긴장감이 높고, 세계화로 인한 이익의 분배가 불완전한 오늘날과 같은 때 법인세 인하가 진정한 효과를 거두기는 어려울 것이다.

세금 경쟁의 근본적인 문제는 8장에서 살펴보았듯이 외부 효과의 문제다. 한 나라가 더 관대한 세금 처분으로 더욱 많은 투자나 과세 기반을 유치하려고 할 때, 그 나라는 다른 나라들에 부과하는 투자나 조세 기반의 손실은 무시한다. 결과적으로 모든 나라의 상황이 필요 이상으로 더 악화된다. 무언가를 해야 한다고 믿는 것은 타당하지만, 문제는 무엇을 해야 하느냐는 것이다.

확실한 해결책은 몇 년 전 유럽에서 제안한 바처럼, 모든 나라가 공통 법인세율까지는 아니더라도 적어도 최소 수준 이하로 법인세를 내리지 않는다는 데 합의하는 것이다. 중요한 점은 그 과정에서 법인세를 인상하라는 요구를 받는 나라들(법인세가 현저히 낮은 나라들)에도 그런 합의가 이롭다는 것이다. 최저치 수준 이상의 법인세를 적용한다면, 이제 더는 법인세 인하 경쟁을 하지 않고 투자와 조세 기반 감소를 상쇄하기 위해 마음 놓고 법인세를 인상할 수 있기 때문이다.

아프리카의 몇몇 지역 국가는 법인세율 수준을 최소 25퍼센트 이상으로 정하는 데 동의했지만,[83] 몇 년 동안 그 협상은 더는 진행되

● 재정 건전성 지표가 일정 수준을 넘지 않도록 관리하는 것.

지 않는 것처럼 보였다. 그러나 위에서 언급한 OECD의 포괄적 협의체도 최소 법인세율의 채택을 고려하므로 이 협상은 다시 열릴 것으로 보인다.[84]

최소 법인세율 채택은 다국적기업이 거주하는 모든 국가에서 내는 세금의 합계가 최소 기준을 충족하게 하거나(미국의 GILTI와 유사), 실제 소득이 발생하는 국가에서 최소 기준의 법인세를 내게 하거나(미국의 BEAT와 유사) 하는 방식으로 실행될 수 있다. 물론 두 접근법은 세금을 받는 나라가 달라질 수 있어 다른 의견이 있을 수 있다. 그리고 시행할 때 기술적 어려움도 있고 최소 기준이 얼마가 되어야 하느냐도 여전히 핵심 문제다. 아마도 대다수에게 큰 타격을 주지 않는 약 12퍼센트대가 적당할 것이다.

다만 이런 제안들이 앞으로 어떻게 진행될지는 불확실하다. 아마도 코로나19 위기의 여파로 각국 정부의 세수 필요성이 커지면서 협상에 탄력이 붙을 것이다. 그동안 법인세율에 대한 의미 있는 국제적 협력에 반대했던 나라들도 이제는 최저수준 설정 협의에 기꺼이 참여하려는 움직임을 보이는 것은 매우 고무적이다.

법인세 인하 경쟁에 제동을 거는 방법으로 최저 기준 설정 이외에 또 다른(어쩌면 더 나은) 대안이 있다. 그중 하나는 최종 소비지 과세의 요소를 통합하는 것으로, DBCFT에 가장 명확하게 반영되어 있다. 결국 부가가치세에서는 세금 경쟁이 거의 일어나지 않으며(최종 소비자의 위치가 대부분 고정되어 있으므로), 대부분 노동력(DBCFT의 또 다른 부분인 보조금 지급)도 거의 움직이지 않는다. 따라서 굳이 법인세 최소 기준을 설정할 필요가 없다. 각 국가는 다른 나라들이 법인세율을 어떻게 시행하든 상관없이 자신이 원하는 만큼 세율을 부과할 수 있다.

세금 경쟁은 주로 법인세와 관련해서 나타나지만 사실 법인세에만 국한되지는 않는다. 예를 들어 많은 국가가 기후 변화 문제 해결에 동의하면서도 강력한 탄소 가격 채택을 꺼리는 한 가지 이유는 다른 나라들도 똑같이 하지 않는 한 자신들에게 불이익이 될까 봐 우려하기 때문이다. 그동안 국제 운송에 사용된 연료에 대한 경험치[85]를 보면 이를 극단적으로 알 수 있다. 국제 운송에 사용된 연료는 전 세계 이산화탄소 배출량의 3퍼센트를 차지한다. 하지만 국제 운송에 사용되는 연료는 기후 협약에서 제외되었을 뿐만 아니라 일반적인 유류세도 부담하지 않는다.

미국 캘리포니아주에서 1991년 해양 연료에 판매세를 부과했을 때 밝혀졌듯이, 어느 항구가 선박이 소비하는 연료에 세금을 부과하면 선박들은 곧바로 어렵지 않게 다른 항구로 항로를 바꿔버리기 때문이다. 항구들 사이의 경쟁이 선박 연료에 대한 세금을 제로 수준까지 끌어내린 것이다. 각 국가가 자체적으로 이산화탄소 배출량을 줄이려고 공격적 조치를 하기를 꺼리는 문제(물론 해양 부문에서 특히 심하지만 다른 부문에서도 마찬가지다)를 극복할 한 가지 아이디어는 탄소배출권 가격 최저한도에 대한 합의를 끌어내는 것이다.[86]

사람, 상품, 돈이 마음대로 국경을 넘어 이동하는 시대가 되면서 정책 입안자들은 그 어느 때보다 이에 대해 촉각을 세우고 경쟁하듯이 자국의 조세권 보호를 강화하고 있다. 모나코의 레니에 대공에게는 프랑스의 소득세 강요가 '국가 주권의 근본을 직접 공격하는 것'이었다.[87] 그러나 사실 조세 주권은 이미 기억도 아득한 옛날이야기일 뿐이며 오늘날에는 대체로 가짜다. 진짜 문제는 각국이 여전히 가지고 있는 공동 주권을 어떻게 행사하기로 결정하느냐는 것이다.

◆ ◆ ◆

　지금까지 3부에서는 주로 세금 설계와 납세자에 대해 살펴보았다. 납세자들은 그들이 직면하는 법에 어떻게 영향을 받고 반응하는지, 그리고 그러한 반응이 어떻게 그런 법들이 합리적으로 변하도록 만드는지 살펴보았다. 그러므로 아무리 영리하게 설계된 세법이라도 시행되면서 더 좋게 발전하게 마련이다. 이제 4부에서는 세금 설계를 주관하는 세무 관리에 초점을 맞춘다.

4부

세금은 저절로 걷히지 않는다

나는 바닷가 시골에서 살았으므로 세금을 한 푼도 내지 않았다고 국세청
에 말했다.

켄 도드(영국의 코미디언)[1]

12장

드라큘라와 세금 징수 기술

나는 세무서로 갔어.… 나는 일어나서 내 영혼이 위증으로 뒤덮이고 자존심이
영원히 사라질 때까지 계속 거짓말을 하고 사기를 치고 악당질을 하겠다고 맹세했지.
하지만 그게 뭐 어때? 미국에서 가장 부유하고, 가장 자존심 강하고, 가장 존경받고,
가장 명예롭고, 여자들의 환심을 산 수많은 남자가 해마다 하는 짓에 불과한 걸.
마크 트웨인[1]

1459년 브라쇼프Brasov(현재 루마니아)의 상인들은 왈라키아 공작 블
라드 3세Prince of Wallachia에게 내야 할 세금을 내지 않겠다고 했다.
결과적으로 이는 그 공작이 훗날 역사에서 블라드 더 임펠러Vlad the
Impaler(드라큘라)●로 알려지게 되는 나쁜 구실을 제공한 셈이 되었
다.[2] 블라드 3세는 마을을 공격해 불을 지르고 많은 주민을 잔인하게
죽였다.[3] 세금 징수는 실제로 채찍과 당근의 문제다. 때로는 채찍이
조금 지나쳐 문제가 되기도 하지만 말이다.

　　물론 기본적인 문제는 사람들이 세금을 내기 싫어한다는 것이
다. 그들은 법의 테두리 안에 머물면서도 내야 할 세금을 줄이려고

● 루마니아 왕자로 드라큘라의 모델이 된 실존 인물. 세계 6대 살인마로 불림.

기꺼이 행동을 바꾼다. 9장에서 살펴본 조세 회피가 바로 그런 행동이다. 때로는 합법적인 방법으로 세금을 내지 않는데, 탈세가 여기에 해당한다. 사실 세금 회피와 탈세 사이의 경계가 늘 명확한 것은 아니다. 수많은 부자가 방탕한 삶을 살면서 그 경계선이 어디인지 시험하고 있다. 하지만 그 경계선이 비록 눈에 보이지 않을 만큼 가늘다 해도 매우 중요한 건 틀림없다. '감옥에 들어가느냐 아니냐'the thickness of a prison wall를 판가름하는 선이기 때문이다.[4] 하지만 탈세든 세금 회피든 부도덕한 것은 마찬가지라고 주장하는 사람들도 있다. 이들은 그런 행위가 합법적이냐 합법적이지 않으냐를 구분하는 것은 크게 중요하지 않다고 생각한다. 어쨌든 이 장에서는 탈세와 그것을 다루기 위해 정부가 사용하는 전략을 살펴본다.

탈세는 정부가 직면한 조세에 대한 가장 오래된 도전이다. 기원전 19세기 수메르의 설형문자 점토판에는 푸슈켄Pushuken이라는 불

파라오를 위해 돈을 모으는 이집트 백성들

행한 상인이 밀수품을 뇌물로 받은 혐의로 교도소에 갇혔다는 이야기가 나온다. 기원전 7세기에 이집트에서 출토된 파피루스에는 한 노인이 상속세를 회피하려고 아들에게 재산을 축소 평가해 물려줬다는 이야기가 있다.[5] 나중에 발견된 무덤의 벽화에서 탈세자들이 채찍으로 맞는 장면을 보면 그 노인의 결말이 어떠했을지 유추할 수 있다. 정부가 세금을 집행하는 방법은 세금 제도가 경제와 사회에 미친 영향뿐만 아니라 사람들의 생존 자체에도 매우 중요한 역할을 했는데, 이는 앞으로도 그럴 것이다.

채찍과 당근의 비유는 탈세를 고찰할 때도 도움이 된다. 사람들은 탈세를 위험 자산에 투자하거나 홍수 보험에 가입하는 것(또는 가입하지 않는 것) 같은 일종의 도박으로 여겼다.[6] 이러한 관점에서 납세자는 탈세할지 말지 또는 한다면 얼마나 할지를 다른 위험한 결정(보험이나 도박)을 하는 것과 거의 같은 방식으로 판단한다. 즉, 기대 이익(탈세로 인한 세금 절약)이 예상 손실(걸리면 처벌)보다 더 큰지를 따져보고 결정하는 것이다.[7]

반면 세금을 집행하는 쪽은 이에 대한 대응으로 세금 탈루가 나쁜 선택이라고 알리기 위해 당근을 덜 사용하고 채찍을 더 많이 휘두르게 되었다. 이 장에서 우리는 정부가 수천 년 동안 이 일을 해온 방식이 때로는 우스꽝스럽게 보이기도 하지만, 그 근본적 논리는 크게 변하지 않았다는 사실을 알게 될 것이다. 먼저 유명한 탈세범들을 살펴보고, 탈세가 얼마나 큰 문제인지 기본 질문을 할 것이다. 그다음에는 정부가 탈세에 대응하기 위해 노력해온 방법을 시대를 통과해 살펴본다.

세금 격차

+

탈세범은 대부분 잡히게 마련이다. 어려운 일은 잡히지 않은 탈세범이 누구인지 알아내는 것이다.

탈세범 갤러리

인류 역사를 살펴보면, 세간의 이목을 끄는 탈세자들이 끊임없이 등장해 시대를 떠들썩하게 했다. 미국의 전설적인 갱 알 카포네Al Capone가 탈옥이 불가능한 것으로 유명한 앨커트래즈 교도소에 수감된 것은 성 밸런타인데이 대학살St. Valentine Day massacre● 을 저질렀기 때문이 아니라 밀주로 번 불법 소득에 대해 세금을 내지 않았기 때문이다(머리 좋은 법률 입안자들은 불법 소득도 합법 소득과 마찬가지로 과세 대상임을 분명히 했다). 알 카포네의 변호사들은 영리했지만 결국 탈세 혐의를 피하지는 못했다. 그들은 불법소득 신고를 의무화하는 것은 불리한 진술을 강요받지 않는다는 헌법상 권리를 위반한 거라고 주장했지만, 대법원은 이를 기각했다. 만일 불법 소득이 과세 대상이라면 당연히 그에 따른 불법 비용도 공제 대상이 된다는 변호사들의 잇단 주장에도 홈스Holmes 대법원 판사는 "납세자가 그 문제에 이의를 제기할 용기가 있다면 충분히 검토할 수 있을 것이다"[8]라고 말했다.

탈세는 갱들에게는 일상적인 일이지만, 이를 장난삼아 하는 이들도 있었다. 특히 정치인들은 자신들이 입법하고 감독하는 세금을 스스로 회피하는 일을 즐기듯 해온 오랜 전통이 있다. 영국의 초대

● 1929년 알 카포네가 라이벌 조직을 습격해 많은 사람을 죽인 사건.

총리로 불리는 로버트 월폴은 해군장관과 공모해 네덜란드에서 밀수품을 들여왔다.[9] 닉슨 행정부 시절 부통령이었던 스피로 애그뉴Spiro Agnew는 1973년 소득세 탈루 혐의에 어떤 이의도 제기하지 않고 부통령직을 사임했다. 닉슨 대통령 자신도 세금 문제로 고통을 겪었는데, 그의 측근 한 명이 닉슨을 위해 57만 6,000달러의 허위 세금 공제를 신고했다가 징역 4개월을 선고받았다.[10] 이탈리아의 전 총리 실비오 베를루스코니Silvio Berlusconi도 2012년 세금 사기로 징역 4년을 선고받았다.[11]

기업인들에게도, 특히 사정이 어려울 때는 탈세가 유용한 자금원이 될 수 있다. 영국의 사업가이자 버진그룹 총수인 젊은 리처드 브랜슨은 (매출에 구매세가 부과되지 않도록 하려고) 음반을 3만 장 수출했다고 거짓 주장한 혐의로 잠시 교도소 신세를 졌다.[12] 특히 경기 침체기에는 기업인들의 세금 준수 정신이 약화되는 경향이 있다(실제로 탈세가 경기 침체 완화에 어느 정도 긍정적 역할을 한다). 그러나 기업인들이 꼭 사정이 어렵다고 해서 세금을 회피하는 것도 아니다. 뉴욕의 부동산 재벌 리오나 헴슬리Leona Helmsley는 1992년 260만 달러의 부당 사업비 청구로 유죄 판결을 받고는 "힘없는 사람들만 세금을 낸다"라고 말해 비난을 받기도 했다.[13]

체육인들도 열정적으로 탈세 게임에 참여했다. 그중에는 전설적인 메이저리그 야구선수이자 감독인 피트 로즈Pete Rose도 있다. 그는 특별 출연료와 자신이 서명한 용품의 판매 소득을 신고하지 않아 벌금 5만 달러와 사회봉사 1,000시간을 선고받았다. 세계 남자 프로 테니스 랭킹 1위였던 보리스 베커Boris Becker도 실제로는 뮌헨에 살면서 세금이 낮은 모나코에 살고 있다고 주장해 300만 달러의 세금과 이자를 토해내야 했다. 영국 여왕이 가장 좋아하는 기수이자 더비Derby 경마 9회 우승자인 레스터 피고트Lester Piggott는 1987년 '센토르 작전'Operation Centaur이라는 암호명으로 진행된 수사에서 300만 파운드가 넘는 세금 사기로 징역 3년을 선고받았다. 이들 외에 리오넬 메시Lionel Messi, 크리스티아누 호날두Cristiano Ronaldo, 네이마르Neymar 등 우리 시대의 위대한 축구선수들도 세무당국과 마찰을 빚었다. 신사의 경기로 알려진 크리켓선수들도 영국 국세청이 문제를 제기한 파트너십에 투자해 세금을 회피하는 비신사적 행위를 보였다.[14]

탈세에 예술가들을 빼놓을 수는 없다. 세기의 문호 윌리엄 셰익스피어William Shakespeare도 자신의 고향 스트랫퍼드 어폰에이번에서 자신의 거래를 곡물상인이자 토지 소유자가 한 것처럼 꾸며 탈세 문제에 봉착했다.[15] 록스타들은 세금 청구에 대한 불만으로 아예 세금 망명을 하거나, 노골적인 탈세보다는 회피하는 쪽을 선택하는 것으로 알려져 있다. 가수이자 영화배우인 데이비드 보위David Bowie가 시도한 세금 회피 방법은 그의 이름을 딴 채권Bowie bond이 생길 정도로 유행했다. ●[16]

반면 합법적 경계 내에서 세금을 회피하는 예술인들도 있었다. 하지만 가수 윌리 넬슨Willie Nelson은 유령 조세 은신처를 만들어 세금을 회피했다는 혐의로 1,600만 달러의 세금과 벌금을 선고받고 재산 대부분이 압류당하자 불쾌한 표정을 감추지 않았다. 영화배우이

● 보위는 1997년, 1990년 이전에 발행된 음반과 음원 수익을 담보로 만기 10년, 이자율 7.9퍼센트의 채권을 발행해 자금을 조달하면서 이를 보위 본드라고 이름 붙임. 이후 지적재산권 자산을 특수목적 기구에 신탁하고 이를 바탕으로 유동화 증권을 발행하는 방식을 지칭하는 일반 명칭이 되었음.

자 가수인 주디 갈랜드Judy Garland는 1964년 뉴욕주로부터 세금 400만 달러를 청구받고 더는 예전의 활달한 모습을 보여주지 못하다가 1969년 약물 중독으로 사망했다. 중국에서 가장 유명한 여배우인 판빙빙范冰冰은 2018년 세금과 벌금 미납으로 7,000만 달러에 가까운 벌금을 선고받고 "내가 저지른 일에 대해 수치심과 죄책감을 느끼게 해준 좋은 기회였다"라고 말했다.[17]

유명인이 아닌 사람들도 기발한 탈세 수법을 썼다. 1997년 잔루이즈 칼망Jeanne Louise Calment이라는 여성이 122세로 프랑스 아를에서 사망하자 그녀는 세계 최고령자로 세상에 보도되었다. 그러나 2018년, 두 연구원이 1997년 사망한 이 여성은 상속세를 피하려고 1934년부터 잔 할머니 행세를 한 그녀 딸이라고 주장했다.[18] 이 말이 다소 극단적으로 들리는가?

이 책의 저자 중 한 명은 실제로 상속세가 오르는(또는 내리는) 추세에 있을 때 사람들이 사망신고를 늦춘다는(또는 미리 앞당긴다는) 사실을 입증해 이그 노벨상을 수상했다.[19] 탈세 이야기에는 소름 끼치는 이야기뿐만 아니라 뻔뻔한 이야기도 있다. 독일 로스토크의 한 남자는 개 세금을 내지 않으려고 자신의 스패니시 워터 도그Spanish Water Dog●가 사실은 (세금이 부과되지 않는) 양이라고 주장했는데, 결국 수의사가 이 동물이 개라는 사실을 공식 확인하면서 벌금에다 소송까지 당했다.[20]

이런 이야기들은 사회적으로 힘이 있고 부유하며 유명한 사람들은 물론 영리한 일반인까지 세금을 내지 않기 위해 거짓말을 하고 속

● 스페인에서 가축을 몰거나 새를 사냥하려고 개량한 개의 품종.

이는 일이 아주 흔하다는 것을 보여준다. 하지만 그런 사람들이 잡히면 나머지는 정의가 이루어졌다는 기쁨을 맛보기도 한다. 정말 안타까운 일은 탈세가 얼마나 광범위하게 이루어지는지 아무도 알지 못한다는 것이다.

빙산의 일각

사실 탈세가 정말로 얼마나 이루어지느냐는 어려운 질문이다. 탈세 행위를 측정하기 쉬웠다면 적발과 처벌도 쉬웠을 테고, 탈세도 그렇게 많이 일어나지 않았을 것이다. 실제로 대부분 나라에서 탈세가 얼마나 많이 일어나는지는 놀랄 만큼 알기 어렵다. 아마도 '세금 격차'tax gap(납세자들이 제때 자발적으로 내지 않은 세금 액수)[21]를 측정하는 데 꽤 많은 자원을 투입해 그 범위와 구성을 가장 잘 다루는 나라는 미국일 것이다. 2011~2013년 미국 국세청의 세금 격차 추정치에 따르면, 징수되어야 할 연방 세금의 약 6분의 1이 징수되지 않은 것으로 나타났는데,[22] 이는 엄청난 금액이다.

다행히 자국의 세금 격차를 평가하기 위해 진지하게 노력하는 나라들이 점점 더 많아지고 있다. 예를 들어 영국의 개인 소득세 세금 격차는 2016~2017년에 4퍼센트를 조금 웃돌았고,[23] 덴마크는 3퍼센트 안팎이다.[24] 개발도상국의 세금 격차가 대부분 선진국보다 훨씬 크다는 것은 놀라운 일이 아니다. EU 국가들의 부가가치세 세금 격차 중간값은 약 10퍼센트인 반면, 우간다는 거의 50퍼센트에 달한다.[25]

이러한 연구는 단순히 세금을 제때 내지 않는 것뿐만 아니라 납세자들의 법 위반 형태, 즉 자격이 되지 않는데도 공제나 환급을 받는 노골적 사기 행위 등도 규명해준다. 영리한 범죄자들(심지어 현금이 부족한 정보기관들까지)은 내지도 않은 세금을 환급받으려고 기발한 계획을 고안하기도 한다. EU는 '실종 거래자 사기'MTIC[●][26]라는 수법으로 해마다 손실이 약 600억 유로 발생하는 것으로 추산된다.[27] 이는 엄청난 금액이지만 부가가치세가 세금 격차의 중요한 원인이라는 사실 또한 말해준다. 언론에서는 주로 대규모 범죄사기만 보도하지만 적어도 세수에 대한 피해 측면에서는 소규모의 일상적 부정행위도 결코 무시할 수 없다.

탈세는 세수 측면에서뿐만 아니라 조세제도의 공정성과 신뢰도 측면에서도 중요한 문제다. 다른 사람들이 세금을 탈루하는 것을 보면 사람들은 자기들도 한 번 해봐야겠다고 생각하는 경향이 있는데, 그 이유는 다음 두 가지다. 하나는 남들이 모두 하니까 탈세가 일반적 현상이라고 생각하기 때문이고, 또 하나는 탈세가 그렇게 광범위하다는 것은 들킬 확률이 낮다는 것을 암시하기 때문이다.

그러나 정말 심각한 문제는 공정성에 대한 신뢰 문제는 차치하고 단지 세수에 대한 피해 측면에서만 보더라도 탈세가 거의 모든 곳에서 일상적으로 이루어진다는 사실이다. 사람들이 탈세를 도박의 확률 계산(408쪽 참조)처럼 여긴다는 것은 정부가 탈세를 제한하려면 어떻게 대응해야 하는지에 대한 실마리를 제공한다. 바로 걸릴 확률을 높이고 걸렸을 때 벌금을 높이며(채찍), 모범적 세금 행위는 인센티브를 제공하는 것(당근)이다.

● EU 회원국 간에 상품 이동에 대해 부가가치세가 면제되는 규정을 악용해 사기꾼들이 내지도 않은 부가가치세를 정부에서 환급받는 사기 행위. 가장 일반적인 형태가 회전목마형 사기임.

채찍은 많고 당근은 적다

+

납세자들의 세금 납부를 독촉하려고 극단적인 폭력을 사용한 것은 블라드 임팔러만이 아니었다. 프랑스에서는 소금을 밀수한 자들을 형차에 매달아 돌려 죽이는 거열형車裂刑으로 처벌했다. 1898년 독일 당국은 킬리만자로 인근 지역에서 세금 납부 거부자 2,000명을 처형한 혐의로 고발되기도 했다.[28] 중국은 2011년까지 세금 사기범에 대한 사형제를 폐지하지 않았다.[29] 무굴제국의 인도에서 벵골주 주지사는 세금을 완납하지 못한 사람들에게 '살아 있는 고양이들을 채운 긴 가죽 바지'를 입도록 강요했다.[30]

소문일 가능성도 있지만[31] 이 못지않게 해괴한 처벌은 세금 납부를 거부한 윌리엄 텔William Tell을 처벌한 방식이다. 1273년 오스트리아의 합스부르크 왕가가 슈비츠주와 우리주의 독립을 인정하지 않자 우리주 주민이었던 텔은 합스부르크의 세금 납부를 거부했다. 이에 지방 총독은 텔의 아들 머리에 사과를 올려놓고 이를 쏘도록 강요하는 처벌을 내렸다.

오늘날에는 반항적인 납세자들에게 그런 놀라운 활쏘기 실력을 보이라고 할 가능성은 없지만 그 대신 세금 원금, 이자에 벌금까지 더해진 액수를 현금으로 내게 하는 것이 정부의 일반적 조치다. 하지만 금전적 처벌이 아닌 다른 형태의 처벌도 있다.

중세에는 교황의 세금을 납부하지 않으면 파문하는 것이 극단적 처벌 중 하나였는데,[32] 오늘날 이의 변종으로 '부수적인 세금 제재' 방법이 사용되고 있다. 미국에서 2015년 이후 '심각한 체납' 부채가 있는 사람들에게 운전면허증이나 여권을 취소하는 제재를 가한 것이 바로 그 예다. 세금 범죄에 대한 극단적 처벌은 교도소에 보내는 것인데, 해마다 미국에서는 2,000명, 영국에서는 200명 정도밖에 되지 않을 만큼 그런 처벌을 받는 사람은 생각보다 많지 않다.[33] 그러나 그런 사람들 중 부자나 유명 인사가 종종 포함된다는 사실은 오늘날 세무당국이 그저 무력하게 아무 조치도 하지 않는 것은 아님을 보여주는 분명한 메시지다.[34]

세무 행정에서 당근(모범적 준수에 대한 보상)은 채찍보다 훨씬 드물다. 모범 준수자에 대한 당근 보상안으로는 고속 전화선, 대중교통 요금 인하, 박물관이나 문화행사 무료입장, 기업에는 특별 인증서를 수여하거나[35] 세율을 인하해주는 방안[36] 등이 거론된다. 실제로 이런 아이디어를 실행에 옮긴 나라들도 있다. 파키스탄은 납세자를 네 범주로 나누고 범주별로 세금을 가장 많이 낸 납세자에게 '납세자 특권 및 명예 카드'를 준다. 이 카드를 소지한 사람들은 총리가 주관하는 축하 행사와 파키스탄 국경일 국빈만찬에 초대되며 무료 여권 같은 다른 혜택도 받는다.

그러나 우수 납세자에게 보상을 제공하는 이런 방식은 납부액을 기준으로 보상하면 실제 납부 실적은 좋지 않은 부유한 사람들에게 보상이 돌아갈 확률이 높다는 문제가 있다. 따라서 비록 낸 세금 액수는 크지 않더라도 정부의 세금 정책에 가장 잘 따른 납세자들에게 보상하는 것이 더 나을 수 있다. 이러한 정신에 따라 아르헨티나의 한 지방자치단체는 재산세 납부를 준수한 개인 400명을 무작위로 선정해 공개 표창하고, 그들 모두에게 자기 이름이 새겨진 블록을 새 보도에 깔 수 있도록 했다.

1950년대 일본 정부는 세금을 제때 정확하게 낸 자치단체들을 표창하고, 마을 관리들을 왕이 참석하는 시상식에 초대해 왕을 직접 만나는 기회를 주기도 했다. 세무당국은 몇 세기 동안 채찍과 당근을 적절히 사용하면서 행정과 집행을 효과적으로 하기 위한 강력한 원칙을 개발해왔다.

돈이 있는 곳을 먼저 찾아라

4장에서 살펴본 것처럼, 헨리 8세가 1512년 신분 계급에 따라 세금을 차별 부과한 것은 새로운 생각이 아니었다. 그러나 거기에는 참신하고 획기적인 발상이 들어 있었다. 세금 납부 대상자 중에는 가장 낮은 급여를 받는 하인도 포함되어 있었는데, 그들이 직접 세금을 내게 하지 않고 주인이 대신 먼저 세금을 낸 다음 나중에 그 금액만큼 임금에서 제외했다는 것이다.[37] 이는 세무 행정의 기본 원칙(원천징수)이 이미 이때부터 시행되었음을 보여주는 가장 오래된 사례다. 또한 임금을 받는 자가 숨거나, 돈을 다 써버리거나, 엉뚱한 곳에 돈을 다 날리기 전에 가능한 한 신뢰할 수 있는 출처에서 먼저 돈을 받아낸다는 원칙이다. 이런 '원천징수'는 세금 제도에서 가장 효과적이고 기본적인 요소로 오늘날에도 많은 맥락에서 적용되고 있다.

우리가 가장 잘 아는 원천징수는 근로소득에 대한 소득세 원천징수다. 우리는 소득세가 당연히 종업원에게 부과되는 거라고 생각하면서도 실제 세금을 내는 당사자는 고용주라는 것을 잘 알고 있다. 이런 방식에는 두 가지 장점이 있다. 하나는 고용주나 기업은 세금 납부를 임금 지급의 일부로 처리할 수 있으므로 그들에게 직접 세금을 징수하는 것이 훨씬 더 효율적이라는 점이다. 또 하나는 국세청에서는 탈세하는 수많은 직원을 일일이 추적하기보다 몇몇 고용주를 추적하는 편이 훨씬 더 쉽다는 점이다.

원천징수는 개인 소득세율을 인상하는 데도 결정적 역할을 했다. 우리는 5장에서 1803년 영국의 소득세가 1799년 소피트 버전보다 훨씬 더 성공적일 수 있었던 이유가 배당금, 임대료, 정부 채권 소득에 원천징수를 도입했기 때문임을 살펴보았다. 고용주에 의한 조직적인 원천징수는 훨씬 나중인 제2차 세계대전 중에 이루어졌다.

1939년 이전에는 영국에서 회사에 다니는 이들은 6개월마다 직접 세금을 내야 했다. 그러나 전시 수입의 필요성이 높아지면서 그런 방식이 한계에 도달하자 영국 정부는 1944년부터 오늘날과 같은 원천과세Pay As You Earn 방식을 도입했다. 이것은 대성공이었지만 안타깝게도 이 제도의 주창자 중 한 명인 처칠 내각의 재무장관 킹슬리 우드Kingsley Wood는 이 제도가 시행되는 것을 살아서 보지 못했다. 이 법안이 의회로 넘어온 날 세상을 떠났기 때문이다.

미국에서 원천징수는 소득세를 시행하면서 처음 시작되었는데, 1865년 이미 모든 소득세 수입의 약 40퍼센트가 원천징수로 납부되었다.[38] 1913년 다시 도입된 소득세법에는 원천징수가 광범위하게 적용되었지만, 큰 인

월급봉투가 더 얇아진다. 8실링 6펜스로 오른 소득세가 임금을 받기 전에 먼저 빠져나간다는 내용의 기사가 실린 1948년 7월 24일자 영국 일간지 『데일리 미러』

기를 얻지 못하고 1917년 폐지되었다.

그러나 미국 정부가 이를 영원히 포기한 것은 아니다. 1930년대에 도입된 사회보장제도는 급여세의 원천징수를 기반으로 설계되었다. 또 1943년 제2차 세계대전 중에 영국처럼 고용주가 임금과 월급에 대한 소득세를 원천징수하게 함으로써 이듬해[39] 3월 15일(4월이 아님)[40]에야 기존 제도를 대체했다.(그런데 이 같은 소득세 납부일 변경이 전혀 문제가 없는 것은 아니다. 미국에서 소득세 신고 마감일은 자동차 충돌 사망 사고 위험의 증가와 연관성이 있다. 이 시기의 사고 발생률은 슈퍼볼 선데이의 높은 충돌 사고율과 비슷한데, 아마도 마감일이 스트레스를 많이 주기 때문일 것이다.)[41]

원천징수는 소득세의 대중화를 가져왔다. 하지만 미국의 원천징수제를 설계한 당사자 중 한 명인 노벨 경제학상 수상자 밀턴 프리드먼은 원천징수가 작동하는 것을 보고 이를 만든 것을 후회했다. 작은 정부 옹호자였던 그는 나중에 이렇게 한탄했다. "나는 그동안 정부가 지나치게 거대해지고, 거슬리고, 자유를 파괴한다고 맹렬하게 비판해왔는데 정작 내가 그런 정부를 만드는 도구를 개발하는 데 도움을 주게 되리라고는 상상도 하지 못했다."[42]

그러나 원천징수가 소득세의 대중화를 가져온 결정적 계기는 현대 대기업이 출현한 일이었다. 결국 어떻게 하면 고용주와 종업원이 세금에 대한 비밀을 유지하고 세금 절약분을 자기들끼리 나누는 것을 막을 수 있을지가 관건이었다. 세금 조사관이 직접 들이닥칠 수도 있다. 대기업은 또 물리적 측면으로나 마케팅 측면으로나 자료를 숨기기가 어렵다. 그리고 직원이 많으면, 그중에서 고지식하게 정직한 직원이나 당국의 보상을 받으려는 직원이 회사의 불법을 신고할 위

험성도 높다.[43]

고용주가 근로소득에 대한 소득세를 원천징수하는 방식은 국가마다 차이가 상당하긴 하지만 오늘날 소득세 징수의 표준이 되고 있다. OECD 국가 중 이를 시행하지 않는 곳은 스위스뿐이다.[44] OECD 국가의 절반 정도는 영국과 같은 시스템을 운영하며, 연말에 재정산해 정확한 금액을 원천징수하므로 근로자들은 환급분을 신고할 필요가 없다. 미국은 좀 달라서 근로자들이 연말에 신고해야 환급받을 수 있다. 물론 신고서를 작성하면 인센티브를 제공하며, 국세청이 세금 대상자이면서 세금을 내지 않는 사람들을 추적하는 데도 도움이 되지만, 대외적 이미지는 그리 호의적이지 않다. 초과된 원천징수는 납세자가 정부에 무이자로 돈을 빌려준 셈이 되지만, 많은 미국인은 5월에 환급받기를 좋아하는 것 같다. 아마도 목돈을 모으기가 어려워 이를 일종의 매력적인 강제 저축 형태로 보기 때문일 것이다.●[45]

원천징수 원칙은 상품(재화와 용역) 과세에도 강력하게 적용될 수 있다. 이는 부가가치세의 핵심으로, 모든 기업은 모든 매출에 세금을 내야 하며, 구매자(구매자가 기업이어도)는 이에 대해 세금 공제 또는 환급을 받을 수 있다. 이는 모든 판매자가 세금을 원천징수해서 당국에 총세금의 일부를 내고 그 물건을 산 고객들이 후속으로 발생하는 매출에 또 총세금의 일부를 내는 식이다. 이것이 완벽하게 작동한다면, 결과는 소매 판매세와 같은 것이다. 결국 모든 공제와 환급을 하고 나면, 남은 세금은 최종 소비자에 대한 판매에 매겨진 세금뿐일

● 호의적이지 않은 것은 다른 나라들과 달리 자동 환급이 아니라 환급분을 번거롭게 '신고해야 한다'는 것이고, 환급 자체는 좋아한다는 의미.

것이기 때문이다.

그러나 일반적으로는 모든 것이 완벽하게 작동하지는 않지만 소매 판매세에 비해 부가세의 중요한 실질적 이점은 세금이 단계별로 '부분적으로' 징수된다는 특성이다. 예를 들어 어떤 이유로 최종 소매점이 세금을 내지 못했다고 해보자. 소매 판매세하에서는 정부가 해당 판매에 대한 세금을 전액 거두지 못한다는 것을 뜻하는데, 경험상 이는 10퍼센트 이상의 세금 탈루 문제가 된다. 그러나 부가가치세하에서 세금은 소매업자의 구매 단계, 그 소매업자의 공급업자의 구매 단계 등 단계별로 징수된다. 따라서 부가가치세하에서 정부 세수는 그 단계의 어딘가에서 누군가 세금을 내지 않더라도 보호될 수 있다.

물론 중간 어딘가에서 세금 미납이 발생하면, 투입물에 대해 과세가 약간 있을 것이다. 이는 10장에서 설명한 생산 효율성의 원칙에 위배되지만, 세수의 필요성 차원에서 그럴 만한 가치가 있다. 비록 사하라사막 이남의 아프리카(극빈국가들)에서는 다소 뚜렷하지 않지만, 대부분 지역에서 부가가치세가 매우 효과적인 세금임이 입증되었다는 것이 그 확실한 증거다.[46] 국가별로 취향은 달라도 부가가치세에 장점이 많다는 것을 앞으로도 계속 보게 될 것이다.

원천징수가 가져온 징수의 편의가 너무 커서 세무행정은 임금에 대한 소득세 이상으로 그 범위를 확장할 만큼 놀라울 정도로 창의적이 되었다.[47] 오늘날에는 원천징수가 적어도 거주자에 대한 이자, 배당 소득뿐만 아니라 주식 보유에 따른 자본소득에도 널리 적용된다. 예를 들어 많은 개발도상국은 수입품에도 원천징수 세금을 부과하고, 심지어 휴대전화에도 원천징수를 적용한다.[48]

그러나 특정 정책의 경우, 추가 세수 창출 측면에서 원천징수가 정말로 효과가 있는지는 의문이 남아 있다. 몇 세기 동안 세금 관리자들은 그렇게 믿어왔고 정치인들도 그랬다. 미국의 보수파 의원들은 밀턴 프리드먼의 경고를 반영하듯, 원천징수를 폐지하고 개인들이 매달 소득세를 내게 해야 한다고 거듭 주장했다. 공화당의 딕 아미Dick Armey 의원은 "정부는 사람들이 자기가 번 돈을 미처 보기도 전에 세금을 떼어감으로써 폭동을 유발하지 않고도 오늘날과 같은 높은 세금을 거둘 수 있었다"라고 말했다.[49]

그러나 학계의 경제학자들은 단지 과거 몇 세기 동안의 경험과 지혜만으로 원천징수를 신뢰하고 지지하는 것은 아니다. 그들은 원천징수가 미친 영향의 직접적 증거를 내다보고 있다. 결국 누가 세금을 내느냐가 중요하다고 보는 견해는 7장에서 언급한 조세 귀착 분석의 기본적 본질이 아니라는 것이다. 세금 부과의 최종적 성과는 형식적으로 누가 세금을 낼 책임이 있느냐와는 별개 문제라고 보는 것이다.

영국이나 미국의 연방정부 차원에서 소득세 원천징수를 도입한 것은 전시였으므로 원천징수 자체가 세수에 어떤 영향을 미쳤는지는 평가하기 어렵다. 원천징수와 전쟁이 동시에 진행되었으므로 원천징수의 효과와 전쟁의 효과를 분리하는 것이 거의 불가능하기 때문이다. 그러나 미국은 각기 다른 시기에 두 번에 걸쳐 소득세 원천징수를 시행했다. 한 연구에 따르면, 원천징수 도입으로 세수가 평균 약 25퍼센트 증가했을 거라고 추정한다. 하지만 원천징수 자체가 실제로 그만큼 세수 증가를 가져왔을까? 아니면 단지 정부가 더 많은 세수를 올리려고 찾아낸 여러 가지 새로운 방법의 결과였을까?

원천징수가 채택되었을 때 원천징수를 하지 않는 다른 세금의

종교에서는 세금을 누가 내느냐가 중요했다.

세수도 증가한 것으로 밝혀졌는데, 이는 원천징수를 도입한 주들이 세금을 거둬들일 만한 곳은 무엇이든 찾았으며, 원천징수의 도입 자체가 정부가 더 많은 세금을 거둬들이려는 욕구에 따른 것임을 암시한다. 이런 단서들을 감안하면 원천징수가 주 소득세 수입 증가에 10~12퍼센트 기여한 것으로 보이는데, 이는 꽤 큰 비중이다.[50]

실제 효과가 어떠하든 원천징수가 '세금을 부과받는다는 것'에 대한 사람들의 느낌에 영향을 미친 것은 분명하다. 19세기 초 아일랜드에서 많은 가톨릭 농민은 개신교 교회에 10분의 1조 세금을 내는 것을 거부했다. 1831~1836년의 십일조 전쟁Tithe War에서 상황은 폭력적으로 변했고, 1831년 한 해 동안만 200명이 사망했다.[51]

해결책은 1838년의 십일조 개혁법Tithe Commutation Act이었다.

이 법은 십일조를 소작농이 아니라 지주가 내도록 규정했다. 사실 이
것은 결과적으로 세금을 누가 부담하느냐는 본질적 문제에서는 차이
가 없었다. 지주들이 십일조의 책임을 상쇄하려고 소작료를 올렸기
때문이다.[52] 그러나 어쨌든 이 법으로 아일랜드의 문제는 해결되었다
(적어도 한동안은).

대기업의 공헌

원천징수의 또 다른 중요한 역할은 기업을 세금 징수의 중심에
두었다는 것이다. 선진국에서는 전체 세수의 약 85퍼센트를 원천징
수로 거둬들인다. 개발도상국인 인도에서도 비교 가능한 데이터를
면밀히 연구해보니 비슷한 수준이었다.[53] 기업들, 특히 대기업들이
세무 행정에 크게 도움이 된다는 것은 몇 세기 전에 우리 선조들이
이미 배운 교훈이었다.

1720년대에 영국에서는(특히 런던에서) 값싼 증류주, 특히 진을
마시는 것이 심각한 사회 문제로 떠올랐고, 정치적 문제로까지 번졌
다. 런던의 주당weekly 평균 소비량은 1인당 약 2파인트(1.1리터)로 급
증했다. 강한 마약 성분인 크랙 코카인으로 진을 주조한다는 공포스
러운 이야기까지 나돌았다.

주디스 두포어Judith Dufou라는 여인이 두 살배기 딸이 유아원에
서 새 옷을 받아오자 아이를 목 졸라 죽이고 시신을 도랑에 버린 다
음 그 새 옷을 1실링 4펜스에 팔아 진을 사서 마셨다는 끔찍한 이야
기도 전해진다.[54] 마침내 진이 '가난한 사람들을 많이 만들어내고, 하
층민들의 악행과 타락을 조장하며, 마을에서 벌어지는 온갖 중범죄
와 무질서를 불러오는 주요 원인'으로 여겨지게 되었다.[55] 거리에는

대개 불쾌한 분위기가 감돌았는데, 오늘날 영국의 많은 마을의 토요일 밤과 흡사했을 것이다.

영국 정부는 국민들의 진 과소비에 뭔가 조치를 해야 한다고 판단했고, 결국 선택한 것이 세금이었다. 하지만 세금을 부과하는 방법이 문제였다. 당시 런던에는 생 주정raw spirits을 생산하는 곳은 20~30군데밖에 없었다. 진입하는 데 비용이 꽤 많이 드는 업종이었기 때문이다.[56] 그러나 생 주정을 진으로 바꾸는 '배합 증류장'은 수백 곳이나 있었고, 거기에 과일과 향신료를 첨가해 진을 파는 소매점은 더 많았다.

정부는 1729년 '진법'Gin Act을 시도했다. 이 법에서는 진 소매업자들에게 갤런당 세금을 부과해 해마다 돈을 내고 면허를 사도록 의무화했다. 그러나 런던의 미들섹스 카운티에만 진 판매자가 6,187명 있었으므로 이들을 관리하기가 행정적·현실적으로 불가능했다.[57] 그러다가 1751년 티플법Tipple Act이 제정되면서 진 소비가 뚜렷하게 줄어들었다.[58] 물론 여기에는 여러 요인이 작용했지만 한 가지 큰 차이점은 1743년 이후 법들은 소규모 소매상 수백 개가 아니라 감시하기 쉬운 몇몇 대형 도매 증류업자를 대상으로 했다는 것이다.

적용된 세율은 1729년 진법의 도매세와 소매세를 합친 것보다 낮았지만 결과는 더 효과적이었다. 대형 업자들에게 세금을 부과하는 것은 비용 효율적이었을 뿐 아니라 세금 회피도 줄일 수 있었다. 그 결과 영국인들은 비로소 진에서 깨어나게 되었다.

이러한 접근 방법이 세금 징수에 더 성공적일 수 있었던 것은 원천징수의 배경과 유사한 논리가 작용했기 때문이다. 즉, 불특정 다수의 소매업체를 대상으로 하기보다는 상대적으로 조직화된 큰 기업에 세금 납부 의무를 부담하게 한 것이다. 그리고 또 다른 교훈이 있다. 세금을 기업에서 징수하는 것이 더 쉽고 더 많은 세금을 거두는 방법일 뿐만 아니라, 그런 기업들 가운데 큰 기업 몇 곳이 전체 세금 수입 중 상당 부분을 차지한다는 것이다.

대기업 몇 곳에 대한 세금 징수에만 집중해도 세금을 많이 거둘 수 있다는 인식은 조지아 시대의 영국에서도 마찬가지였다. 3장에서 살펴보았듯이 튜더 왕조와 스튜어트 왕조는 쉽게 현금을 조달하려고 독점 체제를 의도적으로 만들었다. 그리고 현대 세무 행정의 중심인 '고액 납세자 단위'large taxpayer unit도 가장 큰 기업을 감시하는 데 초점을 맞춘 것이다. 세무 행정기관의 거의 90퍼센트가 고액 납세자 단위(또는 이와 유사한 단위)를 운영하며, 전체 기업의 2퍼센트에 불과한 대기업에서 나오는 세금이 전체 세수의 거의 절반을 차지한다.[59]

전체 세수에서 기업이 차지하는 비중이 85퍼센트 정도로 절대적이지만 그중에서도 가장 큰 대기업이 차지하는 비중은 압도적이다. 예를 들어 미국의 경우 2013년 활동 중인 기업 중 상위 0.055퍼센트가 전체 법인세 수입의 70퍼센트를 냈다.[60] 개발도상국에서는 그 편중이 훨씬 더 심하다. 상위 1퍼센트 기업(대개 은행, 통신, 천연 자원 회사)이 전체 세수(법인세뿐만 아니라)의 70퍼센트를 차지할 정도다.

이처럼 적은 수의 기업들에 세금 수입이 두드러지게 집중되는 것은 세무 행정가들에게는 더할 나위 없는 행운이다.[61] 특히 개발도상국에서는 몇몇 기업을 면밀하게 모니터링하는 것이 조세 행정을 효과적으로 구축하는 데 매우 중요하다. 이는 단순히 그런 대기업들이 탈세하지 않도록 감시하는 문제가 아니다. 거대 다국적기업이 세금 납부를 늦추지 않게 하는 것만으로도 팁을 신고하지 않은 웨이터

수만 명을 잡는 것보다 훨씬 더 큰 세수를 가져다주기 때문이다.

영세 사업자들은 골칫거리

대기업이 세무당국의 친구라면 영세 사업자는 세무당국의 골칫거리다(11장에서 다룬 회피 문제는 차치하고라도). 영세 사업자들에게서 앞서 언급한 세금 격차 문제가 반복적으로 발견된다는 것은 이 집단에서 법을 지키지 않는 현상이 널리 퍼져 있다는 뜻이다. 예를 들어 미국에서는 임금과 급여 소득 회피가 1퍼센트에 불과한 데 비해 소기업(자영업자 포함) 소득은 절반 이상 회피되고 있다. 소기업 개별로는 작은 액수겠지만 모두 합치면 엄청난 액수인데, 미국 전체 소득세 세금 격차의 절반 가까이가 사업소득 과소신고 때문인 것으로 밝혀졌다.[62] 일본에서도 자영업자들(농민들 포함)의 탈세가 회사원들보다 훨씬 더 심해서 '쿠로욘'九六四이라는 말까지 생겼는데, 이는 세무당국의 과세소득 포착률이 급여소득자는 약 90퍼센트인 데 반해 자영업자는 60퍼센트, 농가는 40퍼센트밖에 되지 않는다는 뜻이다.[63]

다른 나라도 정도 차이는 있지만 심각한 수준인 건 마찬가지다. 영국도 소기업이 전체 세금 격차의 40퍼센트 이상을 차지한다.[64] 문제는 이것이 단순히 일일 노동자, 소규모 서비스업자나 제조업자가 부가가치세를 내지 않는 차원이 아니라 고소득 자영업자인 변호사, 회계사, 건축가들이 그들의 소득과 비용을 허위로 신고한다는 것이다. 그리스에서는 이런 전문직 종사자들이 서민에게 저금리로 대출해주는 소비자 금융대출의 이자보다 더 낮은 소득을 신고하는 것으로 드러났다.[65]

영세 사업자들의 납세의무 불이행률이 높다는 점은 쉽게 설명된다. 앞서 설명한 것과 같이 영세 사업자들에게는 기업이 세금을 원천 징수하도록 하는 전제조건이 충족되지 않기 때문이다. 즉 제3자 정보*가 거의 없고 기업 구매와 개인 소비의 구분을 모니터링하기 어려우며, 기록 보관 자체가 부실하기(의도적일 수 있다) 때문이다.

이에 대해 정부가 대응한 한 가지 방법은 4장에서 언급한 소기업에 대한 추정 과세 같은 것이다. 또 다른 방법은 소기업에도 원천 징수제를 적용하는 것이다.[66] 예를 들어 스웨덴에서는 주택수리나 가사서비스를 구매하는 사람들은 재료비는 공급자에게 주지만 인건비는 절반만 주고 나머지는 정부가 부담한다. 수리회사나 재료 공급회사가 나머지 절반에 대해 세무당국에 지급을 신청하면, 세무당국은 사실을 확인하고, 과세소득과 부가가치세 부과 기준을 공개한다.

영세 사업자들의 문제가 새로운 것은 아니다. 로마제국 후기에 대부분 상인이 회계 처리를 하지 않은 것은 대개 세금을 회피하려는 것이었다.[67] 1870년 영국 국세청은 비법인 영세 사업체들의 소득 신고 가운데 40퍼센트가 과소평가되었다고 주장했다.[68]

그러나 9장에서 살펴본 바와 같이, 디지털 플랫폼을 중심으로 구축된 새로운 비즈니스 모델들(우버가 대표적인 예다)이 자영업자들의 고용을 더욱 확대함에 따라 영세 사업자에 대한 과세 문제는 더 중요해졌다. 산업 구조의 세분화를 주도하는 이런 디지털 모델들이 세무당국이 그동안 입수하기 어려웠던 자영업자들의 소득 정보를 제공하는 데 얼마나 도움이 될지에 많은 것이 달려 있다.

● 기업이 기밀을 유지하고 제한된 목적으로만 사용해야 하는 정보.

정보의 법칙

브라쇼프 상인들에게 공포의 대상이었던 블라드 더 임펠러는 헝가리 왕 가문의 일로나 실라지Ilona Szilá-gyi와 결혼했다. 5세기 후인 1980년대 초, 미국 국세청에 존 실라지John Szilagyi라는 연구원이 있었는데, 우리 삶에 시가 있다면 일로나와 관련이 있는 게 틀림없다. 그는 일부 납세자들이 추가 면제를 받으려고 반려동물을 부양가족인 것처럼(플러피Fluffy라는 이름을 붙여) 거짓 신고를 한다고 강하게 의심했다. 그는 납세자들이 청구한 부양가족의 사회보장번호를 제출하도록 의무화해서 이 문제를 해결하자고 제안했다.

1986년 그의 제안이 법으로 제정되자 미국 전역에서 부양가족 700만 명이 즉시 사라졌다. 이 아이디어로 추가 세수가 약 140억 달러 창출되었을 것으로 추정되었고, 실라지는 2만 5,000달러를 보상금으로 받았다.[69] 이처럼 탈세를 막는 쉬운 방법이 꽤 있는 것처럼 보인다. 하지만 당신이 그런 방법을 찾는다고 해서 모든 사람이 당신에게 감사할 거라고 기대하지는 마시라.

실라지 이야기에는 또 다른 고무적인 교훈이 있다. 독립적으로 검증 가능한 정보를 얻을 수 있다면 세금 회피를 더 어렵게 만들 수 있다는 것이다. 현명한 행정가들은 그런 정보들을 모으려고 온갖 방법을 찾는다. 프로이센의 프리드리히 대왕은 냄새 맡는 개를 데리고 마을을 돌아다니면서 그가 그렇게 싫어했던 커피(과세 대상)를 어디서 볶는지 찾아냈다.[70] 오늘날에는 이보다 과학적이고 체계적인 방법이 있다.

다른 것이 안 통하면 진실을 말하라

기본적인 문제는 납세자들이 자신들이 한 행위가 과세 대상이 되는지 진실을 말할 근본적 동기가 없다는 것이다.[71] 정부는 그들에게서 진실을 알아내려고 과도한 처벌에서부터 좀 더 온건한 자진신고 제도까지 많은 방법을 시도해왔다. 그 결과 오늘날에는 납세자에게서 진실한 정보를 끌어내기 위해 새롭고 다양한 기술을 사용하게 되었다. 전자 송장 발행electronic invoicing을 의무화한 것은 거래 추적을 검증하게 만들어 부가가치세 징수에 효과적인 것으로 보인다.[72] 그러나 영세 소매업자들의 매출 정보를 검증할 생각으로 전자식 금전등록기NCR를 의무화한 것은 금전등록기에서 판매 정보를 추적할 수 없도록 기록을 무작위로 삭제하는 소프트웨어 '재퍼'zapper가 개발되면서 의미가 크게 훼손되었다.[73]

예를 들어 가수 셸린 디온Céline Dion의 레스토랑 체인 니켈스Nickels에서도 이 소프트웨어가 발견되었다.[74] 유럽 여러 나라에서는 재퍼에 대응하기 위해 소매업체들에 세무당국만 접속할 수 있는 블랙박스가 들어 있는 공인된 현금 등록기를 사용하라고 의무화하고 있다.[75] 오늘날에는 러시아를 선두로 판매 데이터가 세무당국에 즉시 업로드되는 온라인 현금 등록기를 의무적으로 사용하도록 널리 장려되고 있다.[76] 그러나 이 모든 방법에도 등록기에 매출을 올리지 않는 문제가 여전히 남아 있다. 사람들에게 모든 정보를 전자적으로 기록하라고 지시한다고 해서 그들이 반드시 그렇게 하리라는 보장이 없기 때문이다. 또 정보가 전자적으로 기록되었다고 해서 그것이 항상 옳은 정보라는 뜻도 아니다.

전자식 금전등록기와 다르지만 보완적 전략은, 특히 기업에서 무슨 일이 일어나는지 알려주되, 그에 대해 거짓말할 동기가 전혀 없도록 하는 다양한 종류의 '제3자' 정보를 이용하는 것이다.[77] 이런 제3자는 때로는 세금을 원천징수하고 낼 수 있는 위치에 있기도 하고 (이것이 제3자가 지닌 가장 강력한 능력이다), 때로는 이보다는 덜 강력하지만 여전히 기업에 세금을 내도록 영향을 미치는 정보를 전달하기도 한다.[78]

대표적인 예가 고용주가 근로자에게 지급한 모든 금액을 세무당국에 신고하도록 의무화한 것인데, 고용주의 신고 내용은 나중에 근로자들이 직접 신고한 내용과 대조해 확인할 수 있다. 물론 이 방식이 모든 거짓을 막을 수는 없다. 예를 들어 고용주와 근로자가 명목임금을 낮게 신고하기로 미리 짜고 양쪽 모두 이익을 챙길 수 있다. 그러나 원천징수를 하게 되면 고용주들의 행위는 대개 쉽게 밝혀지므로 그런 위험을 감수할 개연성은 별로 없어 보인다.

정보 보고 의무화는 단지 고용주뿐만 아니라 그 범위가 훨씬 더 넓어지고 있으며, 전 세계적으로 널리 퍼지고 있다. OECD 국가의 3분의 2 이상이 이자, 배당금, 기타 사업소득, 지대를 지급하는 자들에게 정보 제공을 의무화하고 있다. 주식, 부동산 매매 등 일반적으로 원천징수를 하지 않는 항목도 마찬가지다.[79] 11장에서 언급한 것처럼 정보의 자동 교환 움직임이 국경을 넘어 활발해지면서 제3자 정보 제공 의무 추세는 계속 확장되고 있다.

그러나 경험상 몇 가지 주의할 점이 있다. 2011년부터 미국은 신용카드 회사들(비자 등)과 지급결제 회사들(페이팔 등)에 총수입을 국세청에 보고하라고 요구해왔다. 기업들이 결제 카드로 받은 수익보다 적게 신고했는지 확인할 수 있으리라는 판단에서였다(카드사는 가

맹점과 담합할 위험이 상당히 크다고 보았다). 많은 기업이 별도로 보고된 수준까지 신고 매출을 늘렸다는 증거가 있었지만 한 가지 문제가 드러났다. 더 많은 매출을 보고한 기업일수록 확인하기 어려운 비용도 많았다는 것이다. 이는 그들이 추가 세금 부담을 줄였을 가능성을 암시하는 것이었다.[80]

에콰도르에서도 이와 유사한 사례가 나타났다. 매출에 대해 제3자 정보 제공 의무화를 도입한 이후 일부 회사는 더 많은 매출을 신고했지만, 정보 보고 대상이 아닌 항목의 공제액도 거의 비슷하게 늘어났다.[81] 일부 진실을 은폐한다면 언제나 오해를 불러일으킬 수 있다.

사라지는 현금

지난 몇 세기 동안 세금 탈루자들에게 현금은 세무당국이 냄새를 맡을 수 있는 흔적을 남기지 않는 최고 방법이었다. 오늘날 일부 국가에서는 현금이 아닌 지불을 장려하려고 세금 당근을 제공하기도 한다. 한국은 소득이 6만 달러를 넘지 않는 사람들에게 신용카드 사용액의 15퍼센트(최대 2,600달러까지)를 과세대상 소득에서 공제해준다.[82] 그러나 이 같은 세금 납부 장려책으로 늘어나는 수입이 그로 인한 세율 인하 효과를 상쇄할 만큼 큰지는 명확하지 않다.

가장 직접적인 접근 방법은 현금, 특히 고액권 사용을 불리하게 만드는 법을 제정하는 것인데, 이는 단지 세금 때문만은 아니다. 실제로 특정 한도를 초과하는 거래에 현금 사용을 금지하는 나라도 있다. 이탈리아에서 그 한도는 1,000유로다. 가장 극적인 예는 2016년 인도가 유통되는 화폐의 86퍼센트를 차지하는 500루피와 1,000루피 지폐를 더는 법정 통화로 여기지 않을 거라고 발표한 것이다.

인도 정부는 국민들에게 2개월 안에 해당 화폐를 은행에 예치하거나 특정 한도까지만 새 화폐로 교환하도록 허용했다.[83] 인도 정부가 이 같은 조치를 한 근거는 고액권 지폐가 탈세와 자금 세탁을 쉽게 해주기 때문이다. 실제로 100달러짜리 지폐 1만 장은 1,000달러짜리 지폐 1,000장보다 가지고 다니거나 감추기에 열 배는 더 어렵다.

그러나 모든 사람이 현금 사용을 그렇게 부정적으로 보는 것은 아니다. 2019년 스위스는 1,000프랑(약 1,000달러)짜리 지폐 시리즈를 새로 발행했는데 스위스 중앙은행 부총재는 "이 지폐가 범죄 목적으로 사용될 위험이 더 크다는 증거는 보지 못했다"라고 말했다.[84] 또 미국 필라델피아에서는 신용카드나 직불카드가 없는 사람을 차별한다는 이유로 유행과 반대로 현금을 받지 않는 상점을 금지했다.[85] 그럼에도 현금 소멸을 피할 수 없다는 분위기는 코로나19 대유행 이전에 이미 뚜렷하게 나타나 점점 더 드러나고 있다.

밀고자, 사립탐정, 내부고발자

진 열풍이 한창일 때 영국 세무국은 제보자의 정보로 탈세자가 유죄 판결을 받으면 제보자에게 보상금 5파운드를 줄 권한이 있었다.[86] 아니나 다를까, 법원은 이와 관련한 사소한 사건들로 넘쳐났고,[87] 제보자 몇 명이 살해되는 사건까지 일어났다.[88] 그러나 이 관행은 중단되지 않았다. 19세기 초부터 미국의 많은 지방정부는 신고되지 않았거나 축소 신고된 재산을 찾으려고 민간 청부업자들(사립탐정)과 계약을 맺고, 이들이 찾아낸 추가 재산세 수입에서 일정 비율을 대가로 지급했다.[89]

2015년 4월 그리스 정부는 재정 위기가 최고조에 달하자 관광

객, 학생 등을 고객으로 위장시켜 소매상인들의 목소리를 녹음하거나 영상을 촬영하는 방식으로 소매업체의 탈세 여부를 점검하는 방안을 제안했다.[90] 이는 실현되지는 않았지만 제보자들을 신중하게 활용하는 곳도 있다. 예를 들어 호주 국세청은 탈세 혐의자를 신고하는 온라인 양식을 제공하고 있다.[91] 호주 국세청은 제보자에게 특별한 보상을 하지 않지만 미국은 제공된 정보 덕분에 추가로 확보한 세수, 벌금, 기타 금액의 30퍼센트까지 정보 제공자에게 보상하는 제도를 운영하고 있다.

이 정책의 가장 극적인 수혜자 중에서 대중적으로 알려진 인물로 브래들리 비르켄펠트Bradley Birkenfeld를 꼽을 수 있다. 그는 스위스에 본사를 둔 금융서비스 회사 UBS에서 퇴직한 직후 UBS가 미국 시민들의 탈세를 얼마나 도왔는지 미국 국세청에 낱낱이 고발했다. 결국 UBS는 2009년 7억 8,000만 달러(증권거래위원회가 2억 달러를 추가함)를 받고 미국 정부에 탈세자 고객 4,000여 명의 명단을 넘겼고, 이 정보로 미국이 최종 회수한 세금은 무려 40억 달러에 달했다.[92] 비르켄펠트도 탈세 방조 혐의로 스위스가 아니라 미국 정부로부터 징역 3년을 선고받았지만, 보상금으로 미국 국세청에서 1억 400만 달러를 받았다.[93]

파나마 페이퍼스, 룩스리크스, 애플비(파라다이스 페이퍼스) 등과 같이 당국에 직접 제보하지 않고 정보를 일반에 공개하는 내부고발자들도 있다. 파나마 페이퍼스는 파나마 법률회사 모삭 폰세카의 활동을 폭로했는데, 여기에는 리오넬 메시, 청룽成龙, 사이먼 코웰Simon Cowell 같은 유명 인사들을 포함해 정치인 100여 명과 연관된 21만 4,000개 역외 법인들의 금융 정보가 들어 있어 큰 화제를 모았다.[94]

폭로된 내용은 대부분 노골적인 탈세라기보다는 세금 회피에 가까웠지만 사람들을 놀라게 하기에는 충분했다.

이들의 이런 폭로 활동은 11장에서 살펴본 국제 세금 규칙 개정안을 끌어내는 데 큰 역할을 했다. 11장에서 다룬 스칸디나비아 최고 부유층의 예상외로 높은 탈세율을 추론하는 데도 영국 은행 HSBC와 파나마 페이퍼스의 폭로 내용이 사용되었다. 그러나 파나마 페이퍼스의 폭로 출처가 불분명하고 정작 유명 미국인들은 명단에 없고 CIA 요원들이 명단 맨 위에 있는 것을 두고 이 모든 것이 음모론자들의 작품이라는 이야기도 나돌았다.[95]

서광이 비치다

미국에서 1861년 처음 도입된 소득세 시행 기간에는 소득세 신고서가 공개되었다.[96] 그래서 이 장 앞에 인용한 마크 트웨인 이야기의 화자는 이렇게 말한다. "나는 아주 부유한 사람을 알고 있지. 그의 집은 궁전 같고, 테이블은 장엄하게 느껴지고, 돈을 어마어마하게 써대지만 내가 알기로 그는 신고한 소득도 없지."[97] (이 장 앞에서 묘사한 것처럼 이 사람을 도덕성을 잃은 것으로 몰아간 이유도 이 때문이었다.) 그러나 소득신고서를 공개하는 방법은 국민들의 인기를 끌지 못했고, 결국 1870년 폐지되었다.[98] 이탈리아에서는 세금 납부 내역을 공개하는 데 온종일이 걸리기도 했다.[99]

소득세 신고서의 정보를 공개하는 것은 제보자들에게 실마리를 제공하고, 어쩌면 세금을 회피하는 사람들에게 수치심을 주거나 겁을 주려는 의도일 수 있다. 고대 아테네에서는 개인이 세금을 낸 사실을 돌에 새겨 공개했다.[100] 이유가 무엇이든 이런 공개가 사람들의 세금 납부를 독려한다는 증거가 있다.

예를 들어 노르웨이는 1863년부터 이 정보를 공개했지만,[101] 영화배우 리브 울만Liv Ullmann이나 우리 친구인 사미족의 레인디어 허더reindeer herder●의 과세 소득을 알고 싶으면 국세청을 방문해야 했다 (공개는 했지만 직접 확인하기는 어려웠다). 그러나 2001년부터 이 정보가 온라인에 게시되었을 때, 영세 자영업자의 신고소득이 평균 3퍼센트 정도 늘어난 것으로 나타났다.[102] 파키스탄에서도 이와 비슷한 현상이 발견되었다. 정보 공개 이후(2012년부터) 영세 자영업자들이 신고한 세금 납부액이 10퍼센트 가까이 늘어난 것으로 드러났다.[103]

이러한 정보 공개는 납세자들의 책임감 증진에도 기여할 수 있다. 예를 들어 파키스탄 국민들이 몇 년 전만 해도 국회의원 중 약 30퍼센트만이 그리고 전체 각료 중에는 40퍼센트만이 소득세를 신고했다는 사실을 알게 된 것은 그나마 다행이었다.[104]

기업의 세금 납부 정보를 공개하려는 활동도 있었다. 기업의 세금 납부 정보를 파악하는 것은 예상보다 훨씬 어렵다.[105] 이런 활동은 다국적기업들이 세금을 너무 적게 낸다는 우려에서 나온 것이었다. 천연자원 업계에서는 정부가 이들 기업에서 받는 모든 자금을 추적해 뇌물이 오가기 어렵게 하자는 차원에서 채굴산업투명성기구EITI 주도로 정보 공개를 추진했고, EU도 이를 의무화했다.[106] 11장에서 살펴본 G20과 OECD가 공동 주도하는 BEPS 프로젝트도 다국적 대기업의 세무 업무를 '국가별로' 보고해야 한다는 것이었다. 다만 현재 수집 중인 기업별 세부 정보는 세무당국만 열람할 수 있다.

● 북유럽의 사미족들이 순록을 지키려고 키운 목축용 개.

기업들은 그동안 상업 정보의 기밀 유지를 이유로, 또한 낮은 세금 납부액이 탈세로 오해될 수 있다는 우려로(실제로 손실을 반영한 것일 수도 있으므로) 과세 소득과 세금 납부액 공개를 강하게 반대했지만 이제는 그들이 어느 나라에서 세금을 얼마 냈는지 자발적으로 공개한다.

호주는 2015년부터 공기업과 민간기업의 과세소득과 세금 납부액을 공개했다. 이런 정보를 언론에서 비중 있게 다루면서 호주의 민간기업들은 평균적으로 더 많은 세금을 내기 시작했다. 그러나 일부 기업들은 비슷한 제도를 시행한 일본처럼,[107] 신고소득을 신고 의무 기준 이하로 낮춤으로써 정보 공개를 피하는 조치를 한 것으로 보인다.[108]

믿는 것도 확인하라

+

납세자 개개인이 심사원과 만나 세금이 얼마인지 일일이 확인하게 하는 방법으로는 대중 과세의 부정행위를 알아낼 수 없다. 설령 뇌물수수나 부당 취득을 확인한다 해도 그렇게 하는 데 비용이 너무 많이 든다. 결과적으로 현대 세무 행정의 본질은 납세자의 자진신고 방식이다(전 미국 국세청 위원은 이것을 '민주적 생활 방식의 기본'이라고 표현했다).[109] 즉 자신들이 세금을 얼마 내야 한다고 생각하는지 스스로 평가하고 내야 한다는 것이다. 자신들이 신고한 내용이 점검과 감사의 대상이 됨을 알아야 하는 것은 물론이다.

좀 더 일반적으로 말하면, 현대 세무 행정은 위험 관리의 실전

연습이라고 할 수 있다. 즉 세금을 회피할 개연성이 높아 보이는 거래나 납세자들을 찾아내 적절한 조치를 함으로써 적은 정보를 가장 효율적으로 활용하는 훈련으로 보는 것이다.

위험 관리의 핵심은 모든 신고서를 일부만 정밀하게 조사하는 선별적 감사다. 이런 방식으로 특정 납세자가 저지른 '오류'를 찾아내 시정할 뿐만 아니라, 모든 납세자에게 부정 신고를 하면 위험에 빠질 수 있다는 메시지를 보내는 것이다. 신고서는 이런 목적으로 무작위로 선정될 수 있으며, 이것이 납세자의 준수 상황을 전반적으로 파악하는 가장 좋은 방법이 될 것이다.

그러나 뭔가 수상한 것이 진행되고 있다는 낌새가 있으면 선별적으로 감사를 수행해 세금 징수에 더 즉각적으로 영향을 미칠 수 있다. 이런 선별적 감사는 세무조사 공무원의 경험과 직관에 의존하므로 부당 행위를 찾아내지 못할 위험도 있다. 따라서 특정 대상에 대한 이전의 감사 활동이나 기타 정보 자료들에서 나온 증거를 분석해 신고서에 '점수'를 매기는 공식 알고리즘이 점점 더 많이 사용되고 있다. 예를 들어 미국 국세청은 알고리즘에서 생성된 점수를 주된 기준으로 삼아 감사할 신고서를 선택한다(물론 이것이 유일한 기준은 아니다).

하지만 이러한 체계적 접근 방식이 예상보다 널리 사용되지는 않는다. 고소득 국가에서도 세무당국의 절반만 이런 기술을 사용한다.[110] 그리고 그들이 사용한 공식은 절대 비밀로 하는데, 그 이유가 명쾌하지는 않다. 아마 그 공식을 공개하면 납세자들이 예를 들어 경고를 받을 것으로 예상되는 공제액을 적게 신고해서 그런 감사를 받을 가능성을 줄이려고 할 것이다. 하지만 바로 그것이 세무당국이 원하는 것 아니겠는가.

그러나 그런 선별 감사가 사람들이 생각하는 것보다는 그리 많지 않은 것을 보면, 정부가 선별 감사에 매우 신중한 태도를 보이는 것 같다. OECD 국가를 통틀어 전체 개인 세금 신고의 약 0.7퍼센트만이 감사를 받는 것으로 나타났다.[111] 미국의 감사 비율은 2010년대 들어 뚜렷하게 감소했는데, 2010년만 해도 1퍼센트가 넘었지만 2019년에는 0.45퍼센트로 떨어졌다. 주원인은 급격한 예산 삭감으로 세무 공무원 수가 39퍼센트나 줄었기 때문일 것이다. 순소득이 1,000만 달러 이상인 사람들은 감사 대상 범위가 3분의 2 이상 줄어들었다.[112] 만약 납세자들이 감사를 받을 가능성이 실제로 얼마나 줄었는지 안다면, 세금을 내야 한다는 의식도 줄어들지 모른다.

효과적인 감사와 위험 관리 전략에도 당근의 요소를 보탤 수 있다. 예를 들어 세금 납부 실적이 우수한 납세자들은 세관에서 더 빨리 통관할 수 있는 '골드 카드' 대우를 받거나 부가가치세 환급금을 더 빨리 받는 혜택을 주는 것이다. 하지만 여기에도 위험 요소는 있다. 러시아의 작가 니콜라이 고골Nikolai Gogol의 소설 『죽은 혼Dead Souls』(을유문화사, 2010)의 주인공 치치코프는 그의 화려한 인생 경력에서 세관원이었던 시절 청렴과 정직으로 조심스럽게 명성을 쌓았지만, 그 모든 것이 거대한 사기를 위한 예비 음모였다.[113] 세금에 관한 한 믿을 수 있는 건 아무것도 없으니까 말이다.●

● 소설에서 치치코프는 죽은 농노들을 사들이는데, 이는 실제로는 죽었지만 호적에는 살아 있는 것으로 되어 있는 농노들의 시체를 싸게 사들여 이를 담보로 은행에서 큰돈을 빌리겠다는 의도였음.

납세자도 사람이다

+

지금까지 설명한 여러 방법은 정부가 뭔가를 찾아내 폭로하려고 한다는 느낌을 준다. 결국 정부의 목적은 납세 의무를 이행하지 않으려는 탈세자들의 도박을 더 어렵게 만들려는 것이다. 그러나 납세자들이 세금을 회피하는 데는 단지 납부액을 최소화하려는 것 이상의 복잡한 동기가 있다. 그들은 때로는 자신들이 추종하는 원칙에 따라 세금 납부를 거부하기도 하고, 때로는 정직하게 신고하는 것이 너무 어렵다고 호소하기도 한다.

원칙을 따르는 세금 회피자들

사람들은 정부의 행동이 공정하고 자기 이익에 반하지 않는다고 생각하면, 비록 단기적인 사리사욕에 따라 세금 회피를 시도할지라도 내야 할 세금은 순순히 내는 경향을 보인다.[114] 알바니아 총리 에디 라마Edi Rama는 수도 티라나의 시장으로 있을 때 공산당 시대의 회색 건물들을 만화경 같은 다양한 색채로 다시 칠하는 프로그램을 감독하면서 "우리가 건물 페인팅 작업을 시작하니 사람들이 세금을 내기 시작했다"라고 말했다.[115]

반대로 정부에 대한 신뢰나 늘어난 세수가 어디에 쓰이는지에 대한 신뢰가 무너지면 세금 납부를 준수하려는 의지도 함께 무너질 수 있다. 14세기 영국 반란을 이끈 와트 타일러(135쪽 참조)나 18세기 보스턴 차 사건을 주도한 존 핸콕의 경우를 보라.

때로는 세금을 거부하는 것이 진심 어린 원칙의 문제일 때가 있다. 종교개혁 이후 일부 종교단체는 평화주의와 납세 의무 사이에서 갈등했다. 퀘이커 교도들은 1776년 필라델피아에서 "북을 사거나, 인종을 구분하거나, 그밖에 전쟁을 벌일 목적으로 부과되는 세금은 우리 기독교의 일관된 가르침에 따라 낼 수 없다"라고 결의했다.[116] 미국의 시인이자 사상가인 헨리 데이비드 소로Henry David Thoreau는 1846년 멕시코-미국 전쟁과 노예제도가 남서부까지 확대되는 데 대한 항의 표시로 세금 납부를 거부했다가 하루 동안 교도소에 갇히는 고초를 겪었다(그의 숙모 마리아가 다음 날 아침 세금을 냈다고 전해진다).

1968년, 500명에 가까운 미국의 작가와 편집자는 베트남 전쟁 자금을 모으려고 제안된 10퍼센트 추가 세금 납부를 거부했다.[117] 그리고 세금 일부를 군사적 용도에 사용할 수 없는 '평화세 기금'peace tax fund으로 전환해야 한다고 주장하는 열혈 지지자들이 아직도 있다.[118] 군비로 충당할 비非평화 세수가 충분하므로 그런 주장이 큰 영향을 미치는 것은 아니지만, 그들이 여전히 그런 주장을 하는 것은 평화 메시지를 계속 내보내기 위해서다.

이러한 세금 항의는 시와 노래에도 영감을 주었다. 1338~1339년 영국에서는 프랑스와 또 한 차례 전쟁을 치르려고 부과된 세금에 불만을 드러내는 노래가 유행했다. 1626년 오스트리아 농민들도 세금에 항의하는 노래를 불렀는데, 〈바우렌리트Baurenlied〉나 〈패딩글러리트Fadinglerlied〉 같은 가곡에 그들의 요구를 담은 55절(한 절에 14줄)까지 되는 긴 가사를 붙였다. 1653년 스위스 농민전쟁에서도 저항군 지도자들은 민중의 영웅 윌리엄 텔William Tell을 연상하게 하는 시위 행진곡을 작곡했다.[119]

그러나 비폭력적 조세저항의 가장 진귀한 예는 1964년경 파푸아 뉴기니의 한 섬에서 있었던 '존슨 숭배'Johnson cult 시위일 것이다. 현지인들은 미국의 린든 존슨Lyndon B. Johnson 대통령을 돈으로 사서 자신들의 정치 지도자로 삼겠다고 주장하면서 그 자금을 마련하기 위해 2파운드인 파푸아 인두세 납부를 거부하고 돈을 모아두었다.[120]

납세자의 정직성에만 의존하기에는…

최소한 우리 중 상당수는 정직함을 선호한다.[121] 그렇다면 사람들이 세금 의무를 쉽게 지킬 수 있게 하는 것이 타당하다. 물론 그것만으로는 고집 센 탈세자들과 싸우기에 충분하지 않겠지만, 오늘날 세무 행정가들은 대부분 납세자가 세금 의무를 준수하는 것은 처벌에 대한 두려움에서 오는 '외부적' 동기 때문이 아니라 법을 준수해야 한다는 강한 '내적' 동기 때문이라고 보는 것 같다.

　• 사람들이 법적 의무와 책임을 다하고 민주주의를 지키려면 최소한 세법이 명확하고 이해하기 쉬워야 한다. 적어도 합리적으로 그렇지만 현대 세금 제도가 아무리 훌륭해도 그렇게 이해하기 쉬운 것 같지는 않다. 그래도 아무 문서도 없이 말로만 새 세법을 공포했던 로마의 칼리굴라 황제보다는 더 나은 세법을 만들어야 한다. 민중의 불만이 이어지자 칼리굴라는 다급한 민중의 요구에 따라 세법 내용을 벽보로 만들었지만, 이를 아주 비좁은 곳에 아무도 복사본을 뜰 수 없을 만큼 작은 글씨로 써서 붙였다고 한다.[122]

하지만 세법 내용을 안다고 해도 세금 문제에 대해 완전히 정직하게 행동하는 것은 여전히 어려운 일이다. 그러려면 신고서 양식을 이해하고 제대로 써야 하며, 필요한 기록을 보관해야 하고, 전문가 조언을 구하는 등 많은 시간과 노력을 기울여야 한다. 세금 의무를 준수하기 위해 납세자가 부담하는 이런 비용을 측정하기는 어렵다. 세금 설계가 복잡해서 그 비용이 어떻게 달라지는지는 알려진 바가 거의 없기 때문이다. 하지만 우리는 적어도 두 가지를 알고 있다.

하나는 세금 의무를 준수하는 비용이 세무 행정 자체에서 발생하는 비용(이는 측정하기 쉽다)을 초과하는 경우가 흔하다는 것이다. 미국에서 소득세 납세자들의 세금 의무 준수 비용은 징수되는 세금의 10퍼센트 정도로 추정되는데, 이는 세무 행정 비용보다 무려 20배나 높은 수치다.

또 다른 사실은 그런 의무 준수 비용이 영세업자들에게 특히 문제가 된다는 것이다. 이런 비용은 대부분(부가가치세 환급신고서를 작성하는 비용 등) 기업의 규모에 따라 크게 느는 것이 아니기 때문이다.[123] 사실 이런 비용은 세금에 더 잘 대처하기 위해 인재와 자원에 실제로 지출되는 것이다. 이런 비용을 낮추는 것도 세금 설계 문제에 해당한다고 볼 수 있으므로, 세무당국도 납세자들이 세금 의무를 준수하는 데 드는 비용을 줄여줄 전자 신고, 콜센터 운영 등의 서비스를 제공하는 데 점점 더 초점을 맞추고 있다.

인간 본성에 대한 관찰과 조작이라는 측면에서 정부는 뜻하지 않게 오늘날 유행하는 행동경제학을 오랫동안 실천해왔다. 그들은 국민을 위협하기도 하고 돕기도 했지만, 정직해지고자 하는 사람들의 성향 밑바탕에 있는 감정, 즉 양심과 수치심에 대한 두려움도 함께 추구했다. 고대 바빌로니아의 함무라비 왕은 세금을 내지 않은 사람들에게 외쳤다. "너희는 왜 세금으로 어린 양 30마리를 바빌론으로 보내지 않았느냐? 너희는 그런 행동이 부끄럽지 않느냐?"[124]

4,000년이 지난 지금도 정부는 세금 의무를 장려하려고 수치심을 이용한다. 예를 들어 태평양에 있는 작은 섬나라의 세금 관리는

세금을 신고하지 않거나 내지 않은 사람들에게 어떻게 대응하는지 묻자 이렇게 답했다. "그들의 아버지에게 전화합니다"(질문자는 어떤 공식적인 강제 이행 조치 같은 답이 나올 것으로 예상했다).

많은 나라에서 세금을 내지 않거나 탈세 혐의로 유죄 판결을 받은 사람들의 이름을 공개하는 것은 흔한 일이다. 뉴질랜드에는 '탈세자 가제트'Tax Evaders Gazette[125]라는 이름이 멋진 관보가 있는데, 이는 실망스럽게도 세금을 안내하는 게 아니라 세금 탈세자 명단을 공개하는 것이다. 파키스탄은 더 특별하다. 파키스탄 세무당국은 트랜스젠더 동호회 회원인 히즈라hijras들을 동원해 체납자의 거주지나 사무실에 가서 세금을 낼 때까지 박수를 치고 소리를 지르는 등 소란을 피운다. 어쨌든 이렇게 해서 징수율이 15퍼센트 올랐다고 한다.

정부들은 애국심을 활용하는 데도 능숙했다(전시뿐 아니라 평시에도).[126] 제2차 세계대전 중에는 만화 주인공 도널드 덕Donald Duck까지 동원되었는데, 일정이 바쁜데도 시간을 낸(?) 도널드 덕은 미국인들에게 '기쁘고 자랑스럽게' 세금 의무를 이행하라고 촉구했다. 정부들은 지난 몇 년 동안 국민들이 세금 의무를 준수하도록 장려하려고(혹은 의무를 소홀히 여기지 않도록) 인간의 본성을 이용하는 방법을 좀 더 체계적으로 생각하기 시작했다.

한 가지 아이디어는 이른바 '넛지'nudge● 전략이 사람들의 행동에 큰 영향을 미칠 수 있다는 것이다. 그러나 무작위로 현장 실험을 해보니 몇 가지 예외를 제외하면 납세자 양심에 호소한다거나, 세금

───────────

● 강압하지 않고 부드러운 개입으로 사람들이 더 좋은 선택을 하도록 유도하는 방법. 미국의 행동경제학자 리처드 세일러Richard H. Thaler와 법률가 캐스 선스타인Cass R. Sunstein이 처음 사용함.

기금 프로젝트의 유익한 효과를 강조한다거나, 대부분 다른 납세자들은 의무를 잘 준수한다고 홍보한다거나, 시민들의 준수 책임을 강조하는 방법 등은 세금 납부 의무를 준수하도록 독려하는 데 거의 도움이 되지 않았다.[127]

또 다른 아이디어는 처벌적 정책 집행은 오히려 역효과를 낼 수 있다는 것이다. 즉 처벌을 내세운 강제 집행 방식은 시민들이 세금을 원해서가 아니라 그래야 하니까 어쩔 수 없이 내는 거라고 여기게 만듦으로써 의무를 준수한다는 본질적 동기를 몰아낸다는 것이다.[128] 이런 현상은 세금과 관련된 경우가 아니라도 분명히 존재하지만,[129] 한 연구에서 강제성 없이 자발적으로 납부 의무를 준수하는 독일 지방의 교회세 맥락에서도 그런 효과가 있는지 조사한 결과, 그런 증거는 찾지 못했다고 밝혔다. 그러나 교회에 나오는 독일 개신교도들은 일반적인 납세자가 아니므로 이 연구 결과를 일반화할 수는 없다.[130]

하지만 정직하게 행동하고 싶어 하는 납세자의 본성을 너무 믿어서는 안 된다. 영국의 지역사회 부담금(134쪽 참조)이 실패한 것은 시민들이 광범위하게 법을 준수한다는 평판이 있는 사회에서조차 세금 준수 의식이 얼마나 취약한지 잘 보여주는 사례다. 전통과 규범이 빠르게 파괴되면서 세금을 낼지 말지에 대한 개인의 결정에 크게 영향을 미친 것으로 보인다. 또 어느 지역의 지역사회 부담금 불이행 정도가 높으면, 그 이웃 지역도 같이 높았다.[131] 이는 타인이 불이행하는 것을 보면, 자신이 불이행해도 죄책감을 덜 느끼기 때문일 것이다. 아니면 좀 더 기계적으로 타인의 불이행을 보고 불이행이 적발되거나 처벌받을 위험이 낮다고 해석했을 수도 있다.

어느 경우든 규범의 파괴와 실제적 불이행의 상호 의존성은 세금 의무 준수에서 두 가지 매우 다른 결과를 가져올 수 있다. 하나는 다른 사람들이 대부분 준수하니까 그것을 보고 모든 사람이 따라서 준수하게 되는 이른바 '좋은 균형'을 가져오는 것이고, 다른 하나는 거의 모든 사람이 준수하지 않으니까 그것을 보고 대부분 사람이 따라서 준수하지 않는 '나쁜 균형'을 불러오는 것이다. 많은 사회, 특히 개발도상국들은 이런 '나쁜 균형'에서 벗어나려고 여전히 어려움을 겪고 있는 것이 현실이다.

따라서 강제성은 여전히 세금 집행의 중요한 본질이라고 할 수 있다. 다만 세무 행정에서 중요한 것은 앞서 언급한 폭로(435쪽 참조) 도구 같은 것들로 납세자에게 납세 동기를 제공하는 것이다. 그뿐만 아니라 좋은 세무 행정은 세무당국이나 관리 자신들의 동기 그리고 그들이 어떤 기술을 사용하느냐에 달려 있기도 하다. 다음에는 그 기술을 살펴본다.

13장

누군가는 해야 할 일

내가 진실로 너희에게 이르노니 세리들과 창기들이
너희보다 먼저 하나님 나라에 들어가리라.
마태복음 21:31[1]

기원전 88년 어느 날, 소아시아●의 신흥 세력 미트리다테스 6세
Mithridates VI(기원전 120~기원전 63)는 신하들에게 로마인들을 모두 죽
이라고 명령했다. 하지만 그들이 그렇게 하도록 굳이 독촉할 필요는
별로 없었던 것 같다. 학살 대상에 세금 징수원들도 포함되어 있었기
때문이다. 그렇지 않아도 로마 세금 징수원들의 '폭리와 갈취'에 반
로마 감정이 최고에 달한 상태였다.[2] 오랜 세월에 걸쳐 시민들에게
폭력을 행사한 그들이 이제 반대로 희생의 제물이 된 것이다. 1916년
에는 중국 랴오닝성 마오치라는 작은 마을의 소금세무서가 몽땅 불
에 탔고 서장은 끔찍하게 살해되었는데,[3] 이 정도는 그리 특별한 일

● 오늘날의 튀르키예 지역.

도 아니었다.

세무 관리 중 가장 끔찍한 운명을 맞은 사람은 18세기 영국의 밀수업자들에게 잡힌 세관원 윌리엄 갤리William Galley와 밀고자로 추정되는 대니얼 차터Daniel Chater일 것이다. 밀수업자들은 이들의 성기를 잘라내고 목을 매달았으며, 시신을 우물에 던지거나 산 채로 매장하는 만행을 저질렀다. 오랜 세월에 걸쳐 많은 나라에서 세금 관리들은 과도한 폭력에 시달렸다. 물론 또 다른 어딘가에서는 저녁 파티에 정중하게 초대받고 최상의 대접을 받는 삶을 누리기도 했지만 말이다.

예수가 사랑과 용서의 보편성을 보여준 방법 가운데 하나도 세금 징수원(당시 세리는 로마에 충성한다는 이유로 특히 경멸의 대상이었음)을 포용한 것이다. 누가복음에는 예수가 세리 삭개오를 관대하게 대하자 대중이 분노했다고 나온다. 그러나 더욱 중요한 것은 갈릴리 출신인 세리 마태를 제자 중 한 명으로 선택한 것이다.[4]

그러나 여기서 우리 관심사는 성경에 나오는 세리들이 다음 생에서 어떻게 되었느냐가 아니라 현실에서 무슨 일을 했느냐는 것이다. 우리는 12장에서 납세자들의 세금 회피 방법을 알아보았는데, 이 장에서는 세금 관리들을 살펴본다.

세금 관리 갤러리

+

세금 관리로 유명해진 사람은 거의 없지만 다른 이유로 유명해진 세금 관리는 꽤 있다. 12장에서 탈세범 갤러리를 둘러본 것처럼 이번에는 세금 관리 갤러리를 둘러본다. 먼저 세금 관리로 일했던 미국 독립혁명의 영웅 두 사람을 만나보자. 두 사람 다 세금 관리로는 뛰어난 성과를 거두지 못했다. 그중 한 사람은 보스턴 차 사건의 주역 샘 애덤스Sam Adams다(사실 그의 이름은 크래프트 맥주 브랜드 이름으로 더 유명하지만).[5]

1756년 보스턴의 세금 관리로 선출된 애덤스가 세금 관리로서 어떤 성과를 거뒀는지는 의견이 다양하다. 그가 세금을 4,000파운드밖에 걷지 못할 정도로 세금 관리로서 뛰어나지 않았다고 말하는 사람도 있지만(그렇게 엄격하지 않았기에 인기도 있었다), 1766년 1,463파운드를 갚으라는 명령을 받았을 정도로 '도덕적으로는 아닐지라도 법적으로는' 횡령범이었다.[6] 그는 그 명령에 분개해서 돈을 완전히 갚지 않았다.[7]

또 한 사람은 『상식론Common Sense』과 『미국의 위기The American Crisis』를 쓴 토머스 페인이다. 영국 링컨셔에서 소비세 관리로 일하던 그는 1765년 검사하지 않은 물건을 검사했다고 주장하다가 해고되었다.[8] 초기에 급진적 성향을 보였던 페인은 1772년, 소비세 담당 관리들의 임금 인상을 주장하는 소책자를 출판한 이후 그들을 대변하는 로비스트가 되었다.

세금 관리로 일했던 작가들도 몇 명 있다. 영국의 위대한 시인 제프리 초서Geoffrey Chaucer는 1374년에서 1386년까지 런던 항구의 세관 감사관으로 일하면서 대작 『캔터베리 이야기Canterbury Tales』를 구상했다. 『돈키호테』의 작가 미구엘 드 세르반테스Miguel de Cervantes는 세금 관리로 근무하다 횡령죄로 복역하기도 했다.

허먼 멜빌Herman Melville은 성격이 강직했다. 그는 자신의 걸작 『모비 딕Moby Dick』의 인기가 시들해지고 생활고를 겪게 되자 뉴욕에서 세관 조사관으로 일했는데,[9] 부패하기로 악명 높은 이곳에서도 그는 정직한 세관으로 명성을 얻었다. 직장 생활에 대한 호기심이 반영된 단편 『필경사 바틀비Bartleby, the Scrivener』는 그가 세관 조사관 근무 기간에 썼는데, 경험을 토대로 했는지는 알려지지 않았다. 18세기 스코틀랜드의 대표 시인인 로버트 번스Robert Burns도 세관원으로 일했다. 그는 길이 남을 만하지만 이해하기 힘든 시를 썼다.

> 커다란 검은 악마를 보고 많은 사람이 소릴 지르네
> 그 악마가 세금 징수원과 춤을 추며 그를 데리고 나갔지.[10]

그는 자신의 고용주와 문제가 생기자 해고되지 않으려고 '비굴하게' 사과하기도 했다. 하지만 그곳에서 일하며 시의 영감을 얻었다고 한다. 미국의 소설가 데이비드 포스터 월리스David Foster Wallace도 1985년부터 1986년까지 일리노이주 피오리아의 지방 국세청에서 일한 경험을 바탕으로 세금에 관한 최초의 위대한 문학작품으로 평가받는[11] 미완성 소설 『창백한 왕The Pale King』을 썼다. "나는 국세청에서 일하면서 무감각, 정보, 쓸모없는 복잡함이 무엇인지 배웠다. 때로는 무성한 숲 같기도 하고 때로는 끝없는 쓰레기장 같기도 한 환경에서 지루함과 타협하는 방법도 배웠다."[12]

세금 관리로 일한 사람 중에는 철학자도 제법 있다. 존 로크는 1689년부터 1704년까지 조세심판원을 지냈고, 수필가이자 시사주간지 『스펙테이터The Spectator』의 공동 창업자인 조셉 애디슨Joseph Addison이 그의 뒤를 이었다. 우리가 보았듯이 앙시앵 레짐 치하의 프랑스에서 세금 관리원의 행동은 시민들의 분노를 사기에 충분했지만, 그 와중에 볼테르는 세무서장을 지냈다.[13] 또 자유 무역의 사도였던 애덤 스미스가 『국부론』 출판 직후 관세 및 염세청장이 된 것은 뜻하지 않은 일 때문이었던 것 같다.[14]

반면 정치권 인물들은 탈세에 관심이 있어서인지 세금 관리와는 그다지 관련이 없었다. 그러나 미국에서 잘 알려지지 않은 대통령 중 한 명인 체스터 아서Chester Arthur는 당시의 관점으로는 아주 주목할 만하고 영광스러운 예외였다. 부통령이었던 아서는 제임스 가필드 James Garfield 대통령이 암살되면서 예상치 못하게 미국의 제21대 대통령(1881~1885) 자리를 승계했지만, 18대 대통령인 율리시스 S. 그랜트Ulysses Simpson Grant 시절에 뉴욕 세관장을 지냈다. 뉴욕 항구는 미국 전체 세수의 3분의 1 이상을 책임지는 곳이었다.[15] 그의 월급은 1만 2,000달러에 불과했지만 실제 총수입은 5만 달러가 넘었는데,[16] 이는 관세를 회피한 수입업자들에게 부과된 벌금과 압수한 화물의 1퍼센트를 완전히 합법적으로 받게 되어 있는 '반타작 제도'moiety system 덕분이었다.[17]

정치인 중 세금 관리와 인연이 있는 또 다른 사람은 프랑스 왕루이 15세의 정부인 퐁파두르 부인Madame de Pompadour이다. 그녀는 아버지가 세금 청부인tax farmer●의 고용인이었고, 남편도 세금 청부인이었으며, 간접적으로는 자신도 세금 청부인이었다.

세무 관리 일을 한 사람 중에는 작가, 철학자, 정치인 외에 다른

● 세금을 대신 징수하고 국가로부터 수수료를 받는 단순한 청부인이 아니라 자신들이 먼저 할당된 지역의 세금 총액을 국가에 내고 나서 할당된 지역의 세금 징수권을 갖는 자들을 말함. 이들은 자신들이 국가에 낸 세금 총액보다 더 많은 돈을 백성들에게서 갈취하는 등 횡포를 일삼았음.

직업을 가진 이들도 있다. '미생물학의 아버지'로 불리며 네덜란드 과학기술의 황금기를 이끈 저명한 인물 안토니 반 레벤후크Antony van Leeuwenhoek는 1679년 델프트에 있는 세금청부회사의 와인 징세관으로 일했는데, 크기가 다양한 통에 들어 있는 와인 양을 판단해 세금을 정확히 매기는 것이 그의 일이었다.[18]

개 이야기가 또 나오는데, 1800년대에 독일의 한 세금 관리는 세금을 징수하면서 받는 시민들의 경멸과 공격에 진저리가 나서 보기만 해도 금방 공격할 것처럼 생긴 투견 품종을 개발했다는 이야기가 전해진다.[19] 그 세금 관리 이름이 카를 프리드리히 루이스 도베르만Karl Friedrich Louis Dobermann이었으므로 그 이름을 따서 그 투견 품종에 도베르만 핀셔Doberman Pinscher라는 이름이 붙여졌다는 것이다 (언제부턴가 'n' 하나가 빠졌다).

부모의 영향력만 놓고 보면, 사랑받지 못한 잔인한 독재자 히틀러의 아버지 알로이스 히틀러Alois Hiedler 이야기도 빼놓을 수 없다. 그는 오스트리아 공무원을 거쳐 독일과 국경을 이루는 도시 브라우나우 암인에서 세관 검사관으로 일했다. 히틀러가 세금 징수원, 판사, 성직자, 매춘부를 사회악으로 보는 경향이 있었던 것은 아마 우연이 아닐 것이다.[20]

프랑스의 후기 인상파 화가 앙리 루소Henri Rousseau가 세금 관리원이었다는 이야기는 듣기만 해도 좋다. 젊은 시절 루소는 파리로 들어오는 상품에 통과세를 징수하는 일을 했다. 그의 친구들은 그를 '두아니에'Douanier(세관원)라고 불렀다. 프랑스의 시인이자 소설가인 기욤 아폴리네르Guillaume Apollinaire는 루소의 비문에 이런 농담을 새겼다. "우리가 천국 문에 들어갈 때 우리 짐을 면세로 통과시켜 주게

나. 자네를 위해 붓과 물감과 캔버스를 가져가겠네."[21]

이들은 모두 유명하지만 세금 관리여서 유명해진 사람은 하나도 없다. 세금 관리치고 5분 만이라도 존경을 받고 명성을 얻은 사람은 거의 없지만 단 한 사람 예외가 있다. 북아일랜드 포타다운 출신으로 언어에 재능이 있는 진지하고 독실한 청년 로버트 하트Robert Hart는 1854년 중국에 도착했다.[22] 당시 서구 열강은 조직 범죄단을 고용해서 제국정부를 위해 관세를 징수하도록 했는데, 이들이 상하이를 점령한 채 혼란을 조장하자 서구 열강은 1853년 중국 정부(청나라)에 해상관세청을 창설하라고 강요했다(형식적으로는 중국 정부 관할이었지만 실제로는 열강의 외국인이 운영했다).[23]

1863년 하트는 해상관세청 최고책임자가 되었고, 이후 무려 46년 동안 정직하다는 자랑스러운 평판을 얻었다. 그 과정에서 그는 세관 업무의 현대화를 광범위하게 지원하며 중국의 명성을 해외에 알렸고, 특히 우체국 설립, 등대 건설, 기상청 창설 등 많은 업적을 남겼다.[24] 1885년 그가 영국 총리에게 보낸 보고서에는 이렇게 적혀 있었다. "사람들은 이곳에서 내가 일군 조직을 제국정부 관세청이 아니라 중국 관세청이라고 합니다. 그 일의 범위는 아주 넓지만 목표는 가능한 모든 방향에서 중국을 위해 좋은 일을 하는 것이었습니다."[25]

중국인들도 하트에게 많은 명예를 안겨주었다. 그의 직함에는 최고위직에 부여하는 빨간 단추Red Button, 쌍룡 훈장Order of the Double Dragon, 법정 상속인의 최고 수호자Senior Guardian of the Heir Apparent라는 호칭이 추가되었다. 청 왕조의 개혁파인 쿵 황태자Prince Kung는 그를 '우리 하트'라고 불렀다. 1889년 황태후가 섭정을 마치고 물러나면서 관리 100명(죽은 사람들까지 포함해)에게 서훈을 추서했는데, 하

상하이 항구에 있는 로버트 하트의 동상. 그는 '중국 인민의 진정한 친구'였다.

트가 2위를 차지했다. 그는 황태후로부터 선조 3대까지의 존경을 표시하는 삼대 일등 공훈 훈장Ancestral Rank of the First Class of the First Order for Three Generations 을 받았다.[26] 영국 정부도 그에게 남작 작위를 수여했다. 동상이 있는 세무 관리는 거의 없겠지만 상하이 항구 와이탄에는 하트의 동상이 서 있다. 마오쩌둥 통치하에서는 전형적인 식민주의자로 비난을 받기도 했지만 중국에서 그의 명성은 다시 평가되고 있다.[27]

대개 역사에 알려지지 않는 것이 세무 관리들의 전형적인 운명이었지만, 영광스럽게도 하트는 예외였다. 작가 데이비드 포스터 윌리스에게 세무 관리 일은 지루하기만 했다. 많은 사람에게 그 일은 죽음을 불러오는 일이기도 했다. 1909년 미국 버지니아주에서 소득세를 도입했을 때 세금을 징수하러 나갔다가 영영 돌아오지 못한 세금 관리가 많았다.[28]

오늘날 전 세계에는 상상할 수 없을 정도로 어려운 상황에서도 세금 제도가 효율적이고 공정하게 작동하도록 열심히 일한 헌신적인 세금 관리들이 있다. 오늘날 우리가 누리는 문명화된 세금 제도는 온전히 그런 사람들 덕분이다.

누가 세금을 징수하나

+

우리는 정부가 세금 징수를 세무 행정기관인 국세청(미국의 IRS, 영국의 HMRC, 호주의 Tax Office, 중국의 國家稅務總局)에 맡긴다는 데에 익숙해져 있다. 정부는 그 조직에 예산을 주고 직원들은 임금을 받고 세금 징수 업무를 행한다. 세금 징수 업무 조직을 구성하는 방법은 여러 가지가 있는데, 현재 우리가 채택한 방식은 역사적으로 볼 때 원칙적이라기보다는 오히려 예외적인 방식이다.

세금 관리들이 고정된 월급을 받고 정부는 예산 지출 후 남는 돈을 보관하는 현재 방식은 과거에는 극단에 있는 가능성 중 하나일 뿐이었다. 그 정반대의 경우, 예를 들어 정부가 일정 금액을 미리 받고 세금 징수권을 팔기도 했는데, 그 권리를 산 사람들이 정해진 세금액 이상을 거두기도 했다. 앞서도 언급했지만 이런 방식을 '세금 청부제'tax farming라고 하는데, 사실 인류 역사에서 상당 기간 이런 방식으로 세금을 거둬들였다.

세금 청부제(인)의 등장과 소멸

1794년 5월 8일은 세무 관리 역사상 최악의 날이었다. '현대 화학의 아버지'로 불리는 프랑스 화학자 앙투안 로랑 드 라부아지에Antoine-Laurent de Lavoisier는 자기 아버지를 포함해 24명과 함께 단두대에 올랐다. 그들이 무슨 죄를 저질렀는지 명확하지 않았지만, 혁명 정부를 이끈 로베스피에르Robespierre의 공포정치하에서 그런 일은 많았다. 어쩌면 세금 청부인이라는 것만으로도 충분한 이유가 되었을 것이다. 지난 수십 년 동안 세금 청부인들의 횡포가 극에 달했으므로 독설가 장 폴 마라는 그들을 향해 "치가 떨리도다, 불쌍한 사람들의 피를 빨아먹은 자들이여"라고 외치기도 했다.[29] 4장에서 보았듯이 1789년 7월 파리 시민 시위대의 타격 목표물에는 파리시로 들어오는 물건에 세금을 징수하려고 세금 청부인들이 세워놓은 벽도 포함되어 있었다.

세금 청부인들은 세금 청부제도가 불러온 시민 착취의 상징적 존재였다.[30] 하지만 그들은 오랜 전통을 따랐을 뿐이다. 세금 청부제는 고대 메소포타미아 때부터 행해졌으며, 프톨레마이오스 2세 때인 기원전 282년 이집트에서도 시행되었고, 고대 그리스뿐만 아니라 기원전 123년 로마 공화정도 이를 도입했다.

프랑스 화학자 라부아지에는 불운하게도 세금 청부인이었다.

세금 청부는 예수 시대에 유대 지역에도 널리 퍼져 있었다. 예수가 "카이사르의 것은 카이사르에게"라고 한 것은 카이사르에게 속한 권리를 카이사르에게 바치는 것이 마땅하다는 말이었다. 인도 무굴제국(1526~1857)과 중국 청나라(1644~1911)에서도 세금 청부제가 광범위하게 시행되었다. 이 관습은 16세기 중반 서유럽으로 들어왔는데, 당시 사유지를 봉토로 임대하던 군주들은 세금 징수를 편리하게 하려고 이 제도를 이용했고, 여기서 '세금 청부'farming라는 말이 생겨났다는 설도 있다.[31]

영국에서 세금 청부제는 제국의 초석이 되기도 했다. 영국이 인도에서 우위를 점하게 된 결정적 계기는 1757년 플라시전투에서 벵골의 지방장관 나와브Nawab가 프랑스 동맹군을 상대로 승리를 거두었기 때문이 아니라 1장에서 살펴보았듯이 무굴 황제가 인도 동인도회사에 디와니(세금 징수권)를 부여했기 때문이다. 동인도회사는 연간 35만 파운드를 무굴제국에 주고 무굴족의 세금 징수권 전체를 양도받았다.

플라시전투를 승리로 이끌어 '인도의 클라이브'로 불린 로버트 클라이브Robert Clive는 당시 기쁨을 놀라울 정도로 솔직하게 표현했다. "무굴제국의 동의하에 이 지역에서 걷는 세금의 5분의 1만 제국에 내고 이 부유한 왕국에 대한 절대적 소유권을 갖게 되었다."[32] 동인도회사(영국 정부)는 돈을 쉽게 벌 듯 보였지만 우리가 알듯이 상황은 영국이 바라는 대로 되지 않았다.

세금 청부인들은 영국 왕실에 사실상 은행 같은 존재였다. 이들은 미래의 세금 징수를 담보로 왕실에 미리 돈을 대주었으며, 그 대신 명시적으로 이자를 받거나 임대차 계약처럼 청부 계약의 조건을 조정하기도 했다. 그러나 군주는 언제든 계약을 취소하거나 채무를 거부하는 채무불이행의 선택권을 가지고 있었고 실제로 가끔 채무를 이행하지 않기도 했다. 1598년에서 1655년까지 약 60년 동안 프랑스에서 이런 계약들이 명시된 기간까지 아무 탈 없이 이행된 것은 3분의 1밖에 되지 않았다.[33]

그러나 세금 청부인들은 때로는 왕실을 위한 중요한 지출 책무를 떠맡기도 했으므로(예를 들어 파리 거리를 포장하는 사업 등)[34] 그 일에 사용한 돈을 정부에 줄 돈에서 공제함으로써 정부에 직접 현금을 수송하거나 복잡한 은행 업무를 피하기도 했다. 결국 그들은 국가 재정 정책의 거의 모든 측면을 집행하는 기관과 비슷한 존재가 되었다. 물론 군주는 이들을 없애고 세금 징수를 직접 통제하거나 다른 곳에서 돈을 빌릴 수 있었지만 한 가지 문제가 있었다. 그들 없이 효과적인 세금 징수 체계를 갖추려면 투자가 필요했고, 투자금을 조달하려면 또 돈을 빌리지 않을 수 없었다. 결국 왕에게 다른 마땅한 담보가 없다는 점을 고려할 때, 사실상 군주의 손은 그들에게 묶여 있는 것과 다름없었다.

로마 시대의 부역자들에서부터 프랑스의 세금 청부업자들까지 세금 청부인들은 거의 언제나 비난의 대상이 되었다. 온순하기로 소문난 네덜란드인까지도 이들에 항의하는 시위를 벌였는데, 1748년 일어난 파처 폭동pachter riots●은 '네덜란드 공화국 역사상 가장 중대한 사건'이었다.[35] 시위대는 암스테르담의 정치인 집을 습격해 그들을 거리로 끌어냈고, 결국 네덜란드에서 세금 청부제는 폐지되었다. 비록 한참 늦었지만 보스니아의 기독교인들도 1874년부터 1875년까지 오스만제국의 세금 청부인들에 대항해 반란을 일으켰고, 이는 결

● patcher는 조세 징수권자를 의미함.

국 합스부르크 가문이 오스만제국에서 보스니아를 찾아오는 계기가 되었다.[36]

그러나 세금 청부제의 종말이 항상 폭력적이지는 않았으며, 나라마다 시기도 달랐고, 놀랍게도 일부 국가에서는 최근까지 존재했다. 영국에서 세금 청부제는 1680년대 초 끝났다. 그러나 러시아에서는 수백 개 지역 폭력조직이 보드카에 대한 세금 청부를 장악하면서 국가 전체 세수의 3분의 1을 차지할 정도로 커져 1863년까지 지속되었다. 지중해에서 인도양에 이르는 광활한 영토를 다스린 오스만제국에서도 세금 청부가 근대 초기까지 널리 시행되었다.[37] 네덜란드는 본국에서는 세금 청부제를 시행하지 않았지만 식민지인 인도네시아 자바섬에서는 1925년까지 이를 시행했다. 파키스탄에서는 아주 최근까지도 세금 청부 방식으로 통과세를 징수했다는 보고가 있다.[38]

세금 청부제라는 길고도 불명예스러운 역사에서 우리는 어떤 교훈을 얻었을까? 월급을 주는 관리들을 세금 업무에 활용하는 오늘날의 제도와 비교해볼 때, 세금 청부제는 최소한 다음과 같은 세 가지 장점이 있었다.

첫 번째는 효율성이다. 민간기업은 이익을 극대화하려는 본성이 있어서 손대는 무슨 일이든 비용을 최소화하려고 노력한다. 그리고 이것이 정부 사업의 민영화를 주장하는 핵심 논거이기도 하다. 이런 효율 측면에서 세금 청부제는 적어도 합리적인 역할을 한 것으로 여겨진다. 실제로 매우 부지런하고 성실한 세금 청부인들도 있었다. 우리가 그런 청부인들을 많이 알고 있는 이유 중 하나는 라부아지에가 매우 꼼꼼하고 분석적인 기록을 남겼기 때문이다. 어떤 세금 청부인은 자기 이익을 프랑스 남부의 미디운하를 건설하는 데 사용했다.

세금 청부인들이 벌어들인 수익이 매우 많아 보이긴 하지만, 실제로 그렇게 터무니없이 높지는 않았다.[39] 1806년 세금 청부제가 폐지되었을 때, 프랑스 혁명을 주도한 자코뱅당Jacobins은 세금 청부인들이 1억 3,000만 리브르의 국고를 횡령했다고 비난했지만, 실제로 그들은 7,000만 리브르의 부채를 안고 있었다.[40]

혁명가들에게 세금 청부인들은 제물이었다. 세금 청부인들이 간접세를 그렇게 효과적으로 거두지 못했다면, 걸핏하면 귀족들에게 면제해주던 타유 문제(월급제 관료제에서는 용납할 수 없는)를 해결해야 한다는 압박이 더 커졌을 테고, 더 공평한 세금 체계를 구축하라는 요구도 더 높아졌을 것이다. 그리고 실제로 그런 상황이 벌어졌다면, 세금 청부제는 더 오래 살아남았을지 모른다.

두 번째는 정부가 세금 징수권을 일정한 금액에 선불로 판매했으므로 그 수입에 대한 확신을 가질 수 있다는 것이다. 만일 어려운 시기가 오거나 전쟁이 일어나 징수 가능한 세수가 예상보다 떨어진다 해도 고통받는 것은 정부가 아니라 세금 청부인들이 될 테니 말이다. 물론 상황이 예상보다 좋아진다면 세금 청부인들은 그에 상응하는 이득을 볼 것이다. 그러나 실제로 세금 청부인들은 상황이 나빠지면 정부와 조건을 재협상하는 경우가 많았다. 예를 들어 1744년 프랑스의 세금 청부인들은 전쟁이 일어나면 정부에 낼 돈을 줄여주는 협상을 하는 방식으로, 어느 정도 위험을 왕실에 떠넘길 수 있었다.

세 번째는 세금 청부제가 세금 징수에 강력한 인센티브를 제공한다는 것이다. 청부인들이 초과로 징수하는 금액은 국가에 내지 않고 그들 소유가 되었기 때문이다.

이런 장점이 있는데도 세금 청부제에는 두 가지 중요한 단점이 있다. 하나는 청부인들이 세금을 거두는 능력을 장기적으로 키우도록 투자하게 할 인센티브가 제한적일 수 있다는 것이다. 청부 계약 기간이 정해진 경우, 청부인들은 그 기한에 그런 장기 투자를 하면 회수할지 확신할 수 없기 때문이다. 이 문제에 대한 한 가지 대응이 이른바 '소수 정예' 청부제로, 소수의 장기 청부사업자들에게만 사업을 제한하는 방식이었다. 프랑스는 세금 청부인을 60명만 활동하게 함으로써 그들에게 세금 징수에 필요한 조직적·인적·물리적 인프라를 효과적으로 구축하게 했다. 그들은 나중에 라부아지에[41]의 제안에 따라 파리로 들어오는 물건에 대한 세금 징수를 편리하게 하려고 파리 주위에 벽을 쌓았다(앞서 말했듯이 앙리 루소 등이 이 일을 했다). 왕실로부터 자기 권리를 확실하게 보장받은 것이다.

오트만제국은 1695년부터 특정 세금 청부인에게 종신 사업권 malikâne(말리칸)을 부여했는데, 이는 투자를 꺼리는 그들에게 확실히 큰 도움이 되었을 것이다. 하지만 오트만 정부는 해당 청부인이 죽은 후에도 종신 사업권을 회수하기 어렵다는 것을 알게 되었다.[42]

두 번째 단점(이것이 가장 근본적인 단점)은 세금 청부제의 강력한 징수 동기 이면에 있는 어두움, 즉 욕심이다. 세금 청부인들은 납세자를 상대로 세금을 매길 때 강한 갈취와 조작 유혹이 생긴다. 세금 청부인들이 납세자와 한통속이 되어 받아야 할 금액보다 세금을 낮게 책정할 이유는 거의 없지만(자기 이익이 줄기 때문에) 세금을 높게 부과하지 않는다는 구실로 뇌물을 요구할 수는 있다. 더 우려스러운 것은 세금 청부인들이 납세자나 미래의 세금 기반에 끼치는 피해는 아랑곳하지 않고 마지막 한 방울까지 쥐어짜는 행태를 보인다는 점이다. 애덤 스미스도 그런 위험을 보았다.

아무리 나쁜 군주라도 그를 위해 세금을 걷는 세금 청부인보다는 백성들에게 더 큰 동정심을 느낀다. 군주의 영원한 영화榮華는 백성들의 번영에 달려 있다는 걸 알기 때문이다. 나쁜 군주라도 단지 한순간의 이익을 위해 백성의 번영을 일부러 망치지는 않을 것이다. 그러나 세금을 거두는 세금 청부인들은 처지가 다르다. 그들의 영화는 백성들의 번영에서 오는 것이 아니라 파멸에서 오는 경우가 더 많기 때문이다.[43]

정부도, 세금 청부인도 이런 문제나 세금 활동을 감시할 필요성에는 관심을 두지 않았다. 그러나 세례 요한은 회개하는 세금 관리에게 이렇게 촉구했다. "너희를 위해 정한 것 외에는 거두지 말라."(누가복음 3:13) 로마제국에도 억압적인 세금 징수원은 십자가형이나 화형에 처한다는 조항이 있었고,[44] 프랑스 세금 청부인들은 세금 징수원들의 권력남용을 조사하려는 지방 순회에 동의하기도 했다.

세금 청부인들이 관련된 권력남용이 어느 정도였는지 판단하기는 어렵다. 하지만 권력남용이 실제로 자주 일어났고, 그래서 이들이 납세자들의 원성을 샀다는 사실은 분명하다. 예를 들어 인도에서는 세금 청부인들이 납세자들을 고문하고, 세금을 징수한 마을을 완전히 폐허로 만들었다는 보고가 자주 있었다.[45] 세금 청부인들이 사람들 집에 마음대로 들어가 수색할 권한이 있다는 사실에 납세자들은 크게 분개했다.

볼테르는 다음과 같이 증언했다. "세금 청부인들이 모든 마차를 정지시키고, 사람들의 호주머니를 뒤지고, 집집마다 마음대로 침입해 왕의 이름으로 온갖 행패를 부리고, 심지어 농부들까지 매수했다.

나는 사람들이 왜 그들에게 경종을 울리지 않는지, 왜 그런 무리가 근절되지 않는지 이해할 수 없다."[46] 그러나 진짜 문제는 그런 세금 청부제에서 권력남용이 세금 관료제에서 관료들(세금 청부인이 아닌 정부 관리들)보다 더 심하냐는 것이다. 그러니까 세금 청부제가 어떤 다른 제도보다 권력남용과 부패 소지가 더 많으냐는 것이다.

하지만 세금 청부제가 세금 관료제와 비교해 분명히 다르고 나쁜 점은 세금 청부제하에서 세금 징수가 군주와 그의 측근들을 포함한 소수의 부를 늘리는 데만 직접 기여했다는 인식이다. 의회의 통제를 받지 않는 자금을 항상 갈망한 찰스 1세는 아일랜드의 세금 청부인들로부터 계약한 연간 선불금뿐만 아니라 그들 수익의 절반 이상을 받아냈다.[47] 또 프랑스 앙시앵 레짐 치하에서 세금 청부로 인한 이익이 왕의 정부인 퐁파두르 부인이나 루이 15세의 연인인 뒤바리Du Barry 백작부인에게까지 들어간다는 것이 알려지자 시민들의 분노는 극에 달했다. 결국 세금 청부제는 매우 불공정한 세금 제도의 상징으로 남게 되었다.

뇌물 - 합법과 불법 사이

오늘날 세무 행정기관은 공공기관으로서 세금 청부인과는 전혀 다른 모습을 하고 있다. 그러나 형태가 변하기는 했지만, 세금 청부제 시대에 직면했던 근본 문제는 대부분 여전히 남아 있다. 세금 징수의 핵심 문제는 변하지 않았다. 공공기관은 영원히 존재한다는 점에서 짧은 기간 활동하는 세금 청부인의 문제는 사라졌지만, 더 장기적 관점에서는 조직과 징수 역량 구축 사이에서 자원을 배분하는 선택 문제는 여전히 남아 있다. 세무 공무원의 사익과 공공의 이익은 여전히 언제든 충돌할 여지가 있다. 따라서 기본적인 동기부여 문제는 여전하며, 이는 공무원 개인과 조직 전체 차원에서 모두 발생할 수 있다.

정부는 다양한 방법으로 이러한 문제를 해결하려 노력해왔으며, 일부 정부는 세금 청부제에서는 할 수 없었던 시장 원리에 따른 인센티브를 점점 더 많이 사용할 것이다. 결국, 자신들이 징수한 세금에 따라 보상을 받는 세금 청부제와 얼마를 징수하든 같은 보수를 받는 고정 임금 관료제 사이에 모든 가능성이 다양하게 놓여 있다.

예를 들어 근대의 관료제하에서도 세금 관리들에게 거둬들이는 세수 일부를 할당함으로써 부분적으로 보상하는 방식은 일반적 개념이 되었다. 크롬웰의 '10분의 1세' 징수자들은 거둬들이는 금액의 3퍼센트를 수수료로 챙겼고, 1662년의 난로세 제도에서는 징수한 세금 1파운드당 경찰관은 2펜스, 고위 경찰관은 1펜스, 보안관은 3펜스, 치안 서기는 1펜스의 수수료를 챙겼다.[48]

17세기 후반과 18세기 동안 영국 세무서 공무원들은 그들이 몰수한 장물의 절반가량을 챙겼고,[49] 밀수업자들을 적발하고 체포하면 50파운드를 받았는데[50] 이는 자신의 연봉 절반에 해당하는 금액이었다. 게다가 정상적으로 징수한 세금 일부도 챙겼다. 징수한 세금 일부를 챙기는 '파운드 제도'Poundage는 1872년까지 계속되었다. 우리는 또 체스터 아서가 어떻게 '반타작 제도'에서 수익을 얻었는지도 보았다(451쪽 참조).

이런 방식이 오늘날 관료제하에서도 세수를 증대하는 데 효과적일 수 있다는 점은 거의 의심할 여지가 없다. 예를 들어 1989년 브라질에서 체납된 세금을 징수한 세무 공무원들에게 보너스를 주는 프로그램을 시행했더니 체납자에 대한 벌금 부과가 프로그램 시행 전보다 75퍼센트나 더 늘어나는 결과가 나타났다.[51] 파키스탄 편자브주에서 다양한 인센티브 제도의 영향을 탐구하는 현장 실험을 시행한 결과, 더 확실한 증거가 나타났다. 이 실험에서 세무 공무원에게 추가 징수하는 세금액의 40퍼센트까지 보너스를 주었더니 세수가 무려 65퍼센트나 증가한 것으로 나타난 것이다.[52]

세금 청부제와 마찬가지로, 이런 계획의 주요 위험은 세무 공무원의 갈취 가능성이다. 편자브 실험에서도 뇌물이 평균적으로 증가한 것으로 밝혀졌는데, 이상하게도 납세자들의 '만족도'는 줄지 않은 것으로 보고되었다.

그러나 공무원들이 단순히 고정 임금을 받는 제도에서도 납세자와 짜고(뇌물을 받고) 낮은 세금을 부과하는 형태의 부패는 여전히 발생한다. 성과와 무관하게 임금을 주는 한 부패를 해결하는 쉬운 방법은 없다.[53] 한 가지 가능성은 공무원이 해고되면 받을 수 있는 수준의 임금을 책정하는 것이다. 그러나 이때도 엄격히 처벌하지 않는다면 부패를 막을 수 없을 것이다. 또 다른 방법은 일정 수준의 높은 수입은 부패를 저지르는 경우에만 가능하다는 전제하에 임금을 그 수준보다 낮게 설정하는 것이다(이는 정상적인 공무원 월급으로 그 정도 높은 수입을 올리는 것은 포기한다는 의미다).

세 번째 방법은 임금을 아예 매우 높게 책정해서 공무원이 오직 정직하게만 근무하고 해고 위험을 감수하지 않게 하는 것이다. 이는 징수 효율성 측면에서도 좋은 인센티브를 제공하는 방법인데, 아마도 프로이센의 영리한 프리드리히 2세가 부상당한 참전용사들을 세금 징수원으로 채용하는 제도를 채택한 것도 이런 이유에서일 것이다. 그들은 부정한 행동으로 해고되면 먹고살 대안이 거의 없었으므로 그 일이 생계의 버팀목이 되었고 품위 있게 행동해야 한다는 확신과 자부심을 심어주었다.

그러나 이 접근법의 문제는 그 정도 수준의 수입을 보장하려면 임금을 너무 많이 주어야 한다는 것이다. 세금이 수십만 달러 부과되는 담배가 가득 실린 트럭을 눈감아주고 받는 뇌물에 견줄 만큼 임금을 많이 주기는 어렵다.

어쨌든 이런저런 이유로 공무원들에 대한 커미션 지급은 완전히 사라지지 않았다. 오늘날 세무 행정기관들이 시행하는 내부 성과 평가는 대개 전자적으로 제출된 신고 비율, 감사 완료 횟수 등과 같이 징수 실적과 관련이 없는 기준에 따른다.[54] (그런데 펀자브 실험에서 이러한 접근 방식은 징수 효율을 포함해 어떤 것에도 영향을 미치지 않는 것으로 나타났다.)

하지만 징수 실적에 기반을 둔 인센티브 제도가 완전히 사라지지는 않았다. 전 세계 12개 세무 행정기관을 대상으로 시행한 한 연구에서 다섯 곳이 성과급 지급 기준의 하나로 징수 실적을 활용하는 것으로 나타났다.[55] 예를 들어 루마니아에서는 합의된 목표치를 초과한 징수와 부정행위 적발 건수를 기준으로 성과급을 지급했는데, 그 수준은 급여의 최고 세 배에 달했다. 필리핀에서는 밀수를 적발하거나 밀수자를 체포한 공무원에게는 밀수품 가치의 최대 20퍼센트를 보너스로 주는 제도를 운영한다.

확실히 세무 행정기관들은 공무원들과 상호 관계에서 징수 실적에 근거한 인센티브의 힘을 인식하는 것 같다. 예를 들어 EU에서 모든 관세 수입은 궁극적으로 회원국 정부에 돌아가는 것이 아니라 EU

자체의 운영 자금으로 사용된다. 그러나 관세는 해당 회원국의 관세청이 징수한다. 그렇다면 관세 징수가 각 회원국의 호의에만 맡겨지는 것일까? 자체적으로 들어가는 비용에 대한 보상도 없이? 그렇지 않다. 회원국은 자기들이 징수한 관세의 10퍼센트를 갖게 되어 있다.

세무 행정기관들은 오랫동안 부패를 완전히 없애기 위해 여러 다른 조치를 사용해왔다. 승진과 연공서열 제도를 운영하면서도 정직함이 증명될 때까지는 임금 인상을 유예하는 방식도 사용되었다. 프랑스의 세금 청부인들은 1768년 프랑스 최초로 공무원 연금 제도를 도입하기도 했다.[56]

부패를 막는 기본적인 방법 중 하나는 납세자와 그들을 평가하는 공무원이 일대일 접촉을 하지 못하게 제한하는 것이다. 18세기 영국의 소비세 담당 공무원들은 짝을 지어 일했는데, 로버트 월폴은 '그들이 서로 감시하므로 뇌물을 받을 가능성이 없다'고 보았다.[57] 그들은 주기적으로 영국 전역을 돌아가며 재배치되었는데, 중국에서 활동한 로버트 하트도 이에 영향을 받아 세무 관리들의 지역 유착을 막으려고 예고 없이 정기적으로 세무 관리들을 재배치하는 것을 관행으로 삼았다.[58]

또 다른 방법은 세무 관리들의 조치에 대한 정보를 조작할 수 없는 장치를 만드는 것이다. 이를 위해 장부에 페이지를 매겨 장부 페이지를 조작할 수 없게 하고, 이유 없이 정정한 기록이 있는지 확인하는 간단한 방법이 사용되었다. 18세기 영국의 한 소비세 관리는 자기 장부에 얼룩이 진 것을 없애려고 아예 종이에 구멍을 뚫었다는 기록을 남기기도 했는데, 이는 '어떤 숫자라도 긁어내거나 수정하는 것이 허용되지 않는다'는 사실을 잘 알았기 때문이다.[59]

세무 행정의 부패를 해결하는 방법이 많이 알려져 있지만, 부패는 많은 나라에서 여전히 주요한 관심사이자 끊임없이 일어나는 일이다. 브라질 검찰은 2015년 세무 공무원들이 주요 기업의 세금액을 줄여준다는 명목으로 뇌물을 요구했다는 의혹에 대해 수사했는데, 15년간 국고에 입힌 손실 추정액이 61억 달러에 이른 것으로 밝혀졌다.[60] 과테말라에서는 부통령의 수석보좌관이 주도한 단속반이 전·현직 세무서장들을 뇌물과 절도 혐의로 적발하기도 했다.[61] 이 모든 부패 행위는 단지 세금 제도에 악영향을 미치는 데 그치지 않고 더 나아가 국가의 정당성까지 광범위하게 훼손할 수 있다.

정치적 간섭도 정직한 세무 행정에 또 다른 위험을 제기하는 요인이다. 몇 차례나 국세청 조사를 받은 마틴 루서 킹Martin Luther King, Jr. 목사는 1960년 앨라배마주에서는 처음으로 세금 사기로 형사 고발되었다. 하지만 배심원단이 백인으로만 구성되었는데도 그는 놀랍게 무죄를 선고받았다.[62] 리처드 닉슨은 1971년 5월, 그의 보좌관 존 얼리히먼John Ehrlichman과 밥 홀드먼Bob Haldeman에게 국세청장의 직무를 정치 간섭으로 이용하려는 의도를 분명히 드러냈다.

난 그자(국세청장)가 무자비한 녀석이라는 걸 확인하고 싶어. 그자는 무엇이든 시키는 대로 할 거야. 나는 그자에게 우리 적들의 소득세 신고서는 조사하고 우리 편은 조사하지 말라고 지시하려고 해. 그건 아주 간단한 문제지. 그렇게 하지 않으면 그 녀석은 그 자리를 보전하지 못할 테니까.[63]

닉슨은 이런 의도를 가지고 '특수공작원'Special Service Staff이라는 이름의 국세청 프로그램을 추진함으로써 정적政敵들을 조사하고 감사하고 괴롭혔다.[64] 40년이 흐른 2013년에도 국세청이 보수 비영리 단체를 표적으로 삼아 특별 감찰을 했다는 주장이 제기되어 논란이 일었다.

닉슨뿐 아니라 다른 많은 사람도 세무 행정을 정치적 목적으로 이용하려고 생각했던 것 같다. 『이코노미스트』에 따르면 2017년 르완다 정부는 야당 대통령 후보는 물론 그의 어머니와 누이까지 탈세 혐의로 감금했고, 잠비아 국세청은 세금을 미납했다는 이유로 반대 성향의 타블로이드 신문사를 폐간시켰다. 케냐에서도 선거 결과에 이의를 제기한 두 비정부기구NGO가 세금 부정 혐의로 일시적으로 문을 닫았다.[65]

조세 독립

조세 행정의 성과를 개선하려는 혁신적(그리고 널리 이용되는) 접근법 중 하나는 세무 행정기관에 대한 정치적 간섭을 아예 없애는 것, 즉 '반자치적 세무 기관'SARA으로 정착시키는 것이다. 남미에서 처음 시작된 이 접근법(1992년과 1997년 사이에 페루에서 이를 통해 세수를 회복한 좋은 사례가 있다)[66]은 아프리카에도 퍼졌으며 캐나다 등 다른 선진국에서도 채택하고 있다.

SARA는 여전히 공공서비스 영역이지만 그 형태는 나라마다 매우 다양하다. 그러나 두 가지 측면에서 일반 관료제와 큰 차이가 있다. 하나는 세무 행정기관의 채용과 보수 정책을 일반적인 공무원법에서 분리하는 것이다. 이는 사실상 앞서 언급했듯이 직무상 요구되는 전문 숙련자들을 유치할 정도로 높은 임금을 책정해 부패를 어느 정도 방지하고 근면성을 장려하는 모형에 더 가깝게 접근하는 것을 의미한다.

두 번째 차이점은 세무 행정을 정치적 간섭에서 보호할 수 있는 충분한 독립성을 세무 행정기관에 부여하는 것이다. 이의 하나로 대부분 사례에서 볼 수 있듯이, 거둬들이는 세수 일부를 SARA가 보유하게 함으로써 자치 측면을 강화하는 것이다. 이는 세금 청부제의 특성이 어느 정도 가미된 것이기도 하다.

이러한 조치는 세무 행정기관을 들쑥날쑥한 예산 배정의 비합리성에서 보호하는 동시에 이들을 자기편으로 만들려는 권력자들의 영향력을 줄일 수 있다는 점에서 합리화될 수 있다. 하지만 이러한 제도가 세무 행정기관의 지나친 세금 징수욕을 자극할 것이라는 우려도 있다.

많은 실무 행정가는 전통적인 세무 행정기관을 SARA로 전환하는 것이 국가에 얼마나 이익이 되는지 지켜보고 있다. 어떤 경우에는 이런 방식의 채택에서부터 혼란을 불러오기도 한다. 예를 들어 어느 곳에서는 부패를 걸러낸다는 명분으로 세무 행정기관을 SARA로 전환하면서 기존의 세무 공무원들을 모두 사직하게 한 다음 다시 지원하게 했는데, 어떤 곳에서는 세무 공무원들이 파업을 하기도 했다. 이런 극단적 혁신이 궁극적으로 세무 행정기관과 일반 국민에게 이익이 될 수도 있지만, 현재 운영에 피해를 준다는 측면에서 보면 큰 대가를 치르게 될 수도 있다.

다행히 많은 실무 행정가는 굳이 새로운 기관을 만들지 않고도 위에서 언급한 SARA의 두 가지 특징을 살리며 진전할 수 있다는 견해를 보이고 있다. 물론 그런 증거는 명백히 존재하지만 SARA로 전

환하는 움직임이 세수 증대를 꾀하려는 의도가 있음을 완전히 지울 수는 없을 것이다.[67]

세금 징수 업무의 민영화

세금 청부제가 지금은 구식처럼 보이지만 그 본질적인 의미, 즉 공공의 목적에 사적 인센티브를 적용한다는 아이디어는 현대적 인식이라고 할 수 있다. 어떻게 보면 그것은 석유 채굴권이나 무선주파수 사용권 할당처럼 오늘날에도 많이 권장되는 수익 극대화 경매 모델에 가까웠다.

예를 들어 기원전 120년경 로마에서는 지방의 세금 징수권을 경매에 부치기도 했고,[68] 네덜란드 동인도회사도 1744년부터 1795년까지 관세 징수권을 경매에 부쳤다. 유럽을 보더라도 16세기 중반 프랑스의 세금 청부업은 주로 공개경쟁입찰로 할당되었다. 영국의 엘리자베스 1세도 이 선례를 따라 관세를 대신 징수하겠다고 나서는 사람들이 충분히 많이 나오면 관세 징수권의 경매를 허용했다.[69]

전 세계에서 지난 수십 년 동안 철도, 항공교통관제, 항공, 에너지 공급 등 공공 부문의 전유물로 여겨졌던 다양한 활동이 민간 부문으로 이전되고 있다. 예를 들어 방글라데시와 인도에서는 다리와 도로의 통행료, 호수나 숲과 같은 공공시설의 입장료 징수를 개인이나 회사에 임대하는 경우가 많다. 2006년 미국 인디애나주는 향후 75년간 250킬로미터에 달하는 인디애나 유료도로의 통행료를 징수하는 일을 호주-스페인 기업 컨소시엄에 38억 달러에 임대했는데, 이 또한 세금 청부제와 그리 다르지 않다.

비록 규모는 크지 않지만 세무 행정에도 민영화(세금 징수 업무의 아웃소싱) 바람이 불었다. 오늘날에는 세금 징수 업무의 아웃소싱이 단순히 몇 가지 기본적인 기능에서만 하는 것을 넘어 꽤 보편화되었다. 모든 세무 행정기관의 약 60퍼센트가 어떤 업무에서든 아웃소싱 제도를 채택하는 것으로 나타났는데, 절반 이상은 IT 서비스였다.[70] 일부 국가에서는 세무 행정의 핵심 기능 중 하나인 체납 세금 징수까지도 민영화하고 있다.

영국 국세청은 2010년 7월부터 소액 체납 세금의 징수를 채권추심 대행업체에 위탁했다. 2013년 기준으로 전 세계 세무 행정기관의 15퍼센트가 미납 세금 추심 업무를, 8퍼센트가 감사 업무를 아웃소싱하는 것으로 나타났다.[71] 미국에서도 40개 주 이상이 체납 세금을 징수하는 데 민간 추심업체를 활용하고 있다. 미국 국세청은 2017년, 체납 세금 징수를 돕기 위해 민간 추심회사 네 곳을 이용할 거라고 발표했다. 이 계획에 따르면, 민간 추심회사들은 체납 세금 징수액의 25퍼센트까지 갖는 것으로 알려졌다.

조세공동위원회는 이 아웃소싱으로 10년간 24억 달러를 추가 세수로 가져다줄 것으로 추산했지만 모두가 이를 지지한 것은 아니다. 니나 올슨Nina Olson 미국 납세자보호협회장은 과거에도 이런 방식을 시도했을 때 현장의 세금 징수원들이 체납자들에게 감당할 수 없는 돈을 걷어내려고 '심리적 속임수'를 사용한 적이 있다고 우려했다. 그와 같은 과거 프로그램들은 징수 비용이 징수된 세금보다 더 커서 지금은 폐지되었지만 최근의 프로그램은 2019 회계연도에 6,500만 달러의 비용으로 2억 1,300만 달러를 징수하는 성과를 올렸다.[72]

세금 청부제가 본격적으로 부활하지는 않을 것이다. 그러나 세무 행정기관들은 세금 부과라는 권력에 내재된 부패와 권력남용의 위험과 세수 증대의 필요성이라는 두 문제 사이에 균형을 이뤄야 한다는 수천 년 묵은 과제를 극복하려고 제도적·개인적 차원에서 민간 인센티브를 활용하는 방법을 계속 실험할 것으로 보인다. 경제생활의 다른 영역에서도 발견되었듯이, 세금 징수 영역에서도 시장형 인센티브를 운용하는 범위는 생각보다 더 다양할 수 있다.

세무 행정기관, 얼마나 커야 할까

세무 행정은 오랫동안 정부의 큰 사업이었다. 기원전 1세기 비티니아Bithynia(아나톨리아 북서부)에서 정부로부터 세금 징수 계약을 따낸 신디케이트는 징수원을 수만 명 고용한 것으로 알려졌고,[73] 아우구스투스 로마 시대의 세금 청부업체에는 약 2만 명이 근무했다.[74] 영국에서는 1690년경 세금 관리가 2,500명에 달했다.

하지만 세무 행정을 담당하는 조직의 크기는 매우 다양하다. 국제기준으로 볼 때, 미국 국세청IRS은 사실 상대적으로 규모가 작다. 2013년 기준 IRS 예산은 징수된 세수의 0.47퍼센트에 불과했는데, 이는 유사한 데이터를 가진 28개 OECD 국가 중 다섯 번째로 낮은 수치다. 예를 들어 영국 국세청HMRC은 그 비율이 0.73퍼센트다.[75]

미국의 수치가 그렇게 낮은 데는 미국 국세청이 다른 나라 세무 행정기관과 달리 부가가치세나 판매세를 징수하지 않기 때문일 것이다.● 그런데도 미국 안에서 IRS가 끔찍하게 비대하다고 보는 주장에서 인력과 자원이 매우 부족하다고 우려하는 주장까지 의견이 많아 갈피를 잡을 수 없다. 과연 누가 옳은 걸까? 세무 행정기관이 더 커

● 미국에서는 부가가치세를 시행하지 않으며, 판매세는 주정부에서 징수함.

져야 하는지 더 작아져야 하는지 어떻게 결정할 수 있을까?

이에 대한 한 가지 간단한 대답은 조세 규칙 자체만 놓고 고려할 때 추가 비용 1달러로 1달러 이상의 세수를 가져오는 한 그 기구를 더 확장해야 한다는 것이다. 이 규칙을 곧이곧대로 따른다면 징수 비용을 뺀 순 세수를 최대화할 수 있다. 그럴듯하게 들리긴 하지만 이는 틀린 말이다.

먼저 직접적인 문제는 이 규칙이 정부의 세금 징수 집행으로 발생하는 납세자의 세금 의무 준수 비용(443쪽 참조)을 무시한다는 점이다. 세금 의무 준수 비용은 세금 회피자에게서만 발생하는 것이 아니다. 세금 회피를 전혀 고려하지 않지만 기록해야 할 정보가 많고 때로는 감사를 받아야 하는 수고를 하는 사람들에게도 발생한다. 앞서 살펴본 것처럼 이러한 세금 의무 준수 비용이 세무 행정 비용보다 훨씬 더 클 수 있다.

순 세수 최대화 규칙에는 또 다른 문제가 있다.[76] IRS가 일부 징수 업무를 아웃소싱하는 데서 나온 수치를 다시 보자. 새 프로그램 덕분에 추가 세수를 2억 1,300만 달러 거두었고 비용은 6,500만 달러가 들었다. 이제 여기에 납세자에게 세금 의무 준수 비용이 4,000만 달러 발생했다고 가정해보자(진짜 얼마가 발생했는지는 알 수 없다). 추가 세수 2억 1,300만 달러는 순 비용 6,500만 달러보다 많고, 여기에 의무 준수 비용 4,000만 달러를 합친 것보다 더 많다. 이 비교의 문제점은 이것이 사과와 오렌지를 비교하는 것과 같다는 것이다.

행정 비용 6,500만 달러와 의무 준수 비용 4,000만 달러는 사람들의 시간 소비, 컴퓨터 작업 등 실제 발생하는 자원 비용이다. 그러나 징수된 세금은 정부 지출로 전환된다. 그리고 앞서 살펴본 바와 같이 정부의 세금 징수를 가치 있는 일로 여기는 이유는 정부가 재정 지출로 시행하는 것이 같은 액수로 민간이 하는 경우보다 사회적으로 더 가치 있다고 믿기 때문이다. 즉 민간 부문이 시행하면 1달러의 가치를 창출하지만 정부가 시행하면 사회적 측면에서 1.20달러의 가치를 창출한다고 보기 때문이다. 따라서 그 자원이 정부로 이전되지 않은 경우(민간이 시행한 경우)보다 정부에 이전됨으로써 20센트 더 많은 가치를 창출했다고 보는 것이다.

그러므로 새 프로그램으로 발생한 순 세수 증가액 1억 4,800만 달러(2억 1,300만 달러-6,500만 달러)의 진정한 사회적 가치는 그 금액의 20퍼센트인 2,960만 달러에 불과하다. 이는 이를 징수하기 위해 실제로 들어간 자원 비용 1억 500만 달러(6,500만 달러+4,000만 달러)에 훨씬 미치지 못한다.

여기서 중요한 것은 조세 규칙을 시행하고 세금 의무를 준수하는 데는 실제 자원이 사용되지만 추가 세수는 추가 자원을 생성하는 것이 아니라 단지 그 자원을 정부에 이전할 뿐이라는 것이다. 따라서 비용보다 더 많은 추가 세수를 거둔다고 해서 그렇게 할 때마다 세무 행정을 확대한다면 결과적으로 세무 행정기관이 너무 커질 것이다.

세금 징수 기술

+

징수 기술은 세무 행정에서 언제나 중요했다. 베이징 조세박물관에는 세금 징수 기술을 잘 보여주는 유물이 있다. 그것은 바로 기원진 323년에 중국 초나라 회왕懷王이 강을 건너는 특정 물건의 세금

세무 행정의 아름다움을 보여주는 예: 고대 중국의 제

을 면제해주는 증표로 쓰려고 주조한 제jie다. 제는 두 조각으로 구성되어 있는데, 각 조각은 청동에 금색과 은색으로 글자가 새겨져 있다. 한 조각은 배와 함께 운반되었고, 다른 한 조각은 세무 관청에서 보관했다. 두 조각이 서로 맞고, 제에 새겨진 화물과 항로의 내용이 정확히 일치해야만 그 물건을 실은 선박은 세금을 내지 않고 통과할 수 있었다.

그 모양을 보면 대나무 조각을 맞추는 관습이 이보다 더 오래전부터 있었음을 알 수 있다. 이와 비슷한 시기인 이집트 프톨레마이오스 왕조시대에는 홍수 때 나일강의 높이를 추적하는 기술을 갖추었는데, 이는 그해 수확이 얼마나 될지 예측해 세율을 어떻게 정할지 판단하기 위해서였다.[77]

몇 세기에 걸쳐 세무 관청들은 자신들이 사용할 수 있는 도구들을 최대한 활용했다. 물건의 무게를 재거나, 숫자를 세거나, 조사하거나, 감시하는 등 그들이 하는 일은 대부분 아직도 거의 변하지 않았다. 비록 무게를 재는 방법이 통일되고 반 레벤후크 같은 사람이 통에 든 액체의 부피를 추정하는 방법을 연구하는 등 기술적으로 크게 진보했지만 일 자체는 거의 변하지 않았다. 증기기관차의 시대가 왔어도 세금 조사관이 빗속에 서서 창문을 세는 일은 크게 달라지지 않았다. 오늘날 세금 징수에 큰 차이를 만든 것은 그 어느 때보다 많은 양의 데이터를 수집해 분석하고 그에 따라 행동하는 능력이 향상된 덕분이다.

12장에서 설명한 원천징수, 자진신고, 정보에 입각한 감사, 제3자 정보의 사용 등과 같은 대중과세를 효과적으로 이행하는 도구들은 양이 방대한 정보를 처리할 능력이 없다면 무용지물에 불과할 것이다. 부가가치세 청구서 수백만 개를 교차 확인하거나 납세자 수천 명에 대한 정보를 세무 관리들이 일상적으로 공유한다는 아이디어는 20년 전만 해도 상상할 수 없었다.

대부분 선진국에서는 전자적으로 세금을 신고하는 것이 일반적인 방법이 되었다. 더 나아가 세무당국이 받은 제3자 정보 등을 이용해 '미리 작성된'pre-filled 소득세 신고서를 발행하는 나라도 있다. 납세자들은 세금 납부 시기가 되면 대부분 미리 작성된 세금 신고서를 이메일로 받는다. 미리 작성된 내용이 그대로 괜찮으면 클릭만 하면 되고 그렇지 않으면 수정하면 된다.

새로운 기술이 창조적으로 응용되는 사례는 매우 많다. 2014년 부에노스아이레스 지방세무청은 드론을 이용해 소유주가 신고하지 않은 저택 200여 채와 수영장 100여 개를 확인하고 이들에게 벌금을 총 200만 달러 부과했다. 이는 우리가 앞서 논의한 조세 규칙의 기준에서 볼 때도(비용을 더 들여 추가 징수하는 세수의 비교), 1만 달러짜리 드론 한 대가 놀라울 만큼 세수를 늘렸다. 인도네시아 세무당국도 드론

을 이용해 농장의 규모나 채굴한 광물의 가치를 낮게 신고하는 탈세자들을 잡아낸다.[78]

이탈리아 정부는 2007년에 '유령 건물'Ghost Building이라는 프로그램을 시작했다. 이는 항공사진과 디지털 토지 등록 지도를 겹쳐 비교함으로써 세무당국의 눈을 피해 토지 등록부에 포함되지 않은 자산(유령 건물)을 찾아내는 것을 목표로 하는 프로그램이다. 이탈리아 세무당국은 이 프로그램으로 유령 건물이 있는 땅 200만 구획을 찾아냈다.[79] 2010년, 그리스 정부는 경찰 헬리콥터를 동원해 부자들의 집을 촬영했는데, 자진 신고된 324개보다 훨씬 많은 1만 6,974개 수영장을 발견했다.[80]

그러나 기술 자체를 해결책이라고 생각해 개발도상국들이 잘나가는 기술만 받아들이면 선진국들의 세무 행정을 뛰어넘을 수 있다는 유혹에 빠질 위험이 있다. 예를 들어 개발도상국인 에스토니아 같은 나라는 세금 징수를 개선하는 기술을 도입해 놀라운 성과를 이루었고, 케냐도 그랬다.[81] 그러나 우리는 그런 유혹에 빠지면 안 된다. 예를 들어 정부가 해외 거주자들의 자산에 대한 방대한 정보를 구축했다고 해서 그들이 그 정보를 잘 소화해 올바르게 활용할 수 있다는 것은 아니다. 게다가 정부는 대규모 프로젝트의 정보 시스템을 업그레이드하는 데 능숙한 편은 아니다(좋게 표현해서 그렇지 사실은 매우 미숙하다).

영국이 2003년부터 세금 공제 시스템을 복지부가 아니라 세무당국이 관리하게 한 것도 이를 보여주는 좋은 사례다. 세금 공제 정책과 그 설계는 본질적으로 매우 복잡해서 보조금을 지급하는 데 필요한 기술과 관행은 세금을 징수하는 데 필요한 기술과 관행과는 전혀 다른 것으로 드러났다. 막상 시행해보니 시스템을 갖춘 것만으로는 매우 부족했다. 시스템은 이름이 비슷한 사람들을 혼동하기도 했고, 조직적인 사기 행위를 막지 못해 10억 파운드 이상 과다 공제를 해주는 오류를 범하기도 했다. 이 모든 것이 IT 시스템의 잘못은 아니지만, 결국 다음 정부에서는 공제 시스템을 개선해 보조금 지불 업무를 다시 복지부로 돌려주었다.

반대로 납세자들, 특히 세금을 회피하거나 심지어 부정한 공제를 받으려는 사람들도 기술을 이용할 수 있다. 예를 들어 세금을 집행하기 위해 과세 물건에 염색하는 기술을 사용하는 경우를 생각해보자. 우리는 9장에서 미국에서는 경유의 세율이 용도에 따라 다른 것을 보았다. 즉, 농장 트랙터나 주거 난방 등 오프로드 목적으로 사용되면 낮은 세율이 적용되고, 도로를 주행하는 자동차의 연료로 사용되면 더 높은 세율을 적용했다. 경유가 최종 사용되기 전에 세금을 징수하므로 1993년부터 미국 정부는 낮은 세율이 적용되는 오프로드 용도의 경유가 자동차 연료로 사용되는지 쉽게 알아내는 방법으로 낮은 세율이 적용되는 연료를 염색하는 프로그램을 도입했다. 연료탱크가 빨갛게 물들어 있으면 트럭을 세워 염색된 연료를 사용하는지 확인해 탈세를 적발했다. 이 아이디어는 매우 훌륭해 보여서 전 세계에서 따라 했다. 그런데 문제는 염색을 없앨 수 있다는 것이었다. 2010년, 아일랜드 아마주에서는 연간 850만 리터나 되는 염색 경유에서 염색을 제거한 불법 경유 공장을 발견했다.[82]

납세자들이 세무당국을 능가하는 기술을 사용하는 사례는 많다. 우리는 '재퍼'라는 소프트웨어가 어떻게 전자 금전등록기를 훼손할 수 있는지 보았다(430쪽 참조). 사기꾼들은 심지어 새로운 기술도 자신들에게 유리하게 바꾸는 데 능숙하다는 사실을 증명했다. 2015년 범죄자들은 훔친 데이터를 이용해 IRS 웹사이트에 들어가 10만 명 이상의 세금 환급 정보에 접근해 IRS가 간파하기도 전에 환급금 5,000만 달러를 빼갔다.[83] 동유럽에서도 사기꾼들은 눈부시게 활약했다. 그들은 시스템이 표준 '우수 관행'을 따른다는 약점을 이용해 소액 환급을 대량으로 청구한 후 큰 금액의 환급을 청구하는 수법을 사용했다.

세무 행정의 디지털화는 세금 관청과 상상력이 풍부한 부정직한 납세자 사이에 기술 경쟁의 장을 제공하게 될 것이다. 몇 세기 동안 세금 관청은 탈세자들의 조세 회피 계획을 따라잡아 왔다. 탈세자들이 탈세의 길을 찾으면 당국은 이를 봉쇄한다. 그러면 탈세자들은 새 길을 찾고 당국은 다시 이를 찾아 봉쇄하는 과정이 반복되었지만, 당국이 결국 승리할 거라는 완전한 믿음을 주지는 못하고 있다.

지금까지 조세 행정에 적용된 기술은 대부분 이미 하던 작업을 더 잘하려는 것이었다. 예를 들어 드론이 신고되지 않은 수영장을 찾는 일은 검사관이 굴뚝을 찾는 일과 크게 다르지 않다. 그리고 몇 세기 전의 세관 직원들이 오늘날 화물 컨테이너를 열어 보지 않고도 그 안에 무엇이 들어 있는지 스캐닝하는 기술을 본다 해도 그것이 무엇을 뜻하는지 쉽게 파악할 것이다. 전자부가세 송장은 종이 송장보다 추적과 확인이 쉽지만, 들어 있는 정보는 거의 같다. 그리고 전자 신고도 수동으로 하는 서류 신고와 양식이 거의 비슷하다. 그러나 이제 다가올 미래를 정면으로 주시하게 될 15장에서 우리는 디지털화로 창출되는 기회가 새로운 문제와 함께 더 근본적인 변화를 가져오리라는 사실을 알게 될 것이다.

♦ ♦ ♦

『창백한 왕』의 데이비드 포스터 월리스는 "세무 정책과 행정의 모든 주제는 따분하다. 그것도 엄청나게 재미없다"라고 말했다.[84] 이 책의 독자들은 인내하며 여기까지 왔으니 월리스 말에 동의하지 않기를 바란다. 지금쯤 세금 제도를 잘 설계하고 효과적으로 시행하게 만드는 것이 무엇인지 꽤 명확히 생각하게 되었을 것이다. 어려운 점은 그 지혜를 실천하는 일인데, 그것이 이 책의 마지막 주제다. 마지막 주제는 세금 제도를 구축하는 현실(대개는 추악하고 절망스럽지만 놀랍게도 성공한 사례도 몇 가지 있다)을 보는 것으로 시작된다.

5부

세금 규칙 만들기

국가는 누군가가 일부러 설계한 것처럼 보이는 세금 제도를 가지고 있어
야 한다.

윌리엄 E. 사이먼(미국의 전 재무장관)[1]

14장

납세의 기쁨

사람들에게 세금을 부과하면서 그들을 기쁘게 하는 것은 사랑하면서
지혜를 잃지 않는 것만큼이나 인간에게 허용되지 않은 일이다.

에드먼드 버크[1]

1920년대 초 소련 정치국에서 농업 과세의 미래를 놓고 심의를 했다.

> 라이코프: 농부들이 집단농장에 가입하지 않으면 세금도 내고 온갖
> 부담을 져야 하는지… 강제로 가입해야 하는지 묻고 있소.
> 트로츠키: 강제하는 게 아니라 격려하는 거요.[2]

 세법을 만드는 것이 항상 이렇게 냉소적인 일은 아니지만 아름
다운 경우는 드물다. 19세기 시인 존 고드프리 색스John Godfrey Saxe는
"법은 마치 소시지처럼 어떻게 만들어지는지 알면 알수록 존중하는
마음이 떨어진다"라고 말했다(비스마르크도 비슷한 말을 했다).[3] 이 장에
서는 세법이 실제로 어떻게 만들어지는지 그리고 그 과정이 항상 사랑

스럽진 않은데도 어떻게 그렇게 좋은 결과를 만들어내는지 살펴본다.

재무장관의 꿈

+

18세기 영국에서 밀수는 큰 사업이어서 폭력조직을 낀 밀수도 성행했다. 밀수한 브랜디를 즐기는 뚱뚱한 주교나 친구들과 차를 마시며 상류층인 척하는 가게 주인 뒤에는 고도로 조직화한 악랄한 범죄 집단들이 있었다. 밀수품이 들어오는 해변과 입항지에서는 전투가 끊이지 않았다. 바다에서 벌어지는 전투에서는 대개 세관의 배가 월등한 군사력을 보였지만, 내륙에서 벌어지는 전투에서는 꼭 그렇지만은 않았다. 1723년에서 1736년 사이에 밀수꾼에게 폭행당한 세관원은 250명이 넘었고 6명이 살해되었다.[4]

가장 많이 밀수된 품목은 단연 차였다. 영국 의회 위원회는 1745년 동부 해안의 서퍽주 한 곳에서만 수레로 1,835대 분의 차가 세금을 내지 않은 채 해안에 내려졌고, 70명에 달하는 무장 경비원이 이 차를 내륙으로 몰고 갔다는 보고를 받았다. 조직 갱들은 조직원을 무려 2만여

밀수꾼들 덕분에 영국인들은 맛있는 차를 즐길 수 있었다.

명이나 거느렸다.[5] 차를 즐기는 영국인이 더 많아졌지만 세금 장부의 주 수입원이었던 차에서 거둬들이는 세금은 오히려 줄어들었다.[6]

1745년, 헨리 펠럼Henry Pelham 총리는 마침내 갱들 때문에 생기는 사회적·재정적 문제를 과감하게 정비하고 나섰다. 그는 차에 매기는 관세를 100퍼센트에서 약 50퍼센트로 절반가량 줄였다.[7] 이는 소비자가 마시는 차값 인하로 이어졌고, 합법적으로 세금을 내고 들여오는 차도 세 배나 늘어났다. 이처럼 세금을 내고 들여오는 차의 양이 늘어나자 정부 수입은 세율 인하를 상쇄하고도 남았다. 오히려 차에서 거둬들이는 관세 수입이 실제로 더 늘어나는 현상이 나타났는데, 세율 인하 전후 5년을 비교해보면 차에서 거둬들이는 관세 수입은 두 배 가까이 늘어난 것으로 나타났다.

세금을 인하하고도 세수를 더 많이 거두는 것은 모든 재무장관의 꿈이다. 모두가 행복하니까 말이다(패자도 불평거리가 없어졌으므로). 그러나 세율을 인하하면 과세 기반이 확장되어 세수가 늘어나고 밀수가 줄어드는 행동 반응이 나올 거라는 생각은 펠럼 시대에도 새로운 것이 아니었다. 1377년 이슬람 철학자 이븐 할둔Ibn Khaldûn은 "왕조 초기에는 세금을 낮게 매겨 수입을 많이 거둔다. 그러나 왕조 말기에는 세금을 높게 매기고도 조금밖에 거두지 못한다"라고 했다.[8]

이후 세월이 흐르면서[9] 조너선 스위프트Jonathan Swift, 애덤 스미스, 데이비드 흄David Hume, 장 바티스트 세, 제임스 매디슨, 알렉산더 해밀턴 같은 사람들이 똑같은 주장을 펼쳤다. 오늘날 이 생각은 로널드 레이건 대통령의 경제정책자문단에서 일했던 아서 래퍼Arthur Laffer가 1974년 워싱턴D.C.의 한 식당에서 냅킨에 낙서했다는 '래퍼 곡선'Laffer Curve과 관련이 있다.

곡선의 기본적 논리는 간단하다. 어떤 일 또는 물건에 세금을 100퍼센트 부과하면[10] 세수가 전혀 생기지 않는다. 사람들이 그 일을 해도 이익을 내지 못한다면 그 일을 하지 않을 테고, 결국 세금을 내는 사람도 없을 테니 말이다. 따라서 세수가 생기려면 세율을 낮춰야 하는데, 이 경우 세수가 최고치에 도달하도록 100퍼센트 이하의 어느 수준으로 세금을 부과해야 한다. 세율이 그 수준을 넘어서면 세수는 다시 줄어든다는 논리인데 충분히 일리 있는 얘기다.

문제는 이 곡선이 세수를 극대화하는 세율이 어느 수준인지 말해주지는 않는다는 것이다. 세율이 10퍼센트에서 세수가 극대화되는지, 90퍼센트일 때 극대화되는지에 따라 정책적 의미는 크게 달라진다. 펠럼은 차에 부과한 초기 세율이 실제로 세수를 극대화하는 수준보다 높다고 추정했다. 그러나 오늘날 상황에서 우리가 래퍼 곡선의 어디쯤 있는지는 거의 명확하지 않다.

사실 펠럼의 차세 인하나 몇 년 전 커피 소비세 인하[11] 등 몇 가지 사례를 제외하면, 세율 인하가 지속적인 세수 증대로 이어진 세제 개혁 사례는 찾기 어렵다. 최근 몇 년간 래퍼 곡선의 효과를 본 사례는 5장에서 언급한 2001년 러시아의 '단일세율' 개혁 정도였다(353쪽 참조). 여기에는 20~30퍼센트에 달하는 높은 세율을 인하해 단일세율 13퍼센트를 적용하고,[12] 면제 혜택도 축소하는 내용이 포함되었는데, 이듬해 개인소득세 수입은 약 23퍼센트 증가했다. 당시 이것이 래퍼/펠럼 곡선 현상 같다면서 많은 관심을 끌었다.

이후 몇 년 동안 10여 개국이 유사한 형태의 단일세율제를 채택했다.[13] 하지만 러시아의 개혁도 노동 공급이나 투자를 늘리는 데는 큰 도움이 되지 않았다는 것이 현재 공통된 의견이다. 동시에 강력한

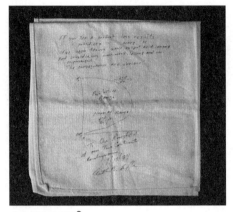

아서 래퍼의 냅킨 ●

단속을 시행해 세금 의무 준수가 상당히 개선되고 세수가 늘었지만 인하율을 초과할 정도는 아니었다.[14]

미국에서 1981년 레이건 행정부가 소득세율을 대폭 인하했을 때도 세수 증가로 이어지지는 않았다. 캔자스주에서도 2012년 새 주지사가 당선되면서 세율을 인하했지만 세수는 늘지 않았다. 오히려 세율 인하 이후 캔자스주 경제는 이웃 주들보다 크게 뒤처졌고, 세수까지 줄어들면서 도로와 학교에 대한 지출을 줄일 수밖에 없었다.[15]

펠럼의 논리는 실패할 확률이 높아서 본받을 만한 것은 되지 못한다. 전 세계 주요 세금들이 세율을 인하해 세수를 극대화할 수 있다고 볼 만큼 높은 세율을 적용한다는 증거는 거의 없다.

그럼에도 중요한 진실은 세율 인하에 대한 납세자들의 행동 반응이 세수가 늘어나게 하지는 못하더라도 세수 손실을 줄이는 경향은 있다는 것이다. 또 인센티브 변경에 따른 행동 반응이나 세금 회피, 탈세하기 위한 사람들의 창의력을 무시하는 '정태적 세수'Static Revenue 추정은 언제나 세율 인하로 인한 세수 감소나 세율 인상으로

● 출처는 워싱턴D.C.에 있는 미국역사박물관임.

인한 세수 증가를 과대평가하기 마련이다.

그러나 세율 변화에 납세자가 반응하여 일어난 세수 증가 효과를 계량화하는 것(이를 '동태적 평가'Dynamic scoring라고 한다)은 쉽지 않다. 논쟁할 여지가 있기 때문이다. 예를 들어 미국에서 2017년 트럼프 대통령의 세제개혁법안에 따른 10년간 정태적 세입 손실액 예상치는 약 1조 5,000억 달러였다. 이 개혁법안의 지지자들은 이것이 납세자 행동에 미치는 영향이 이 정도 세수 손실을 만회할 만큼 강할 거라고 주장했다. 그러나 당파를 초월한 조세공동위원회는 그 영향이 0.5조 달러에 불과할 거라고 추산했다. 물론 이 같은 예측은 정보에 바탕을 둔 추측일 뿐이다.

그러나 정확도는 '동태적 평가'의 핵심이 아니다. 동태적 평가는 세제개혁안이 세수에 미치는 영향을 현실적으로 광범위하게 점검하는 것이 목적이다. 정치인들이 세율을 인하해 납세자를 기쁘게 해주고 싶어 하면서도 재정적으로 무책임하다는 비난을 받지 않으려고 막연하게 납세자들의 세수 증가 행동 반응만 불러일으키려 한다는 점을 감안할 때 세제개혁은 반드시 필요하다.

야수 굶주리기

+

앞서 말했듯이 세금을 인하하면서도 세수를 늘리는 것은 모든 재무장관의 꿈이다. 그러나 그들이 세금 인하를 좋아하는 또 다른 이유는 세수를 줄이면 정부가 자기 이익이나 소수 정파의 이익을 추구하느라 조직이 비대해졌다는 말을 듣지 않을 수 있기 때문이다. 11장에서 살펴보았듯이 국제간 세금 인하 경쟁에 따른 법인세 하향 압력에 대한 시각이 긍정적이었던 것도 이런 이유에서였다.

이런 관점을 가장 강력하게 표현한 사람이 제프리 브레넌Geoffrey Brennan과 1986년 노벨상 수상자 제임스 뷰캐넌James Buchanan이다. 특히 뷰캐넌은 정부를 시민의 복지가 아니라 오직 자신의 크기를 최대화하는 데만 관심을 기울이며 과잉 과세에 몰두한 '리바이어던' Leviathan(성서에 등장하는 바다의 괴물)으로 생각했다. 물론 이런 관점은 세금이 조달하는 공공비용을 어떻게 보느냐에 따라 달라질 수 있다.

확실히 세금이 종종 무의미한 프로젝트에 낭비되었다거나, 힘 있는 소수에게만 혜택을 주었다거나, 심지어 그저 도둑맞고 있었다는 사실은 부인할 수 없다. 어떤 정부든 시작만 하고 끝을 보지 못한 사업bridge to nowhere[16]이 많고, 천 년 동안 정부가 저지른 어리석은 지출에 대해 쓰려면 책 한 권은 족히 될 것이다. 어쨌든 궁극적으로 세금을 공적 자원의 가치 있는 활용(아마도 재분배를 의미)으로 보는 사람도 있고 전적으로 불필요한 낭비라고 보는 사람도 있지만, 이에 대해서는 좀 더 의미 있는 대화가 필요하다.

정부를 리바이어던이라고 보는 관점은 세금에 대한 일반적인 생각을 완전히 뒤엎은 것이다. 가장 이상한 것은 그동안 좋은 것이라고 여겨졌던 생각이 사실은 나쁜 생각이라는 것이다. 예를 들어 정부가 세금을 거둬들이는 데 드는 비용을 줄이려고 징수 기술을 개발하는 것은 이미 비대해진 정부를 더 크게 만들 수 있어 바람직하지 않다는 것이다.[17] 이 관점에 따르면 초과 부담이 매우 클 때만 그런 징수 기술을 사용하도록 제한해야 한다.

비효율적인 조세 정책으로 재원을 낭비하지 않도록 정부 규모를 제한하는 대안으로는 헌법적 규제를 들 수 있다. 미국 50개 주 중 절반은 주 헌법에서 주정부 세수나 지출의 규모와 증가율을 특정 고정 수치 또는 인구, 인플레이션, 개인소득의 증가율만큼으로 제한하고 있다. 다른 주들도 새로운 세금안을 통과시키려면 주 의회의 각 위원회에서 압도적 다수 또는 유권자의 수정안 승인이 필요하다. 연방정부 차원에서는 연방정부의 지출이 연방수입을 초과하지 않도록 규정한 헌법의 균형예산 수정안이 몇 년간 오락가락했다. 헌법으로 제한하는 것보다 한 단계 낮은 조치가 법률로 정하는 다양한 재정 규칙이다.

글로벌 금융 위기 이후 법률 차원의 제한이 급속히 확산되었는데, 2015년까지 90개 이상의 국가에서 이런 규칙을 두었다.[18] 이런 규칙은 대개 정부 규모를 제한하는 것보다는 적자 편향, 즉 정부가 부채를 과도하게 쌓으려는 성향을 바로잡는 데 더 초점을 맞춘다. 그러나 적자 또는 부채를 제한하는 규칙은 지출 제한뿐만 아니라 세수 증대로도 충족할 수 있다. 간접적인 제한은 있을 수 있지만, 총세수의 상한을 명시적으로 설정해놓은 규칙은 사실상 드물다. 약 20개국이 지출의 상한선을 설정해놓았는데,[19] 이는 정부 규모의 성장을 될 수 있으면 제한하는 것을 직접적인 목표로 삼고 있다. 예를 들어 스웨덴은 정부 지출에 대해 3년 단위로 증가 한도를 설정한다. 재정에 대한 전반적인 책임이 요구되므로 이런 규칙들은 부채/적자 규칙과 함께 운영되며, 지출 한도를 설정하는 것은 암묵적으로 세수의 상한을 설정하는 효과가 있다.

의도적으로 '야수를 굶주리게 하는'starving the beast ● 전략도 있다.

● 야수는 정부를 말하며 정부가 낭비하지 못하게 세수와 지출을 줄이게 하는 것.

적자를 두려워하는 의원들에게 지출을 줄이도록 유도해 의도적으로
세금을 줄이고 적자를 내게 하는 것이다.[20] 그러나 이 접근법은 효과
가 없을 뿐 아니라 심지어 역효과를 불러온다는 증거가 있다는 것이
문제다.[21] 정부에서 세금을 올리기보다 적자를 늘리는 방식으로 자금
을 조달하면 유권자들은 세금이 명시적으로 수반되지 않는 정부 서
비스가 세금이 수반되는 정부 서비스보다 세금을 덜 걷는다고 잘못
인식하게 되어 결과적으로 정부 활동을 더 작아지게 만들기는커녕
더 커지게 만든다는 것이다.[22]

코번트리에서 로비의 중심가 'K스트리트'까지

+

국민과 기업들은 정부가 자신들에게 더 유리한 세금 정책을 펴
게 하려고 끊임없이 노력한다. 게다가 정부가 추진하는 법안에 이해
관계가 크게 걸려 있으면 법안을 제정하기 위한 로비도 마다하지 않
는다. 2017년 트럼프 행정부의 세제개혁안이 만들어지는 과정에서도
그랬다. 당파를 초월한 감시단체인 퍼블릭 시티즌Public Citizen에 따
르면, 당시 세제개혁안 제정에 4,600명이 넘는 로비스트가 로비를 펼
쳤다. 그해 마지막 분기에 전미 부동산중개인협회는 로비 비용으로
2,220만 달러를 지출했고, 200대 기업의 이익을 대변하는 경제 단체
인 비즈니스 라운드테이블은 1,730만 달러를, 미 상공회의소는 1,680
만 달러를 로비에 썼다.[23]

로비의 진실

다른 세금 문제와 마찬가지로 로비에서도 본질적으로 새로운 것은 거의 없다. 『로빈슨 크루소』의 작가 대니얼 디포Daniel Defoe는 영국에서 진 열풍이 일어난 초기에는 증류업자들을 강력히 지지하는 글을 썼다가 나중에는 태도를 바꿔 반대 진영의 강력한 옹호자가 되었다. 작가 토머스 페인은 2년 동안 런던에서 소비세 징수원의 임금을 인상하려고 로비 활동을 했다. 그러나 세금 로비스트 중 가장 낭만적인 사람은 돈 많기로 소문난 정치로비단체PAC[24] 회원으로서보다 황금 자물쇠로 더 유명한 고다이바 부인Lady Godiva일 것이다.

전해지는 이야기에 따르면, 11세기 초 고다이바 부인은 남편인 코번트리의 영주 레프릭Leofric(머서 백작)에게 백성들에 대한 세금을 줄여달라고 간청했다고 한다. 레프릭은 그녀 뜻이 얼마나 강한지 의심스러워 만약 나체로 말을 타고 마을을 돌면 세금을 줄여주겠다고 했다. 그녀는 그 말이 남편의 엄포라고 생각했지만, 코번트리 사람들에게 창문과 문을 닫은 채 집 안에 머물러 있으라고 명령하고는 긴 머리를 풀어 망토처럼 몸을 가린 채 사람들이 없는 조용한 거리를 말을 타고 돌았다.

그런데 백작 부인의 나신을 보고 싶은 호기심을 참을 수 없었던 양복 재단사 톰이 창문 틈으로 부인을 보려다가 제대로 보기도 전에 눈이 멀었다는 이야기가 전해진다(이것이 유래가 되어 '훔쳐보는 사람'을 '엿보는 톰'Peeping Tom'이라고 하게 되었다). 결국 레프릭은 약속을 지켰다. 말을 탄 사람을 제외하고는[25] 마을 사람들에게서 통행료를 받지 말라고 한 것이다.[26]

고다이바 부인은 분명히 특별한 이해관계에 얽힌 사람이 아니

고다이바 부인. 유명한 세금 시위자

었다. 그녀가 그런 행위에 나선 것은 어떤 이익 때문도 아니었다. 하지만 로비스트는 대부분 과거에나 지금이나 특별한 이해관계에 얽힌 이들이다. 17세기 후반 영국에서 가죽 관세 폐지 운동이 벌어졌을 때 100개 가죽 사업자가 150건 이상의 탄원서를 의회에 제출했다.[27] 1694년 게임용 카드 제조업체들은 카드에 대한 소비세 폐지를 주장하는 데 드는 비용을 모으려고 회원사들에서 회비를 거뒀다.[28]

18세기 초까지 로비스트들은 세금 인상에 반대하는 다섯 가지 논리를 전개했는데, 이 주장들은 여전히 로비스트들의 단골 메뉴가 되고 있다. 첫 번째는 세금이 인상되는 거래나 직업은 생산의 감소, 실업의 증가 등 심각한 피해를 겪게 된다는 것이다. 1986년 조세개혁법을 반대한 사람들은 당시 이 법안 제안자들에 대한 불신을 노골적으로 드러냈다.

국회에서 회람되고 있는 다양한 연구에 따르면, [투자 인센티브를
위축시키는 조항이 담긴] 이 법안은 건설업계에 존스타운형 시안
화물●을 한 모금 마시라고 강요하는 것과 같다. 아파트 임대료는
20~40퍼센트 인상될 테고, 오래된 도심 이웃들이 가차 없이 파괴
될 것이며, '미국인들의 구강 건강'이 위태로워질 것이다. 말 사육
은 18퍼센트 감소할 것이고 미국령 사모아는 황폐해질 것이며 참치
통조림은 쓸모없어질 것이다.[29]

두 번째 주장은 세금 인상 제안이 효과가 없다는 것이다. 세금
인상 조치로 행정 비용이 많이 발생해 세금이 더 고통스러워지고 과
세액 이상의 비용을 초래할 뿐이라는 것이다. 세 번째는 세금 인상이
헌법을 위반한다는 것이고, 네 번째는 거시경제, 즉 무역수지에 부정
적 영향을 미친다는 것이다.[30]
마지막 다섯 번째는 세금 입법이 다른 사람의 복지와 안녕을 해
칠 우려가 아주 크다는 것이다. 예를 들어 1733년 영국의 소비세 인
상에 반대하는 사람들은 소비세 인상이 영국인들의 자유를 박탈하므
로 자신들이 담배회사와 와인회사의 경제적 이익을 지켜주고 영국
국민의 정치적 이익을 보호하러 나섰다고 주장했다.[31] 이런 주장은
오늘날에도 여전히 제기되는데, 특정 이익단체의 대표자들은 자신들

● 종교단체 '인민사원'을 이끌던 교주 짐 존스가 1978년 신도 909명을 시안화 독극물로 집단
자살하게 했는데, 그곳을 존스타운이라고 함.

의 로비가 자신들에게 영향을 미치게 하려는 것이 아니라 순진하고 취약하며 평범한 일반 서민들에게 영향을 미치게 하려는 것이라고 주장한다.

2017년, (석유에 큰 이익이 걸린) 거대 에너지기업 코크 인더스트리즈의 지원을 받은 로비 단체들은 (11장에서 설명한 DBCFT의 노선에 따라) 수출에는 면세를 해주고 수입에만 세금을 부과하는 '국경 조정' 형태의 기업세 부과 방안에 반대하며, 이 세금이 단지 '일상용품의 가격을 올리는 새로운 소비세가 아니라 마땅히 그 세금을 면제받아야 할 열심히 일하는 가구에 해를 끼치는 결과를 가져올 것'이라는 광고를 냈다.[32] 이 광고는 기업세가 사실상 임금 손실을 상쇄하는 보조금을 수반할 거라는 내용도 말하지 않았고, 석유 수입 관련 산업에 미치는 긍정적 영향도 언급하지 않았다. 휴이 롱은 이런 로비를 다음과 같이 적절하게 표현했다. "실제로 그렇지는 않더라도 그런 주장을 시민을 위해서 한 것이라고 설득할 수 있어야 한다."[33]

이들은 전혀 해롭지 않은 세금 개편안조차 이익을 위협한다고 주장한다. 예를 들어 '2016년 세금신고 간소화법'은 소득원이 단순한 경우 신고할 필요 없이 세금을 원천징수하기만 하면 소득세 납부를 마무리하는 내용으로 되어 있어 반대할 아무런 이유가 없다. 그러나 개인 세금 소프트웨어 업계(선두 제품인 터보택스 제조사가 이끌고 있다)는 그 법안이 나머지 사람들에게 놀랄 만큼 해롭다고 주장했다. 그뿐만 아니라 이들은 다음과 같이 간소화법을 비판했다.

세무 대리인, 세금 징수원, 세무 감사인, 세무 집행관 역할을 IRS 한곳에 모아둠으로써 미국인에게 엄청나고 잠재적으로 해로운 이해 상충을 불러올 뿐 아니라, 시스템을 만드는 것 자체가 납세자에게도 큰 부담이 될 것이다. 이 법안은 납세자에게 불리한 동시에 IRS의 필수적인 세무 행정 업무를 불가능하게 만들 것이다.[34]

하지만 우리는 간소화법이 정말 그런지 잘 모르겠다.

마가린의 수난

세금 로비는 때로 경쟁자들을 죽이기도 한다. 1860년대 프랑스에서 버터 가격이 치솟았고, 프로이센과 벌일 전쟁으로 버터 부족 사태가 더 악화될 것으로 보였다. 이에 나폴레옹 3세는 1866년 파리 세계박람회에서 값싸고 영양이 풍부한 버터 대용품을 만드는 사람에게 상을 주겠다고 발표했다. 프랑스의 화학자 이폴리트 메주 무리에 Hippolyte Mège-Mouriès는 쇠고기 지방에서 유지방과 비슷한 순수 기름을 추출할 수 있다는 아이디어를 떠올렸다. 그는 이것을 우유와 결합해 버터 같은 대용품을 만들어 '올레오마가린'oleomargarine이라고 했다. 1874년 미국 유제품 회사가 메주 무리에의 미국 특허권을 사들였고, 이후 미국 소비자들에게도 마가린을 소개했다(물론 메주 무리에는 나폴레옹에게서 상을 받았다).

그러나 미국 낙농업계는 곧바로 값싼 진짜 버터 대체품을 찾아 냈고, 입법자들에게 경쟁 제품(마가린)의 수입을 제한(물론 폐지가 더 좋았겠지만)해달라고 촉구했다. 1877년, 두 주에서 소비자들이 마가린을 버터로 잘못 생각하지 않게 한다는 명분으로 라벨링법을 도입했다. 1882년 지역 낙농단체들은 '건강에 대한 오염과 위험'(다분히 마가린을 염두에 둔 것으로 추정)에 맞서려고 '전국 버터 불순물 방지협회'를 결성했다. 그들은 '가짜 버터'를 만드는 데 사용되는 혐오스러운 재료들에 대한 끔찍한 이야기로 반反마가린 선전을 시작했다. 1886년까지 22개 주에서 마가린의 제조와 판매를 금지하는 법률을 제정했다.[35] 1900년까지 30개 주에서 마가린이 너무 버터처럼 보이지 않게 색상을 규제하는 법률을 만들었는데, 5개 주에서는 마가린에 분홍색을 입혀야 했다.

곧이어 정부는 세금이라는 칼을 꺼내 들었다. 1886년 미국 연방정부는 마가린에 세금을 파운드당 2센트 부과하고, 마가린 생산자에게 라이선스 비용을 연간 600달러 부과하는 '연방 마가린법'을 공포했다. 이 법에 따라 마가린을 취급하는 도매상도 연간 480달러를 세금으로 내야 했고, 소매상이 마가린을 팔 권리를 획득하려면 세금을 48달러 내야 했다.

이 세금의 지지자들은 자신들의 진짜 의도를 굳이 숨기려 하지 않았다. 소가 많은 위스콘신주 출신인 한 하원의원은 다음과 같은 발언으로 세금의 위력에 대한 대니얼 웹스터의 견해(254쪽 참조)가 정확하다는 사실을 증명했다. "나는 세금을 부과해 마가린을 이 땅에서 쫓아냄으로써 마가린 제조 파괴의 깃발을 휘날릴 것이다."[36] 1937년까지 31개 주에서 올레오마가린에 세금을 부과했다.

결국 미국 낙농업계는 세금 정책을 자기편으로 끌어들이는 데 성공했다. 기업에서는 세금을 아예 내지 않는 것이 조금이라도 내는 것보다 더 좋지만, 경쟁자들만 세금을 내는 것은 더 좋은 일이다.[37]

체인점의 승리
1920년대에는 미국 전역에서 체인점이 폭발적으로 늘어났다. J.

C. 페니는 1920년 312개 매장을 운영했는데, 1930년에는 1,452개로 성장했다. 약국 체인 월그린도 같은 기간 매장이 23개에서 440개로 늘어났고, 슈퍼마켓 체인 A&P는 4,621개에서 1만 5,737개로 늘었다.[38] 그러자 당연히 경쟁자들이 주목하기 시작했다.

적어도 해당 지역에 정치적 영향력이 있는 소상인들이 '동네 상점 이용하기'buy-at-home 캠페인을 조직했다. 마침내 주 의회도 체인점 수 증가를 억제하려고 세금 조치를 고려하기 시작했다.[39] 이 중 첫 번째 세금안은 법정에서 기각되었지만, 1929년 노스캐롤라이나주와 인디애나주는 법원 심의를 통과한 체인점세를 법제화했다. 루이지애나주는 루이지애나에 본부를 둔 체인점만을 대상으로 전국 총매장 수를 기준으로 한 등급별 체인점세를 통과시켰다. 마침내 28개 주와 지자체들이 체인점세를 채택했다.

그러나 1936년 캘리포니아에서 시행된 주민투표에서 1호점에 1달러, 2호점에 2달러, 3호점에 4달러 … 9호점에 256달러, 10호점 이후부터는 500달러를 부과하는 식의 기하급수적 인상안을 담은 새 체인점세가 부결되면서 상황은 반전되었다.

원하는 결과를 달성하려고(이 경우 대형 체인점의 성장을 억제하려고) 세금을 부과했다가 역풍을 맞은 것은 이번이 처음은 아니었다. 체인점들은 세금 부과 피해를 최소화하는 가장 좋은 방법은 매장을 새로 여는 것이 아니라 기존의 개별 가게들을 슈퍼체인에 통합하면 기존의 개별 가게 매출을 합한 것보다 더 큰 매출을 올릴 수 있다는 사실을 깨달았다.[40] 결국 1940년대 초 이후 유사한 체인점세를 통과시킨 주는 더 나오지 않았고, 1980년에는 6개 주만이 체인점세를 유지했지만 그다지 가혹하게 적용하지는 않았다.[41]

세금과 규제에 대한 대응에서 볼 수 있는 것처럼 중소기업과 대기업의 긴장감은 여전히 지속되고 있다. 2004년 샌프란시스코는 체인 회사가 도시의 특정 지역에 매장을 열려면 추가 승인을 받도록 의무화했고, 다른 소매업체나 거주자들에게 이의를 제기할 기회를 주었다. 월마트는 소유주인 월튼 가족이 연방 세금 조항의 혜택뿐 아니라 연간 7,000만 달러에 달하는 주 및 지방정부의 경제개발 보조금 혜택을 받는다는 비난과 함께 구멍가게를 죽이는 매머드 기업의 상징이 되어버렸다.[42]

소기업들은 또 다국적 대기업들이 11장에서 살펴본 것과 같은 교묘한 제도를 이용해 소기업들은 할 수 없는 방식으로 세금 부담액을 줄인다고 분개한다. 예를 들어 스타벅스에 화가 난 곳은 대개 지역의 작은 커피숍이었다. 그러나 많은 나라에서 1930년대 대기업 전횡의 우려가 다시 나타난 것은 인터넷 때문이다. 아마존과 같은 거대 원격 판매자들은 구멍가게뿐만 아니라 오프라인 체인점과 심지어 월마트 같은 거대 상인들까지 위협하고 있다. 그리고 그들이 지금처럼 부상한 이유 중 하나는 바로 세금이었다.

최근까지 미국 법은 다른 주의 판매업자들(인터넷을 통해 운영하는 사람들 포함)이 주 경계 안의 고객들에게 판매한 매출에는 해당 주 정부가 판매세를 징수할 수 없다는 태도를 고수했다(그러나 같은 구매를 현지 상점에서 하면 과세 대상이 된다). 현지의 구멍가게들은 법의 그런 관행이 원격 판매자들에게 경쟁적 우위를 제공한다고 주장했다. 하지만 이제 이런 관행은 변하고 있다. 2018년 미국 연방대법원은 사우스다코타주가 일정 규모 이상의 다른 주 판매자들에게도 판매세를 부과할 수 있다고 판결했다.[43] 앞으로 단기간에 많은 주에서 이런 규정을 채택할 것으로 예상된다.

국제적 차원에서도, 특히 '무형 서비스'와 관련해 비슷한 문제가 생긴다. 전문적 서비스나 다운로드가 가능한 소프트웨어 같은 것들은 물리적 상품과 달리 국경에서 가로막고 세금을 부과할 수 없다.

부가가치세법은 구매자 국가에서 그런 서비스에 대한 과세를 점점 더 인정하는 추세인데, 문제는 구매자의 국가에서 물리적 사무실을 두지 않은 판매자를 식별하고 등록하게 하기가 쉽지 않다는 것이다. 무형의 서비스뿐만 아니라 상품에도 문제가 생긴다. 일반적으로 저가 수입품은 부가가치세가 면제되는 일이 많기 때문이다. 그런 상품의 판매량이 많아지면서 이제는 개인 수입품에도 부가가치세를 부과하도록 문턱을 낮추는 추세로 가고 있다.

코로나19를 극복한 많은 소매업체는 성장은커녕 불확실한 미래에 직면해 있다. 원격 판매자들에게 유리한 세금 편향을 없애는 것이 향후 정책 입안자들과 로비스트들에게 더 많은 관심을 끌게 될 가능성이 크다.

한 사람에 대한 세금 면제는…

17세기 게임용 카드업체에서 사치스러운 옷차림으로 로비의 중심가인 워싱턴D.C. K스트리트의 우아한 홀을 거니는 대기업 임원들에 이르기까지 로비를 하는 근본적 이유가 있다. 자신들에게 유리한 세금 정책을 이끌어 소수에게 이익을 집중하려는 욕심과 그에 따르는 비용은 다수에게 분산하려는 욕망이 상충하기(비대칭성) 때문이다. 글래드스턴은 "한 사람에게 세금을 면제해주는 것은 다른 누군가에게 세금이 추가된다는 것을 의미한다"라고 지적했다.[44] 그러니까 누군가에게 면제해준 세금은 다른 많은 사람에게 조금씩 분산된다는 것이다. 하지만 작은 손실을 보는 많은 사람을 한데 모으는 것은 이익을 보는 몇 안 되는 사람을 한데 모으는 것보다 비용이 더 많이 드는 일이다.

로비 활동은 자원을 생산하는 활동이 아니다. 게다가 로비스트들은 자신들이 평범한 불특정 다수의 이익에 관심이 있는 척하지만 그들은 공공의 이익보다는 사적인 이익을 위해 자원의 사용을 전환하려 할 뿐이다. 로비가 만들어내는 특별 청원에 취약하다 보니 경제학자들은 프랭크 램지가 10장에서 제안한, 상품 전반에 걸쳐 초과 부담을 최소화하도록 세율을 다양화하는 것을 실무적으로 추천하기를 꺼린다. 그들은 통일적인 세율을 유지하는 것이 더 좋다고 주장하며 이를 '중립'이라고 한다.

그러나 경험에 따르면, 경제 전문가들의 이 같은 조언은 로비를 제한하는 데 그리 효과적이지 않은 것 같다. 오히려 로비를 제한하려고 고안된 법들이 더 효과적으로 보인다. 이 법들에 따르면 무엇이 정상적 정치이고 무엇이 로비인지 구분할 수도 있다. 헌법 조항도 도움이 될 수 있다. 예를 들어 독일에서는 특정 집단에 혜택을 주는 세금 조치가 헌법상 금지되어 있다. 이 장 후반부에서 정부가 그런 로비 활동들을 물리치려고 사용한 몇 가지 다른 전술을 살펴볼 것이다.

그러나 근본적인 비대칭성이 여전히 그 힘을 유지해서 (자신들이 세금 조치를 도입하고도 그 영향을 직접 받은 나라들만큼 그 영향을 잘 모르는) 정부들이 글래드스턴식의 균등한 세금 조치를 확실하게 취하는 것을 어렵게 만들고 있다. 지난 몇 년 동안 시민사회단체들은 로비에 의한 특별 청원을 효과적으로 검증하고 그들이 추구하는 시민의 일반 이익을 보호하는 방법을 제공했다. 그러나 로비에 의한 특별 청원으로 조세 체계를 왜곡하려는 노력은 앞으로도 조세 정책을 만드는 과정에서 끊임없이 시도될 것이다.

영국에서 4세기 동안 식품에 과세하지 않은 까닭

세금 정책에서도 금기로 여기는 것이 있다. 특정 이익단체들의 로비가 없는데도 정부가 알아서 그런 금기 대상에 세금을 부과하지 않는 것이 더 좋다고 판단한다. 이런 성향은 특정 국가나 문화에서 많이 나타난다. 성경이나 코란의 판매에 세금을 면제해주는 데 반대하는 정책 입안자는 바보 취급을 받는다.[45] 영국에서는 식품에 대한 과세가 금기였다.

영국에서는 식품 판매에 세금을 부과하지 않는다.[46] 가장 보편적 근거는 부자들보다 소득의 더 많은 부분을 식품에 쓰는 가난한 사람들에게는 그것이 도움이 된다는 생각이었다. 하지만 이 문제를 진지하게 살펴본 사람들은 이런 주장은 좋게 보아도 불완전하고, 좀 더 심하게 말하면 말도 안 된다는 사실을 알고 있다. 식품에서 거둔 세금 일부를 기존의 사회복지 분야에 사용하면 가난한 사람들을 더 잘 살게 할 수 있고, 일부는 세금 인하나 공공지출의 증가를 대비해 남겨놓을 수도 있다.[47]

식품에 세금을 부과하는 것이 마땅한 또 다른 이유는 식품에 대한 비과세 혜택이 압도적으로 부자들에게 돌아가기 때문이다. 그들은 상대적으로 소득의 약간만 식품에 소비하지만, 실제로 식품을 사려고 더 많은 절대 금액을 지출하므로 비과세에서 더 큰 금전적 이익을 얻는다. 정책 입안자들은 식품에 대한 비과세가 빈곤층을 돕는 방법으로 의미가 없다는 것을 이해하면서도 실제로는 아무런 조치도 하지 않는다. 아마 부유하고 힘 있는 사람들이 식품 비과세의 진정한 수혜자가 자신들이라는 사실을 너무나 잘 알기 때문일 것이다. 그러나 그것이 사실이든 아니든 영국이 식품에 세금을 부과하지 않는 것은 정치적 희생자들로 얼룩진 오랜 전통에서 비롯했다.

영국에서 식품에 세금을 부과하는 문제는 1640년대에 일어난 내전으로 거슬러 올라간다. 그 이전까지는 국내에서 생산된 물건에 부과되는 소비세는 수입품에 부과되는 관세에 비해 매우 미미한 수준이었다.[48] 이와 대조적으로 유럽 대륙에서 소비세는 식품에 대한 소비세까지 포함해서 이미 생활의 일부였다. 네덜란드는 1574년부터 빵에 세금을 부과했고,[49] 많은 도시는 관문을 거쳐 들어오는 농산물에 세금을 부과하는 것이 편리한 수입원이라는 사실을 오래전부터 알고 있었다.[50]

1642년 전쟁이 일어나자 영국 왕당파와 의회 의원들은 자신들의 대의에 필요한 자금을 마련하려고 소비세로 눈을 돌렸다. 2장에서 살펴보았듯이 의회에서 이 일을 추진한 사람이 존 핌이었다. 이는 1643년 맥주와 다른 음료에 소비세를 매기면서 시작되었다.(세금 정책 수립이 일반적으로 그렇듯이, 소비세가 실제로 부과된 것은 의원들이 소비세를 도입할 거라는 소문을 완강히 부인한 지 몇 달이 지난 후였다.[51] 그리고 정작 소비세를 시행하면서도 정부는 일시적으로 부과하는 거라고 발표했다.)

그러나 곧 고기, 생선 등 다른 식품에도 소비세가 부과되자 분위기는 험악해졌다. 급기야 1647년, 런던 한복판에 있는 스미스필드 시장에서 폭동이 일어났는데,[52] 군대까지 거들어 점점 더 강력해지고 급진적으로 변한 시위대는 "이 땅의 가난한 사람들이 평온하게 사는 곳에서 상품들에 대한 소비세는… 철회되어야 한다"라고 요구했다.[53] 결국 고기, 빵, 채소에 대한 소비세는 폐지되었다.[54] 그러나 맥주 등 다른 제품에 대한 소비세는 일상생활의 일부로 받아들여졌다.

이 사건을 계기로 분명한 지표가 생겼다. 가난한 사람들에게 중요한 물건들에 세금을 부과하는 것은 정치적으로 문제가 될 수 있고, 소비세가 일반적으로 인기가 너무 없다는 것이었다. 존슨 박사(299쪽 참조)는 소비세를 '상품에 부과되는 혐오스러운 세금'으로 규정하며 당시 분위기를 대변했다.[55] 열기가 한창일 때는 관리들이 소비세를 나쁘게 말했다는 이유만으로 한 여성을 나무에 못 박기도 했다.[56] 그럼에도 가난한 사람들에게 중요한 일부 물건, 예컨대 맥주, 비누, 소금, 양초 등에 대한 소비세는 정치적으로 더 지속될 수 있다는 사실이 입증되었다. 다만 식품에 세금을 부과하면 영국인들을 불쾌하게 만든다는 점도 알게 되었다.

이러한 특성은 '여론이라는 술집에서 왕실 각료가 겪은 가장 충격적인 패배'[57]로 일컬어지는 1733~1734년의 소비세 법안Excise Crisis이 제안되었을 때 다시 나타났다. 로버트 월폴이 제안한 소비세 법안은 식품에 대한 세금은 포함하지 않았으며, 담배와 와인에 소비세를 부과하고 토지세를 파운드당 1실링으로 낮추자고 했다.[58] 그러나 월폴 총리의 방식을 이미 잘 알고 있는 사람들 사이에서는 훨씬 더 광범위하게 적용되는 소비세가 머지않아 나올 거라는 두려움이 급속히 퍼져나갔다. 허비 경Lord Hervey은 "큰 마을이든 작은 마을이든, 주민 10명 중 9명이 이 법안이 결국 소비세를 일반화해서 그들이 먹고 입는 모든 것에 세금을 부과하게 될 거라고 믿었다"[59]라고 기록했다.

이 법안은 월폴 총리의 최측근들조차 겨우 살아남을 정도로 거

장사꾼 조지프 체임벌린은 식품에 세금을 부과한다네. 런던정치경제대학의 '자유무역과 보호무역'
에 실린 그림(주석 60 참조)

센 정치적 후폭풍을 몰고 왔다. 그로부터 100년 후 수입 식품에 대한
보호 관세를 다룬 곡물법 투쟁이 7장에서 살펴보았듯이 시대를 대표
하는 정치 투쟁이 된 가운데 식품 가격 인상 조치를 지지한 토리당은
한 세대 동안 쥐고 있던 정권을 내놓아야 했다.

　하지만 여기에서 교훈을 얻지 못한 듯 50년 후 보수당은 식품에
대한 과세 문제를 놓고 다시 분열했다. 1903년, 외눈 안경을 낀 영국
제국주의 수호자 조지프 체임벌린Joseph Chamberlain은 '대영제국 내
특혜 관세'Imperial Preference를 주장했다. 그것은 대영제국 내 무역에는
낮은 특혜 관세를 적용하되 그밖의 나라에는 보호 관세를 부과하는
것을 의미했다.

　당시 영국에서 소비되는 식품 가운데 상당 부분이 제국 외부에

서 수입되었으므로 특혜 관세는 또다시 식품 가격을 올리는 망령으로 여겨졌다.[60]

당시 총리였던 토리당의 아서 밸푸어는 옥스퍼드의 올 소울즈 칼리지All Souls College의 펠로가 될 만큼 총명한 사람으로 이미 영국 역사가 주는 교훈을 알고 있었다. "영국인들은 식품에 대한 적은 세금이라도 반대하는 편견을 가지고 있다. 그것은 많은 유권자에게 영향을 미치는 뿌리 깊은 편견이다."[61] 이렇듯 밸푸어는 식품 세금에 의구심이 있었지만 세금을 부과하고 싶어 하는 당의 인식을 떨쳐내지 못했다. 결국 1906년 선거에서 보수당(토리당)은 참패했고, 제1차 세계대전이 끝날 때까지 정권을 찾지 못했다.[62]

과거 정부들은 식품에 대한 과세가 빈곤층에 미치는 영향을 완화할 사회지원 보조금과 같은 오늘날의 정책 수단을 가지고 있지 않았다.(비록 조지프 체임벌린은 제국 외부에서 수입되는 식품에 대한 세수를 노령연금 확대 재원을 조달하는 방법의 하나로 보았지만.)[63] 설령 식품에 대한 과세가 공공정책으로 적합하지 않다는 사실을 아무리 잘 이해한다 해도 식품 세금에 관한 영국의 역사를 조금이라도 아는 영국 정치인이라면 아무도 식품에 함부로 세금을 부과하지 않으려 한다는 것은 놀라운 일이 아니다. 그들이 벌써 그것을 잊었다 해도 2012년 제안된(제안되었다가 금방 철회된) '패스티세'pasty tax●에 대해 영국 국민들이 보인 격렬한 반응은 그 고통스러운 기억을 되살려주기에 충분했다.[64]

───────

● 영국 조지 오스본 재무장관은 2012년 핫도그, 파이 같은 테이크아웃 먹거리의 20퍼센트 부가세 부과안을 발표했는데, 이를 노동자들이 즐겨 먹는 음식인 패스티(만두와 비슷하게 생긴 파이)에 빗대어 패스티세라고 했음.

정부가 벌이는 게임

+

정책 입안자들도 로비스트 못지않게 교활해질 수 있다. 그들은 유권자들이 세금에 대해 무엇을 알고 있고 어떻게 인식하느냐에 따라 세금 정책에 반응하고 정치적 압력을 행사하는 방식이 달라진다는 사실을 잘 알고 있다. 그래서 그들은 다음 두 가지를 다루는 데도 매우 능숙하다.

보이지 않는 세금

1756년 영국의 한 시사 작가는 다음과 같은 글을 썼다. "세금이 상품 가격과 섞이면 그 세금은 잊히거나 사람들 기억에 거의 남지 않는다. 반면 세금이 소비자들에게 직접 부과되면 그것은 매우 역겹게 느껴진다."[65] 정치인들도 오랫동안 이렇게 생각했다. 그들은 납세자의 기이한 행동 반응과 인지적 한계 또는 단순한 무지를 이용하는 한 가지 방편으로 세금을 겉으로 드러나지 않게 숨겨야 할 명백한 동기가 있었고 그럴 능력도 있었다.

정치인들은 납세자들이 세금을 낸다는 사실을 쉽게 알아차리지 못하게 만든 '스텔스 세금'stealth tax을 시도하려고 많은 속임수를 개발했다. 현재 제공되는 서비스 비용보다 더 많은 돈이 필요하면 세금은 수수료라는 형태로 나타난다. 과세 등급과 과세 최저한은 명목 금액으로만 설정되어 있고 따로 표시되지 않으므로 인플레이션이 발생하면 더 높은 세율이 적용되는 소득 범위로 사람들을 조용히 끌어들인다. 일부 사회과학자들은 소득세 설계에는 납세자들이 이미 인지하고 있는 세금 부담을 줄이려 인지적 편견을 이용한 여러 특징이 내포

되어 있다고 주장하기도 한다.

이런 인지적 편견은 할인(다양한 소득에서 차감되는 형태)과 빈번한 소액 지출(고용주 원천징수 형태) 같은 형태로 이루어지는데, 마케팅 과학 전문가들은 이를 '가격 제시'price presentation라고 한다.[66] 연구에 따르면 이러한 전략은 꽤 효과적이다. 사람들은 세금을 여러 곳에 나눠 작게 쪼개면 그 부담을 과소평가하는 경향이 있기 때문이다.[67] 또 실제로 세금을 낼 때 우리가 얼마나 내느냐뿐만 아니라 어떻게 내느냐도 중요하다. 예를 들어 통행료를 톨게이트를 통과할 때마다 직접 거두는 것보다 자동 전자충전 방식으로 전환하면 정치적 관점에서 통행료를 인상하기가 더 쉬워지는 것으로 나타났는데, 이는 운전자들(곧 유권자들)이 돈을 '직접 내는 행위'를 하지 않기 때문이다.[68]

세금이 눈에 보이지 않으면 사람들이 거기에서 고통을 느끼지 않으므로 그런 세금의 상당 부분이 가치 없는 지출에 쓰일 거라고 주장하는 사람들도 있다. 미국의 많은 보수주의자는 부가가치세가 유권자들 눈에 보이지 않고 정부 크기만 키우는 효율적인 '현금 지급기' 역할을 한다는 이유로 이를 적극 반대한다.[69] 그러나 많은 유럽인은 세금이 눈에 보이느냐 안 보이느냐는 논쟁을 잘 이해하지 못한다. 대개 소비자들이 받는 영수증에(소매업의 경우) 부가가치세 액수가 정확하게 표시되기 때문이다. 어쩌면 이런 유럽인들은 미국의 소매점에서 물건을 사고 영수증을 세심히 들여다보았다가 진열대에 붙어 있는 가격표에 판매세가 포함되지 않았다는 사실을 알고 짜증을 낼 수도 있다.

영수증을 세심하게 살펴보려고 애쓰는 미국인의 행동 방식이 영수증을 그저 흘깃 보는 유럽인의 행동 방식보다 세금이 부과된다는 사실을 더 효과적으로 알아챌 수 있지만, 두 경우 모두 세금을 감추려는 의도가 있는 것 같지는 않다. 그러나 두 나라 제도가 세금을 인식하는 방식의 차이를 반영하든 그렇지 않든 두 접근법이 서로 다른 행동 결과를 가져온다는 것이 문제다. 즉, 진열대의 가격표에 세금이 포함되어 있으면 그렇지 않을 때보다 사람들이 물건을 적게 산다는 증거가 있다.[70]

'스텔스 세금'은 과연 좋은 것일까, 나쁜 것일까? 분명 몇 가지 장점이 있다. 결국 사람들이 소득세가 실제보다 사람들의 의욕을 그렇게 많이 꺾지는 않는다고 생각한다면, 사회적으로 비용이 많이 드는 행동 반응(소득세 때문에 일을 줄이는)도 줄어들 것이다. 많은 사람은 자신들의 한계세율(추가로 버는 1달러에 부과되는 세금)이 실제 평균세율(세금을 소득으로 나눈 값)인 것처럼 행동하는데, 이는 대부분 단일세율이 적용되지 않는 경우 평균세율이 계산하기가 더 쉽고, 또 거의 항상 한계세율보다 낮기 때문이다. 그래서 더 많은 돈을 벌어야 할지 결정할 때 그들은 자기 결정으로 발생하는 세제상 불이익을 과소평가한다.[71]

그러나 정치인들이 스텔스 세금을 좋아한다는 것은 그들의 책임감이 그만큼 줄었다는 뜻이므로 우리 모두 우려해야 한다. 정치인들이 우리 자원을 정부로 이전한다는 사실을 올바로 인식하는 것이야말로 사람들이 자신들이 낸 세금으로 어떤 일이 행해지는지 알도록 장려하는 확실한 방법이다. 정치인들이 책임감을 갖고 국민의 요구에 적절하게 대응하는 국가를 만들려면 사려 깊은 세금 납부가 중요하다고 강조하는 것도 이 때문이다.

사하라사막 이남의 아프리카 빈곤국에서 부가가치세에 대한 인식이 낮은 것은 소득세 납부에 대한 그들의 긍정적 태도와 관련 있다는 징후도 있다.[72] 사람들이 세금을 직접 내는(간접세 방식이 아닌) 세금 제도는 시민들로 하여금 정부에 책임을 묻도록 장려할 수 있다. 이런 이유로 비록 직접세로 거둔 세입이 징수하는 비용보다 더 적다 하더라도 극빈층을 제외한 모든 사람에게는 어느 정도 세금을 직접 내도록 하는 것이 바람직할 수도 있다. 뜻밖에 잉카인들도 비슷한 생각을 했다. 어느 지방에서 정해진 공물을 감당하지 못한다고 선언하면, 그 지방 주민들은 '공물을 바치는 것을 가르치고 익히게 한다'는 방편의 하나로 주기적으로 많은 이louse(곤충)를 산 채 잡아서 보내야 했다.[73]

그러나 이는 정부가 시민들에게 책임을 지게 하는 것이 아니라 반대로 시민들이 통치자들에게 책임을 지게 하는 것이라고 할 수 있다. 이런 세계관에서는 효율적이고 공정한 세금보다 비효율적이고 불공정한 세금이 더 화제가 되므로 '정부의 책임성을 부각하는 데는 나쁜 세금이 더 좋다'는 터무니없는 논리까지 나온다. 그러나 세금 제도의 본질적 특성이 정치인들보다는 일반 국민들에게 훨씬 더 좋은 것이라는 사실을 믿으려면 그리 멀리 갈 필요도 없다.

세금에 붙여진 이름

세금 정책을 두고 벌이는 전투에서 또 다른 전선은 세금에 어떤 멋진 이름을 붙이느냐는 것이다. 1803년 애딩턴Addington 총리가 윌리엄 피트 시절 인기가 없었던 소득세를 다시 도입했을 때, 그는 그 세금을 뭐라고 부를지 고민했다. 한 비판론자는 "내각에서는 이 세금을 '소득에 부과되는 세금'이라고 하면 안 된다는 어처구니없는 생각을 하면서도 적절한 이름을 아직 생각해내지 못했다"라고 불만을 드

러냈다.[74]

반대론자들은 그들이 반대하는 것이 무엇이든 거기에 혐오스러운 이름을 붙이는 데 능숙하다. 좋은 예가 1990년대 후반 공화당의 반대파들이 미국 부동산세(부와 특권에 세금을 부과한다는 의미가 담긴 이름)를 '죽음의 세금'death tax(삶에서 가장 어두운 면을 드러내는 이름)이라고 부르기로 한 것이다.[75] 전국자영업연맹의 잭 파리스Jack Faris 회장은 모든 사무실 직원에게 '피자 펀드에 지불한 1달러를 잊어버린 사람들'이라는 구호를 달고 다니라고 했다. 1990년대 후반 공화당 하원의장 뉴트 깅리치Newt Gingrich가 이 구호를 채택하면서 이는 의회에까지 진출했다. 결국 2002년 부동산세의 세율은 인하되었고 면제 한도가 높아졌다.[76] 이런 기발한 명칭이 얼마나 큰 역할을 했는지는 알 수 없지만, 적어도 해를 끼치지 않았다는 것은 분명하다.

세금 명칭 논쟁은 미국 정부에서만 벌어진 것이 아니다. 영국에서도 2016년 홀로 사는 한 부모a single parent가 파트너가 생기거나 결혼을 하면 기존의 혜택을 줄이자는 보수당의 제안을 자유민주당에서 '사랑세'Love Tax라고 불렀다. 또 자산이 10만 파운드 이상인 노인들이 자택에서 치료를 받는 경우 비용을 부담하게 하자는 토리당의 제안에 노동당은 '치매세'라는 이름을 붙이며 그것이 취약 계층에 부담이 될 거라고 비난했다.[77]

1971년, 소매 판매세를 1달러 미만의 식당 음식에까지 확대하려고 한 뉴욕법은 '핫도그 세금'이라고 불리면서 100만 명이 넘는 사람이 폐지 청원에 서명했다.[78] 앞서 언급했듯, 포장해 가는 음식에도 부가가치세를 부과하려는 영국 정부의 제안은 피어보지도 못했지만 어쨌든 '패스티세'라는 이름이 붙었다.[79]

세금 옹호자들도 반대론자들 못지않게 상상력이 풍부하다. 모든 금융 거래에 붙는 작은 금액의 세금을 '로빈 후드' 세금이라고 불러 그 세금의 실질적인 부담은 부유한 은행가들에게 돌아갈 거라고 넌지시 알렸다. 그러나 금융자산을 직접 또는 간접적 방법(연기금)으로 매입하거나 매도할 때마다 세금이 유발되므로 부자들에게만이 아니라 저축을 한 자에게도 적지 않은 부담이 돌아간다는 주장도 일리가 있다.

세금에 붙는 이름은 때로 세금 부과의 특징을 반영한다. 예를 들어 인도의 많은 주에서는 '소세'cow cess[80]라는 세금을 부과하는데, 주 정부들은 이 수입으로 길 잃은 소들을 돌보는 보호소를 짓거나 사료를 산다.

어떤 이름들은 세금 기획자들이 단순히 재미삼아 붙인 것처럼 보인다. 대표적인 예가 '구멍난 지하저장탱크 기금'LUST: Leaky Underground Storage Tank인데 약자 LUST는 '욕망'을 의미한다. 2010년 해외금융계좌신고법Foreign Account Tax Compliance Act의 머리글자 약어 FATCA는 그 법이 표적으로 삼은 미신고 자산가를 의미하는 살찐 고양이Fat Cat에서 마지막 한 글자만 빠진 것으로 충분히 의도적이었다고 추정된다.

2017년 세제개혁안에서 사용된 글로벌 무형자산 소득 조항 GILTI: Global Intangible Low-Taxed Income(유죄를 뜻하는 guilty를 연상케 함)과 세원잠식과 남용방지세BEAT: Base Erosion and anti-Abuse Tax(쳐부순다를 뜻하는 beat를 연상케 함)는 다국적 조세 회피에 맞서려고 했던 법 입안자들의 분위기를 반영했다고 추정할 수 있다(세제개혁안의 GILTI와 BEAT는 394쪽 참조). 2020년 하원이 채택한 법안 H.R.6690에 '이곳 북미의 소비자들에게 기업가적 발전을 가져다주는 법'Bring Entrepreneurial Advancements to Consumers Here in North America이라는 명칭을 붙인 진짜 목적은 그 약자 'BEAT CHINA'(중국을 타도하자)에서 분명하게 드러난다.

세금에 이름을 붙이는 것이 중요한 일인 것은 분명하지만 세금 때문에 사람들이 이름을 가진 일도 있다. 동유럽에서 부유한 사람들을 제외한 대부분 유대인은 나폴레옹 시대까지 성을 갖지 못했다. 러시아, 폴란드, 독일, 그밖에 나폴레옹이 점령한 나라들에서 유대인에게 성을 갖도록 명령한 것은 순전히 세금 징수와 징집 목적 때문이었다. 일부 관료는 이를 자기 수입을 올릴 새로운 종류의 갈취 기회로 삼기도 했다. 재력이 있는 유대인은 골드Gold, 파인Fein 같은 성이나 블럼-blum(꽃)이라는 글자가 붙는 매력적인 성을 관료에게서 돈을 주고 살 수 있었다. 돈이 없는 사람들은 슈말츠Schmalz(기름), 오흐센슈완츠Ochsenschwanz(소꼬리), 이즐코프Eselkopf(당나귀 머리) 같은 저급스러운 이름을 받아야 했다.[81]

토마토는 과일이 아니야

정부가 일을 망칠 때도 있다. 1872년, 미국 정부는 많은 수입 공산품의 세율을 낮춘 13차 관세법을 발표했다. 이전 법에는 '번식이나 재배를 목적으로 하는 열대·반半열대과일 식물'은 수입 관세가 면제된다고 규정되어 있었지만, 새 법안에서는 과일에 상당한 관세를 부과했다. 그런데 이 법안에서 '과일'이라는 단어와 '식물'이라는 단어 사이에 쉼표가 들어간 것이 문제의 발단이 되었다. 이는 과일이 면세 대상(이는 수입업자들에게 수백만 달러 상당의 관세가 달려 있다)에 해당하는

Cinchona root;

Chloride of lime;

Coal stores of American vessels: *Provided*, That none shall be unloaded;

Cobalt, ore of;

Cocoa or cacao, crude, and fiber, leaves, and shells of;

Coir and coir yarn;

Colcothar, dry, or oxide of iron;

Coltsfoot (crude drug);

Contrayerva-root;

Copper, old, taken from the bottom of American vessels compelled by marine disaster to repair in foreign ports;

Cowage down;

Cow or kine pox, or vaccine virus;

Cubebs;

Curling-stones or quoits;

Curry and curry powders;

Cyanite or kyanite;

Diamonds, rough or uncut, including glazier's diamonds;

Dried bugs;

Dried blood;

Dried and prepared flowers;

Elecampane root;

Ergot;

Fans, common palm-leaf;

Farina;

Flowers, leaves, plants, roots, barks, and seeds, for medicinal purposes, in a crude state, not otherwise provided for;

Firewood;

Flint, flints, and ground flint-stones;

Articles exempt from duty on and after August 1, 1872. Fossels;

Fruit, plants tropical and semi-tropical for the purpose of propagation or cultivation;

Galanga, or galangal;

Garancine;

Gentian-root;

Ginger-root;

Ginseng-root;

Goldbeaters' molds and goldbeaters' skins;

Gold-size;

Grease, for use as soap-stock only, not otherwise provided for;

Gunny-bags and gunny-cloth, old or refuse, fit only for remanufacture;

Gut and worm-gut, manufactured or unmanufactured, for whip and other cord;

Guts, salted;

Hair, all horse, cattle, cleaned or uncleaned, drawn or undrawn, but unmanufactured;

Hair of hogs, curled, for beds and mattresses, and not fit for bristles;

Hellebore-root;

Hide cuttings, raw, with or without the hair on, for glue-stock;

Hide-rope;

Hides, namely, Angora goat-skins, raw, without the wool, unmanufactured; asses' skins, raw, unmanufactured;

Hides, raw or uncured, whether dry, salted, or pickled, and skins, except sheep-skins with the wool on;

Hones and whetstones;

Hop-roots for cultivation;

Horn-strips;

Indian hemp (crude drug);

Indio or Malacca joints, not further manufactured than cut into suitable lengths for the manufacture into which they are intended to be converted;

Iridium;

Isinglass, or fish-glue;

200만 달러짜리 쉼표

것으로 해석할 수 있었다. 재무부장관은 처음에는 해당 본문이 그런 의도가 아니라는 이유로 상인들의 면세 주장을 물리쳤다. 그러나 2년 후 정부는 상인들의 주장에 굴복했고, 과일 수입은 관세 부담에서 자유로워졌다. 이후 그동안 거둔 관세 200만 달러가 환급되었는데, 이는 1875년 정부 총관세 수입의 약 1퍼센트에 해당하는 액수였다.[82]

이 이야기 후반부에는 예상 밖의 내용이 나온다. 1883년 관세법에서 과일은 확실하게 과세 대상에서 제외되었지만 채소는 그대로 과세 대상으로 남겨두었는데, 이것이 또 논쟁의 불씨가 되었다. 토마토 생산자들이 토마토도 식물학적으로 과일이므로 면세되어야 한다고 주장한 것이다. 그러나 대법원은 사람들이 실제로 토마토를 채소로 여긴다는 주장을 받아들여[83] (누가 토마토를 디저트로 먹는단 말인가?) 관세 부과의 목적상 토마토는 법적으로 채소라고 판단했다. 자파 케이크 사건이 떠오르지 않는가?

좋은 세금 정책의 승리

+

정부는 끊임없이 세금 제도를 손본다. 그 과정에서 세율이 변경되고, 면세 대상이 추가되거나 드물기는 하지만 대상에서 빠지기도 한다. 18세기 극작가이자 정치가인 리처드 브린즐리 셰리든Richard Brinsley Sheridan[84]이 기록한 세금 정책 수립 과정은 오늘날까지 대부분 그대로 유지되고 있다.

먼저 세금을 부과하는 법이 나오고, 다음에는 세금을 부과하는 법을 개정하는 법이 나오고, 그다음에는 개정된 법을 설명하는 법이 나오고, 그다음에는 개정된 법을 설명하는 법의 결함을 고치는 법이 나온다.

세금 법안은 방향타를 잊어버린 것을 발견하기도 전에 첫 항해에 나선 배와 같다. 항해할 때마다 새로운 결함이 드러나 처음에는 배 바닥에 난 구멍을 메워야 하고, 다음에는 새 널빤지로 갈아야 하고, 그다음에는 새 선구船具를 장착해야 하고, 또 그다음에는 배 밑바닥을 수리해야 하고. 이처럼 돈을 많이 들여 개조 작업을 한 후 다시 분해해서 조립해야 한다.[85]

이처럼 끊임없이 제도가 변경되는 과정에서 정부는 실수로 쉼표를 넣는 것보다 훨씬 더 끔찍하게 일을 망치기도 한다. 그러나 정부는 '개혁'이라고 할 정도의 근본적인 구조적 변화(물론 잘 작동하는)를 꾀하기도 한다. 우리는 전쟁에 엄청난 비용을 퍼부으면서 그것이 많은 개혁을 이끌어내는 데 중요한 역할을 해왔음을 보았다. 그러나 평화 시에도 주목할 만한 개혁이 있었으며, 이 장에서 그중 몇 가지를 살펴본다. 여기서 '주목할 만한'이라고 한 것은 그런 개혁의 장점이 논쟁할 여지가 없었다는 뜻이 아니라 개혁 반대자들조차 그 변화가 단순한 땜질 이상이라는 사실을 인식했다는 것을 의미한다.

이러한 경험으로 좋은 세제개혁을 가능하게 하는 것이 무엇인지에 대한 명확한 방향을 알 수 있다면 좋을 것이다. 모든 세제개혁은 헌법, 절차, 선거법과 선거 주기 같은 자체의 특성, 그리고 자체의 경제, 사회, 정치적 맥락과 맞닿아 있다. 영국에서 세금 제도 변경은 총리가 빨간 가방을 들고 나와 예산을 발표(글래드스턴에서부터 내려온 관례)한 뒤에는 거의 바뀌지 않는다. 세금 제도의 실질적인 요소에 반대하는 것은 정부 불신임으로 여겨진다. 이와 대조적으로 미국에서는 세금법이 하원, 상원 그리고 그 이후 상·하원 간 조정에서 상당한 변화를 거친다.[86] 세금 개혁이 일어나는 상황은 유사점 못지않게 차이점도 많다. 이전 제도에 대한 어느 정도 불만은 당연한 전제 조건이다(비록 이전 제도의 효과를 무효로 하려는 것에 지나지 않을지라도).

그밖에 우리는 성공적 개혁이라는 생각에 거의 중복되어 내재된 두 가지 분명한 본질을 발견할 수 있다.[87] 하나는 더 나은 제도가 무엇인지에 대한 명확한 비전이다. 이는 개혁이 반드시 수직적 형평성, 초과 부담 등과 같은 훌륭한 아이디어를 명확히 표현하는 방식으로 진행되어야 한다는 의미는 아니다(비록 많은 세월이 흐르면서 그런 아이디어들이 개혁가들이 염두에 둔 폭넓은 비전을 조용히 이루어왔지만).

두 번째 필요조건은 진부하지만 정부 최고위층의 리더십이 반드시 필요하다는 것이다. 개혁으로 승자와 패자가 갈리면, 패자는 승자가 자신의 승리를 축하하는 것보다 더 큰 소리로 불만을 외친다. 갈등은 여전히 내재되었으므로 진정한 승리를 하려면 순전한 정치적 기술을 포함한 성공적인 권력 행사가 필요하다. 이 두 가지 공통점 외에도 성공적인 세제개혁의 특징은 매우 다양하게 나타났다.

정치권이 합의에 이르는 길

비록 흔히 있는 일은 아니지만 이따금 평시에 정치적 합의로 세제개혁안이 나오기도 한다.[88] 현대사에서 그 대표적 사례가 1986년 미국의 세제개혁법TRA86이다.[89] TRA86은 제2차 세계대전 이후 미국 소득세법의 가장 중대한 변화로 알려져 있다. 당시 국민들은 초당적인 폭넓은 지지로 이러한 포괄적인 세제 개편을 해낸 것에 놀라움을 금치 못했다. 대부분 평론가는 TRA86이 세율을 낮추면서 지능적으로 과세표준을 넓히는 데 성공했고, 그것을 행하는 데서도 세수를 보호하고 일반적으로 공정하게 인식되는 방식을 사용했다는 점을 높이 평가했다.

TRA86의 정치 협상에 밀접하게 관여한 사람들조차 그 성공에 놀라지 않을 수 없었다. 당시 모든 사람은 소득세가 엉망이라는 사실을 분명하게 인식했고 불만이 쌓여 끓어올랐다. 인플레이션은 원하지 않게 가구들을 더 높은 과세 등급으로 밀어 올렸고, 세금 제도의 허점들 때문에 세금 제도가 제 기능을 발휘하지 못하는 불공정한 제도가 되어버렸다는 인식이 팽배했다. 그러나 변화의 움직임은 보이지 않는 데다 권력은 갈라져 있었다. 공화당이 백악관과 상원을 차지하고 있었지만 하원은 민주당이 장악하고 있었다. 교착상태가 오래 갈 거라는 것이 상식적인 예상이었다.

꽉 막힌 정체 상황을 깨뜨린 것은 두 가지 요인이었다. 하나는 개혁을 추진하는 사람들이 세율 인하와 과세 기반 확대를 결합하면 역사적인 합의 요건을 찾을 수 있다는 사실을 깨달은 것이다. 즉 세율 인하는 공화당을 만족시켰고, 부자들에 대한 과세의 허점을 메운 것은 민주당을 만족시킬 수 있다는 판단이었다. 그렇게 되면 양쪽 모두 승리를 주장할 수 있었다.

다른 하나는 당시 큰 인기를 끌었던 레이건 대통령의 리더십이었다(이 법안이 통과되고 나서 2주 후 이란-콘트라 스캔들이 터졌다). 비록 레이건 대통령이 협상의 세부 사항에 개입하지는 않았지만, 중요한 순간에 개혁의 불씨가 꺼지지 않게 적절히 관여했고, 세수 중립성

revenue neutrality을 주장해 궁지에 몰린 이익단체들을 도왔으며, 개인 소득세 최고 세율을 대폭 낮추려고 공화당 의원들이 반대하는 민주 당의 제안을 기꺼이 받아주었다. 그의 리더십이 없었다면 TRA86은 세상에 나오지 못했을 것이다.

그러나 세제개혁안에 대한 이런 합의는 매우 예외적인 사례다. 트럼프 대통령의 2017년 세제개혁안은 민주당에서 찬성을 단 한 표 도 얻지 못하고 공화당만의 찬성으로 통과되었다.[90] 하지만 이것이 일반적인 모습이다. 근본적인 세제개혁은 늘 상대편의 거센 반대에 부딪히면서도 정부가 그 저항을 넘어 강행할 능력과 의지와 힘이 있 느냐는 게임이었다.

때로는 상대편 반대가 그저 형식적일 때도 있다. 야당은 늘 반대 하려고 존재하니까 말이다. 수많은 정당이 야당 시절 부가가치세 도 입에 반대했지만, 정작 그들이 집권했을 때 부가가치세를 폐지한 정 당은 거의 없었다.[91] 1979년 영국에서 마거릿 대처Margaret Thatcher가 이끄는 새 정부가 출범하면서 조세제도의 근본적인 개편에 착수했을 때도 그랬다. 어떤 면에서는 미국의 TRA86 때와 상황이 비슷했다. 높은 세율, 좁은 과세 기반, 인플레이션을 불러올 우려가 있는 문제 가 모두 얽혀 있었다. 대처 정부는 근로소득에 대한 개인소득세 최고 세율을 83퍼센트에서 60퍼센트로, 기본세율은 이보다는 적지만 3퍼 센트포인트 인하한 30퍼센트로 낮추었다.[92]

부가가치세율은 단일세율을 적용해 사치품은 기존의 12.5퍼센 트에서 15퍼센트로, 기타 대부분 상품은 8퍼센트에서 15퍼센트로 인 상되었다. 그러나 이 개혁에는 TRA86과 다른 점이 있었다. 분배에서 는 중립적이지는 못했지만 부자들에 대한 세금 부담에 큰 변화를 가져왔다. 많은 경제학자는 세금 제도의 이 같은 재분배 기능을 효율성 향상으로 여겼지만 개혁에 재분배 기능이 두드러지게 반영되면서 반대자들(부자들)의 강한 저항을 받았다. 그러나 그들에게는 안됐지만, 새 정부는 그런 저항을 물리칠 만한 충분한 의석(과반수)을 가지고 있었다.

TRA86에서도 그랬듯이, 성공적인 세제개혁은 계속 홍보해야 하는 긴 과정을 거친다. 그런데 때로는 개혁이 어둠 속에서 빠르게 일어날 때도 있다. 2001년 러시아의 단일세율 개혁 뒤에는 블라디미르 푸틴Vladimir Putin이라는 강력한 새 대통령이 있었고, 그 주위에 '자유주의 경제학자들과 러시아 연방보안국FSB 관리'라는 의외의 조합이 구축되어 있었다.[93]

제대로 기능하지 못하는 세금 제도를 바로잡기로 작정한 푸틴은 취임 후 재빨리 측근 권력자들에게 세제개혁에 대한 자신의 단호한 의지를 알리는 신호를 보냈다.[94] 이후 단일세율 제도 법안을 발표하기까지 6개월밖에 걸리지 않았다. 이 같은 속도는 푸틴의 막강한 권력 때문이기도 하지만 반대하는 이익단체들이 자신들의 의사를 동원할 시간조차 확보하지 못했다는 것도 중요하게 평가되었다.

물론 성숙한 민주주의 국가에서는 이 같은 속도가 가능하지 않을 수 있으며, 이런 속전속결 처리는 합리적·지속적 개혁에는 광범위한 자문과 신중한 분석이 필수적이라는 통념에도 반한다. 이익단체들의 개입을 제한하기 위해 다른 방법이 사용될 수도 있다. 예를 들어 TRA86을 준비하는 과정에서 일부 주요 논의는 비공개로 진행되었다. 밥 팩우드Bob Packwood 상원 재무위원장은 이렇게 말했다. "상원의원들은 자기들끼리만 골방에 있을 때 양심에 따라 투표할 수 있지요. 그런 다음 그들은 로비스트들에게 가서 이렇게 말할 겁니다. '오, 나는 당신을 위해 최선을 다했소. 하지만 팩우드가 끝까지 반대하더군. 정말 끔찍했소'라고 말이지요."[95] 이후 의원들은 이 법안을 지체하면 이익단체들에 다시 결집할 시간을 줄까 봐 여름 휴회 전에 서둘러 합의에 도달했다.

정말 로비스트들에게 이권을 주고 싶다면 그들을 분리하고 통제하는 전략으로 그들의 수익 비용revenue cost을 제한하는 방법이 있다. 이는 미국에서 '원거리 저격'rifle shots이라고 하는 놀랍고 충격적인 조항들에 담긴 내용인데, 이 조항들은 특정 납세자 한 명만 혜택을 받을 수 있지만 실제 법에는 그게 누구인지 이름을 명시하지 않는다. 예를 들어 1986년 미국 세법은 '1916년 10월 13일 델라웨어에 설립한 자동차 제조업체'에 혜택을 주는 조항을 담았는데, 그 제조업체는 다름 아닌 제너럴 모터스GM였다.

때로는 세제개혁이 불가피하게 되는 일도 있다. 재정 위기에 닥치면 의회가 합의하지 못하더라도 상황이 바뀌어야 한다는 인식을 모두에게 불러일으킬 수 있기 때문이다. 하지만 그렇게 불가피한 상황에서도 세금 개혁이 되지 않을 수 있다. 앙시앵 레짐 치하의 프랑스는 병에 걸린 국가 재정에서 벗어날 비전도 리더십도 찾지 못했다.

국가 재정의 효자, 부가가치세

지난 반세기 동안 가장 주목할 국가 재정의 일등공신이라 할 수 있는 부가가치세가 도입된 것도 세제개혁의 필요성을 인식했기 때문이다. 60년 전만 해도 거의 들어본 적이 없는 부가가치세는 현재 160개가 넘는 나라에서 시행되며, 전 세계 세금 수입의 약 30퍼센트를 차지하고 있다. 부가가치세는 1967년 EU의 전신인 유럽경제공동체 EC가 공통으로 통용될 수 있는 형태의 소비세로 부가가치세를 채택하면서 시작되었다.

EC가 이런 방식을 채택한 이유는 부가가치세가 수출에는 부과되지 않고 수입은 국내 판매와 같게 취급되므로 각국이 서로 다른 비율로 부과하더라도 상품과 서비스의 자유로운 흐름을 방해하지 않기 때문이다. 그러나 오늘날 부가가치세는 유럽을 넘어 전 세계로 퍼져나갔고, 1985년 이후에는 유럽 밖의 저소득·중위권 국가들까지 확산되었다(미국을 제외하고). 부가가치세가 이처럼 빠르게 퍼진 이유는 조세 기반이 넓은 부가가치세가 관세나 매출세를 대체할 정도로 대부분 조세 전문가에게서 찬사를 받았기 때문이다.

세제개혁의 필요성은 부가가치세 도입을 더욱 부추겼다. 뒤늦게 EU의 회원이 된 나라들은 부가가치세 채택을 의무화하는 회원국 규정을 따라야 했다. 개발도상국에도 외부 자문위원들이 부가가치세의 채택을 권장했다. 부가가치세를 채택하는 것은 국제통화기금이 지원하는 프로그램에 참여하는 것과 긍정적인 상관관계가 있었다.[96] 그러나 무엇보다 부가가치세의 장점은 상대적으로 왜곡이 적은 방법으로 더 큰 세수를 창출한다는 것이었다. 각국이 부가가치세를 도입하는 데는 각자 사연이 있지만, 부가가치세의 역사가 책으로 쓰인다면 리더십 이야기가 가장 많이 실릴 것이다.

가장 극적 사례는 1991년 연방 부가가치세를 도입한 캐나다의 브라이언 멀로니Brian Mulroney 총리일 것이다(캐나다에서는 상품·서비스세GST라고 불렀음). 이 세금은 너무 인기가 없었으므로 이 법안을 통과시키기 위해 영국 여왕이 상원의원을 추가로 임명하는 등 절박한 조치까지 취했지만, 결국 멜로니의 퇴임과 선거 참패로 이어졌다. 그러나 이후 캐나다의 어떤 후속 정부도 GST를 폐지하지 않았다. 멜로니는 물러났지만 그의 정치적 후계자들은 다양한 형태로 GST를 대부분 주에 확대했다.

부가가치세 도입 경험에서 세제개혁의 비전이 어디서 나오는지 교훈도 얻을 수 있었다. 그 비전은 바로 가까운 이웃 나라에서 나올 수도 있다는 것이다. 국가들은 세수를 늘릴 효과적이고 입증된 방법을 찾으려고 이웃 나라들을 살펴보곤 했다. 부가가치세의 빠른 확산은 바로 그런 지역적 폭발 덕분이었다.[97] 러시아의 단일 세율 제도도 유사한 방식으로 중부유럽과 동유럽에서 많은 국가의 관심을 끌었고, 이들은 그 제도를 시행한 나라들에서 세율을 인하한 후에도 실제로 세수가 늘어났는지 유심히 관찰했다[98](우리는 그렇다는 증거를 보았지만 아직은 불확실하다).

다시 말하지만, 여기에도 새로울 것은 없다. 정부들은 항상 다른 나라의 세금 아이디어를 기쁘게 들여왔다. 네덜란드는 1620년대에 스페인과 벌이는 전쟁 자금을 조달하려고 새로운 세금을 생각해내는 사람에게 상당한 보상을 제공하겠다고 약속했다. 이 공모에서 인지세가 뽑혀 1624년부터 시행되었다. 아니나 다를까, 프랑스가 영국의 창문세 아이디어를 빌린 것처럼 영국이 네덜란드에서 인지세 아이디어를 기꺼이 빌렸다. 애덤 스미스도 이를 인정했다. "사람들의 주머니에서 돈을 빼내는 기술만큼 한 정부가 다른 정부에서 더 빨리 배우는 기술은 없다."[99]

그러나 지난 반세기 동안 부가가치세가 전 세계적으로 성공을 거두었는데도 미국에서는 아직 부가가치세를 시행하지 않고 있다.

이를 1979년에 10퍼센트 부가가치세안을 제시한 앨 울먼Al Ullman 하원 세입위원장의 운명 탓이라고 지적하는 사람도 있다. 모든 세법이 시작되는 곳이라고 할 세입위원회의 위원장으로서 울먼은 의원 임기를 열두 번이나 마친 명망 있는 정치인이었지만 부가가치세가 그의 의원 생명을 앗아가고 말았다.[100]

당시 부가가치세는 미국에서 금기시되었다. 미국인들은 세금 공포증을 보이는 경향이 있고, 유럽에서 발현된 새 세금 제도에는 특히 의구심이 있었다. 주정부는 연방 부가가치세가 주정부 주 수입원인 소매 판매세에 해가 될 거라고 우려했다. 전 재무장관이자 하버드대학교 총장인 래리 서머스Larry Summers는 이를 다음과 같이 간결하게 설명했다. "공화당은 부가가치세가 정부에 현금자동지급기 역할을 할 거라는 이유로 반대하고, 민주당은 그것이 역진적이라는 이유로 반대한다. 양 진영의 어느 한쪽이라도 상대가 옳다는 것을 깨달으면 그때 비로소 미국에 부가가치세가 도입될 것이다."[101]

하지만 흐름은 언제든 바뀔 수 있다. 2016년 공화당 대통령 후보 경선에서 테드 크루즈Ted Cruz 후보와 랜드 폴Rand Paul 후보가 부가가치세를 제안했지만 두 사람 모두 그 이름의 중요성을 알았으므로 거기에 다른 이름을 붙였다.

그러나 이름을 바꿨어도 상대 후보들은 다 알아차렸다. 후보 중한 명인 마르코 루비오Marco Rubio를 지원하는 한 정치활동위원회는 다음과 같은 텔레비전 광고를 냈다. "테드 크루즈가 부가가치세를 원하네요. 캐나다와 유럽 사회주의 국가들에서 그랬던 것처럼 말이죠." 그러면서 화면에 이탈리아, 프랑스, 스웨덴(특별히 굵은 강조체로) 등과 같은 나라 이름이 자막으로 지나간다. 그리고 다음과 같은 음성이 이어진다. "보수주의자들은 크루즈의 생각을 진보주의자의 꿈이라고 하는데, 그것은 세금 인상을 너무 쉽게 해주기 때문입니다."[102]

결국 이 경선에서 크루즈도 폴도(그리고 루비오도) 공화당 후보로 지명되지 못했고, 후보로 지명되어 본선에서도 승리한 트럼프 캠프는 부가가치세를 고려하지 않는다는 점을 분명히 했다. 어쩌면 코로나19 대유행 기간에 발생한 비정상적 지출로 인한 재원 조달 필요성이 미국에서 이 세금의 채택을 앞당길지도 모른다. 그러나 그렇다 해도 그것이 부가가치세라는 이름으로는 불리지는 않을 거라는 사실을 우리는 확신한다.

부가가치세는 많은 나라에 더 나은 세금 제도는 어떻게 보여야 하는지에 대한 명확한 비전을 제공했다. 부가가치세에서도 개혁에 꼭 필요한 또 다른 요소인 리더십은 훌륭한 미덕이다. 그러나 선의의 리더십도 때로는 자만심으로 비칠 수 있다. 대처의 재정 프로젝트는 4장에서 언급한 인두세에서 금이 갔다. 그러나 비록 온건한 개혁일지라도 로버트 하트가 중국 제국의 관세청을 건설하는 데서 보여준 리더십이나 오늘날 아프리카에서 효과적인 세무 행정을 구축하려고 노력하는 많은 인사가 보여주는 리더십과 정치적 기술은 당연히 중요하다. 때로는 권력을 쥔 사람들, 심지어 정치인들도 옳은 일을 하고 싶은 이상한 충동을 느낀다. 영국에 소득세를 다시 도입한 로버트 필부터 캐나다에 부가가치세를 도입한 브라이언 멀로니에 이르기까지, 비록 당시에는 인기가 없었던 정치인들도 결국 자신들이 한 행위에 대해 정당한 평가를 받았다.

우리는 지금까지 충분히 많은 시간을 들여 과거 일을 살펴보았다. 이제 세금 제도의 미래를 조심스럽게 살펴볼 시간이다.

15장

미래의 세금 제도

과거는 외국과 같다. 그들은 그곳에서 다른 방식으로 일한다.
L. P. 하틀리(영국의 단편 작가)[1]

이 말은 맞는 얘기다. 그러나 하틀리의 소설 『중재Go Between』에서처럼 불운한 연애를 하는 일이든, 세금을 걷는 일이든, 우리의 근본적인 삶은 그렇게 많이 바뀌지 않았다. 바뀐 것은 상황과 인물뿐이다. 소설의 여주인공 마리안 모드리가 사랑스러우면서도 어리석은 것처럼, 정부도 큰 불쾌감을 주지 않고 세금을 부과하려 한다. 그들이 그렇게 행동하면서 직면하는 핵심 문제들은 역사에서 크게 변하지 않았다는 것이 이 장의 핵심 메시지다.

이 책 마지막 장에서는 지난 몇천 년 동안 세금 제도가 주는 교훈을 살펴보고 우리 앞에 무엇이 놓여 있는지 들여다본다. 우리 관심을 미래로 돌릴 때 한 가지 문제는 아직 들려줄 이야기가 없다는 것이다. 세금을 내지 않은 사람을 고문했다거나 바지에 고양이를 채우게 했다거나 하는 등의 이야기가 아직 없다. 그러나 미래를 상상하는 것이 직업인 사람들은 미래 조세제도의 모습을 이미 어느 정도 예측할지도 모른다.

유토피아의 세금

+

〈스타워즈: 에피소드 1-보이지 않는 위험Star Wars: Episode I-The Phantom Menace〉 초반에 은하 공화국은 혼란에 빠져 있다.[2]

외계의 항성계로 가는 무역로에 과세하는 문제로 공화국이 분쟁에 휩싸였다. 탐욕스러운 무역 연합은 이 문제를 해결하겠다며 전함을 동원해 작은 행성 나부로 가는 모든 수송로를 막았다. 공화국 의회가 이 심상치 않은 일련의 사건에 대해 끝없이 토론하는 동안 의회의 최고 수장은 비밀리에 제다이 기사 두 명을 나부에 파견했다.

익숙하게 들리지 않는가? 공상과학 소설 작가들은 달까지 가는 여행, 잠수함, 로봇을 위한 법들이 현실이 되기 훨씬 전에 이미 이런 일을 상상했다. 그러나 그런 작가들이 세금 문제에 관한 한 그 같은 독창성을 보여주지는 못하는 것 같다.[3] 사실 세금은 공상과학 문학에 자주 나오지도 않지만 간혹 나오더라도 옛날처럼 반란을 일으키는 일 말고는 별다른 게 없는 것 같다. 어쩌면 공상과학 소설 작가들은 그들 마음속에 그런 반란을 불러일으키는 것을 너무 재미있어 하는 것 같기도 하다.

『달은 무자비한 밤의 여왕The Moon Is a Harsh Mistress』(황금가지, 2009)에서 위대한 저자 로버트 하인라인Robert Heinlein은 달 독립을 위한 혁명 운동을 그렸는데, 주로 세금이 없는 달을 만드는 데 초점을 맞추었다.[4] 이 소설 속 인물인 이론가 베르나르도 데 라 파즈 교수도 '세금을 부과하는 힘에는 파괴하는 힘도 들어 있다'는 대니얼 웹스터 Daniel Webster의 말을 잘 알았던 것 같다. "세금을 부과할 수 있는 권한은 일단 인정되면 제한이 없다네. 파괴될 때까지 멈추지 않지. 정부를 없애는 건 불가능할지 모르지만, 정부를 작게 만들어 예산을 줄이고 남을 괴롭히지 못하게 하는 건 가능할 걸세."[5]

더글러스 애덤스Douglas Adams의 소설 『우주 끝에 있는 레스토랑 The Restaurant at the End of the Universe』(책세상, 2005)에서 엄청난 부를 자랑하는 록스타 핫블랙 데시아토는 좀 더 느긋하다. 그는 세금 문제로 1년을 죽은 듯이 조용히 보냈으니까.[6]

물론 공상과학소설과 관련된 사업, 그러니까 SF 소설, 장난감, 촬영장 등이 모두 미항공우주국NASA에 지원할 자금을 세금으로 내야 한다고 주장한 사람도 있다. 공상과학소설을 좋아하는 사람들은 NASA가 더 멋진 것들을 가지고 놀 수 있도록 기꺼이 NASA에 돈을 낼 거라고 본 것이다. 이런 기발한 생각을 처음 한 사람은 당시 국회의원에 출마하면서 '이 제안에 어떤 계산도 하지 않았다'고 밝혔지만,[7] 물론 공직에 출마하는 정치인들의 오래된 관행(아무 생각 없이 저지르는)에 따랐을 것이다. 어쨌든 그는 당선되지 못했고 본업인 슈퍼마켓 짐꾼으로 돌아갔다.

그래서 실망스럽게도, 공상과학소설에는 세금 제도의 미래에 대해 통찰할 만한 것은 거의 없다. 그러나 이 장 뒷부분에서는 한때 공상과학소설처럼 여겼던 많은 것이 이제 세금 제도로 현실이 되는 장면을 보게 될 것이다. 세금 제도가 어디로 향할지에 대한 통찰을 또 다른 각도에서 살펴보면, 지난 2,000년 동안 사상가들이 유토피아에 대해 어떤 결론에 도달했는지 궁금하기도 할 것이다.

그러나 소설 속 유토피아는 세금의 세부 사항을 그렇게 많이 다루지는 않았다. 유토피아라는 말은 토머스 모어Thomas More가 1516년 자신의 소설 『유토피아』에서 처음 사용했는데. 이곳에서 사람들은 자기가 생산한 물건을 마을의 중앙 상점으로 가져오고, 또 그곳에서 자기에게 필요한 물건을 가져간다.[8] 그러나 모든 사람이 물건을 가져오는 것은 아니다. 노약자, 행정가, 그리고 다행히 학자들은 물건을 가져오지 않아도 된다. 다른 모든 사람은 평균적으로 그들이 가져가는 것보다 더 많은 물건을 가져온다. 이름을 그렇게 붙이지 않아서 그렇지 세금 제도처럼 보인다. 에드워드 벨라미Edward Bellamy의 1888년 소설 『뒤를 돌아보면서Looking Backward』(지식을 만드는 지식, 2011)에서도 마찬가지다. "우리는 육군도, 해군도, 어떤 군사 조직도 없다. 우리는 또 국무부, 재무부 같은 국가 부처나 국세청, 세금, 세금 징수원 같은 것도 없다.[9] 공식적인 세금 제도는 없지만 시민에게 개별적으로 반환되지 않아 과세 형태로 여겨질 수 있는 잉여 생산물이 있다."[10] 이런 것들이 바로 자원을 동등하게 또는 필요에 따라 공유해야 한다는 사회주의적·공산주의적 유토피아다.

그리 알려지지는 않았지만 우파적 자유주의 유토피아도 실제로 존재한다. 1922년 출판된 어거스트 슈완August Schwan의 『새로운 사회 질서를 향하여Towards a New Social Order』에 나오는 사회에는 세금 제도가 거의 없으며, 시민들은 사람들의 자유를 보호하고 도로, 하수도,

소방 서비스 등을 제공하는 제한된 활동만 하는 정부에 최소한의 자금을 지원하려고 자발적으로 '일정 금액'을 낸다. 토지 소유자들은 다른 사람들이 자기 토지를 이용하거나 자기 자유를 침해하지 못하게 할 수 있다는 헨리 조지의 이론에 근거한 토지세가 유일한 세금이다. 『아틀라스Atlas Shrugged』의 저자 아인 랜드Ayn Rand의 자유주의적 이상 사회에서 세금은 원하는 서비스를 받기 위해서만 자발적으로 낸다. 아인 랜드는 정부의 복권을 말하지만 3장에서 언급한 것처럼 당첨될 가능성이 매우 낮아서 암묵적 세금이라고 여겨진다는 문제는 다루지 않는다.

공산주의적 유토피아와 자유주의적 유토피아의 공통점은 모두 최소한의 세금을 주장한다는 것이다. 다만 공산주의적 유토피아에서는 비록 겉으로는 웃음을 보이지만 사회에 기여하는 일을 의무적으로 요구한다는 것이 다를 뿐이다. 반면 자유주의적 유토피아에서 사회에 대한 기여는 정부가 원하는 만큼 충분히 제공되지 못하면 그 파장에 대한 세부 설명 없이 자발적으로 이루어진다.

디스토피아(반이상향) 소설은 적어도 우리가 피해야 할 것을 말해줄 수 있다. 하지만 그곳에서도 복권은 빠지지 않는다. 조지 오웰 George Orwell[11]은 위대한 걸작 『1984년』에서 복권에 대해 다음과 같이 썼는데, 이를 보면 그가 1930년대 소련에서 복권이 널리 유행하는 것을 알았음이 분명하다.

노동자들이 진지하게 관심을 기울인 단 하나의 공적인 일. 노동자 수백만 명에게 복권은 그들이 살아남아 있는 유일한 이유는 아니더라도 매우 중요한 일이 되었다. 윈스턴은(사실 그뿐만이 아니라 공산당 내 모든 사람은) 복권 당첨금이 대체로 상상에 불과하다는 것을 알고 있었다. 실제 지급된 금액은 소액이었고, 큰 상금을 탄 사람들은 존재하지 않는 이들이었다.

세금 제도의 미래를 보려고 할 때, 조지 오웰 같은 공상가들에게서는 아무것도 얻을 게 없으므로 우리는 다시 과거의 교훈을 되새겨야 한다.

역사에서 배우는 11가지 지혜

+

세금과 관련해 지난 수천 년 동안 계속된 인내와 논쟁과 사고에서 다음 열한 가지 교훈[12]을 배울 수 있다.

세금 혁명은 단지 세금에 관한 것만이 아니다

역사에서 세금이 관심사로 떠오르는 것은 대개 세금에 대한 민중의 반란이나 저항 때문이다. 그러나 그런 에피소드에는 거의 항상 세금보다 더 많은 이야기가 담겨 있다. 세금 조치는 대개 더 깊이 내재된 갈등이 폭발하는 계기가 되었을 뿐 그 이면에는 통치권이 행사되는 방식에 대한 더 뿌리 깊은 논쟁이 있다. 시민에게 세금을 부과하는 강제력이 국가의 통치권을 보여주는 가장 확실한 표시라고 보았기 때문이다.

사실 시끌벅적한 세금 반란의 궁극적 목표는 단지 세금 제도를 바꾸는 것이 아니라 권력을 재분배하는 것이었다. 이것은 국가 간에 벌어진 전쟁이든, 그 진실이 잘못 알려진 보스턴 차 사건이든, 19세기 남미의 10센트 전쟁(37쪽 참조)이든, 영국 내전과 프랑스 혁명이든 세금과 관련된 모든 분쟁에 해당하는 얘기다. 와트 타일러가 이끈 반란에서 런던을 점령한 농민들의 요구 사항에 인두세 문제는 들어 있지도 않았다. 농민들이 느낀 더 큰 고통은 흑사병 이후 더 궁핍해진 경제에서 벗어나는 것을 방해하는 각종 장애물이었다. 게다가 1790년 폐지되었던 앙시앵 레짐 시대의 끔찍한 세금 가벨(55쪽 참조)을 1806년 나폴레옹이 슬그머니 부활한 것도 한몫했다.

또 세금 저항을 자극할 개연성이 높은 것으로 세금의 강도나 구조, 세금 징수 방법 못지않게 불공정을 들 수 있다. 이는 일본 시마바라의 세금 징수원들과 역사 이래 이루 헤아릴 수 없는 수많은 부패 사례가 잘 보여준다. 세금 부분에서 불공평한 것으로 보이는 정부들은 세금 이외의 부분에서도 불공평했을 개연성이 높다.

1990년 영국의 인두세는 노동조합과 치열한 투쟁을 벌인 끝에 나왔다. 그리고 유류세 인상으로 촉발된 프랑스의 노란 조끼 운동은 마크롱 대통령이 부자나 파리의 엘리트들을 위한 정치를 한다는 인식에 따른 분노가 반영된 것으로 보인다.[13] 세금 저항과 보이콧은 정부에 대한 불만을 드러내려고 할 때 가장 자연스럽게 집중하는 활동이기도 하다. 저항함으로써 국가의 가장 기본인 강제력 행사의 정당성과 실질적 가능성을 동시에 부정할 수 있기 때문이다.

세금에 붙는 이름에 주의하라

정부는 '세금'이라고 하지 않는 여러 방법으로 민간 부문에서 자원을 뽑아낼 수 있다. 그럼에도 정부가 민간에서 중요한 재원을 확보하는 능력은 궁극적으로 정부에서 강제로 그렇게 할 수 있는 힘, 즉 세금을 부과하는 힘으로 판단된다. 예를 들어 정부는 은행에서 판단하는 상환 능력 한도까지만 돈을 빌릴 수 있는데, 이때 은행은 정부가 국민에게 세금을 얼마만큼 부과할 수 있느냐로 정부의 상환 능력을 판단한다. 또 돈을 만들어 자원을 획득하는 화폐 발행도, 법정 통화를 만들라고 지시하는 것으로 강압적인 과세 능력을 보여주는 또 다른 방법일 뿐이다. 따라서 정부가 어떤 방식으로든 민간에서 자원을 획득하면, 민간 부문의 누군가는 어떤 명목으로든 그 과정에서 자원이 줄어들게 된다.

물론 정부는 자원 이전 과정에서 '세금'이라는 이름을 피하고 싶어 한다. 그들은 종종 '수수료' '요금' '부담금' 같은 용어를 쓰는데, 그것은 그런 이름들에서는 납부자들이 그 돈을 내는 대가로 무언가를 받는다는 느낌이 들기 때문이다. 하지만 정부는 잘못된 이름을 사용해 혼선을 빚기도 한다. 대처 총리의 지역사회 부담금(134쪽 참조)은 실제로는 인두세였다(오히려 1381년의 인두세가 사실은 지역사회 부담금이었다). 세금의 이름이 그 세금에 대한 정치적 인식과 지지에 영향을 미칠 수 있고 정부의 장부 작성에 중요할 수 있지만, 실질적으로 누가 그 세금을 부담하는지, 그로써 납세자들이 어떻게 반응하는지에는 큰 차이가 없을 것이다.

그렇다 하더라도 언어는 중요하다. 정치인과 로비스트들이 정책 토론에서 용어를 바꾸려고 노력하는 걸 보면, 디킨스가 창문세를 '빛과 공기에 대한 세금'으로 몰아붙인 것이든(43쪽 참조), 오늘날의 미국 공화당이 부동산세를 '죽음의 세금'이라고 한 것이든(512쪽 참조), 이름은 세금의 정치·경제학 차원에서 매우 중요하다. 또 세금이 법적 근거를 갖는 데도 이름이 중요하다.

헌법의 특수성은 여전히 이상한 방식으로 세금 정책을 제한하는 것이다. 미국 헌법에 언급된 '직접세'라는 말이 부자 과세에 장애가 되었고, 1935년 인도정부법Government of India Act[14] 때문에 인도와 파키스탄 모두 부가가치세를 채택하는 데 어려움을 겪었다. 1634년 버지니아 세법의 정신을 반영해 과세가 공정하도록 법을 제정해야 한다고 규정하는 헌법 조항(예를 들어 '모든 세금 제도는 누진 기준에 근거해야 한다'[15]고 규정한 이탈리아 헌법)은 훌륭해 보이기는 하지만 단순하고 의미 있는 응용마저 무시한다. 또 법의 세부 사항도 중요하다. 관세법에서 쉼표 하나를 잘못 써서 정부가 큰 대가를 치르게 할 수도 있고, 수백만 달러를 손해 볼 수도 있으며, 선박에 세금을 부과하는 데 엄격한 공식을 사용하다가 생명을 잃을 수 있다.

누가 세금을 마지막에 부담하나(조세 귀착 문제)

어떤 세금이든 대답하기 어려운 질문 중 하나는 누가 그 세금을 마지막으로 부담하느냐는 것이다. 실제 부담자의 구매력이 떨어지기 때문이다. 이 문제에 대한 공적 논쟁은 멈춘 적이 없다. 세금이 어떤 사람이나 활동에 부과된다고 해서 반드시 직접 부과되는 사람이나 그 활동에 종사하는 사람에게 그 부담이 실제로 돌아가는 것은 아니기 때문이다. 그 세금이 수요와 공급에 미치는 영향을 반영하려고 가격이 조정되면서 실제 세금을 부담하는 자가 바뀔 수 있다는 것이 문제다. 특히 '~에 부과되는'이라는 말이 정부에 그 세금을 직접 내는 사람을 의미하면 더욱 그렇다.

조지아 시대 영국에서 '여성 하인에 부과되는' 세금은 실제로 고용주가 내면서 많은 여성 하인을 대체 고용(매춘부)으로 내몰았고, 저소득 노동자들에게 보조금을 줄 때도 고용주는 보조금만큼 임금을 깎아서 자신들의 이익을 취했다. 물론 정부는 이러한 결과를 의도하지 않았을 테고, 그 세금 부담이 누구에게 돌아가야 하는지에 대해서도 명확한 견해를 가지고 있었을 것이다. 그러나 어떤 세금이든 실제 귀착은 정부 소망이 아니라 그 세금에 납세자들이 어떻게 반응하느냐에 따라 결정된다.

세금 부담을 누가 짊어지는지 정확히 찾기는 어려울 수 있다. 법인세를 최종적으로 부담하는 사람이 누구냐(근로자냐, 주주냐, 고객이냐)는 기본적인 질문조차 여전히 불투명하고 격렬한 논쟁으로 남아 있다. 조세 귀착에 대한 경험적 이해는 공정하고 빠르게 발전하지만 여전히 제한적이다. 그리고 현대 기술들이 아주 구체적인 상황에서 상당히 좁게 정의된 세금(EU의 일부 지역에서 이발haircut에 대한 세금을 인하한 경우)의 조세 귀착을 분석하는 데 적합하다고 증명되었지만, 정책 입안자들은 여전히 그에 대한 지침이 부족해서, 예를 들어 표준 부가가치세율을 인상하면 언제 소비자 가격에 완전히 반영되는지, 또는 언제 근로자나 고용주가 일부 부담하게 되는지 정확히 알지 못한다.

경제학자들은 많은 세금의 실제 귀착 문제에 대해 당혹스러울 정도로 아는 것이 없으며, 전반적인 세금 제도의 귀착에 대해서도 아는 것이 거의 없다. 그러나 빅토리아 시대 영국의 곡물법 논쟁에서 나타나기 시작한, 조세 부담이 어디에 있는지 가르쳐주는 분명한 원칙이 있다. 바로 세금이 부과되는 품목이나 활동에 대한 대안이 가장 적은 사람에게 조세 부담이 돌아가는 경향이 있다는 것이다.

이를 보여주는 극단적인 예가 있다. 한쪽 끝에는 주인이 요구하는 최소 수준을 초과하는 임대료가 있다. 공급이 고정된 기초자산에는 세금이 부과된다 해도 주인을 쉽게 바꿀 수 없다. 반면 다른 쪽 끝에는 매우 근접한 대체물을 가진 물건들이 있다. 레드와인에만 세금이 부과되고 화이트와인에는 세금이 부과되지 않으면 그 세금이 레드와인을 좋아하는 사람들에게만 전적으로 돌아가지는 않을 것이다.

어떤 세금의 부담이 궁극적으로 누구에게 돌아갈지 완벽하게 알기는 불가능하다. 그러나 이 간단한 아이디어의 진짜 요점은 단순히 명목상 세금 부과 대상자나 정책 입안자들의 의도를 보이는 그대로 받아들이지 말고 실질적인 문제에 정확하게 토론의 초점을 맞춰야 한다는 것이다.

영원한 숙제, 공정한 세금 제도

납세능력의 차이가 다른 사람들에게 각기 다른 세금을 부과하는 것이 합당하다는(수평적 형평성) 견해는 시대에 따라 변한다. 오늘날 종교, 인종, 성별, 심지어 얼굴의 털 등 때문에 명시적으로 세금을 차별화하는 일은 드물다. 오늘날의 문제는 대개 암묵적 차별인데, 이는 어떤 집단의 사람들을 직접 거명하지 않고 예를 들어 남성과 여성 간 또는 다른 인종 간의 체계적으로 다른 취향과 욕구에 따라 차별하는 것이다.

이런 차별을 완전히 없애기는 아마도 불가능할 것이며, 때로는 다른 합리적인 목적과 서로 충돌할 수도 있다. 예를 들면, 독신가구와 기혼가구에 대한 평등 과세를 누진 소득세와 결합하는 것은 수학적으로 불가능하다. 초과 부담을 최소화한다는 이유로 상대적으로 높은 세율을 지향하는 행동 반응이 나오지 않는 것은 개인적 특성과 도 관련이 있을 수 있다. 문제는 암묵적 차별이 너무 노골적으로 나타나 그에 대한 행동이 요구될 때다.

공정성의 두 번째 차원인 수직적 형평성은 훨씬 더 심각한 문제를 제기한다. 부자와 가난한 자 사이에 세금 부담을 어떻게 나누느냐는 고대 아테네 시대 이래 세금 제도의 중심 문제였으며, 주로 국방 등 기본적인 기능에만 국가 수입이 필요했던 19세기 세금 논쟁에서도 핵심 사안이었다. 현대 복지국가에서 세금과 정부 지출이 부자들에게서 가난한 자들에게 자원을 재분배한다는 의미가 되면서 이는 더욱 중요해졌다.

그러나 부자들에게 세금을 얼마만큼 부담시켜야 하는지는 개인적 판단의 문제로, 경제적 문제라기보다는 철학의 문제라고 할 수 있다. 따라서 경제학자들은 그에 따른 좀 더 광범위한 사회적 비용을 파악하고 그것을 가능하면 계량화하는 일을 할 수 있을 뿐이다. 납세 능력을 고려한 정액세 제도가 없으면 무엇을 납세자 삶의 수준을 나타내는 증거로 삼든 동등하게 잘살 수 있는 누군가 다른 사람의 동기를 줄이지 않고는 잘사는 사람들에게 더 많은 세금을 부과하는 것이 불가능하다는 문제가 생긴다.

초과 부담을 불러오지 않고 부유한 사람들에게서 세금을 더 거두는 방법이 몇 가지 있다. 그것은 바로 헨리 조지의 토지세가 신의 도시를 지상으로 가져온 방법이고(336쪽 참조), 법인세가 지대가 되도록, 즉 그 부담이 주로 주주들에게 부과되도록 개편하자는 생각이었다. 그러나 지대를 확인하기가 항상 쉬운 것은 아니며, 이런 세금으로는 모든 정부의 세수 요구를 그럴듯하게 채울 수도 없다. 따라서 궁극적으로는 어쩔 수 없이 누진성과 효율성을 절충해야 한다. 아마도 이 어려운 선택은 앞으로도 조세제도 설계에서 중심 문제로 남아 있을 것이다.

그러나 현금 보조금 형태라는 마이너스 세금을 포함한다 해도 세금은 수직적 형평성을 다루는 정책 무기의 하나일 뿐이며, 그중 가장 효과적이지 않은 방법일 수도 있음을 기억해야 한다. 특히 저소득 국가에서 정부가 빈곤층을 지원하는 강력한 방법 가운데 하나는 기초 교육과 의료 서비스를 제공하는 것이다. 정부가 이런 지출을 활발히 하면, 부가가치세처럼 많은 세수를 가져오는 비非누진 세금이 세수를 적게 올리는 누진세보다 가난한 사람들을 위해 더 많은 것을 할 수 있다.

과세는 납세능력이 있다는 좋은 증거를 찾는 일

조세제도가 변덕스럽지 않으려면 측정할 수 있고 법정에서 검증할 수 있는 사실에 근거해야 한다. 이런 관찰력은 몇 세기에 걸쳐 엄청나게 발전했다. 노스 경은 조지아 시대 영국에서 "마차와 하인은 세금을 낼 능력을 있다는 것을 보여주는 표시이므로 그에 대해 세금을 부과하는 것은 적절하다"라고 지적했다.[16]

오늘날 우리는 소득을 그 사람의 납세능력을 가장 잘 보여주는 주요 표시로 여긴다. 우리는 집의 창문을 세지 않고 집의 시장 가치를 알 수 있는 좋은 아이디어를 많이 가지고 있다. 그리고 경제가 소규모 농업 기업에서 벗어나면서 고용주로 하여금 종업원의 소득을 기반으로 세금을 보고하고 원천징수하고 내게 하는 것이 가능해졌다. 이것이 세금 제도를 엄청나게 강력하게 만들었다. 그러나 우리는 여전히 가장 관심이 있는 것(자산) 자체가 아니라 그것을 가장 잘 나타내는 증거(창문)에 과세한다.

그 증거는 비교적 간단하다. 상품에 대한 세금에서 그 증거는 세금이 부과되는 물건의 본질을 잘 정의할 수 있어야 한다. 예를 들어 담배가 정확히 무엇인가? 세법이 그 질문에 답하는 방법은 어색할 수 있지만 대체로 관리가 가능하다. 그리고 연료의 탄소 함량처럼 피해를 주는 것이 무엇인지, 그래서 무엇에 세금이 부과되어야 하는지 명확한 외부 효과의 맥락에서는 증거가 거의 필요하지 않다.

그러나 상황에 따라서는 특히 조세제도를 공정하게 만들려고 노력할 때, 좋은 증거를 찾는 과정은 계속되며 조세제도가 하려는 일의 핵심이다.

예를 들어 재산의 가치는 그 재산 소유자의 행복을 정확하고 완전하게 나타내는 지표가 아니며, 총재산의 지표도 아니다. 대기업의 수익이 얼마나 되는지는 현실과는 거리가 먼 무형자산을 포함해 그들의 자산 가치에 대한 추정치에 의존한다. 소기업은 매출액과 같은 더 투박한 증거에 의존할 수밖에 없다. 정책 토론은 여전히 공정한 과세 기준을 보장하려면 어떻게 해야 최선의 방법으로 소득을 측정할 수 있는지(예를 들어 건강 비용 등에 어떤 공제를 허용할지), 개편된 연간 세금 기준에 무엇을 포함할지 하는 문제에 머물러 있다.

그러나 문제는 단순히 소득이나 부를 정확하게 측정하고 과세하는 것이 아니다(그것이 중요하기는 하지만). 훨씬 더 근본적인 문제는 내야 할 세금액이 납세능력에 맞춰져야 한다는 데는 포괄적으로 동의하지만, 가장 의미 있는 관점, 즉 궁극적으로 누군가가 실제로 얼마나 많은 수입이나 부를 가졌느냐가 아니라 얼마나 많이 가질 수 있느냐는 관점에서 납세능력을 측정할 확실한 방법이 없다는 것이다.

세금은 어느 가구의 2차 소득원이 직업을 갖지 않도록 유도할 수도 있다. 소득으로 측정한 그 가구의 납세능력이 실제로 낼 수 있는 잠재력보다 당장은 훨씬 더 낮을 수도 있기 때문이다. 좀 더 효율적인 세금 제도는 그 잠재력을 인식해 일자리를 가졌는지에 상관없이, 그리고 일자리를 포기하지 않게 하면서 적절한 세금을 부과하는 것이다. 그런 잠재적 소득에 과세할 적절한 세율에 대한 형평성 판단을 반영해야 한다는 것이다.

이것이 바로 이상적인 정액세다. 즉 납세자가 하는 일에 전혀 영향을 주지 않고 공정성 우려까지 고려해 잠재적인 납세능력에 따라 설계된 정액세다. 문제는 납세자들이 다 알면서도 그런 잠재력을 감추려는 동기를 갖게 된다는 것이다. 납세자인 사람들과 기업들에 얼마나 벌 수 있는지 묻는다고 해서 그들이 진실하게 반응할 것 같지는 않다. 고대 아테네의 리터지나 쑨원의 세제개혁에서 시도되었던 자진신고 제도가 대부분 실패한 것을 보면, 납세자들이 스스로 진실을 밝히도록 유도할 확실한 방법은 없는 것 같다. 우리에게 남은 방법은 여전히 알 수 없는 납세능력을 나타내는 증거들뿐인데, 이는 납세자들이 행동 방식을 바꿔 언제든 자신들에게 유리하게 조작할 수 있다는 것이 문제다. 이 또한 초과 부담의 원천이 되어 그 자체로 교훈이 되고 있다.

세금 회피자와 탈세자들의 놀라운 창의력

역사는 세금을 피하려는 사람들의 창의력이 거의 한계가 없다는 것을 잘 보여준다. 10개 이상의 창문에 세금을 부과할 때 창문 하나를 줄여 9개로 만드는 것도 창의력에 해당한다. 도로에 접한 면에 따라 세금이 부과되자 폭이 좁은 집을 짓는 것, 움직이는 칸막이는 투자세가 공제되고 벽은 공제되지 않을 때 벽을 칸막이로 교체하는 것, 개의 꼬리를 자르는 것(그 이야기가 사실이라면), 이 모든 것이 세금을 최소화하려는 것이 아니라면 설명될 수 없는 '창의적' 행동이다. 그리고 그런 꼼수들은 적어도 모두 합법적이었다.

흐릿한 회색 경계선 건너편에는 탈세가 있는데, 이는 본질적으로 거짓말의 문제이므로 창의성과는 그다지 관련이 없다. 그러나 '플러피'Fluffy라고 해서 허위로 아동 수당을 타내려 한 뻔뻔한 납세자와 무역 거래에서 부가가치세를 빼돌리는 사기 유형인 회전목마(414쪽 참조) 등 상상을 초월하는 부가가치세 사기를 설계한 사람들의 영리함에는 혀를 내두를 수밖에 없다.

그러나 그런 세금 꼼수는 아무리 창의적이라 해도 성가신 일이다. 정부는 실제 존재하지도 않는 상상 속 아이들에게 세금 감면 혜택을 주는 것을 당장 중단하고, 영리한 납세자들이 역이용하는 실마리가 될 조세제도의 허점을 막는 방법을 찾아야 한다. 납세자들의 그런 꼼수는 세수를 떨어뜨릴뿐더러 꼼수를 부리지 않는 정직한 사람들이 더 많은 세금을 내게 한다. 그러나 그런 꼼수의 가장 큰 해악은 자원의 비효율적 사용을 불러온다는 것이다. 그런 행위는 단지 세법 규정 때문에 일어나는 것이며, 개인적으로는 얼마나 이익이 될지 몰라도 사회적으로는 낭비일 뿐이다.

세금의 가장 큰 비용은 보이지 않는다

세금으로 얼마나 많은 돈을 거둬들이든 그 세금이 사회에 미친 실제 비용은 과소 평가되기 쉽다.[17] 세금이 '초과 부담'이라는 사회적 비용을 발생시키기 때문인데, 이 초과 부담은 사람들과 기업들이 스스로 내린 결정을 바꿀 때 발생한다.

이러한 왜곡은 터무니없이 긴 담배(297쪽 참조)나 로켓 건물(296쪽 참조)처럼 쉽게 보이지는 않지만, 그렇다고 해서 앞서 말한 꼼수나 탈세처럼 창의적인 생각도 필요 없다. 단지 무거운 세금이 부과된다는 이유로 물건을 더 적게 사는 것(노동의 경우 공급을 줄이는 것)을 뜻할 수도 있다. 이런 반응은 상당히 널리 퍼져 있다.

여기에는 얼마나 많이 그리고 얼마나 열심히 일해야 하는지, 어떤 직업을 가져야 하는지(자영업을 한다면 세금을 회피하기가 더 쉽다), 얼마나 많이 저축하고 투자해야 하는지, 투자는 어떤 형태로 해야 하는지(주택에 투자할지, 세금이 적은 나라에 계좌를 만들지), 그리고 혁신에 내재된 위험을 어느 정도 감수해야 하는지 같은 큰 결정도 포함된다. 이러한 경로들을 거쳐 세금 왜곡이 경제성과에 큰 영향을 미칠 수 있다.

창문을 막는 데서도 분명히 드러났지만, 정말 중요한 손실은 거의 보이지 않는 데서 나타난다는 것이 문제다. 그 이유는 그런 손실들이 거기에 없기 때문이다. 예를 들어 투자가 되지 않았거나 노동자들이 노동 시장에 나타나지 않았기 때문이다. 이러한 비용은 보이지 않아서 이해하기 어렵지만 규모가 매우 큰 데도 세금 정책 토론에서 거의 관심을 받지 못한다.

하지만 우리는 세금이 초과 부담을 불러온다는 점에서 얼마나 제 역할을 하지 못하는지, 그 초과 부담을 어떻게 계산해야 하는지 아주 잘 알고 있다. 중요한 교훈은 초과 부담이 클수록 세금에 대한 과세 기반의 반응도 커진다는 것이다. 과세 기반을 변화시키는 납세자의 행동 변화는 굴뚝을 막거나 시간제 일을 하지 않기로 하는 것처럼 실제적일 수도 있고, 회사에 새로운 자본을 투입하기보다는 차입으로 자금을 조달하는 것과 같이 세금 회피나 탈세 형태일 수도 있고, 시간제 일자리에서 번 소득을 신고하지 않는 것일 수도 있다. 어느 경우든 과세 기반이 세율에 더 민감하게 반응할수록 징수한 세금 1달러당 초과 부담은 더 커진다.

이러한 관계를 깨달으면 초과 부담을 제한하는 세금 제도를 설계하는 방법에 대한 꽤 좋은 아이디어를 얻을 수 있다. 극단적으로 말하면, 행동을 변화시킬 동기를 제공하지 않음으로써 초과 부담을 발생시키지 않는 세금 제도를 설계하는 것이다. 가장 명확한 예가 납세자들의 어떤 선택에도 영향을 받지 않는 고정된 금액을 내는 정액세다.

리카도와 맬서스는 토지로 어떻게 소유자가 요구하는 최소 금액을 초과하는 '지대'를 버는지 설명함으로써 사람들의 행동에 영향을 미치지 않는 좀 더 다양한 방법을 보여주었다. 그런 지대는 독특한 기술을 갖고 있거나 독특한 가치를 지닌 제품을 개발하는 등 다른 원천에서도 발생할 수 있다. 그 경우 지대는 공급을 결정하는 최소한의 수익을 초과하므로 지대에 대한 과세는 어떠한 행동 변화도 일으키지 않는다. 두 차례 세계대전에서 정부들은 바로 이를 염두에 두고 초과 이익세를 만들었고, 오늘날의 법인세도 모든 비용을 완전히 공제해줌으로써 유사한 특성을 지닌 세금으로 재구성될 수 있었다.

이밖에도 초과 부담을 제한하려는(전적으로 제거하지는 못하지만) 기본 처방은 정당한 이유가 없는 한 기업과 사람들이 하는 일에서 내리는 선택에 가능한 한 간섭하지 않는 것이다. 그 이유는 두 경우에서 서로 다르다. 기업의 투입물 결정에 간섭하면 가용 자원에서 생산되는 총산출물이 줄어드는 경향이 있는데, 이는 좋은 일이 아닐 개연성이 매우 크다. 여기서 조금이라도 세금을 거두려 한다면, 소비자들의 선택이 어느 정도 왜곡되는 것이 불가피하다.

서로 다른 상품들 사이에서 소비자들의 선택을 한쪽으로 치우치게 하는 것은 원칙적으로 초과 부담을 줄이려는 방편으로 이해될 수 있다. 그러나 몇 가지 광범위한 생각(특히 수요가 비탄력적인 상품은 효율성 측면에서 좋은 고율 과세 대상이 될 수 있다는 원칙 등) 외에는 실제로 어떻게 하는 것이 가장 좋은지 우리는 거의 알지 못한다. 어떤 경우든 모든 차별에는 로비와 특별 청원이 집중적으로 들어올 것이다.

외부 효과를 다루기 위해 그리고 공정성 목적이 초과 부담 문제보다 명백히 더 중요하므로 세금 설계가 중립성의 기본 원칙에서 벗어나는 것은 꼭 그렇게 해야 할 분명한 이유가 있을 때만 허용되어야 한다. 꼭 필요한 경우가 아니면 소비자나 기업의 결정을 조금이라도 조정하려고 해서는 안 된다.

세금은 단지 돈을 걷는 문제가 아니다

공해나 도로 혼잡 같은 사회적 '악재'에 대한 것이라면 특정 행동을 대상으로 세금을 부과하는 것은 그 자체로 좋을 수 있다. 더 깨끗한 공기와 물, 오염되지 않은 거리에서 오는 이익은 비록 GDP 산정에는 반영되지 않는다고 해도 피고비안 세금(264쪽 참조)처럼 부정적인 '외부 효과'에 대한 책임을 원인 제공자에게 돌림으로써 사람들을 더 잘 살게 할 수 있다. 그러나 나쁜 활동을 대상으로 이런 세금을 부과할 때는 신중해야 한다. 모든 자동차에 세금을 부과하기보다는 혼잡한 거리를 운행하는 자동차에만 세금을 부과하는 것이 더 낫다는 말이다.

그리고 '모든 외부 효과의 어머니'로 불리는 지구 온난화 문제를 다루는 주요 수단으로 경제학자들은 거의 만장일치로 탄소 가격 제도를 지지한다. 세금은 또 사람들이 나중에 후회할 줄 뻔히 알면서도 지금 당장 끊지 못하는 나쁜 습관에 빠지지 않도록 유도하는 이른바 자기 통제 문제, 즉 '내부 효과'를 다루는 데도 사용될 수 있다(272쪽 참조). 이것이 오늘날 담배에 무거운 세금을 부과하는 가장 강력한 논거이기도 한데, 이런 목적의 세금이 현재 청량음료와 지방이 많은 음식뿐만 아니라 새로운 의문이 제기되는 전자담배에 이르기까지 더 광범위하게 적용되고 있다.

그러나 세금이 항상 바람직하지 않은 행동에 대한 해답이 될 수는 없다. 적어도 만능 해답은 아니라는 얘기다. 규제적 대응이 보조 역할을 해야 할 때도 있다. 음주 운전은 술에 세금을 부과하기보다는 위반을 처벌하는 방식으로 더 잘 해결할 수 있다. 코로나19 대유행 기간에 시행된 사회적 거리두기 규칙처럼 세금보다는 규제가 본질적으로 더 나은 대응 방안일 수 있다.

그러나 역사에는 국가가 세수를 올리려는 목적 이외의 동기로 세금을 부과한 어두운 측면도 있다. 중세 유대인에 대한 세금에서 왕당파를 겨냥한 크롬웰의 10분의 1세(217쪽 참조), 1930년대 체인점에 부과한 세금 그리고 글로벌 금융 위기 이후 은행가에게 지급된 과다한 성과급에 세금을 매겨야 한다는 복수심에 이르기까지, 세금은 적들을 처벌하고 친구를 보상하는 데도 활용되었다.

그러나 그런 세금을 실제로 방어할 수 있는지는 차치하고라도, 보복을 목적으로 한 세금은 대개 비효율적이었다. 크롬웰 시대에 추방된 왕당파들처럼 보복 대상들은 세금을 물리기도 전에 거의 사라졌기 때문이다. 그리고 가까운 사람들에게 세금을 면제해주거나 특별한 혜택을 주는(반대로 미운 사람들에게 불리하게 처우하는) 방식도 혐오스러울 뿐만 아니라 초과 부담을 일으킨다.

사람들이 순순히 세금을 내는 이유

많은 사람이 큰 소란을 피우지 않고 적지 않은 세금을 순순히 내는 데는 다양한 고려사항과 동기가 섞여 있다. 정부와 공직사회에 대한 어느 정도의 신뢰와 세금이 낭비되지 않을 거라는 의식도 어느 정도 작용했을 테고,[18] 정직해지기를 좋아하는 사람들의 본능을 지탱하고 강화해주는 사회적 규범도 도움이 되었을 것이다. 그러나 정부를 신뢰하지 않는 정서도 만만치 않아서 세무당국에서는 그런 납세자들을 잠재적 범죄자로 취급하기도 한다. 따라서 정부와 국민 사이에 신뢰가 강화되어야만 강력한 세금 제도가 구축될 수 있다.

현명한 세무 행정은 사람들이 납세 의무를 쉽게 지키도록 하고, 신뢰가 필요한 곳은 신뢰하도록 만들려고 노력해야 하지만, 그렇다고 해서 가만히 앉아서 돈이 굴러 들어오기만 기다려서는 안 된다. 납세자들을 고객으로 여기고 자발적인 준수를 장려하는 그들의 모든 달콤한 말 이면에는 세금을 회피하면 궁극적으로 붙잡혀서 불이익을 받는다는 두려움이 깔려 있다는 것을 그들은 잘 알고 있다.

실제로 탈세가 얼마나 많이 일어나는지 자세히 알기는 어렵지만, 적발이나 처벌 위험이 가장 적은 자영업자나 영세 기업들이 세금 회피나 탈세를 상습적으로 해왔다는 것은 분명하다. 이것이 바로 세법이 집행되어야 하는 이유다. 유명 인사들의 탈세가 적발되면 화제가 되지만, 적발을 모면한 수많은 사람은 부과된 세금을 내는 모든 순진한 납세자에게 자신의 세금을 전가하는 것이다. 비록 피해자들이 전국에 흩어져 있어 누군지 확인되지는 않지만, 탈세는 피해자가 없는 범죄가 아니다.

세금 집행은 때로는 소름 돋을 정도로 가혹했다. 세금에 저항하다가 끔찍한 최후를 맞이한 사람들은 시마바라에서 산 채 화형당한 농부들, 블라드 3세에게 잔인하게 살해된 상인들만으로 그치지 않는다. 그러나 조세 행정은 몇 세기를 지나면서 탈세 행위를 뿌리 뽑고 저지하기 위해 점점 더 효과적이고 인도적인 방법을 개발해왔다. 특정 대상을 목표로 하는 표적 감사는 사람들에게 세금 회피가 불안한 행위라는 생각을 심어주는 비교적 손쉬운 방법이자 세금 집행에 대한 공적 이미지의 전형이기도 하다.

대기업의 등장으로 원천징수제가 널리 확산되면서 근로자들이 세금을 내기 전에 근로의 대가로 받은 돈을 날리거나 숨길 기회가 사라졌다. 원천 징수 기술은 그 효과가 너무 좋아서 세무당국은 활용 범위를 넓힐 방법을 아직도 찾고 있다. 또 고용주, 금융기관 등이 세무당국에 제공하는 정보 보고의 역할도 점점 중요해지고 있다.

하지만 이 모든 방법이 세무 관리들을 인기 있게 만들지는 못한다. 모임에서 자기가 세무 관리인 척하는 사람은 거의 없다. 그러나 유능하고 헌신적인 세무 관리들이 없다면, 어떤 세금 제도도 공정하고 효율적으로 운영될 수 없다. 언제나 그래왔듯이, 세무 관리들이 자기 일을 정직하게 효과적으로 정치적 간섭 없이 하도록 격려하는 방법을 찾는 것은 어디서나 어려운 일이었다. 일부 세금 관리에게 부패 의혹이 있었다고 해서 수천 년 동안 충직하고 용기 있는 수많은 세무 관리가 저임금에 인정도 받지 못한 채 일해왔다는 사실을 외면해서는 안 된다.

세금 주권은 이제 옛이야기일 뿐

애덤 스미스는 과세 기반이 과세에 대응하는 방법 중 하나가 다른 곳으로 이동하는 것이라는 점을 일찍이 알아챘고, 오늘날 세계화로 그가 주장한 세계 시민 개념은 과세 단계의 확고한 중심이 되었다. 이러한 이동성은 세금이 일괄적으로 적용되는 글로벌 관점에서는 초과 부담이 낮을 수 있지만 한 국가의 정부 관점에서는 초과 부담이 클 수 있음을 의미한다(《스타워즈》에서 행성 간에 과세 기반이 움직이지 않는 것은 얘기하지 말자). 이는 또 세율과 과세 기반을 정하는 데서 국가 주권은 이제 환상에 지나지 않는다는 것을 의미한다.

어느 국가가 자국에서 발생하는 다국적기업의 이익에 매우 높은 세율을 부과할 권리를 가질 수는 있지만, 그 기업에 그 시점에서 과세될 이익이 남아 있지 않다면 그것은 큰 의미가 없다. 예카테리나 대제가 세금 면제를 제공하면서 제임스 와트를 러시아로 끌어들일 뻔했던 것처럼(398쪽 참조), 오늘날 (아마 그 어느 때보다도) 정부들은 다른 나라들의 과세 기반을 뺏어오려는 공격적인 의도로 혹은 최소한 그들 자신을 보호하려는 방어적인 의도로 유인책을 경쟁적으로 제공하고 있다. 정부들은 부인하고 싶어 하겠지만, 적어도 세금 문제에 관한 한 그들의 주권은 이제 실체적인 것이라기보다는 대체로 명목적인 것에 불과하게 되었다. 정부들은 그나마 남은 주권을 행사하면서 더 치열하게 세금 경쟁에 빠져드는데, 이로써 시민들만 더 힘들어질 것이다.

19세기 후반부터 정부들은 세금 문제에서 그들의 주권을 공동화하는 방향으로 나아갔다. 누가 얼마나 과세할 수 있는지 확립하는 국제간 세금 협정에 서명한 것이 대표적 예다. 그러나 수십 년 동안 베스티 일가 같은 부유층은 국제간 조세 정책이 서로 잘 조정되지 못한다는 점을 이용했고, 이는 많은 이에게 혐오감을 주었다. 글로벌 금융 위기 이후 파나마 페이퍼스 등의 폭로에 따른 대중의 압박이 커지고 세금을 너무 적게 내는 다국적기업의 꼼수 개발 능력이 비난받으면서 정부들은 가장 악명 높은 악습들을 끝장내려는 조치를 하며 이른바 집단 주권 행사를 발전시켰다.

이제 세금이 낮은 나라에 자산을 이전해 소득을 감추기가 어려워졌고, 국제 법인세 체계의 근간이 되었던 규범들이 더는 지속되지 못한다는 인식이 퍼지면서 세금 경쟁의 한계까지 다루는 진지한 개혁의 길이 열리고 있다. 그러나 현재까지 합의된 내용은 여전히 도전 목표와는 거리가 멀고, 디지털 서비스세를 두고 벌어지는 끊이지 않는 논쟁은 국제 세금 체계 개혁에 대한 진정한 집단적 합의가 얼마나 어려울지 보여준다.

보이는 슬로건이 다가 아니다

다른 부문에서도 그렇지만, 세금에서도 슬로건이 정책 수립의 좋은 근거가 되는 일은 드물다. 슬로건은 때로 완전히 실속 없는 구호에 불과하다. 예를 들어 '기업은 합당한 몫을 세금으로 내야 한다'는 생각(192쪽 참조)은 세금의 실질적 부담이 실제 존재하는 사람들에게 돌아가지 않는다고 생각하는 함정에 빠질 수 있다('공정'이 의미하는 바는 따지지 않더라도). 다시 말하지만 슬로건은 때로는 텅 빈 구호일 뿐이다. '가치가 창출되는 곳에 세금을 부과해야 한다'는 의견(G20/OECD의 BEPS 프로젝트의 슬로건, 390쪽 참조)은 멋지게 들린다. 하지만 가치가 창출되는 곳이 어딘지 아무도 동의할 수 없으므로 그런 슬로건은 마음에 와닿지 않는다.

슬로건은 작은 진실을 크게 부풀릴 위험도 있다. '과세 기반을 넓히되 세율은 낮춘다'는 멋진 슬로건을 보자. 같은 금액을 세금으로 거두더라도 넓은 과세 기반에 낮은 세율로 세금을 부과하는 것이 좁은 과세 기반에 높은 세율로 세금을 부과하는 것보다 경제적 피해가 적다는 것은 일반적으로 잘 알려진 사실이다. 문제는 때로는 겉보기에 넓은 과세 기반이라도 나쁜 세금일 수 있고, 좁은 기반에 대한 과세라도 상대적으로 좋은 세금일 수 있다는 것이다.

예를 들어 금융 거래에 대한 과세는 기반이 엄청나게 넓을 것이다. 하지만 낮은 세율이라도 연이은 거래로 쌓이면 큰 금액이 되어 사회적으로 가치 있는 금융 활동을 위축시킬 수 있으므로 크게 왜곡될 수 있다. 모든 기업의 매출에 적용되는 매출세도 마찬가지다. 많은 나라가 매출세 대신 부가가치세를 선택한 것도 바로 매출세로 인한 왜곡(인위적 합병 동기도 그중 하나다) 때문이다. 부가가치세는 본질적으로 매출세보다 과세 기반이 훨씬 더 좁지만 잘만 운영되면 기업 투입물에는 세금을 부과하지 않는다. 그리고 바로 그 이유로 부가가치세는 경제활동을 왜곡할 우려가 훨씬 적다.

법인세에도 이와 비슷한 논리가 적용된다. 이자뿐만 아니라 명목상 자기자본 수익에도 공제를 허용하면 기본 법인세의 기반은 좁아지지만 법인세를 지대에 대한 세금으로 전환할 수 있고, 특히 주식을 발행해서 자본을 조달하는 것보다 부당하게 세금 혜택을 받는 차입을 선호함으로써 왜곡을 줄일 수 있다. 이 같은 왜곡은 기업들에 더 높은 레버리지를 추구하도록 장려해 금융 안정성에 위험을 불러올 수 있다.

부가가치세와 법인세를 지대에 대한 세금의 성격으로 바꾼 사례들은 이 책에서 강조하는 세금 설계의 일반적인 원칙을 보여준다. 바로 꼭 그렇게 해야 할 합당한 이유가 없는 한 사람들과 회사의 결정을 왜곡해서는 안 된다는 것이다. 이는 앞서 설명했듯이 외부 효과가 작동하고 있고, 공정성 목적이 초과 부담 문제보다 명백히 더 중요하기 때문이다. 슬로건이 정말 중요했다면 이 문제를 서두에서 중요하게 다루었을 것이다. 그럼 좀 더 멋있었을지 모른다. 하지만 마지막 단원에서 다룬 이 열한 가지 교훈은 예외이니 잘 기억하기 바란다.

미래를 넘어서

+

이 책에서 강조하는 교훈의 요점은 우리가 미래에 대처하도록 도우려는 것이다. 코로나19 대유행이 우리에게 상기시켜주었듯이, 현재 추세를 보고 미래를 예측하는 것은 결코 잘못된 것이 아니다. 코로나19를 다루려는 전례 없는 조치가 속속 등장하면서 2020년 많은 사람이 정부의 역할이 영원히 바뀔 거라고 예측했다. 하지만 국민들의 움직임과 사람들 간의 교제를 전례 없이 감시하는 것은 말할 것도 없고, 정부의 대규모 재정 개입에 찬성하는 정치권의 합의가 코로나19 대유행이 사라져도 여전히 유지될 거라고 확신할 수는 없다.

우리가 확신할 수 있는 것은 앞으로 수십 년 안에 세계의 세금 제도가 해야 할 일이 많을 거라는 사실이다. 앞으로 세금 제도가 더 복잡하고 복합적인 방식으로 상호 연결되는 시급한 글로벌 과제(공공 부채 증가, 개발 요구, 인구 고령화, 불평등 증가, 세계화, 기후 변화 등)를 해결하는 데 중심 역할을 해야 한다는 요구가 높아질 것이다. 그리고 이 모든 것 위에는 엄청나게 빠른 기술 변화의 잠재력과 위험이 도사리고 있다.

어려운 시기

거의 모든 국가의 공공부채가 이미 전시가 아닌 평상시 수준으로는 최고에 이르렀지만 이는 코로나19에서 벗어날 때쯤 되면 더 크게 늘어나 있을 것이다. 2019년과 2020년 사이에 전 세계 공공부채 수준은 GDP의 약 15퍼센트에서 거의 100퍼센트까지 늘어났다. 일부 선진국 가운데 125퍼센트 이상 상승한 나라도 있다. 이는 제2차 세계대전 이후 볼 수 없었던 수준이다.[19] 물론 이 문제는 이상적으로 강력한 성장(특히 이자율이 낮을 때 성장은 부채를 줄이는 최고 방법), 채무 불이행이나 때로는 부채 탕감, 통화 발행을 통한 자금 조달이나 지출 삭감 등 여러 방법으로 해결할 수 있다. 그러나 어떤 경우든 실질적으로는 세금 징수 증가로 이어질 개연성이 크다.

세금이 늘어나는 모습은 나라마다 다르게 나타난다. 많은 개발도상국(이들 중 절반 이상이 세수가 GDP의 15퍼센트 미만)에 그것은 국민들에게 질 좋은 삶을 보장하는 문제다. 대부분 개발도상국이 '2030 지속가능 발전목표'를 달성하려면 어떻게든 GDP의 15퍼센트에 달하는 금액만큼 추가로 지출하기 위한 자금을 조달해야 한다.[20] 그런 자금은 상당 부분 자체 세금 제도 구축에서 나올 수밖에 없다. 게다가 개발도상국들은 오늘날의 선진국들이 성취하는 데 수십 년이 걸린 일을 몇 년 안에 해야 한다는 점에서 어려운 과제가 아닐 수 없다. 이들은 위에서 살펴본 열한 가지 교훈을 모두 새겨야 하지만, 그렇다고 해서 이들이 당면한 문제를 쉽고 빠르게 해결해준다는 보장은 어디에도 없다.

개발도상국이나 선진국을 가리지 않고 모든 나라에서 세수 증대를 불가피하게 만드는 또 다른 압박은 그들의 미래가 직접 연결된 인구 고령화에서 나온다. 앞으로 약 40년 후에는 세계 인구에서 65세 이상의 비중은 두 배, 초고령 인구(80세 이상) 비중은 세 배가 될 것으로 예상된다.[21] 이런 경향은 선진국에서 더 두드러진다. 선진국의 경우 2060년이 되면 65세 이상 인구와 노동 인구의 수가 같아질 것으로 예상된다. 일본은 이미 같아졌다[22](아직 젊은 인구가 많은 개발도상국은 그러한 극심한 압박은 당분간 면할 것으로 보인다). 결국 일을 해서 소득세를 내는 인구의 비율은 떨어지고, 노인층의 의료비는 계속 늘어나는 추세이므로 정부의 공공보건 및 장기요양비 지출은 급증할 것이다.

한 추정치에 따르면 OECD 국가에서 2060년까지 정부의 공공보건 및 장기요양비 지출은 두 배로 늘어나 GDP의 약 8퍼센트에 해당하는 금액만큼 세금을 더 거둬들여야 하는 것으로 나타났다.[23] 또 공공보건 및 장기요양비만큼 가파르진 않겠지만, 연금 재정에 대한 압력도 점점 커지고 있다.

그러나 이러한 추가 재정 수입의 일부는 노인 세대 자체에서 나올 수도 있다. 사회보장급여를 받는 은퇴 연령을 연장하거나 더 심각한 경우 부가가치세나 기타 소비세를 인상하는 것이다(이는 노인 세대들이 저축을 늘리기는커녕 더 줄이는 결과를 초래하므로 그들에게 더 큰 부담이 된다). 그러나 젊은 세대가 한편으로는 노인을 부양하면서 다른 한편으로는 스스로 은퇴를 준비해야 한다는 점에서 세대 간 수평적 형평성이라는 어려운 문제가 제기될 수도 있다.

우리는 세금 제도가 합리적이고 공정하다고 인식되지 않으면 심각하게 훼손되는 것을 보아왔다. 불평등이 심해지면 더 새로운 문제가 생기기 마련이다. 불평등은 특히 포퓰리즘이 등장하면서 '우리 시대의 가장 중요한 문제'[24]로 여겨졌다(물론 '가장 중요한 문제'라고 하는 문제들은 이 외에도 많다). 오늘날 전 세계 인구의 약 1퍼센트가 전체 재산의 약 절반을 차지하고 있다.[25]

특히 많은 선진국에서 1980년대 이후 소득 불평등이 빠르게 커지고 있다. 이는 보유 재산뿐만 아니라 직업 소득에서도 나타난다. 미국에서는 상위 1퍼센트가 차지하는 세전 소득 비중이 2012년 20퍼센트에 달하면서 1980년대 이후 두 배로 증가했다. 이는 대부분 다른 나라에서도 마찬가지였다. 영국은 같은 기간 7퍼센트에서 12퍼센트로, 프랑스는 8퍼센트에서 11퍼센트로 증가했다. 금융 위기 이후 침체를 겪으면서 비록 속도는 느리지만 이런 추세는 꾸준히 이어지고 있다.[26]

그동안 소득 이전, 보건, 교육 등에 대한 공공지출은 실질소득의 불평등을 줄이는 데 세금만큼이나 중요한 역할을 했다.[27] 그래서 그런 지출의 재원을 조달하려고 더 많은 세수가 필요하다는 주장이 힘을 얻기도 한다. 세금 제도 자체의 측면에서도 세금의 누진성을 더 높여야 한다는 목소리가 커지는데, 코로나19 대유행으로 가장 취약한 계층이 대응에 가장 큰 어려움을 겪으므로 풍족한 사람들이 그 부담을 나누기 위해 연대 책임을 져야 한다는 인식이 확산된다면, 이러한 주장은 더욱 증폭될 것이다.[28]

이 모든 추세가 앞으로 더 많은 세수가 필요하고, 그에 맞추어 공정에 대한 관점도 발전하면서 세금 제도에 대한 압박이 커질 것임을 보여주고 있다. 물론 그러한 압박은 국가마다 강도가 다르고, 각 국가 또한 다른 방식으로 반응할 것이다. 그러나 위에 살펴본 열한 가지 교훈이 이 도전을 헤쳐나가는 데 도움이 될 수 있다. 각 국가는 경제적 비용(초기 부담)을 제한하는 방법을 찾으려는 노력을 더욱 강화할 것이다.

이런 노력의 하나로 각 국가는 비록 세수 증대를 확실하게 보장하지는 못할지라도 다양한 경제 지대에 과세하는 방안을 찾을 것이다. 또 납세자들의 세금 의무 준수를 개선하는 것도 공정한 방식으로 세수를 증대하는 방법이 될 수 있다. 조세 귀착 문제를 고려하면, 더 잘사는 사람들에게 세금을 부과하려고 할 때, 겉으로 보이는 것과 실제적인 문제의 차이를 확실히 구분해야 한다. 정부들이 어떻게 대응하든, 열한 가지 교훈은 항상 적용된다. 세금 제도를 잘 설계하면 그동안 정치적으로만 해결했던 공정성과 효율성 사이의 절충점도 찾아낼 수 있다.

세수 증대의 필요성과 효율적인 자원 할당을 동시에 촉구하는 또 다른 실존적 문제는 바로 기후 변화다. 기후 변화가 세금 제도에 미치는 영향은 명백하다. 세계는 탄소세 또는 탄소 가격 같은 방식으로 기후 변화를 억제하기 위한 자금 조달이 절대적으로 필요하다. 비록 적은 금액이라도 탄소에 세금을 부과하는 방식으로 많은 나라에서 GDP의 약 1퍼센트에 해당하는 세수를 올릴 수 있는데,[29] 이것만으로 기후 변화를 막기 위한 세수를 채우기에는 턱없이 부족하지만 그럼에도 상당히 기여하고 있다.

그러나 이 모든 과제를 다룰 때 직면하는 근본적인 문제는 바로 과세 기준의 이동성이 크게 증가하고 있다는 사실이다. 코로나19 대유행의 여파로 모든 나라에서 자국 이익을 우선으로 보호하려 함에 따라 그 이동성이 다소 주춤해질 수는 있지만, 본질적 특성(세금이 더 적은 곳으로 이동하려는 특성)은 변하지 않을 것이 확실해 보인다. 그런 이동성 증가로 각 국가는 지금보다 더 긴밀한 국제 협력 없이는 그들이 해야 한다고 생각하는 일, 즉 더 많은 세수를 올리고, 더 부유한 사람들이 더 많은 부담을 지게 하고, 좀 더 공격적으로 탄소 가격을 부과하는 등의 일들을 하기가 더 어려워질 것이다.

이로써 정부들은 상대적으로 이동성이 적은 사람들의 소비세같이 국경 너머로 쉽게 이동하지 않는 과세 기준(이런 세금들은 불평등을 다루는 데도 적합하지 않다)에 더 많이 의존하게 된다. 이에 따라 토지처럼 위치가 고정된 경제 지대에 대한 세금이 부유한 사람들에게 더 많은 부담을 주므로 그 역할이 더 중요해질 것이다. 그러나 이동성이 적은 소비자들에게 실질적으로 부과되는 세금을 모두 없앨 만큼 토지세를 충분히 올릴 것 같지는 않다.

이러한 도전을 해결하는 유일한 방법은 국제 협력을 강화하는 것뿐이다. 그렇게 하지 못한다면 기회가 되었을 때 언제나 이동할 수 있는 부자들에게 세금을 부과하기 힘들 테고, 국제 세금 체계는 더 불명예스러워질 것이며, 효과적인 탄소 가격 책정도 어려워질 것이다. 국제간 논의되고 있는 법인세 개혁과 다자간 파리 기후협약에서 이 같은 협력이 나타날 조짐이 보이는 것은 낙관적인 측면이지만, 이는 아직 작은 시작 단계에 불과하다.

현재 연방국가들 내에서는 보편화되어 있지만 국가 간에서는 거의 시행되지 않는 이른바 국가 간 세수 공유 협정의 도입 같은 좀 더 혁신적인 접근방식이 필요하다. 어쩌면 세계무역기구WTO가 세계

무역에 적용하는 규칙을 제정하고 운영하듯이 전 세계 세금 규칙을 제정하고 집행하는 세계세무기구World Tax Organization가 하룻밤에 생겨날지도 모른다.

용기를 내서 신세계로

이 같은 문제의 본질은 깊고 광범위하지만, 20년 전이나 심지어 1세기 전의 정책 입안자라도 매우 쉽게 이해할 것이다. 문제는 기술의 발전이다. 기술이 세금 문제에 어떤 영향을 미치는지는 아직도 이해하기 어렵다.

우리는 13장에서 이러한 변화가 세무 행정이 현재 하는 일을 어떻게 더 효과적으로 할 수 있게 만드는지 보았다. 여러 출처에서 나오는 정보를 결합하고, '미리 작성된' 소득세 신고서 발행을 가능하게 하고, 세금 납부를 위한 모바일 기술을 개발하고, 납세자에게 중요한 메시지를 보내고, 세금 징수 능력을 발전시켜 적용하고, 국가 간 납세자 정보를 교환하고, 미신고 부동산을 찾으려고 드론을 동원하는 등 최근에는 더 많은 기술이 사용되고 있다.

세무 기관들은 수상한 신고서를 탐지하는 능력을 키우기 위해 '빅 데이터'의 예측 능력을 활용하기 시작했다. 호주와 뉴질랜드에서는 고객 지원을 요구하는 납세자를 안전하게 식별하려고 음성 인식 시스템을 사용한다. 또 코로나19가 세상을 덮치면서 디지털 방식의 장점은 더욱 두드러지게 나타났다. 디지털 기술을 최대한 사용한 기관들은 그동안의 물리적 접촉과 종이 보고서가 사라지는 것에 더 잘 대처했고, 그렇지 못한 기관들은 그런 기술을 따라잡는 것이 얼마나 중요한지 실감해야 했다.

그러나 여기에도 문제는 있다. 사기꾼들도 디지털 기술을 이용하기 때문이다. 보안과 사생활에 관한 실질적 문제도 있다. 2007년, 영국 국세청은 납세자 약 2,500만 명의 정보가 담긴 데이터 디스크를 잃어버렸다.[30] 하지만 오늘날에는 많은 사람이 정부가 강제로 자신들의 개인 정보를 아는 것은 싫어하면서도 구글, 아마존 같은 회사들이 자신들의 구매 습관으로 이익을 얻는 것은 기꺼이 허락하는 것 같다.

디지털 기술은 기업에 세금을 매기는 방식도 변화시키고 있다. 에어비앤비, 우버, 이베이 같은 회사들의 사업 모델에서 볼 수 있는 플랫폼 혁명을 예로 들어보자. 우버 운전기사들을 우버의 직원으로 여겨 회사에서 그들을 대신해 소득세를 원천징수해야 할까? 아니면 그들을 자영업자들에게 세금을 부과하듯이 독립적인 계약자로 여겨야 할까? 우리는 또 물리적 사업장을 두지 않은 나라에서도 사업을 할 수 있게 됨에 따라 국제 법인세 체계의 핵심 규범의 의미가 약화되는 것을 보았다.

하지만 이 모든 문제는 이제 시작에 불과하다. 일부 국가에서는 '미리 작성된' 소득세 신고서 발행을 넘어 납세자와 세무 전문가들이 정부가 관리하는 안전한 데이터베이스에 접근해 세금 정보를 내려받을 수 있는 데이터 검색 플랫폼을 제안하기도 한다.[31] 또 납세자들은 고용주, 금융기관 등 제3자에게서 정보를 직접 수집하는 대신, 중앙 정보센터에 의존할 수 있다. 이런 데이터베이스는 납세자들의 세금 의무 준수 비용을 상당히 줄일 수 있지만, 개인 정보 보호 및 보안에 대한 우려를 증폭시킬 수 있다.

하지만 디지털화의 근본적 요점은 단순히 현재 우리가 하는 것을 다른(더 나은) 방법으로 하는 차원의 문제가 아니다. 디지털화는

우리가 이전에는 생각할 수도 없었던 일들을 하게 해줄 것이다.[32]

우리는 자동화가 고용에 미치는 영향을 완화하겠다는 생각으로 제시되어온 로봇에 대한 과세가 실현될 거라고는 생각하지 않는다.[33] 그것은 오히려 혁신을 억압할 위험이 있다. 더 나은 대응은 기술 발전으로 얻는 이익이 합리적으로 고르게 공유되고 소수의 슈퍼스타 혁신가에게 지나치게 집중되지 않게 조치하는 것이다.[34] 앞으로 유망한 과세 기반은 '새로운 석유'(391쪽 참조), 즉 정보 자체가 될 것이기 때문이다.

그러나 우리가 궁극적으로 상상할 수 있는 훨씬 더 근본적인 변화가 있다. 블록체인 기술은 모든 거래의 위조를 방지하고 거래 전체를 완전히 기록(소비세 징수원 장부의 확실한 업데이트 버전)할 뿐만 아니라 시스템에 부가가치세가 자동으로 송금되는 '스마트 계약'을 내장하는 방법도 제안하고 있다. 그러나 최종 소비자에 대한 판매를 포함해 모든 거래가 이런 방식으로 완벽하게 기록된다면(어떤 의미에서는 블록체인 기술은 이를 보장하려고 발견되었다고 할 수 있다), 부가가치세가 실질적으로 필요 없게 된다. 부가가치세의 장점은 기록되지 않은 거래에도 최소한의 세금을 내게 하는 것이기 때문이다. 이는 소매 판매세에도 적용될 것이다.

오늘날 세금 제도의 또 다른 한 축인 법인세도 궁극적으로 근본적인 변화를 맞을 것이다. 어쩌면 법인세는 사라질지도 모른다. 하지만 이는 국제적인 세금 경쟁으로 의도치 않게 법인세가 사라진다는 것도 아니고 제3자 가격 적용이나 물리적 사업장을 두는 구시대적 규범을 무시함으로써 생기는 변화를 의미하는 것도 아니다. 오히려 정보를 대량 취득하고 조작하는 능력이 좋아지면, 어느 순간부터는 소득에 대한 과세를 기업 차원에서 하는 것이 아니라 기업 뒤에 있는 주주에게 직접 귀속시키게 되고, 그러면 주주들의 소득에 직접 과세함으로써 더 나은 수직적 형평성을 추구하게 된다는 말이다. 이는 현재로서는 아직 먼 얘기일 수 있지만, 최근에 이르러서는 이자 지급 및 자산에 대한 자동 정보 교환이 일상화되고 있다.

대부분 1년을 기준으로 세금을 부과하는 습관에서 벗어나 장기간에 걸쳐 평생 기준으로 세금을 부과하려고 정보를 연결할 수도 있다. 즉 평생에 걸쳐 그 사람의 소득 변화에 따라 세금 납부 능력을 평가하는 것이다. 그리고 동시에 정부가 필요할 때마다(몇 주 후나 연도 말이 아니라 매일매일이 될 수도 있다) 사람들에게 정보를 제공하여 때로는 높게, 때로는 낮게 세금을 부과함으로써 더 빠르고 완전하게 대응하는 것도 가능해질 수 있다. 그것은 전통적으로 관료주의의 확실한 무기였던 세금과 공공 재정 보조금의 결합을 더욱 밀접하게 관리·결합하는 것을 의미한다.

결국, 중요한 개인적 상황에는 세금 목적과 복지 목적에 같은 정보가 필요하며, 그 정보가 얼마나 풍부하고 시기적절하며, 관리가 쉬워지느냐에 따라 더 효과적이고 일관된 정부 개입이 설계될 수 있다. 이 제도는 우리 삶이 예측할 수 없이 전개되더라도 장단기에 걸쳐 우리의 실제 상황에 따라 내야 할 세금액을 결정해주고, 현금 보조금을 지속해서 수령하도록 해줄 것이다.

그러나 아마도 가장 극적인 가능성은 인간 게놈 지식에 대한 놀라운 기술 발전에서 나올지 모른다. 평생 소득 또는 삶의 수준이나 납부 능력의 기준과 통계적으로 상호 관련이 있는 유전자 표지를 발견함에 따라 이것이 개인의 세금 납부액(또는 받아야 할 보조금)을 결정하는 입력값으로 사용될 수 있다. 오늘날 신체장애, 나이, 혼인 여부 등이 납부액 결정에서 고려되듯이 말이다.[35]

공상과학소설을 애기하는 것 같을지 모르겠지만, 몇몇 보고서는 유전자가 지능의 어느 측면에 영향을 미친다는 증거를 이미 발견했다고 보고하고 있고, 심신을 쇠약하게 만드는 질병에 걸리는 성향에도 영향을 미친다는 점을 확인했다고 주장한다. 이러한 정보를 사용할 수 있다면 더 효율적인 세금 설계가 가능하다. 즉 유전 정보가 조작이 불가능하고[36] 소득 능력과도 관련성이 있다면 원칙적으로 이상적인 정액세를 부과하는 데 사용될 수 있다는 것이다.

그러나 이는 세금 차별화의 기반이 되며 모두가 받아들일 수 있는 차이가 무엇인지 결정하는 오래된 문제에 반전을 가져옴으로써 수평적 형평성에 대한 새로운 의문을 제기하게 될 것이다. 만일 내가 당신보다 끔찍한 병에 걸릴 확률이 높다는 사실을 안다면, 그것이 과연 세금과 보조금 제도에서 우리에게 각자 세금을 다르게 부과하는 합법적 근거가 되어야 할까?

그러나 이러한 기술적 가능성을 실현하려면 제도뿐만 아니라 우리 태도의 근본적 변화도 필요하다. 어떤 변화는 매우 철학적인 것들이고, 어떤 변화는 평범한 것들이다. 어느 나라에서는 복지부가 아니라 세무 행정기관이 보조금을 지급해야 한다는 요구를 받고 있다. 그러나 세금을 징수하는 것과 보조금을 지급하는 데는 상당히 다른 접근법이 필요한 것으로 밝혀졌다(478쪽 참조). 영국에서 국세청이 EITC형 보조금을 직접 관리하기 시작했을 때, 대기실에 임산부를 위한 화장실도 없을 정도로 문제투성이였지만,[37] 이미 기술은 우리 가까이 와 있었다.

미래 세대는 우리를 어떻게 생각할까

+

미래 세대는 분명히 오늘날 우리가 세금을 부과하는 방식에서 아주 어리석었음을 발견할 것이다. '제3자 가격'이라는 비현실적이고 무가치한 논리를 바탕으로 만들어진 현행 법인소득세는 중세 신학적 논쟁이 우리에게 기이하게 보이듯이 미래 세대에게 기이하게 보일 것이다. 또 소득세 신고서도 다이얼식 전화기의 운명처럼 유물이 될 것이 거의 확실하고, 지구가 태양 주위를 한 바퀴 도는 데 걸리는 시간(1년)을 기준으로 세금을 부과하는 것도 미래 세대에게는 이상한 관습으로 비춰질 것이다. 우리 시대의 가장 성공적인 개발품인 부가가치세도 너그러운 미소를 지으며 작별 인사를 할 것이다.

미래 세대는 또 우리가 하지 않은 일에서도 어리석었다는 흔적을 많이 발견할 것이다. 세금 제도를 공공지출의 보조금 제도와 완전히 통합하지 못한 우리에게 불신의 표시로 고개를 흔들 것이며, 세금 징수에서 민간 기업을 왜 제대로 활용하지 못했는지, 세무 기관의 성과보상제도가 왜 그렇게 어설펐는지를 보고는 놀랄 것이다.

미래 세대는 또 우리가 좀 더 광범위한 선善의 개념이 아니라 특정 이익집단이 자신들에게 유리한 세금 제도를 만들도록 방치한 것을 보고 박장대소할 것이다. 어쩌면 우리가 광범위한 선을 위해 세금 제도를 만들기를 기대하는 것은 너무 무리한 일일지 모른다.

그럼 미래 세대가 우리에게서 지혜도 볼 수 있을까? 기후 변화로 인한 재앙적 피해를 막으려고 제때 효과적인 탄소 세금제를 도입한 우리의 단호한 조치와 국제 세금 문제를 효과적으로 협력하려고 제도를 발전시킨 것에 대해 우리를 존경스럽게 생각하면 좋겠다.

하지만 미래의 정부가 우리에게서 본 지혜는 우리 세대가 스스로 만든 것이 아니라 우리보다 앞선 세대의 세금 설계자와 세금 관리들이 만들어낸 것이다. 경제활동에 부수적 피해를 줄 위험과 일반적인 공정성 기준 모두를 고려한 세금 시스템을 구축하려면 납세자의 행동과 특성에 대한 판단과 정보를 활용하는 것을 중요하게 여겨야 한다는 것도 우리 선조들이 생각했다. 이는 논밭을 사각형 아홉 개로 나누라는 고대 중국 성현들의 조언에서 납세자들의 이자 소득에 대한 자동적인 정보 교환이 국제 표준이 되어야 한다는 G20의 결정까지 끝없이 이어져 내려온 세금 설계와 징수의 공통된 맥락이었다. 오늘날 개개인에 관해 얻을 수 있는 정보가 엄청나게 풍부해짐에 따라 그 가능성은 상상의 나래를 펼치기 시작했다.

　　미래의 정부들이 세금 제도를 구축하는 데는 상상할 수 없을 정도로 풍부한 정보를 어떻게 사용하느냐가 정부의 강제력을 어떻게 더 광범위하게 사용할지 좌우할 것이다. 새로운 시대의 기회와 민감성을 찾아나서는 길에는 미래 세대의 어리석음도 여기저기 도사리고 있을 것이다. 그것이 미래에도 여전히 지혜가 필요한 이유다.

감사의 글

많은 사람이 감사를 받을 자격이 있습니다. 미시간대학교에서 부지런히 숫자를 추적하고, 참고문헌을 확인하고, 믿을 수 없는 주장을 검증한(때로는 잘못을 밝힌) 학생들이 있습니다(일부는 학생이 아닙니다만). 개럿 앤스트리처, 캐서린 콕스, 소피아 데이비스 로닥, 벤 엘킨스, 애들레이드 나이츠, 제니퍼 마요, 페이지 오피엘라, 켄드라 로빈스, 앰비카 시나, 테일러 슬론, 마이클 스턴바흐, 리디아 왕이 바로 그들입니다. 클라우디아 카포스는 초기 단계에서 편집 안내자 역할을 해주었고, 르우벤 아비요나 교수, 제임스 R. 하인스 주니어 교수, 제프리 후프스 교수는 이 책의 초안 작성에 폭넓은 조언을 해주셨습니다. 프린스턴대학교 출판부의 검토자들에게도 감사를 표합니다.

믿기 어렵겠지만 세금 이야기에 대한 매력을 공유하는 특이한 사람들의 작은 공동체가 있습니다. 그들은 자신들이 좋아하는 특별한 이야기를 공유해주었고, 우리 이야기를 추적하는 데 도움을 주었습니다. 아네트 알스타새터, 매트 벤지, 사이먼 블랙, 장 폴 보댕, 데이비드 브래드베리, 제라르 샹바스, 시브렌 크노센, 이스라엘 파인보임, 비토르 가스파르, 크리스티안 길리처, 피터 해리스, 샤픽 헤부스, 코리 힐러, 그레이엄 홀란드, 에드먼드 킨, 알렉산더 클렘, 리 류, 마리오 만수르, 샬리니 마투르, 애드난 마자레이, 조지 마르티네즈, 나카야마 키요시, 존 노레가드, 카즈키 온지, 이안 패리, 빅토리아 페리, 패트릭 퍼티트, 사티아 포다르, 페데리코 살라자르, 제럴딘 시모네, 재닛 스트츠스키, 리카도 바르사노, 크리스토퍼 바에르제거스, 지아신 왕, 주안 왕, 시잉 우 등이 바로 그들입니다. 그러나 우리는 여기 이름을 말한 분들 외에 더 많은 분에게 신세를 졌습니다.

조엘은 이 책이 만들어지기 시작한 2014년 하반기에 자신을 초청해 준 옥스퍼드대학교 기업세무센터에 감사를 표합니다. 마이클은 이 책의 긴 여정을 사랑스럽게 함께해준 제랄딘에게 감사를 표합니다. 마이클은 또 그리운 부모님과 케이트에게서 받은 모든 사랑에 감사드립니다. 그는 또 세금 제도를 더 낫게 만드는 일의 재미와 중요성을 날마다 가르쳐준 국제통화기금의 옛 동료들에게도 감사를 표합니다(물론 이 책에 표현된 견해에 대한 모든 비난은 IMF 직원, 관리자, 임원진 잘못이 아닙니다). 오류를 지적해주신 독자 여러분에게 감사립니다. 그 덕분에 이번 발행본에서 수정할 수 있었습니다. 우리가 몇 년 동안 배우고 함께 일해온 많은 사람에게 진 가장 큰 빚은 이 책의 모든 페이지에 명백하게 드러나 있습니다.

프린스턴대학교 출판부는 가장 크게 감사해야 할 이들입니다. 편집자 조 잭슨은 초기 단계부터 이 프로젝트를 진행하자고 권했을 뿐 아니라 책의 구성과 논조에도 현명한 조언을 아끼지 않았습니다. 리사 블랙, 재클린 델라니, 케이트 파쿠하-톰슨, 커트네이 킹, 안젤라 필리우라스, 제임스 슈

나이더, 칼 스퍼젬, 사이드 웨스트모어랜드도 각자 중요한 역할을 훌륭히 해냈습니다.

어떤 책이든 글을 쓰는 진짜 부담은 저자 주변 사람들에게 돌아가게 되어 있는데, 이번 책도 예외는 아닐 겁니다. 그들의 인내심과 격려에 진심 어린 감사를 드릴 뿐입니다.

● 본문에 숫자로 표시된 주석과 참고문헌 등은 QR코드 또는 링크를 통해 전자파일로 다운로드할 수 있습니다. https://naver.me/GX0CMpZk